ABITUR 2014

Prüfungsaufgaben
mit Lösungen

Deutsch

Gymnasium
Thüringen

2010–2013

STARK

ISBN 978-3-8490-0673-0

19. ergänzte Auflage
www.stark-verlag.de

Inhalt

Abiturprüfungsaufgaben 2012

Abiturprüfungsaufgaben 2013 (Auswahl)

Jeweils zu Beginn des neuen Schuljahres erscheinen
die neuen Ausgaben der Abiturprüfungsaufgaben mit Lösungen.

Autoren:

2011–2013: Ulrike Blechschmidt (Aufgaben 1 und 3), Roy Dieckmann (Aufgaben 2 und 5), Birgit Raida (Aufgabe 4)
2010 GK: Karin Klett (Aufgabe 3), Birgit Raida (Aufgabe 4), Roy Dieckmann (Aufgabe 5)
2010 LK: Ulrike Blechschmidt (Aufgaben 1 und 3), Roy Dieckmann (Aufgabe 2), Birgit Raida (Aufgabe 4)

Vorwort

Liebe Abiturientinnen und Abiturienten,

Sie werden 2014 das Abitur im Kernfach Deutsch ablegen. Der vorliegende Band hilft Ihnen dabei, sich optimal auf die Prüfung vorzubereiten. Das einführende Kapitel „**Hinweise und Tipps**" informiert Sie über die offiziellen Rahmenvorgaben, macht Sie mit den Arbeitsanweisungen (Operatoren) vertraut und erläutert die verschiedenen Schwierigkeitsstufen (Anforderungsbereiche) innerhalb jeder einzelnen Aufgabe. Es schließen sich konkrete Tipps an, was Sie bei der Bearbeitung der unterschiedlichen Aufgabenarten beachten müssen. Hinweise zur mündlichen Prüfung im Fach Deutsch runden diesen Teil ab.

Daran schließt sich eine Auswahl **offizieller Abiturprüfungsaufgaben** von **2010** bis **2013** an, die sich ideal zur Vorbereitung auf das neue Kernfach-Abitur eignet. Zu jedem Klausurbeispiel finden Sie einen ausführlichen **Lösungsvorschlag**, mit dem Sie Ihren eigenen Aufsatz vergleichen können. Den Lösungsvorschlägen vorangestellt sind **Hinweise und Tipps**, die Ihnen bei der Erschließung der einzelnen Arbeitsanweisungen helfen. Wesentliche **Fachbegriffe** in den Lösungsvorschlägen sind durch Fettdruck hervorgehoben.

Vergegenwärtigen Sie sich bei Ihrer Vorbereitung immer wieder die genaue Fragestellung und die verwendeten Operatoren und lesen Sie die Erklärung der unterschiedlichen Aufgabenarten in den Hinweisen nach. Auf diese Weise wiederholen Sie auch die im Unterricht gelernten Inhalte und Methoden.
Ein **Stichwortverzeichnis** ermöglicht die schnelle Orientierung in dem Band.

Sollten nach Erscheinen dieses Bandes noch wichtige Änderungen in der Abiturprüfung 2014 vom Kultusministerium bekannt gegeben werden, finden Sie aktuelle Informationen dazu im Internet unter: www.stark-verlag.de/info.asp?zentrale-pruefung-aktuell

Wir wünschen Ihnen eine effektive Abiturvorbereitung und eine erfolgreiche Abiturprüfung.

Die Autoren und der Verlag

Stichwortverzeichnis

Sachregister

Werkregister

Personenregister

Hinweise und Tipps zur schriftlichen Abiturprüfung

1 Grundlagen

1.1 Vorgaben für das Zentralabitur Deutsch 2014

Die schriftlichen Prüfungsaufgaben richten sich in Aufbau und Inhalt nach:

- dem gültigen *Lehrplan für das Gymnasium im Fach Deutsch für den Freistaat Thüringen* (siehe: http://www.thillm.de/thillm/pdf/lehrplan/gy/gy_lp_de.pdf),
- den *Zielen und Orientierungen für die Qualifikationsphase der gymnasialen Oberstufe* im Fach Deutsch für den Freistaat Thüringen, Stand: 2009 (siehe: http://www.thillm.de/thillm/pdf/lehrplan/gy/kl11-12/gyos_lp_de.pdf),
- den bundesweit noch bis einschließlich des Schuljahrs 2015/2016 verbindlichen Einheitlichen Prüfungsanforderungen in der Abiturprüfung (EPA), im Internet zu finden unter: http://www.kmk.org/fileadmin/veroeffentlichungen_beschluesse/1989/1989_12_01-EPA-Deutsch.pdf,
- den jährlich aktualisierten *Hinweisen zu den zentralen schriftlichen Prüfungen*, die für das jeweilige laufende Schuljahr auf den Internetseiten des Thüringer Ministeriums für Bildung, Wissenschaft und Kultur abrufbar sind (siehe: http://www.thueringen.de/imperia/md/content/tmbwk/bildung/schulwesen/vorschriften/20120926095447864.pdf).

1.2 Zeitrahmen und Hilfsmittel

In der Abiturprüfung im nunmehr von allen Schülern belegten Kernfach Deutsch werden Ihnen fünf unterschiedliche Aufgaben vorgelegt, von denen Sie eine auswählen müssen. Zur Bearbeitung (einschließlich Einlesezeit und Auswahl) stehen Ihnen fünfeinhalb Stunden (330 Minuten) zur Verfügung. Als Hilfsmittel sind ein Wörterbuch der deutschen Rechtschreibung sowie Ganzschriften entsprechend der Thematik zugelassen. Die Liste dieser vollständigen fiktionalen Texte (Privat- oder Leihexemplar) wird vom Fachlehrer des Kurses vorgeschlagen und vom Prüfungsvorsitzenden genehmigt. Schriften, in denen umfangreiche Aufzeichnungen vorgenommen und nicht entfernt wurden, dürfen als Hilfsmittel nicht genutzt werden.

2 Inhalte der Prüfung

Das Thüringer Ministerium für Bildung, Wissenschaft und Kultur hat auch für das Jahr 2014 in den *Hinweisen zu den zentralen schriftlichen Prüfungen* ein **Rahmenthema** für das Fach Deutsch festgelegt. Es lautet: „Der Mensch ist dem Menschen das Interessanteste.“

Das Rahmenthema wird häufig durch eine Aussage aus Literatur, Politik oder Gesellschaft eingeleitet oder gebildet. Beim Rahmenthema 2014 handelt es sich um ein Zitat aus Johann Wolfgang von Goethes „Wilhelm Meisters Lehrjahre“ (erschienen 1795/1796). Dies darf aber nicht als Hinweis auf einen möglichen Text in der Abiturprüfung missverstanden werden. Das gesamte Thema soll lediglich dem Fachlehrer eine Orientierung für die Auswahl der zugelassenen Ganzschriften (vgl. 1.2) geben. So soll die Arbeit mit konkreten Textvorlagen möglich werden. Diese können als Quellengrundlage genutzt werden.

Erfahrungsgemäß lohnt sich eine intensive methodische und fachliche Vorbereitung auf die Abiturprüfung deutlich mehr als eine allzu große inhaltliche Konzentration auf das Rahmenthema, das bewusst sehr allgemein formuliert ist. In der Abiturprüfung entscheiden Sie selbst über die Einbeziehung des Rahmenthemas entsprechend der gewählten Aufgabe. Manchmal bietet es sich an, näher auf das Thema einzugehen, manchmal jedoch auch nicht. Sie müssen nicht zwanghaft eine solche Verbindung herstellen.

3 Aufgabenarten

Die EPA unterscheiden drei wesentliche fachspezifische Erschließungsformen von Texten: das Untersuchen, das Erörtern und das Gestalten. Kombiniert man diese drei Methoden mit einer Textart (literarisch oder pragmatisch), erhält man die folgenden Aufgabenarten:

Erschließungsform	**Textart**	**Aufgabenart**
untersuchend	literarisch	Textinterpretation
	pragmatisch	Textanalyse
erörternd	literarisch	literarische Erörterung
	pragmatisch	Texterörterung
		freie Erörterung
gestaltend	literarisch	gestaltende Interpretation
	pragmatisch	adressatenbezogenes Schreiben

(zitiert nach EPA, Abschnitt 3.2)

Laut Vorgaben für die zentralen Abituraufgaben in Thüringen ergibt sich daraus folgende Ordnung und Zusammenfassung:

1. Erörterung
1.1 nichttextgebundene Erörterung
1.2 Texterörterung
1.3 literarische Erörterung
2. Interpretation literarischer Texte
3. kreative Schreibaufgabe

Auch diese Einteilung bietet nur ein Grundmuster. Die einzelnen Aufgabenarten können als Mischform auftreten. Textsorten sind ebenfalls frei miteinander kombinierbar. Aus diesen Bedingungen leiten sich jeweils die fünf Aufgaben ab, die zur Wahl stehen – wobei der Schwerpunkt eindeutig darauf liegt, mehrere Varianten der Interpretation literarischer Texte anzubieten. In aller Regel werden Sie je eine Aufgabe zu den drei Hauptgattungen Dramatik, Epik und Lyrik vorfinden.

3.1 Die nichttextgebundene Erörterung

Die freie Erörterung basiert auf einer Problemfrage oder einer These, etwa in Form eines Zitats. Es kommt darauf an, einen komplexen Sachverhalt von verschiedenen Seiten zu beleuchten, mögliche Betrachtungsweisen abzuwägen und einen eigenen, kritisch reflektierten Standpunkt zu entwickeln. Dabei ist mitunter auf Kenntnisse zurückzugreifen, die in anderen Fächern erworben wurden beziehungsweise Teil des Allgemeinwissens sind. Nicht selten stammt die Problemfrage aus dem literarischen Bereich. Hier können die bekannten und zugelassenen Ganzschriften als Beispiele hinzugezogen werden. Dies sollte aber möglichst nur geschehen, wenn die Bezüge plausibel sind.

3.2 Die literarische Erörterung und Texterörterung

Die literarische sowie die textgebundene Erörterung gehen über eine reine Textinterpretation beziehungsweise Textanalyse hinaus. Das Verständnis der Vorlage ist hier nicht die Hauptsache, bildet aber die Grundlage für die im Zentrum stehende Erörterung, worauf die Aufgabenstellung meist gesondert hinweist (vgl. 4.2: Operatoren).

Der literarischen Erörterung kann sowohl ein kurzer Prosatext oder ein Gedicht als auch ein Textauszug aus einer dramatischen oder epischen Ganzschrift zugrunde liegen. Die in der Literatur gestalteten Fragen und Probleme sollen jeweils zur eigenen Auseinandersetzung anregen. Deswegen muss die Erörterung über die Beschreibung von Inhalt und Form des Ausgangstextes hinaus diese Problemfragen und ihre Diskussion in den Mittelpunkt des Aufsatzes stellen.

Die Texterörterung dagegen bezieht sich auf Sachtexte, die ebenfalls Thesen und spezifische Positionen enthalten. Üblicherweise handelt es sich um journalistische Texte, Berichte, Kommentare, Kritiken, Reden und Essays. Im Unterschied zu literarischen Texten sind sie nicht fiktional: Nicht ein lyrisches Ich oder ein erdachter Erzähler, sondern reale Personen ergreifen um einer spezifischen Botschaft (Intention, Wirkungsabsicht) willen das Wort. Sie wollen appellieren und überzeugen, manchmal auch provozieren. Die für das Abitur ausgewählten Texte setzen sich meistens mit kultur- und gesellschaftspolitischen Fragen und Standortbestimmungen auseinander.

Bei literarischen wie auch bei pragmatischen Ausgangstexten sollte man somit folgerichtig argumentieren und Gesichtspunkte gegeneinander abwägen können, um daraus ein eigenes Fazit zu gewinnen.

3.3 Die Interpretation literarischer Texte

Die häufigste Aufgabenart, sozusagen der Arbeitsalltag und Regelfall, ist die Textinterpretation. Zugrunde liegen kann ein Textausschnitt aus einem epischen, lyrischen oder dramatischen Werk, der meistens zusammenzufassen, zu erschließen und zu interpretieren ist. Es geht darum, den Text in seiner Besonderheit zu verstehen und dieses Verständnis sprachlich zum Ausdruck zu bringen. Es ist ratsam, ihn zunächst mehrfach zu lesen, Auffälliges zu markieren, Beobachtungen zu notieren, Fragen an ihn zu stellen und sich zu überlegen, was charakteristisch und wesentlich daran ist. Die Deutung soll aus solchen Beobachtungen heraus entwickelt und mit Zitaten belegt werden. Als dritte Aufgabe schließt sich manchmal noch eine persönliche Auseinandersetzung mit dem Erkannten an, die oft auch dazu auffordert, ein eigenes Urteil zu formulieren. Eine beliebte Variante stellt der Gedichtvergleich dar, bei dem zwei Werke unterschiedlicher Autoren, Epochen oder Form einander gegenüberstehen und unter einem bestimmten Gesichtspunkt in Beziehung zueinander gesetzt werden sollen.

3.4 Die kreative Schreibaufgabe als gestaltende Interpretation

Die Aufgabenstellung ist in der Regel dreiteilig. Im ersten Schritt ist die literarische Vorlage zu erschließen, woraufhin man sich im zweiten Teil gestaltend mit ihr auseinandersetzen, also selbst literarisch produktiv werden soll. Erwartet wird vor allem, Formen, Stilebenen und Kommunikationsbezüge so auszuarbeiten, dass sie zu den Figuren passen, die zum Beispiel in ein fiktives Gespräch zu verwickeln sind oder über ihre Probleme monologisieren oder aus deren Perspektive ein Brief an einen bestimmten Adressaten geschrieben beziehungsweise ein Tagebucheintrag verfasst werden soll. Die dritte Teilaufgabe fordert oft, das eigene gestalterische Vorgehen zu reflektieren und zu begründen.

Die gestaltende Interpretation beinhaltet folgende Operationen:

- Erfassen der Vorlage und Erkennen der Möglichkeiten für die eigene Gestaltung unter Beachtung vorgegebener Annahmen beziehungsweise Situationen;
- Erarbeiten einer schlüssig strukturierten Gesamtkonzeption;
- Anwenden von Kenntnissen literarischer Muster und Textsorten;
- Gestalten eines originellen, einfallsreichen Textes, Erreichen einer sprachlich-stilistischen Korrespondenz zwischen Vorlage und dem eigenen Text;
- Plastische, anschauliche Figurenzeichnung: Aufnehmen und Ausgestalten von Motiven aus der Vorlage.

3.5 Die kreative Schreibaufgabe als adressatenbezogenes Schreiben

Diese Aufgabenvariante bildet häufig eine Mischform zwischen gestaltender Interpretation und freier oder textgebundener Erörterung. Zu schreiben sind meist solche pragmatischen Texte, die sich besonders zur Meinungsäußerung eignen (Briefe, Essays, Diskussionsbeiträge, Kritiken). Über die Auseinandersetzung mit der These oder Problemfrage hinaus ist dabei besonders auf den Adressatenbezug zu achten. Wie bei der gestaltenden Interpretation sind Kenntnisse über die Textsorte anzuwenden, indem sprachliche und formale Bedingungen eingehalten werden.

3.6 Tipps zur Arbeit mit Texten

Jeder gelungene Deutschaufsatz entsteht aus einem Zusammenspiel von genauem Eingehen auf die Aufgabenstellung und individuellem Zugang, also der Fähigkeit, den Text „zum Sprechen" zu bringen. Für die Prüfungssituation ist es wichtig, über ein **Repertoire an Fragen** zu verfügen, mit denen man an literarische Texte herangeht.

Gedichtinterpretation

- Bei Gedichten sollte man nicht mechanisch das Metrum bestimmen, wenn man nicht weiß, was es ausdrückt und bewirkt.
- Aus welcher Perspektive wird im Gedicht gesprochen?
- Was entwickelt sich vom ersten bis zum letzten Vers? Denn auch in Gedichten passiert etwas.
- Welche Versgruppen gehören zusammen?
- Wie ist ein Motiv durchgeführt und inwieweit wandelt es sich?
- Was ist mit dem lyrischen Ich, das implizit oder explizit sich und seine Sicht der Welt zum Ausdruck bringt? Wie spricht es? Welche Sprache wählt es?
- Ergibt sich eher fließend ein Erlebniszusammenhang mit einer spürbaren Atmosphäre? Oder ist es ein eher spröder, intellektuell gedachter und gebauter Text, durchsetzt von Konjunktionen, Einsprüchen und Antithesen?

Man sollte hinhören und überlegen, wie das Gedicht wirkt, und untersuchen, wodurch diese Wirkung zustande kommt. In der ersten halben Stunde einer Gedichtinterpretation sollte man den Text auf sich wirken lassen, Fragen sammeln und noch nicht losschreiben. Und noch etwas: Wie das eine oder andere letztlich zu verstehen ist, ist nicht immer eindeutig zu entscheiden: Gedichte haben einen offenen Deutungsraum um sich herum. Die Interpretation muss daher nach Plausibilität streben, indem sie sich nahe am Gedicht bewegt und die Thesen durch konkrete Textbelege stützt.

Interpretation einer dramatischen Szene

- Hier sollte man – immer vorausgesetzt, dass die Aufgabenstellung nicht ausdrücklich einen bestimmten Untersuchungsaspekt vorgibt – nach Kommunikationssituation und Redeanteilen fragen.
- Welche Spannung liegt in der Szene? Wie spitzt sich die Auseinandersetzung zu?
- Wo ist eventuell ein Höhe- und Wendepunkt?
- Welche Rolle spielt der Schauplatz und eventuell ein Requisit oder ein Gang beziehungsweise eine Geste?
- Was tragen die Regieanmerkungen zum Verständnis bei?
- Was bleibt hinter dem gesprochenen Wort unausgesprochen und ist mitzudenken und lässt uns ahnen, wie es in der Figur wirklich aussieht und was sie vielleicht plant?

Interpretation von epischen Texten

- Bei erzählender Literatur sollte man sich vor der Gefahr hüten, in der Fülle des Stoffes zu ertrinken und zuviel Inhaltliches zu rekonstruieren.
- Man muss erst einmal eine Zusammenfassung des Romanausschnitts oder der Kurzgeschichte geben, bevor man zur Untersuchung übergeht. Die Konzentration auf Wesentliches, auf den thematisierten Erzählstrang oder Aspekt und die Strukturierung der eigenen Darstellung sind hier besonders nötig.
- Entscheidend für das Verständnis ist es sehr oft, die Erzählperspektive und Haltung des Erzählers zu erkennen und zu deuten. Weiß er nicht mehr, als die einzelne Person wissen kann, erzählt er gleichsam aus ihr heraus personal? Oder überschaut er eine Welt? Oder verschwindet er ganz hinter einem erzählenden Ich? Hegt der Erzähler Sympathie für seine Helden oder bleibt er ironisch distanziert?
- Wird linear-chronologisch erzählt oder gebrochen in Zeitsplittern, Facetten, Vorwegnahmen und Rückblicken?
- Entsteht ein Abbild unserer Wirklichkeit, oder erscheint sie ins Artifizielle, Groteske, Absurde verfremdet?
- Und welches Bild von der erzählten Zeit wird entworfen, mit welchen Fragen setzt sich der Autor in seinem Text auseinander?

Über den vorgelegten Textauszug kann man nur dann hinausgehen, wenn eine Szene oder ein Romanausschnitt aus einer im Kurs behandelten Ganzschrift stammt. Dann muss man den Text erst einmal im Werkganzen (im Kontext) verankern (situieren): Welchen Platz hat der Ausschnitt im Handlungszusammenhang und welche Funktion kommt ihm zu? (Was wäre, wenn er gestrichen wäre?) Manche unbekannten Texte dagegen bieten sich zum Vergleich mit behandelten Werken an. Hier ist jedoch Vorsicht geboten. Großen Raum darf ein solcher Vergleich nur dann einnehmen, wenn die Aufgabenstellung es ausdrücklich fordert. Andernfalls reicht ein kurzer Hinweis aus, um die Fähigkeit zu belegen, literarisches Fachwissen richtig anzuwenden.

Analyse von Sachtexten

- Bei Sachtexten ist es wichtig, Textsorte, Adressatenbezug und Kommunikationszusammenhang zu klären, denn oft reagieren Autoren auf ganz bestimmte Situationen, greifen mit ihrem Beitrag in eine öffentliche Debatte ein oder lösen eine öffentliche Debatte aus. Bei der Wahl solcher Themen sollte man also etwas Hintergrundinformation haben.
- Entscheidend ist es, das zentrale Problem zu erfassen, die Intention des Autors aus der Fülle der Aussagen herauszuschälen und die wichtigsten Argumente zu finden, die die vorgetragene Intention stützen.
- Bei Reden wäre zu fragen, ob überzeugend argumentiert oder ob eher überredet, manipuliert, verschleiert und mit Emotionalität und Suggestion Stimmung erzeugt wird. Aufschlussreich bei der Untersuchung von Reden ist es, nach Merkmalen zu suchen, die vielleicht eine Wir-Gruppe von einer Feind-Gruppe abgrenzen.
- Der Übergang zu literarischen Texten ist dann fließend, wenn die Autoren Dichter sind und in der Form des Essays schreiben.
- Bei Glossen und Polemiken kommt es sehr darauf an, Mittel der Ironie, der ironischen Übertreibung und Zuspitzung, nicht zu überlesen.

Einen guten Eindruck macht es immer, wenn korrekt **zitiert** werden kann. Sie sollten nicht zu umfangreich zitieren oder dem Leser das Zitat wie den Stein der Weisen wortlos vor die Füße schieben. Zitate, oft nur ein Satzfetzchen oder ein besonderes Wort, werden gewählt, weil sie aufschlussreich und vielsagend sind: Man muss also damit arbeiten, sie erläutern und kommentieren. Überhaupt ist es das A und O aller Interpretation, in die eigene Sprache hineinzuholen, was man vorfindet. Wer sprachfaul nur wiederholt, was der Autor sagt, bleibt gleichsam erkenntnisblind. Die Anstrengung dagegen, Fremdes selbstständig in der eigenen Sprache wiederzugeben, wirft unwillkürlich Fragen auf und bedeutet damit den ersten Schritt zum Verständnis eines Textes.
Sehr ratsam ist es, über ein paar **Fachbegriffe** so zu verfügen, dass über Erzähltes und Dargestelltes präzise gesprochen werden kann. Man sollte etwa schreiben können: „Die Peripetie erkenne ich in dem Moment, in dem …“ Oder: „Hier wird der Beziehungsaspekt wichtiger als der Inhalt.“ Oder: „In diesen Ellipsen, diesen Kurzsätzen ohne Prädikat, drückt sich aus, wie …“. – Sehen Sie zu, dass Sie Wortarten, Satzteile und Nebensatztypen korrekt bezeichnen können. Üben Sie sich darin, die wichtigsten rhetorischen Figuren zu erkennen, die gestalteter Sprache ihre Wirkung verleihen. (Eine gute Übersicht über rhetorische Figuren findet sich in dem folgenden Band: Werner Winkler, *Prüfungswissen Oberstufe,* Freising: Stark Verlag 2011, Titel-Nummer: 94400, dort S. 17–22.)

4 Anforderungsbereiche und Operatoren

4.1 Anforderungsbereiche (AFB)

In der EPA werden **drei Anforderungsbereiche** definiert, die sich in jeder Aufgabe – in jeweils leicht variierenden Anteilen – wiederfinden. Die einzelnen Bereiche bauen aufeinander auf und verlangen von Ihnen einen zunehmenden Grad an Abstraktionsfähigkeit und Problemlösungsvermögen. In jedem Bereich gilt es, eine Verstehensleistung, eine Argumentationsleistung und eine Darstellungsleistung zu erbringen.

- **Anforderungsbereich I** betrifft die **Reproduktion:** die Wiedergabe von gelernten Sachverhalten sowie die wiederholende Zusammenfassung. Der im Unterricht erarbeitete Hintergrund an Lektüre- und Faktenwissen, fachspezifische Arbeitstechniken, Methoden der Texterschließung sowie Darstellungstechniken sollen zum Einsatz gebracht werden.

- **Anforderungsbereich II** zielt auf die Anwendung erworbener Arbeitsweisen, auf **Reorganisation von Bekanntem und Transferleistungen**. Dabei geht es um selbstständiges Auswählen, Ordnen, Erläutern, Interpretieren oder Vergleichen. Erwartet wird von Ihnen eine eigenständige, argumentativ begründete Interpretation beziehungsweise Erörterung, die zeigt, dass Sie in der Lage sind, Gelerntes auch auf unbekannte Zusammenhänge anzuwenden. Auf dem AFB II liegt in der Abiturprüfung das Hauptgewicht, die Teilaufgabe wird auch entsprechend stark bewertet.
- **Anforderungsbereich III** betrifft die gedankliche Selbstständigkeit der Leistung: Hier müssen Sachverhalte und Zusammenhänge eigenständig ausgewertet, durchdacht und begründet beurteilt oder gestaltet werden. Sie sollen zu einer differenzierten und kritischen Wertung von Texten und Sachverhalten gelangen und Ihre Fähigkeit zur **Reflexion und Problemlösung** beweisen.

Im Thüringer Zentralabitur wird allerdings oftmals nur ein umfassender Operator (Arbeitsanweisung) wie „erörtern", „interpretieren" oder „analysieren" eingesetzt, der immer Leistungen in allen drei Anforderungsbereichen erfordert. Da diese in der Aufgabenstellung also selten weiter differenziert werden, entfällt eine erste Strukturierungshilfe. Folglich haben Sie aber auch mehr Freiraum beim Gliedern Ihres Aufsatzes. Überprüfen Sie vor Beginn der Niederschrift Ihres Aufsatzes noch einmal, ob die Inhalte und Überlegungen Ihres Konzepts alle drei Anforderungsbereiche abdecken.

4.2 Operatoren

Operatoren sind Arbeitsanweisungen. Sie machen deutlich, welche Art von Aufgabenstellung gemeint ist, lassen sich den einzelnen Anforderungsbereichen zuordnen und geben einen Hinweis auf das Gewicht der entsprechenden Aufgabe. Durch ihre konkreten Vorgaben dienen Operatoren sowohl dazu, Arbeitsaufträge eindeutig zu formulieren und voneinander abzugrenzen, als auch einheitliche Bewertungs- und Korrekturmaßstäbe zu setzen. Die folgende Operatorenliste basiert auf den Vorgaben der EPA und bietet ein breites Spektrum an Arbeitsaufträgen, die Ihnen in einer Abiturprüfung begegnen können.

Anforderungsbereich I (Reproduktion)

(be)nennen	Hier sollen Sie zielgerichtet Informationen zusammentragen, ohne diese zu kommentieren.	*Nennen Sie die wesentlichen Merkmale* eines Sonetts.
beschreiben	Textaussagen oder Sachverhalte müssen in eigenen Worten strukturiert und fachsprachlich richtig dargestellt werden.	*Beschreiben Sie die äußere Form* des Gedichtes.
wiedergeben	Sie sollen Informationen aus dem Vorwissen beziehungsweise dem Material zusammenfassend in eigenen Worten präsentieren.	*Geben Sie die Hauptgedanken* der Rede *wieder.*
zusammenfassen	Es wird von Ihnen erwartet, dass Sie Inhalte, Aussagen, Zusammenhänge komprimiert wiedergeben.	*Fassen Sie die* unterschiedlichen *Meinungen* zum Thema X *zusammen.*
darstellen	Sie haben die Aufgabe, einen Sachverhalt, Zusammenhang, eine methodische Entscheidung zu formulieren.	*Stellen Sie die Wirkungsabsicht dar*, die der Autor mit seinem Text verfolgt.

Anforderungsbereich II (Reorganisation und Transfer)

untersuchen, erschließen	Hier müssen Sie an Texten, Textaussagen, Problemstellungen, Sachverhalten kriterienorientiert arbeiten.	*Untersuchen Sie*, inwiefern *die rhetorischen Mittel* die Aussageabsicht verstärken. *Erschließen Sie* anhand der Bildsprache *die Grundstimmung des Textes.*
einordnen	Sie sollen einen Inhalt, eine Problemstellung, einen Sachverhalt auf einen vorgegebenen oder selbst gewählten Kontext beziehen.	*Ordnen Sie* dieses Naturgedicht *epochal ein.*
charakterisieren	Es wird erwartet, dass Sie eine Person oder Sache in ihren Eigenheiten darstellen, treffend und anschaulich schildern.	*Charakterisieren Sie den Protagonisten* in Goethes Drama *vor dem Hintergrund der Epoche* des Sturm und Drang.
vergleichen	Sie sollen Texte, Problemstellungen, Sachverhalte unter vorgegebenen oder selbst gewählten Aspekten einander gegenüberstellen, in Beziehung zueinander setzen und Gemeinsamkeiten und Unterschiede feststellen.	*Vergleichen Sie die Figurenkonstellation* mit derjenigen im Drama X. *Vergleichen Sie Art und Wirkung der Metaphorik* in beiden Gedichten.
kennzeichnen	Es kommt bei dieser Aufgabe darauf an, Typisches herauszustellen.	*Kennzeichnen Sie* das vorliegende Gedicht als expressionistischen Text.
erklären	Es wird von Ihnen erwartet, dass Sie Textaussagen und Sachverhalte auf der Basis von Kenntnissen differenziert darstellen.	*Erklären Sie* Brechts Dramentheorie *anhand des vorliegenden Textausschnittes.*
erläutern	„Erläutern" entspricht „erklären", enthält jedoch den zusätzlichen Aspekt, dass Sie Ihre Ergebnisse durch Zusatzinformationen und Beispiele veranschaulichen sollen.	*Erläutern Sie* Schillers Theaterverständnis, indem sie sich auch auf sein Drama X beziehen.
in Beziehung setzen	Sie haben die Aufgabe, Analyseergebnisse, Textaussagen, Sachverhalte, Problemstellungen mit vorgegebenen oder selbst gewählten Aspekten in Verbindung zu bringen.	*Setzen Sie Ihr Analyseergebnis in Beziehung* zur aktuellen Medienkritik am Privatfernsehen.

Anforderungsbereich III (Reflexion und Problemlösung)

beurteilen	Sie müssen zu einem Text, der ästhetischen Qualität eines Textes, einem Sachverhalt zu einem selbstständigen, begründeten Sachurteil gelangen, und zwar nicht gestützt auf subjektive Werte, sondern auf Fachwissen.	*Beurteilen Sie den Versuch des Autors*, die Ereignisse und Folgen des 11. September 2001 in lyrischer Form darzustellen.
bewerten	Es wird von Ihnen erwartet, dass Sie zu einem Sachverhalt, Text oder Problem selbstständig Stellung nehmen und ihn unter Bezug auf eine Wertordnung angemessen beurteilen.	*Bewerten Sie* Jandls lyrische „Sprachspiele" vor dem Hintergrund ihres eigenen Verständnisses von der Aufgabe der Lyrik in der Gegenwart.

(kritisch) Stellung nehmen	Hier geht es darum, die Einschätzung einer Problemstellung, eines Sachverhaltes, einer Wertung auf der Grundlage fachlicher Kenntnis und Einsicht nach kritischer Prüfung und Abwägung zu formulieren.	*Nehmen Sie zu den Aussagen* des Autors kritisch *Stellung*, indem Sie Erkenntnisse der Sprachsoziologie berücksichtigen.
begründen	Es ist wichtig, dass Sie ein Analyseergebnis, Urteil, eine Einschätzung, eine Wertung fachlich und sachlich absichern (durch einen entsprechenden Beleg, Beispiele, eine Argumentation).	Schreiben Sie dem Verfasser eine Antwort; *begründen Sie* anschließend die von Ihnen gewählte Darstellungsform und die von Ihnen gewählten Stilmittel.
sich auseinandersetzen mit	Sie sollen zu einer (fachlichen) Problemstellung oder These eine Argumentation entwickeln, die zu einem begründeten und nachvollziehbaren Ergebnis führt.	*Setzen Sie sich mit der Position* des Schriftstellers vor dem Hintergrund Ihrer Kenntnisse des Vormärz *auseinander.*
prüfen, überprüfen	Hier müssen Sie eine Textaussage, These, einen Sachverhalt auf der Grundlage eigener Kenntnisse, Einsichten oder Textkenntnis auf ihre/seine Angemessenheit hin untersuchen.	*Überprüfen Sie die Stimmigkeit* der Aussage anhand der Gliederung und der rhetorischen Mittel.
schreiben, gestalten	Erarbeiten Sie hier in Verbindung mit einer Textvorlage, auf der Grundlage einer konkreten Arbeitsanweisung, einen eigenen Text nach ausgewiesenen Kriterien.	*Gestalten Sie ein Flugblatt* textlich und grafisch, das die Intention der analysierten Rede widerspiegelt. *Schreiben Sie* einen inneren Monolog, in dem der Erwachsene das Gespräch reflektiert.
analysieren, interpretieren	**Literarische Texte:** Texterfassung, Textbeschreibung, Textdeutung (unter Berücksichtigung des Wechselbezuges von Textstrukturen, Funktionen und Intentionen, Erfassen zentraler strukturbildender, genretypischer, syntaktischer, semantischer und rhetorischer Elemente und ihrer Funktionen für das Textganze), kritische Reflexion und gegebenenfalls Wertung. **Sachtexte:** Texterfassung, Textbeschreibung, Textuntersuchung (Zusammenhang Textstruktur und Textintention, strukturbildende semantische, syntaktische Elemente unter Berücksichtigung der sprachlichen Funktion); Erfassen der pragmatischen Struktur des Textes unter besonderer Berücksichtigung der Argumentationsweise; Erkennen und gegebenenfalls Beurteilen des Zusammenspiels von Struktur, Intention und Wirkung im Rahmen des historischen und aktuellen Verstehenshorizontes.	*Interpretieren Sie* das vorliegende Gedicht. *Analysieren Sie* beide Gedichte vergleichend. *Interpretieren Sie* den vorliegenden Text vor dem Hintergrund der Ihnen bekannten Dramentheorien. *Analysieren Sie* die Rede unter Berücksichtigung der Anmerkungen. *Analysieren Sie* den vorliegenden Text *im Hinblick auf die Argumentationsstruktur.*

erörtern	Es wird von Ihnen erwartet, dass Sie eine These oder Problemstellung, eine Argumentation durch Für-und-Wider- beziehungsweise Sowohl-als-Auch-Argumente auf ihre Stichhaltigkeit hin prüfen und auf dieser Grundlage eine Schlussfolgerung beziehungsweise eigene Stellungnahme dazu entwickeln.	*Erörtern Sie die Notwendigkeit* von Sprachförderkonzepten im Zusammenhang mit den Aussagen der beiden vorliegenden Texte.

5 Tipps

5.1 Praktische Tipps

Die **Wahl der Aufgabe** sollte sorgfältig getroffen werden, denn von der „richtigen" Aufgabe hängt ganz wesentlich der Erfolg der Arbeit ab. Deshalb sollten Sie nicht nur die Textvorlage, sondern auch die Aufgabenstellung genau lesen und für sich selbst folgende Fragen beantworten:

- Was genau wird verlangt: Reproduktion, Erarbeitung, Beurteilung, Stellungnahme, Vergleich, Eigengestaltung?
- Welches ist die Schwerpunktaufgabe? Liegt sie mir?
- Welche Aufgabe fordert mich heraus? Wo kann ich meine Stärken einbringen?
- Ausschlaggebend sollte nicht die vermeintliche Leichtigkeit einer Aufgabe sein, sondern die Möglichkeit, sie auf ergiebige und gehaltvolle Weise zu lösen. Auch die Gelegenheit, Kenntnisse aus dem Unterricht einzubringen, ist ein Aspekt bei der Entscheidungsfindung.

Grundsätzlich gibt es zwei Aufgabentypen: die **Reproduktions-** und die **Erarbeitungsaufgabe**.

- Zum ersten Typus gehört alles, was man „im Kopf" hat (oder haben sollte), wenn man den Prüfungsraum betritt: Wissen um Gattungen, Epochen, Autoren, Stoffe, Werke – kurz, das Hintergrundwissen, das für jede Bearbeitung und Einordnung nötig ist. Sie sollten es parat haben und nur noch entscheiden müssen, was davon im vorliegenden Zusammenhang relevant ist.
- Einen anderen Charakter hat die Erarbeitungsaufgabe: Hier liegt das Wissen noch nicht bereit, es ist mithilfe geeigneter Methoden erst noch zu erschließen. Das ist natürlich arbeits- und zeitaufwendiger als das Reproduzieren. Erarbeitungsaufgaben sind daher immer Schwerpunktaufgaben.

Ist die Entscheidung gefallen, sollten Sie möglichst nicht mehr wechseln, denn das wäre verschenkte Zeit.

Eine grobe **Zeitplanung** ist immer hilfreich. Die 330 Minuten Bearbeitungszeit des Leistungskurses entsprechen einem sechsstündigen Unterrichtsvormittag. Es liegt also nahe, eine Grobplanung im 45-Minuten-Takt vorzunehmen. Bei Analyseaufgaben könnte man zum Beispiel zwei Unterrichtsstunden für die Konzeptphase ansetzen – Textmarkierungen, Skizzen, Aufsatzgliederung, Disposition, Ausformulierung von Kern- und Gelenkstellen –, etwa zwei Stunden für die Reinschrift und eine Stunde für die Durchsicht und Feinkorrektur. Damit wären etwa fünf Stunden verplant, sodass abzüglich der Pausen noch ein Puffer von einer Stunde bleibt. Pausen sollte man erst nach Beendigung eines Arbeitsganges einlegen, im Idealfall erst vor der Reinschrift.

5.2 Hinweise zu Bewertungskriterien

Die Note ist eine Gesamtwürdigung der erbrachten Leistung und wird auf alle drei Anforderungsbereiche bezogen. Dabei gilt aber wie für die Aufgabenstellung, dass diese nicht ausdifferenziert, sondern immer im Zusammenhang als *eine* inhaltliche, methodische und sprachliche Leistung betrachtet werden. Genauso wie die Operatoren unterschiedliche Herangehensweisen von Ihnen verlangen, haben die Aufgabenstellungen auch Einfluss auf die Auswahl der Bewertungskriterien.

Die Benotung des schriftlichen Abiturs im Punktesystem lässt sich aus dem Thüringer Lehrplan für das Fach Deutsch ableiten. Danach wird besonders viel Gewicht darauf gelegt, dass

- Ihr Aufsatz den Bezug zur Aufgabenstellung einschließlich Adressaten- und Situationsbezug herstellt,
- Ihre Darstellung und Ihr Verständnis der Materialien sowie der Thematik den prinzipiellen Ansprüchen eines Leistungskurses entsprechen,
- Fähigkeiten in den Bereichen der Analyse, der Abstraktion, des Transfers und der Argumentation deutlich werden, damit Ihre Lösungen plausibel sind,
- Ihre Herangehensweise selbstständig und gegebenenfalls auch kreativ ist,
- die Sprache und die Form Ihrer Arbeit angemessen und fehlerfrei sind.

Selbstverständlich sollte das im Rahmen des Anforderungsbereiches I wiedergegebene Wissen nicht nur Themenbezug besitzen, sondern auch sachlich richtig sein. Vermeiden Sie es daher, fachliche Bezüge herzustellen, die sich im Thema nicht deutlich genug widerspiegeln lassen. Qualität geht vor Quantität.

Hinweise und Tipps zur mündlichen Abiturprüfung

1 Allgemeines

Eine mündliche Abiturprüfung gibt es in jedem Fall im vierten Prüfungsfach. Sollten Sie die Seminarfachleistung nicht in das Abiturergebnis einbringen wollen, kann auch die zweite mündliche Prüfung (fünftes Prüfungsfach) im Fach Deutsch abgelegt werden. Daneben sind weitere Prüfungen im ersten bis dritten Prüfungsfach möglich, wenn die Leistung in den Abiturklausuren mit null Notenpunkten bewertet worden ist oder ein Prüfling sich für eine freiwillige mündliche Prüfung meldet, zum Beispiel um seinen Abiturdurchschnitt zu verbessern. Für mündliche Prüfungen im ersten bis dritten Fach gilt, dass sie nicht dem Stoffgebiet der Abiturklausur entsprechen dürfen.

Die mündliche Prüfung enthält in der Regel zwei gleichwertige Elemente, durch die einerseits die Fähigkeit zum **Vortrag**, andererseits die Fähigkeit zur Beteiligung am **Prüfungsgespräch** überprüft wird. Es gelten ansonsten grundsätzlich dieselben Kriterien für die Bewertung wie bei den schriftlichen Anforderungen, wobei es besonders darauf ankommt, dass man auch in mündlicher Rede gewandt und präzise argumentiert, ohne den Faden zu verlieren.

Zunächst erhalten Sie eine Aufgabenstellung, die aus einer oder mehreren Teilaufgaben bestehen kann. Für die Bearbeitung dieser Aufgabe stehen Ihnen im Vorbereitungsraum 20 Minuten zur Verfügung. Innerhalb dieser Zeit sollen Sie einen 10- bis 15-minütigen Vortrag vorbereiten, der in sich geschlossen und logisch untergliedert ist. Während des Vortrages können Sie sich auf die Texte sowie auf Ihre stichwortartigen Aufzeichnungen stützen.

Die Kürze der Vorbereitungszeit schließt aus, dass Sie Ihren Vortrag schriftlich ausformulieren; vielmehr ist es, ähnlich wie bei der Sichtungsphase in der Klausur, notwendig, den Vortrag durch sinnvolles Markieren und knappe Anmerkungen vorzubereiten.

Der zweite Prüfungsteil besteht aus einem Prüfungsgespräch, in dem Ihr Hintergrundwissen und Ihre Fähigkeit, größere fachliche und sachliche Zusammenhänge zu erschließen, überprüft werden.

Nutzen Sie für die Vorbereitung im Vorfeld des Prüfungstermins mögliche Angebote der prüfenden Fachlehrer zu Konsultationen beziehungsweise Sprechstunden. Sie können sich dabei auch über schulinterne Kriterien informieren. Gerade im Fachbereich Deutsch kann ein besonderes Gewicht auf der sprachlich-rhetorischen Gestaltung liegen.

2 Prüfungsteil I: eigenständiger Vortrag

Die größten Schwierigkeiten bei der mündlichen Abiturprüfung liegen im ersten Teil, also dem mindestens 10-minütigen zusammenhängenden, gegliederten Vortrag. Obwohl in der Thüringer Oberstufe meist im Unterricht, mindestens aber im Kolloquium des Seminarfaches mündliche Vorträge intensiv und unter Bewertung geübt werden, fehlen für die speziellen Bedingungen des ersten Prüfungsteils (geringe Vorbereitungszeit, vorgegebene Auswahl an Materialien) konkrete Erfahrungen; daher folgen hier Tipps, wie Sie sich auf diese Prüfungssituation vorbereiten und Ihren Vortrag ansprechend gestalten können.

Tipps für die 20-minütige Vorbereitung

- Themenstellung: Was ist die Zielrichtung der Arbeitsanweisung?
- Operatoren: Welche konkreten Anforderungen werden gestellt? Bei Mehrteiligkeit: Welche Gliederungshilfe bieten die Teilaufgaben? Welcher Aufgabe kommt das größte Gewicht zu?
- Einstieg: Mit welcher Einführung führt man den Vortrag schnell und stringent zum Kern der Aufgabenstellung?
- Texte: Fachbegriffe an den Rand schreiben, Quellen-Anmerkungen ergänzen, Stichworte für den Vortrag festlegen; wichtige Zitatstellen markieren.
- Gliederung: Nummerieren Sie Ihre Markierungen, damit Sie Ihren Vortrag anhand dieser Reihenfolge gestalten können.
- Beenden Sie Ihren Vortrag mit einem klaren Fazit.
- Grobstruktur: Nennung der Aufgabenstellung – Einleitung – Bearbeitung der Teilaufgaben – Schlussteil.

Tipps für den Vortrag

- Zeitmanagement: Legen Sie eine Armbanduhr neben Ihr Konzept, schreiben Sie, bevor Sie zu sprechen anfangen, den konkreten Zeitraum für Ihren Vortrag auf Ihr Konzept – so haben Sie klare zeitliche Anhaltspunkte.
- Nutzen Sie die Anmerkungen, die Sie während der Vorbereitungszeit angefertigt haben, als Leitfaden Ihres Vortrages.
- Sprechen Sie möglichst frei, klammern Sie sich nicht an Ihr Konzept.
- Sprechen Sie klar, deutlich und hinreichend laut.
- Achten Sie auf ein angemessenes Sprechtempo und sprechen Sie nicht zu schnell.
- Vermeiden Sie sowohl „Endlossätze“ als auch Aneinanderreihungen und monotone Satzanfänge („Und … und … und …“).
- Verwenden Sie die Fachsprache, die Sie gelernt haben, um zu verdeutlichen, dass Sie Ihr Metier beherrschen.
- Zitate/Textbelege: Verdeutlichen Sie während des Vortrages, woher Sie Ihre Aussagen beziehen, indem Sie Kernstellen mit Zeilenhinweis anführen.
- Ein gelegentlicher Blickkontakt zu Ihrem Prüfer oder den übrigen Beisitzern zeugt von einem souveränen Umgang mit der Situation und den Kommunikationsregeln.
- Bewegen Sie sich bei Ihrem Vortrag auf einer einheitlichen Sprachebene und vergegenwärtigen Sie sich, dass die Adressaten Ihres Vortrags Deutschlehrerinnen und Deutschlehrer, also Fachleute sind.
- Beziehen Sie nonverbale Mittel (Mimik, Gestik) sinnhaft und ohne Übertreibung in Ihren Vortrag ein.

Sie können diesen ersten Teil der mündlichen Prüfung üben und simulieren, indem Sie Arbeitsaufträge aus diesem Band zugrunde legen, die Vorbereitungszeit exakt einhalten und zwei Kursmitglieder als fiktive Prüfungskommission hinzuziehen. Lassen Sie sich anschließend von Ihrer „Prüfungskommission“ begründet darlegen, ob Ihr Vortrag sprachlich und inhaltlich verstanden wurde.

Ebenso können Sie natürlich in der Familie oder im Freundeskreis das Referieren üben oder zu diesem Zweck Ihren Vortrag selbst aufnehmen und überprüfen.

3 Prüfungsteil II: das Prüfungsgespräch

Die zeitliche Dauer des zweiten Prüfungsteils entspricht derjenigen des ersten Teils: 10 bis 15 Minuten je nach Verlauf. Das Thema des Prüfungsgesprächs muss einem anderen Kurshalbjahr entnommen sein als der für den vorangegangenen Vortrag vorgegebene Gegenstand. Meistens stellt der Prüfer durch eine kurze Überleitung einen Zusammenhang zwischen Ihrem Vortrag und dem Gegenstand des zweiten Teils der Prüfung her; das gibt auch Ihnen die Gelegenheit, an Ihren Vortrag anzuknüpfen. Sie sollten sich dabei aber nicht wiederholen oder gar den Eindruck erwecken, dass sie dem Thema des Prüfungsgespräch ausweichen wollen.

Im weiteren Verlauf sollen Sie Ihre Kommunikationskompetenzen im Rahmen eines Fachgespräches unter Beweis stellen: Zeigen Sie sich also als gewandter Gesprächspartner, der adressatengerecht und sachkundig die Fragen und Impulse aufgreift und möglichst selbstständig und ergiebig damit umgeht.

Tipps für das Prüfungsgespräch

- *Sprechanteil:* Je eigenständiger und umfassender Sie als Prüfling mit den Fragen und Impulsen umgehen, desto besser! Begnügen Sie sich nicht mit Kurzantworten, führen Sie länger aus.
- *Erfassen der Frageintention:* Achten Sie auf die Operatoren und auf fachliche Kernbegriffe! Führen Sie sinnvolle Beispiele oder Vergleiche aus dem Unterricht an, zeigen Sie Ihr Hintergrund- und Allgemeinwissen. Aber schweifen Sie nicht ab, bleiben Sie beim Thema.
- *Gesprächsaufbau durch den Prüfer:* In der Regel gestaltet der Prüfer ein solches Gespräch nach dem Prinzip „Vom Einfachen zum Schwierigen, vom Einzelfallbeispiel zum Allgemeinen/Modellhaften“. Wenn Sie einen Bezug zu einer Ihnen passend erscheinenden Theorie oder zu einem aus dem Unterricht bekannten Beispiel selber herstellen können: Tun Sie dies!
- *Unterrichtsbezüge:* Hintergrund aller Fragen und Impulse ist das aus dem Unterricht Bekannte. Stellen Sie also nach Möglichkeit über das gerade angesprochene Einzelbeispiel hinaus Vergleiche zu dem im Unterricht Behandelten an, weisen Sie auf Gemeinsamkeiten oder auch auf Unterschiede hin. Machen Sie somit deutlich, dass Sie den Gesprächsgegenstand aus dem Prüfungsgespräch in größere Zusammenhänge einordnen können.
- *Verständnisproblem:* Sollten Sie mit einer einzelnen Frage einmal nichts anfangen können: verlieren Sie keine Zeit, bitten Sie an einer solchen Stelle um eine kurze ergänzende Erläuterung.
- *Unterbrechungen:* Lassen Sie sich nicht irritieren. Der Prüfer möchte Ihnen entweder zurück auf den Haupt(frage)weg helfen oder den Themenschwerpunkt wechseln, was vielleicht nur daran liegt, dass die Prüfungszeit allmählich knapp wird: Werten Sie solche Unterbrechungen in jedem Fall als für Sie günstig und hilfreich.
- *Mimik und Gestik:* Lassen Sie sich nicht durch Äußerlichkeiten irritieren: Die Prüfer werden sich bemühen, eine neutrale Atmosphäre herzustellen. Wenn das Prüfungsgespräch beispielsweise weniger persönlich verläuft als eine normale Unterrichtsstunde, ist das kein beunruhigendes Zeichen.

Leistungskurs Deutsch (Thüringen): Abiturprüfung 2010
Aufgabe 1: Freie Erörterung

Jorge Bucay[1] (geb. 1949)

Rebellion

Und plötzlich klingelt es.
„Bist du da?“ hörte ich. „Es wird Zeit.“
„Ich komme“, antwortete ich automatisch.
„Es ist schon spät. Mach die Tür auf.“
Ich war wütend.
Ich dachte daran, den Hammer zu nehmen und …
Mit ein bißchen Glück könnte ich diesem ewigen Martyrium mit einem Schlag ein Ende bereiten.
Es wäre wunderbar.
Keine Kontrolle mehr.
Keine Dringlichkeiten.
Nie mehr Gefängnis!
Früher oder später würden alle erfahren, was ich getan hatte …
Früher oder später würde sich jemand ein Herz fassen und es mir gleichtun …
Und dann würde vielleicht jemand anders …
Und noch jemand …
Und noch viele andere würden den Mut fassen.
Eine Kettenreaktion, die der Unterdrückung ein für allemal ein Ende bereiten würde.
Uns definitiv von ihnen befreien.
Uns von ihnen befreien, in welcher Gestalt auch immer sie daherkommen mochten …
[**Fazit**]
Schnell erkannte ich, daß mein Traum unerfüllbar war.
Unsere Versklavung scheint zugleich unsere einzige Möglichkeit zu sein …
Wir selber haben uns unsere Gefängnisse geschaffen, und ohne sie könnte die Gesellschaft inzwischen gar nicht mehr existieren.
[…]

1 argentinischer Autor, Psychiater und Therapeut

Aus: Bucay, Jorge: Geschichten zum Nachdenken. Übersetzerin: Stephanie von Harrach. Zürich: Ammann 2006, S. 114–115

Arbeitsanweisung

Erörtern Sie das Fazit!

Hinweise und Tipps

Die **Arbeitsanweisung** lautet kurz und bündig: „Erörtern Sie das Fazit!" Es könnte Sie etwas irritieren, dass diesem ein längerer Text vorausgeht, der sich wie eine kurze **Geschichte** liest. Ein Ich, das nicht der Autor sein muss, wird aus dem Haus geklingelt, es folgt dem Signal und verfällt in einen Gedankenstrom, der sich damit befasst, dass der Mensch ein abhängiges Wesen sei, das so gut wie nichts allein entscheiden könne. Das Ich stellt Überlegungen an, wie es wäre, wenn es sich von jeglichen **Abhängigkeiten** befreien und auch andere dazu ermutigen könnte. Im **Fazit**, mit dem Sie sich in der Ausarbeitung beschäftigen sollen, wird dem Ich klar, dass sein Wunsch ein Traum bleiben werde, da sich der Mensch selber seine Gefängnisse geschaffen habe, ohne die er nicht mehr existieren könne. Erst mit dem erklärenden Text macht das zu erörternde Fazit Sinn. Sie sollten zunächst die **Begriffe** „Traum", „Versklavung" und „Gesellschaft" sowie deren Zusammenhänge klären. Dabei bietet es sich an, auch auf das aktuelle **Abiturthema** einzugehen. Interessant ist die Frage, welche **Visionäre** aus der Geschichte mit ihren Erkenntnissen bis in die heutige Gegenwart wirken und wer als der Visionär des 21. Jahrhunderts gelten könnte. Das eigentliche **Problem** erschließt sich in der Erkenntnis, dass der **Widerspruch** zwischen dem Wunsch nach absoluter Freiheit einerseits und der Einschränkung dieses Wunsches durch die Gesellschaft andererseits nicht überwunden werden kann. Sie beantworten gleichzeitig die Frage: Was ist **Freiheit**? und setzen sich kritisch mit dem im Text dargelegten Freiheitsbegriff auseinander. Aus dem Ethikunterricht wissen Sie, dass es absolute Freiheit nicht gibt, sondern nur in ihrer **Determination**. Sie loten das Verhältnis zwischen individueller Freiheit und **gesellschaftlicher Notwendigkeit** an Beispielen aus, die aus verschiedenen Bereichen kommen können.
In seinem Fazit beklagt Bucay, dass der Mensch sich seine **Gefängnisse** selbst geschaffen habe, aber dass er ohne sie gar nicht mehr existieren könne. Sie überlegen, welche Gefängnisse der Autor gemeint haben könnte und verdeutlichen gleichzeitig, dass der Mensch ein Wesen ist, das ohne Gemeinschaft nicht existieren kann und nicht jede Abhängigkeit gleichzeitig ein Gefängnis ist. Sie loten die Möglichkeiten und Grenzen des Individuums in der Gesellschaft aus. Nun fehlt noch eine Idee für **Anfang und Schluss**. Dafür können sie, wie im Lösungsvorschlag, bekannte Zitate nutzen.

Lösungsvorschlag

Einleitung

Zitat

Zustand der Welt

Bezug

John Lennon wird der Spruch „Haltet die Welt an, ich möchte aussteigen" zugeschrieben. Wenn ein Mensch so etwas sagt, muss er sehr verzweifelt sein, wenn er es nicht einfach nur flapsig meint. Denkt er in diesem Moment an den Zustand der ganzen Welt mit all ihren Ungerechtigkeiten, an seine eigene unzulängliche Lebenssituation oder an beides in einem? Am Beginn des 21. Jahrhunderts stehen Europa und die Welt vor großen Herausforderungen. Der durch uns Menschen verursachte Klimawandel droht zur Klimakatastrophe zu werden. Die Globalisierung schränkt die Handlungsspielräume nationaler Wirtschaftspolitik ein, woraus die größte Wirtschafts- und Finanzkrise seit den 1930er-Jahren resultierte. Die kulturellen Konflikte zwischen dem aufgeklärten Gesellschaftsmodell und den islamistischen Lebensmustern verschärfen sich. Angesichts solcher Probleme ist man geneigt, dem Fortgang der Ereignisse Einhalt gebieten zu wollen. Aber auch im Kleinen ist jeder einmal in dem Zustand, diesen Satz zu sagen – vielmehr zu stöhnen. Der eine ist durch die letzte Prüfung gefallen. Dem anderen ist die Freundin davongelaufen. Bei einem dritten wird Krebs diagnostiziert. Jeder ist in seinem kleinen Gefängnis Persönlichkeit gefangen und kann nicht aus seiner Haut.

Hauptteil

Der Auszug aus dem Text *Rebellion* des argentinischen Autors, Psychiaters und Therapeuten Jorge Bucay, erschienen in *Geschichten zum Nachdenken*, Zürich 2006, leuchtet mitten hinein in eine Person, die mit sich und ihrer Lage unzufrieden ist. Ein plötzliches Klingeln ist der Auslöser für ein wütendes Nachdenken über Abhängigkeiten und den Wunsch, sie abzustreifen. Es endet mit dem Fazit: **„Schnell erkannte ich, daß mein Traum unerfüllbar war. Unsere Versklavung scheint zugleich unsere einzige Möglichkeit zu sein … Wir selber haben uns unsere Gefängnisse geschaffen, und ohne sie könnte die Gesellschaft inzwischen gar nicht mehr existieren.**“ (Z. 22–26) Die Situation des Erzähler-Ichs, das mit dem Autor nicht identisch sein muss, vor der resignativen Bilanz wird nur angedeutet. Jemand wird durch ein Klingeln aufgeschreckt, das ihm offensichtlich einen Auftrag signalisiert. Automatisch antwortet das Ich, es komme. Es wird gedrängt, woraufhin eine Abfolge von Gedanken einsetzt, die anfangs um Anhängigkeit kreisen, dann Ideen aufwerfen, wie man sie durchbrechen könnte und in dem Wunsch gipfeln: „Keine Kontrolle mehr. Keine Dringlichkeiten. Nie mehr Gefängnis!“ (Z. 10–12) Das Gefängnis ist hier im übertragenen Sinn gemeint und symbolisiert jegliche Unfreiheit. Das Erzähler-Ich spinnt den Gedanken weiter, wie sein Handeln der Auslöser für eine Kettenreaktion, „die der Unterdrückung ein für allemal ein Ende bereiten würde“ (Z. 18), werden könnte. Es muss am Ende jedoch berechtigt einsehen, dass jegliche Vorstellung von Befreiung ein Traum bleiben werde.

Trotzdem funktioniert ein Leben ohne **Träume** nicht. Tagträume, Wunschträume zu haben, ist für jeden Menschen wichtig. In seinen Gedanken keimen Ideen, reifen Pläne, formen sich Visionen, die er Wirklichkeit werden lassen kann. Daran dachte sicher auch der lateinamerikanische Befreiungstheologe Dom Hélder Pessoa Câmara, als er seinen Ausspruch, der gleichzeitig das aktuelle Abiturthema darstellt, aufzeichnete: **„Wer keine Kraft zum Träumen hat, hat keine Kraft zum Handeln.**“ Wer sich positive Vorstellungen von der Zukunft macht, weckt in seinem Körper Lebensenergien, fühlt sich voller Tatendrang und in der Lage, den Wunschtraum in die Wirklichkeit umzusetzen. Wunschträume sind der **Motor**, der alles in Bewegung setzt. Prüfungen werden bestanden, ein Bewerbungsgespräch endet mit der Zusage für den Job, die Partnerschaft gelingt. Allerdings ist zur Realisierung der Träume eine gesunde Portion **Bodenhaftung** nötig. Luftschlösser in einem Wolkenkuckucksheim werden nie gebaut. Schwierig einzuschätzen ist, vor allem für junge Menschen, was machbar ist und was unmöglich bleiben wird. Aber ist der Wunsch sehr mächtig oder begleitet er denjenigen schon lange Zeit, dann sollte er ihn ernst nehmen und seine Kraft darauf verwenden, ihn umzusetzen. Ungelebte intensive Wunschträume blockieren unnötig die Energie im Alltag. Seine Träume zu leben, heißt, sich selbst zu verwirklichen und dem Leben einen **Sinn** zu geben. Das Ich in *Rebellion* begreift schnell, dass sein Wunsch, die absolute Freiheit zu erlangen, scheitern muss, weil es Teil eines Ganzen ist. Das mag zunächst desillusionierend und schmerzhaft sein, aber andererseits ist es in einer Gesellschaft aufgehoben und hat dort seinen Platz. Es könnte durch sein Wirken bedeutsam werden, sowohl zu seinem eigenen als auch zum Wohl der Gemeinschaft, um so seinen Sinn des Lebens zu finden.

Woran erkennt man **Visionäre**? Sie haben neue Lösungsansätze für die Probleme ihrer Zeit, sie stehen zunächst recht allein damit da und werden, da ihre Visionen einschneidende Veränderungen bestehender Strukturen nach sich ziehen, von Medien und Institutionen ignoriert. Sind ihre Gedanken tatsächlich wegweisend, kennt in einigen Jahrzehnten jedes Kind ihren Namen. Beispiele aus der Geschichte der Menschheit können diese Theorie belegen. Visionäre der Vergangenheit wirken durch ihr beharrliches Forschen und Entdecken in verschiedensten Bereichen bis in unsere Gegenwart hinein. **Leonardo da Vinci** hatte schon im 15. Jahrhundert den Traum vom Fliegen und versuchte, mechanische Flügel zu konstruieren. **Christoph Kolumbus** gilt als der Entdecker Amerikas, wobei dies dazu führte, dass die Spanier in der Folgezeit die indianische Bevölkerung versklavten und Gräueltaten verübten. **Charles Robert Darwin** hatte im 19. Jahrhundert den Traum, die Entstehung von Arten auf eine naturwissenschaftliche Grundlage zu stellen. Seither bildet die Evolutionsbiologie den entscheidenden Wendepunkt in der Geschichte der modernen Biologie. **Karl Marx** träumte vom Kommunismus und einer klassenlosen Gesellschaft, **Ernesto (Ché) Guevara Serna** von der Weltrevolution und internationaler Solidarität. Mohandas Karamchand Gandhi, genannt **Mahatma Gandhi**, war überzeugt vom gewaltlosen Widerstand und die 1997 verstorbene **Mutter Teresa** gab ihre ganze Kraft dafür, den Ärmsten der Armen zu helfen und zu dienen.

Ist derjenige, der als Visionär im **21. Jahrhundert** gelten könnte, schon geboren? Ist es ein Politiker, Unternehmer, Forscher, Künstler? Gerade in der Gegenwart ist es angesichts von Wirtschafts-, Finanz- und Umweltkrise umso dringlicher, Visionen von einer besseren, gerechteren, friedlicheren, lebenswerteren Welt zu entwickeln, denn nur so werden wir einen Weg in die Zukunft für unseren Planeten finden. Vielleicht ist der 2009 gewählte 44. amerikanische Präsident **Barack Obama** solch ein Visionär. Er war noch kein Jahr im Amt, als ihm bereits der Friedensnobelpreis für seine Anstrengungen zur Stärkung der internationalen Diplomatie und der Zusammenarbeit zwischen den Völkern zuerkannt wurde. Seine neue Sicherheitsstrategie hebt sich wesentlich von der des Vorgängers George W. Bush ab. Amerika wolle die Abkehr von Alleingängen, Präventivschlägen und dem „Krieg gegen den Terror“. Sein Land habe mehr Erfolg mit internationaler Partnerschaft und Diplomatie. Die Zukunft wird zeigen, ob Obama seine Versprechen an die Menschen des eigenen Landes sowie in aller Welt halten kann.

Sind **Craig Venter** oder **Steve Jobs** Visionäre? Der eine, ein Biochemiker, weil er ein synthetisches Bakterium geschaffen hat. Der andere, Konzernchef der Hardware- und Softwarefirma Apple, wegen seiner wegweisenden, begehrten Produkte. Hoffentlich nicht, ist man geneigt zu sagen, da weder die Manipulierbarkeit der Software des Lebens durch den Menschen noch der Konsumenten durch begrenzten Zugang zu Software erstrebenswert erscheint.

Das Ich im Ausgangstext *Rebellion* nennt das, was die Menschen abhängig von etwas macht, „Versklavung“ (Z. 23). Ursprünglich handelt es sich bei **Sklaverei** um den Zustand, in dem Menschen als Eigentum anderer behandelt werden, um Zugriff auf ihre Arbeitskraft zu erlangen. Das Wort **Freiheit** diente nur der Abgrenzung des vollwertigen Bürgers vom Sklaven. Seit in der „Aufklärung“ des 18. Jahrhunderts die Menschenrechte des Individuums formuliert wurden, besteht eine unauflösliche Verbindung zwischen der Individualität und der Freiheit. Von nun an meint Freiheit, dass der Mensch nicht von außen gezwungen wird, etwas zu tun, dass er nicht von anderen Menschen, von sozialen und politischen Mächten fremdbestimmt wird in seinem Handeln. Im umgangssprachlichen Sinn wird unter Versklavung auch eine **Freiheitsberaubung** und **Nötigung** von Menschen verstanden, die in der Gesellschaft, in der sie sich ereignet, keine gesetzliche Grundlage besitzt. Der Autor Jorge Bucay, geboren 1949, ist **Argentinier**. Im 20. Jahrhundert, der Zeit, die er bewusst miterlebt hat, wurde das Land abwechselnd von zivilen und Militärregimes regiert, die überwiegend diktatorisch über die Bevölkerung herrschten. Erst 1983 kehrte es zur **Demokratie** zurück. Er hat demnach Zeiten erlebt, die für die Menschen in seinem Land, auch für ihn selbst, gefährlich sein konnten, wenn sie sich gegen die Machthaber zur Wehr setzten. Mit diesem geschichtlichen Hintergrund kann man die Zeilen 1–20 als mutiges Aufbegehren, als „Rebellion“, lesen, um sich von Unterdrückung und Bevormundung zu befreien. Demokratie ist vielleicht nicht die ideale, aber doch die beste Form des Zusammenlebens von Menschen, die es ihnen ermöglicht, in Frieden und gegenseitiger Achtung voranzukommen.

Andererseits könnte mit dem Wunsch nach Freiheit auch das **Ausbrechen-Wollen** aus einem langweiligen grauen Einerlei von Arbeit, dem alltäglichen Funktionieren gemeint sein, das jeden Menschen überall auf der Welt ereilen kann. Alle Menschen sind unverwechselbare, unwiederholbare Individuen mit verschiedenen Charakteren, Begabungen und Fertigkeiten. Sie sind **autonom**. Sie bestimmen selbst ihr Tun und haben die Freiheit zu denken, was sie wollen, und demgemäß zu handeln. Sie sind souverän. Dennoch fügen sie sich oft in den monotonen Ablauf des Lebens ein, lassen sich von anderen regulieren und sogar manipulieren, jeden Tag aufs Neue. Warum bricht das System nicht in sich zusammen, indem, sagen wir, an einem Montag, viele Bürger einfach weiterschlafen? Weil in allen Gemeinschaften ungeschriebene und geschriebene **Gesetze** bzw. Konventionen das Leben regeln. Diese Normen sind für den **Schutz** der Gesellschaft und des Lebens jedes Einzelnen notwendig, deshalb unterwerfen sich die Menschen den Regeln selbst dann, wenn sie das Funktionieren des Systems durchschauen oder sogar darunter leiden. Sie verhalten sich wie in einem Schauspiel, spielen ihre Rollen und geben den Mitspielern die Stichworte. Der Regisseur ist die Gesellschaft, die alles überwacht. So ist es möglich, dass, wenn es klingelt, der Aufgeschreckte, anstatt weiter zu schlafen, sofort bereit ist, das Haus zu verlassen, um irgendeinen Auftrag zu erledigen. In einem kurzen Moment, vielleicht zwischen dem Anziehen der Jacke und dem Gang zur Tür, schießt dem Mann der Gedanke durch den Kopf, die Monotonie zu durchbrechen, sich von den Zwängen zu befreien, eine Kettenreaktion auszulösen – weiß aber im selben Moment, dass dies nicht möglich und auch nicht wünschenswert ist. Schon beim Schließen der Tür schlussfolgert der Protagonist: „Unsere Versklavung scheint zugleich unsere einzige Möglichkeit zu sein …“ (Z. 23). Der Satz könnte weitergehen: „als Menschen zu existieren“. Schon **Aristoteles** formulierte die Grunddisposition des Menschseins mit dem Begriff des „zoon politikon“, das den Menschen als soziales (bzw. politisches) Wesen erfasst. Erst durch den anderen erfährt er Anerkennung und Achtung für seine Leistungen.

Freiheit gibt es also nur in ihrer **Determination**. Wir leben in einem Netz sich überschneidender Lebenslinien. Weite Bereiche unseres Daseins scheinen vorherbestimmt von genetischen, biografischen, sozialen, geografischen und historischen Zufälligkeiten. Jeder wird zunächst in Gegebenheiten hineingeboren, die sein künftiges Leben stark beeinflussen. Echte Freiheit ist deshalb Theorie. Dennoch kann der Mensch das Spannungsverhältnis von individueller Freiheit und gesellschaftlicher Notwendigkeit so weit wie möglich ausloten. Er kann als Sozialautomat funktionieren, Widerstand leisten, kämpfen, Verantwortung übernehmen.

Effi Briest, die Hauptfigur aus Theodor Fontanes gleichnamigem **Roman**, wird in die adlige Gesellschaft des 19. Jahrhunderts hineingestellt, die dem Einzelwesen, dem 17-jährigen Mädchen, kaum Freiraum lässt. Effi wird mit einem mehr als doppelt so alten Mann verheiratet, der sie wie ein Kind behandelt und später als Frau vernachlässigt. Sie langweilt sich zwischen Landpartien und Anstandsbesuchen. Kein Wunder, dass sie für kurze Zeit einem attraktiven Offizier, Major Crampas, verfällt. Diese Affäre bestimmt das weitere Schicksal aller Figuren. Nach sechs Jahren wird sie ihrem Ehemann Innstetten durch Zufall bekannt. Er tötet den Rivalen im Duell, weil er glaubt, seine Ehre wiederherstellen zu müssen, und trennt sich von Effi. Auch er befindet sich im Netz der gesellschaftlichen Konventionen, die er nicht zu durchbrechen in der Lage ist. Genauso wenig wie die Eltern, die die Verstoßene nicht aufnehmen. Effi zieht in eine Wohnung in Berlin. Ihre kleine Tochter, die sie lange Zeit nicht sehen darf, wird ihr völlig entfremdet. Mit 29 Jahren stirbt Effi, nachdem sie ihrem Mann die herzlose Erziehung der Tochter verziehen hat, an gebrochenem Herzen. Soweit Fontane. In der neuesten **Verfilmung** von Hermine Huntgeburth erfährt die Protagonistin eine interessante Umdeutung. Hier ist sie eine moderne skeptische Frau, die Crampas so leidenschaftlich liebt, dass sie sogar bereit wäre, Innstetten zu verlassen. Nach dem Duell nimmt sie in Berlin ihr Leben in die eigenen Hände, arbeitet in einer Bibliothek und geht in der Schlusseinstellung als befreite Frau erhobenen Hauptes selbstbewusst und zielstrebig durch die belebten Straßen der Großstadt. Zweimal die Gestaltung der Figur Effi zwischen Individuum und gesellschaftlichem Zwang auf ganz unterschiedliche Weise.

Effi ist eine literarische Figur. Ihr Schöpfer kann mit ihr machen, was er will. Er kann sie sich verlieben, verlieren, emanzipieren, kann sie auch sterben lassen. Anders sieht es dagegen mit uns Menschen aus Fleisch und Blut aus. Wir sind für unser Leben selbst verantwortlich. Junge Leute wurden von einem Zeitungsredakteur gefragt, was für sie Freiheit sei. Sie antworteten, dass sich für sie Freiheit mit **Abenteuer** verbinde, z. B. einem einjährigen Aufenthalt im Ausland, Mountainbiking durch unwegsames, steiniges Gelände, einer Weltumsegelung. Einige schränkten gleich ein, dass man dafür auch die entsprechenden finanziellen Mittel besitzen müsse. Vieles von dem, was sich die Jugendlichen gewünscht haben, wird Wirklichkeit werden. Sie werden einen Weg finden, ihrem Drang nach Abenteuer nachzugeben, vielleicht anders, als sie es sich gedacht haben. Aber dennoch hat Bucay recht, wenn er behauptet: „Wir selber haben uns unsere **Gefängnisse** geschaffen, und ohne sie könnte die Gesellschaft inzwischen gar nicht mehr existieren." (Z. 24 f.) Unsere Gefängnisse – das sind, zumindest in der westlichen modernen Welt, mehr oder weniger alle Bereiche des alltäglichen Lebens: Das Beschäftigungsverhältnis zum Zweck des Geldverdienens; die Partnerschaft; das Freizeitverhalten in Vereinen, Clubs, Fitness-Studios; das Verreisen im Urlaub; der Konsum; die Medien. Alles ist durchgeplant, man will nichts verpassen, dazugehören, auf der neuesten Welle mitschwimmen. Selbst die Bereiche, die Erholung von Arbeit sein sollen, Rückzugsraum ins Private, werden in den minutiösen Plan einbezogen. So scheint es kaum möglich, etwas spontan zu entscheiden, ein Stück im Wald spazieren zu gehen oder sich auf der Liege auszustrecken, um einmal nichts zu tun. Der Zwang, fortschrittlich zu sein, ist übermächtig und macht häufig krank. Die Gefängnisse – das sind auch die **Süchte**, z. B. Alkoholismus, Spielsucht, Drogensucht, Arbeitssucht.

Die alltägliche **Lebenswelt**, die Bucay drastisch „Gefängnisse" nennt, ist die Wirklichkeit, in die der Mensch eingreifen und die er verändern kann. Zugleich beschränken die Handlungen anderer Menschen sowie deren Ergebnisse seine freien Handlungsmöglichkeiten. Sie setzen ihm zu überwindende **Widerstände** oder unüberwindliche **Schranken** entgegen. Andererseits kann er sich jedoch nur innerhalb dieses Bereiches mit seinen Mitmenschen verständigen und mit ihnen zusammen wirken. Nur hier kann er gemeinsame Projekte verwirklichen, die ein Bedürfnis befriedigen oder neue Ideen befördern. Bucay formuliert: „[…] ohne sie [die Gefängnisse] könnte die Gesellschaft *inzwischen* gar nicht mehr existieren." (Z. 25) Es ist fraglich, ob sie das jemals konnte. Die Gefängnisse haben sich im Laufe der menschlichen Entwicklung verändert, haben das Individuum fortgesetzt eingeschränkt, aber sie waren notwendig immer schon da. Der Einzelmensch braucht die Gemeinschaft. Ohne sie ist er hilflos und kann nicht existieren. Vielmehr ergeben sich im Zusammenleben der Menschen schöne Formen des **Miteinander**, die Freundschaft, die Partnerschaft, die Liebe. Nicht jede Abhängigkeit ist also zwangsläufig ein Gefängnis. Auch **Traditionen** bereichern und festigen eine Gemeinschaft, über die sie sich identifizieren kann und deren Wirkung sie nicht unterschätzen sollte, wie folgendes Beispiel zeigt. Es gibt im Pazifik eine **Insel** mit dem Namen Kiriwina. Lange Zeit lebten die Bewohner in einer Welt voller Zauber und Geheimnis. Sie mussten nicht viel arbeiten, weil ihr Boden sehr fruchtbar war. Ein Paradies voller glücklicher Leute, würden wir schwärmen. Das Leben dort hätte so weitergehen können, der Einzelne war in der Stammesgemeinschaft aufgehoben. In den 1970er-Jahren verließen junge Männer die Insel, um andere Kulturen zu studieren und brachten den sogenannten Fortschritt mit, verlockende Ideen von medizinischer Versorgung, Gerechtigkeit und Bildung. Überlieferte Traditionen, die bis dahin das Leben bestimmten, werden seitdem vernachlässigt. Die Folgen sind Werteverfall, Epidemien, Vermüllung, Überbevölkerung. Die Bewohner haben zwischen Tradition und Moderne den Halt verloren, haben zugelassen, dass in ihrer paradiesischen Welt Abhängigkeiten wachsen, Bucays Gefängnisse. Wie gestaltet sich erst das Leben, wenn das nächste Projekt des Häuptlings Wirklichkeit wird, nämlich der Anschluss an das Telekommunikationssystem?

Schluss
„Haltet die Welt an, ich möchte aussteigen", würde vielleicht resigniert ein alter Häuptling auf Kiriwina sagen angesichts der nicht mehr nachzuvollziehenden Veränderungen auf seiner Insel. Die Welt wird sich weiterdrehen und jeder ist aufgefordert, seinen Platz in der Zeit, in der er auf dem Planeten lebt, sinnvoll auszufüllen. Gerade junge Menschen haben viele Möglichkeiten, ihre Wünsche und Sehnsüchte zu verwirklichen, nach dem Motto „Träume nicht dein Leben, sondern lebe deinen Traum."

Leistungskurs Deutsch (Thüringen): Abiturprüfung 2010
Aufgabe 2: Textgebundene Erörterung

Morten Harket[1] (geb. 1959)

Wir sind die einzigen Wesen auf diesem Planeten, die Fragen stellen

Meine Wünsche oder Visionen existieren nicht abgeschottet irgendwo im Verborgenen. Ich versuche, meine Ideen und Vorstellungen umzusetzen. Ich möchte mich nicht wegträumen aus der Welt, sondern mich engagieren für die Ideen, an die ich glaube. Träume um ihrer selbst willen kenne ich nicht. Von Unerreichbarem zu träumen erscheint mir müßig.

Sicher, ich bedauere häufig, dass mir im Leben zu wenig Zeit bleibt, all die Dinge zu tun, die ich gerne tun würde. Gleichzeitig bin ich aber pragmatisch. Ich weiß, dass ich nicht mit allen Frauen, die ich treffe, zusammen sein kann. Man muss sich entscheiden, für einen Weg, für eine Frau, eine Idee, und dann all seine Leidenschaft investieren, auch wenn das bedeutet, etwas anderes aufzugeben. Wer sich nicht entscheidet, wird nichts erreichen.

Ich bin davon überzeugt, dass Träume umsetzbar sind. Ich könnte mich beispielsweise morgen entscheiden, Industriedesigner zu werden und, sagen wir, Kampfflugzeuge für das Militär zu entwerfen. Eine faszinierende Herausforderung, von der ich weiß, dass ich sie bewältigen könnte, wenn ich meine ganze Energie investiere. Obwohl ich über keinerlei militärisches Wissen verfüge und Kriegsführung mich nicht interessiert.

Meine wertvollste Fähigkeit ist es, Fragen zu stellen. Wenn es dir gelingt, die Substanz der Dinge freizulegen, indem du die richtigen Fragen stellst, bist du auf einem guten Weg. Wer bin ich? Und wer will ich sein?

Fragen und Antworten sind völlig unterschiedlicher Natur, sie gehören zu verschiedenen Welten: Antworten sind praktisch einsetzbare Werkzeuge, mit denen wir den Alltag organisieren. Wir brauchen Antworten, sonst könnten wir morgens unser Bett nicht verlassen.

Aber Antworten haben ein Verfallsdatum, sie gelten nur unter bestimmten Konstellationen zu einer bestimmten Zeit. Wir müssen bereit sein, uns die gleichen Fragen immer wieder zu stellen, Antworten können und müssen sich ändern. Antworten sind Teil der biologischen Seite unserer Existenz. Fragen dagegen gehören zur spirituellen Seite des Menschen. Wir sind die einzigen Wesen auf diesem Planeten, die Fragen stellen.

Ich halte es für gefährlich, Antworten als universell und endgültig zu begreifen. Das führt zu Vorurteilen und unreflektiertem, mechanischem Verhalten. Sämtliche Kriege der Religionen und Weltanschauungen gingen von Menschen aus, die überzeugt waren, im Besitz ewiger Antworten zu sein. Das ist das große Problem – sobald Gott ins Spiel kommt, dürfen Antworten nicht mehr hinterfragt werden. Wir sollten nicht vergessen, dass die Antworten jeder Religion immer menschliche Interpretationen sind, nie göttliche Wahrheit. Ich träume also davon, dass wir nicht aufhören, Fragen zu stellen.

Aus: Böckem, Jörg und Harket, Morten: Ich habe einen Traum.
In: Die Zeit. Nr. 24, 9. 7. 2009. S. 24f.

1 Sänger der Popgruppe a-ha

Arbeitsanweisung

Setzen Sie sich mit Harkets Positionen auseinander!

Hinweise und Tipps

Voraussetzungen

Der vorliegende Text stellt einen sehr deutlichen Bezug zum **Rahmenthema** des Jahrgangs her. Hier besteht deshalb die Möglichkeit, Schwerpunkte aus der unterrichtlichen Diskussion des vorgegebenen Aspekts in die Darstellung mit einzubeziehen. Die verständliche Sprache und die allgemeine Thematik des Zeitungstextes dürfen allerdings nicht davon ablenken, dass zur tiefer gehenden Auseinandersetzung mit der Problemfrage, wie sie die *Einheitlichen Prüfungsanforderungen in der Abiturprüfung Deutsch (EPA)* einfordern, ein grundlegendes **Verständnis von gesellschaftlichen oder historischen Phänomenen** notwendig ist. Nach dem Thüringer Lehrplan für das Fach Deutsch trägt das Beschreiben und Erklären der Sprachform zum Verstehen von Sachtexten bei. Da es sich hier aber wahrscheinlich um die Übersetzung einer Äußerung des Norwegers Harket für den Abdruck in DIE ZEIT handelt, macht es wenig Sinn, jedes Wort bis ins Kleinste zu analysieren. Vielmehr sollte die Vorgehensweise des Autors, d. h. die Struktur und Form der Argumentation, im Mittelpunkt stehen.

Die Aufgabe verlangt Leistungen in allen drei Anforderungsbereichen, die laut EPA vorausgesetzt werden:

Anforderungsbereich I (Grundlagen an Wissen/Kennen konkreter Einzelheiten): Kenntnisse über die deutsche Presselandschaft und die Einordnung des Aufsatzes – hier aus DIE ZEIT – bilden die Voraussetzung für die Bestimmung der kommunikativen Situation gegeben sein. Neben persönlichen Erfahrungen spielt das Wissen über gesellschaftliche und politische Prozesse eine Rolle. Möglich sind auch Bezüge zu weiteren pragmatischen oder literarischen Texten, die thematische Überschneidungen aufweisen. Die sprachlichen Besonderheiten müssen erkannt werden.

Anforderungsbereich II (Organisation des Arbeitsprozesses): Inhalt und Argumentation des Artikels müssen erfasst und mit eigenen Worten wiedergegeben werden. Die daraus abgeleiteten Sachverhalte müssen selbstständig und auf die Themenstellung der Aufgabe ausgerichtet gewichtet werden. Eigene Beispiele und Belege sollten sinnvoll in die Gliederung eingebracht werden. Das gilt auch für Bezüge zum Rahmenthema.

Anforderungsbereich III (Fähigkeit zur eigenen Urteilsbildung): Das Ergebnis der Texterschließung sollte die begründete Stellungnahme sein. Das darin enthaltene Urteil darf sich nicht allzu sehr vom Text entfernen, sollte aber auch auf der Herstellung externer Bezüge aufbauen. Das erkennbare Anwenden von Argumentationsstrategien wird verlangt.

Erläuterung der Aufgabenstellung

Die Aufgabe „Setzen Sie sich mit Harkets Positionen auseinander!“ verweist auf die klassische Herangehensweise an eine textgebundene Erörterung. Zusätzliche Aufgabenteile sind in diesem Fall nicht zu beachten. Der Problemgehalt des vorliegenden Textes hat sowohl eine **persönliche** wie auch eine **allgemein gesellschaftliche Perspektive**. Da der Autor mit der persönlichen Sicht beginnt, ist es durchaus legitim, dies auch im Aufsatz zu übernehmen. Die Themenfelder **Zukunftsvorstellungen** und eigene Entwicklung bieten sicherlich viele Anknüpfungspunkte zu Ihrer Situation am Ende Ihrer Schullaufbahn. Geraten Sie dabei aber nicht zu sehr ins Plaudern. Die im zweiten Teil des Textes angesprochenen Aspekte fordern eine Erweiterung des Blicks auf gesellschaftliche und historische Probleme. Machen Sie sich diese Mischung von Anfang an klar und übernehmen Sie sie schon in Ihre einleitenden Gedanken. Um die Nähe zum Text weiterhin zu gewährleisten, sollte eine kurze Wiedergabe des Inhalts mit eigenen Worten erfolgen. Verwenden Sie in dieser Phase nicht allzu viele Zitate, verzichten Sie aber auch nicht auf die **Kernbegriffe**. Diese sollten Sie ebenfalls für die Analyse der Form heranziehen. Hier müssen Sie vermehrt mit Textbelegen arbeiten, um Ihre Erkenntnisse bezüglich Sprache und Struktur des Textes zu verdeutlichen.

Der vorliegende Lösungsvorschlag zeigt an Beispielen, wie es gelingen kann, Kenntnisse aus dem Literaturunterricht in die Diskussion eines pragmatischen Textes einzubringen. Da wäre zunächst der Bezug zur Rede von Martin Luther King („I have a dream“). Der Titel des Textes in DIE ZEIT spielt eindeutig auf diesen berühmten Text an, der eventuell bei der Behandlung von **Rhetorik** in Ihrem Unterricht eine Rolle gespielt haben könnte. Vielleicht ist er Ihnen auch aus dem Geschichts-, Englisch- oder Sozialkundeunterricht bekannt. Zum anderen gibt es viele **literarische Figuren**, die ein Beispiel für Harkets Positionen bieten. Die hier gewählte Figur des Galilei aus **Brechts** Theaterstück ist nur ein mögliches Beispiel unter vielen. Orientieren Sie sich dabei an den im Unterricht behandelten Lektüren, von denen Ihnen auch eine Auswahl bei der Abfassung des Abiaufsatzes vorliegen wird. Stellen Sie solche Bezüge aber nur dann her, wenn sie Ihnen wirklich plausibel erscheinen und Sie sie gut begründen können. Die Einbeziehung von Unterrichtslektüren sollte nie die persönliche Auseinandersetzung mit den aufgeworfenen Problemen ersetzen. Diese bleibt zentraler Bestandteil der Erörterung. Das gleiche gilt für die Bezugnahme auf das **Rahmenthema**, die in der Aufgabe nicht ausdrücklich gefordert ist. Sie entscheiden also selbst darüber. Der vorliegende Text lässt aber durchaus eindeutige Bezüge zu (vgl. die Darstellung im Lösungsvorschlag). Das jeweilige Rahmenthema des Jahrgangs ist in der Regel noch einmal auf dem Titelblatt der Prüfungsaufgaben abgedruckt.

Lösungsvorschlag

Welche Träume hast du? Abiturienten werden auf diese Frage unterschiedlich reagieren. Für manchen ist der Weg zur Lehre oder zum Studium bereits klar vorgezeichnet und seine nächsten Ziele liegen ihm deutlich vor Augen. Ein anderer träumt dagegen davon, erst einmal die Welt kennenzulernen, ein weiterer möchte sie gleich verändern und sieht darin seinen Traum. Einen Rest mag es geben, der keine **Vorstellung von der eigenen Zukunft** hat. Egal, welche Antwort sie alle geben, mit dieser Frage werden sie zum Ende der Schulzeit sicherlich einmal konfrontiert.

Es mag sehr leicht sein zu sagen, dass alle Träume umsetzbar sind, wenn man selbst das erreicht hat, wovon viele junge Menschen träumen. **Morten Harket** – der Sänger der norwegischen Popgruppe a-ha – ist so jemand. In seinem Essay *Ich habe einen Traum* aus der Wochenzeitung DIE ZEIT vom 9. 7. 2009 schreibt der fünfzigjährige Musiker, dass er auch Industriedesigner von Kampfflugzeugen werden könne, wenn er sich nur genügend anstrenge (vgl. Z. 12 ff.). Wir wissen, dass er – im Vergleich zu einem Abiturienten – nicht in die Verlegenheit geraten wird, dies unter Beweis zu stellen. Seit den Achtzigerjahren ist er als Frontmann der norwegischen Band immer wieder mit seiner Musik in den internationalen Charts vertreten. Schon mehrere Generationen kennen die von ihm gesungenen Titel. Er ist also an einem Punkt, an den sich viele Jugendliche träumen. Von diesen Träumen, ein Star zu sein, und v. a. deren Scheitern lebt mittlerweile immerhin eine ganze Sparte von Fernsehsendungen.

Ist Morten Harket also überheblich und realitätsfern? Seine Argumentation geht weit über die private Karriereplanung hinaus. Er zeigt vielmehr, dass das Problem der Realisierung von Träumen auch ein Problem von Krieg und Frieden sein kann. Seine These ist, dass der Mensch neben seinen klaren Antworten auch die **Fragen braucht**. Fragen benötigen aber Ideen und Vorstellungen, die über das Bestehende und das Zum-Greifen-Nahe hinausgehen.
Der Textauszug beginnt mit der **Selbstaussage Harkets**, dass er bestrebt sei, seine Wünsche und Visionen in die Realität umzusetzen. Sonst würde jede Form des Träumens überflüssig sein. Er bescheinigt sich damit selbst eine große Portion **Pragmatismus** und weiß auch um die **Grenzen seines Handelns**. Die eigene Lebenszeit beschränke die Möglichkeiten und zwinge zur Auswahl. Ganz im Bild des Popstars bleibend erklärt er dies am Beispiel der Frauen, die er zwar treffe, aber von denen er nicht mit allen zusammen sein könne. Seine Leidenschaft richte sich immer nur auf ein bestimmtes Ziel, das er erreichen möchte. In dieser Erkenntnis sieht er auch die Grundlage für die bereits erwähnte Möglichkeit, den Weg zu anderen Traumberufen bis ans Ziel zu verfolgen. Die darauf ausgerichtete Energie sei für ihn entschei-

dender als die Fachkompetenz. Wissen biete auch nur Antworten, wichtiger seien die **Fragen**. Harket akzeptiert die Notwendigkeit von Antworten, weist aber darauf hin, dass sie sich durch wiederholt gestellte Fragen immer erneuern müssen. Er sieht darin eine **Eigenart des Menschen**, der sich durch die Fähigkeit, Fragen zu stellen, von allen anderen Wesen unterscheide. Darauf bezieht sich auch der für diesen Abdruck gewählte Titel „Wir sind die einzigen Wesen auf diesem Planeten, die Fragen stellen" (vgl. auch Z. 28). Harket ist der Überzeugung, dass der Wunsch nach endgültigen Antworten, der ebenfalls eine menschliche Eigenschaft sei, die Grundlage für religiösen Fanatismus bilde. Die Verantwortung für die Antworten in die Hand eines Gottes zu legen, bedeute demnach, das eigene Fragen einzustellen. Deswegen schließt der Textauszug mit dem Traum des Autors, dass das Fragenstellen nicht beendet würde.

Das Motiv der persönlichen Träume bildet somit einen Rahmen für einen Gedanken, der die gesamte Menschheit, ihr Wesen und ihre Existenz betrifft. Der Titel der ZEIT-Kolumne „Ich habe einen Traum", in der Mortens Text erschienen ist, stellt den abschließenden Gedanken in den Mittelpunkt und erinnert den Leser gleichzeitig an eine **berühmte Rede**. Die Wiederholung dieses Satzes („I have a dream") bildete den rhetorischen Höhepunkt von Martin Luther Kings Rede vom 28. August 1963 in Washington, die als eine der wichtigsten Texte der amerikanischen Bürgerrechtsbewegung in Erinnerung ist. Im letzten US-amerikanischen Wahlkampf 2008, aus dem Barack Obama als erster afroamerikanischer Präsident hervorging, wurde ebenfalls oft an die Aussagen dieser Rede erinnert. Insofern passen Harkets Thesen für den politisch und historisch gebildeten Leser der etablierten Wochenzeitung DIE ZEIT ganz gut zu dem vorgegebenen Motto der Kolumne. Harket wird auch an Kings Vision von Freiheit und Gerechtigkeit gedacht haben, wenn er den Text mit „Ich träume also davon, dass wir nicht aufhören, Fragen zu stellen" abschließt.

Die Sprache des Textes ist nicht kompliziert. Die Sätze sind meist **parataktisch** aufgebaut. Der Autor möchte **klare und deutliche Aussagen** formulieren. Kernbegriffe werden immer wieder aufgenommen und wiederholt (z. B. Traum, träumen, Fragen, Antworten). Auch dadurch werden die Äußerungen sehr eingängig. Diese Eigenschaften des Textes passen sicherlich gut zur Struktur von Liedtexten der **Popmusik**, wie sie z. B. von Harkets Band produziert werden. Die Wortwahl ist aber durchaus anspruchsvoll und verzichtet nicht auf allgemein gebräuchliche Fremdwörter: „pragmatisch" (Z. 7), „Konstellationen" (Z. 24 f.), „spirituellen Seite" (Z. 27).

Das **Traummotiv** ermöglicht es dem Autor, von der persönlichen Ebene, seinen Wünschen und seinen Möglichkeiten als bekannter Persönlichkeit, auf eine **allgemeine gesellschaftliche Dimension** überzuleiten. Dies erkennt man gut am Aufbau des kurzen Textes. In den ersten drei Absätzen dominieren Aussagen in der 1. Person Singular. Morten Harket spricht von sich selbst: „Meine Wünsche ..." (Z. 1), „Sicher, ich bedauere häufig, dass ..." (Z. 6), „Ich bin davon überzeugt, dass ..." (Z. 12). Nur an einer Stelle verlässt er diese Perspektive und verallgemeinert in der 3. Person Singular mit den pauschalen Pronomen „man" und „wer": „Man muss sich entscheiden [...]. Wer sich nicht entscheidet, wird nichts erreichen." (Z. 8–11) Die Verallgemeinerung geht aber noch nicht über das Individuum hinaus. Harket verwendet hier immer wieder Verben des Meinens, um zu zeigen, dass er seine **persönliche Haltung** darstellen möchte. In dem kurzen vierten Absatz leitet er über, indem er den Leser persönlich anspricht: „Wenn es dir gelingt, die Substanz der Dinge freizulegen, indem du die richtigen Fragen stellst, bist du auf einem guten Weg." (Z. 17 ff.) Nachdem er Beispiele für solche Fragen gegeben hat („Wer bin ich? Und wer will ich sein?", Z. 19), wechselt er in die 1. Person Plural, z. B. „Wir brauchen Antworten" (Z. 22). Wie **universell** die folgenden Darstellungen sind, verdeutlicht er noch durch den Gebrauch von Begriffen, die ganz grundlegenden Charakter haben: „verschiedene Welten" (Z. 20 f.), „unserer Existenz" (Z. 27), „Wesen auf diesem Planeten" (Z. 28). Da er aber ja ausdrücklich die „universell[en] und endgültig[en]" (Z. 29) Antworten ablehnt, holt er den abstrakten Begriff immer wieder ins Konkrete. Er vergleicht diese Antworten mit „praktisch einsetzbare[n] Werkzeuge[n]" (Z. 21), die zur Organisation des Alltags notwendig sind. Des Weiteren benutzt er die Metapher des Verfallsdatums (vgl. Z. 24) und setzt somit veraltete Antworteten mit verdorbenen Lebensmitteln gleich. Im letzten Absatz wiederholt er den Begriff „Antworten" in beinahe jedem Satz. Dies kennzeichnet die Antworten als eine **Gefahr**, auf die es hinzuweisen gilt, denn im Namen von Religionen und Weltanschauungen werden sie für Kriege und zur Unterdrückung anderer Denkweisen missbraucht.

Am Ende werden dann die **Fragen** besonders **hervorgehoben**. Schlussfolgernd („also") kehrt Harket zur persönlichen Perspektive und Thematik des Anfangs zurück: „Ich träume also davon, dass wir nicht aufhören, Fragen zu stellen." (Z. 35) Somit stehen am Schluss in seinem Sinne nicht Antworten sondern wieder Fragen. Der Leser ist nun aufgefordert, durch die Kombination mit den Teilaussagen des ersten Teils die Position des Autors zu erschließen. Harket hält eine Zukunft für möglich, in der Fragen immer wieder neu gestellt werden, wobei der Mensch gleichzeitig seine ganze Energie und Leidenschaft in dieses Ziel investieren muss.

Lassen sich die privaten Wünsche für das ganz persönliche Leben vereinbaren mit dem Traum von einer gerechten und friedvollen Welt? Für beides muss man viel Energie und Leidenschaft aufbringen. Manche Menschen erfüllen sich auch gerade ihre privaten Wünsche durch Verstöße gegen Gerechtigkeit und Friedfertigkeit. Das Leben in der sogenannten **Ellenbogengesellschaft** fordert uns doch dazu heraus, nur den eigenen Erfolg im Blick zu haben und alles zu tun, um unsere Ziele zu erreichen. Doch um diesen Widerspruch aufzulösen, können uns Harkets Fragen durchaus helfen: „Wer bin ich? Und wer will ich sein?" (Z. 19) Statt nur das Ziel als eine vorgegebene Antwort im Blick zu haben, muss man sich dies immer wieder fragen, um zu erkennen, welche Fehler der eigene Weg mit sich bringen kann.

Die Beispiele, die der Autor für persönliche Träume nennt, zeigen, dass die verallgemeinerte Frage ebenfalls ihre Bedeutung hat: In welcher Welt lebe ich? Und in welcher Welt will ich leben? Die Aussage, dass er sich jederzeit den Wunsch erfüllen könne, ein Industriedesigner zu werden, lässt sich nur in einer Gesellschaft treffen, in der der Mensch die **freie Wahl des Berufes** hat. Unsere Wahl eines Studiums oder Berufes darf nur von den persönlichen Fähigkeiten, die wir beispielsweise in der Schule erwerben konnten, abhängen. Die Entscheidung „für einen Weg, für eine Frau, eine Idee" (Z. 8 f.) setzt ebenfalls die Freiheit voraus. Doch für viele Menschen war und ist diese **Freiheit** noch ein Traum. Lange Zeit gab es auch in Europa nicht die Möglichkeit, sich frei zu entscheiden, sich frei zu seinen Wünschen zu äußern oder gar sich frei zu bewegen. Diese für uns heute selbstverständlichen Rechte verdanken wir gerade den Leuten, die in unfreien Zeiten an ihren **Visionen** für eine freiere Welt festgehalten haben. In unserer Selbstverständlichkeit allerdings steckt schon wieder die Gefahr, dass wir nur Antworten parat haben. Im Sinne Harkets gilt es also weiterhin, die Frage nach der Freiheit zu stellen.

In der Geschichte begegnen wir vielen Persönlichkeiten, die nicht aufgehört haben, Fragen zu stellen, und somit in Konflikt mit einer Gesellschaft gerieten, die nur Antworten akzeptiert. Viele dieser Persönlichkeiten erhielten literarische Denkmäler. Der **Galileo Galilei**, der uns in Brechts Theaterstück *Leben des Galilei* begegnet, ist hierfür ein geeignetes Beispiel. Seine Bereitschaft, Fragen aufzuwerfen und sie mithilfe der Wissenschaft zu beantworten, führt ihn dazu, den Zweifel an die Stelle treten zu lassen, an der bisher der Glaube stand. Dabei gerät er in Konflikt mit einem Glauben, der nur „göttliche Wahrheit" sieht, dabei aber auf „menschliche[n] Interpretationen" (Z. 34) beruht. Somit bestätigt Galileis Konflikt mit der Kirche, wie er bei Brecht in Szene gesetzt wird, die Kritik des a-ha-Sängers an dogmatischen Setzungen. Er zeigt aber auch, wie viel Kraft das Festhalten an den eigenen Ideen in Anspruch nimmt. Für die Menschen zu Beginn der Neuzeit – wie Brechts historische Bezugsfigur Galilei – oder während des Nationalsozialismus – wie Brecht als das Stück entstand – ging das Zweifeln an den ewigen Antworten von Religion oder Weltanschauung mit der Bedrohung des eigenen Lebens einher. Galileis Beharren auf seiner wissenschaftlichen Beobachtung, dass sich die Welt um ihre eigene Achse dreht, hätte ihn auf den Scheiterhaufen geführt.

Die Zeit des historischen Galilei ist ebenfalls die der ersten **Utopien**. Thomas Morus etwa erfand eine Insel und gab ihr für sein gleichnamiges Werk den Namen „Utopia", der übersetzt „Nicht-Ort" heißt. Diese utopischen Orte, die seitdem immer wieder ihren Platz in der Literatur hatten, gehören zwar oftmals zum „Unerreichbare[n]" (Z. 4), weil sie in unentdeckten Gegenden, auf fernen Planeten oder in der Zukunft liegen, jedoch bilden sie keine „Träume um ihrer selbst willen" (Z. 3f.), wie Harket sie in seinem Text für sich persönlich ablehnt. Die Erschaffer von solchen Utopien stellen eben diese Frage, in welcher Welt sie leben wollen, immer wieder neu. Sie träumen von den Welten, in denen es gerechter und freier zugeht als in den Ländern und Zeiten, in denen sie selbst leben. Sie erdenken sich – meist sehr konkret – eine Gesellschaft, in der ihre Wünsche und Visionen umgesetzt sind. Manch eine politische Utopie jedoch wurde zu einer Weltanschauung, die wieder zu „unreflektiertem, mechanischem Verhalten" (Z. 30) führte. Die **totalitären Staaten des 20. Jahrhunderts** bauten auf der Vorstellung auf, dass es möglich ist, eine Gesellschaft nach Ideen und Wünschen Einzelner zu gestalten. Somit lässt sich Harkets Darstellung erneut belegen, denn Antworten sind hier „nicht mehr hinterfragt" (Z. 33) worden, und er behält Recht damit, dass wir aufgrund dieser Erfahrungen nicht damit aufhören dürfen, Fragen zu stellen: „Antworten haben ein Verfallsdatum" (Z. 24).

„Wer keine Kraft zum Träumen hat, hat keine Kraft zum Handeln." Dieses Zitat des brasilianischen Befreiungstheologen Dom Hélder Pessoa Câmara (1909–1999) bildet das Rahmenthema zur Abiturprüfung 2010 und passt sehr gut zu Harkets Thesen in *Ich habe einen Traum*. Das Träumen und das Handeln werden zusammen gesehen. Das Träumen alleine lehnt auch der Sänger von a-ha ab: „Träume um ihrer selbst willen kenne ich nicht." (Z. 3f.) Wer diesen Zusammenhang erkannt hat, kann die redensartliche Phrase, dass Träume Schäume seien, mit ruhigem Gewissen ignorieren. Wir müssen nur für uns selbst akzeptieren, dass wir zur Umsetzung unserer Vorstellung **Engagement und Leidenschaft** brauchen. Tatsächlich hat jeder heute die Chance, wie Morten Harket Sänger einer erfolgreichen Popgruppe zu werden. Niemand kann es einem verbieten. Der Wunsch, die Entscheidung und die Energie für die Herausforderung müssen aber von einem selbst kommen. Dagegen stehen selbstverständlich pragmatische Argumente, denn wenn jeder, der es sich wünscht, irgendwann perfekt einen Popsong darbieten könnte, gäbe es das Besondere nicht mehr. Genauso ist wahrscheinlich die Zahl erfolgreicher Industriedesigner im Bereich Militärflugzeugbau begrenzt. Ganz unberücksichtigt bleibt zudem die Frage nach dem individuellen Talent. Haben diejenigen, die den Wunsch nicht verwirklich können, umsonst die Kraft in ihren Traum investiert? Harket „möchte [sich] nicht wegträumen aus der Welt" (Z. 2f.), doch viele Menschen schöpfen gerade daraus Kraft, für kurze Zeit die Realität hinter sich zu lassen. Sie träumen sich an einen Ort, in eine Zeit oder eine Gesellschaft, in der die Herausforderungen ihres Alltags keine Rolle spielen. Diese Träume haben sicherlich eine kurze Lebenszeit, aber auch ihre Berechtigung, um neue **Kraft für das eigene Handeln zu sammeln**. Wichtig ist, dass man sich Träume nicht verbieten und nicht vorschreiben lassen sollte. Sonst entstehen aus ihnen keine neuen Fragen an uns selbst und an die Welt, in der wir leben.

Sicherlich provoziert Morten Harket in *Ich habe einen Traum* ein wenig mit seiner Aussage, dass Träume umsetzbar sind. Aber er möchte damit nur hervorheben, dass wir unseren Weg selbst in der Hand haben, wenn wir nicht nur Antworten akzeptieren, sondern Fragen zu stellen bereit sind. Er zeigt, dass diese Haltung sowohl eine persönliche als auch eine gesellschaftliche Dimension besitzt.

Leistungskurs Deutsch (Thüringen): Abiturprüfung 2010
Aufgabe 3: Interpretation eines epischen Textes

Friedrich Christian Delius (geb. 1943)

Faust zum Frühstück (Romanauszug)

Na ja, das ist einfach so. Sie haben bei mir einen Stein im Brett. Sie glauben gar nicht, wie mich das überrascht hat damals. Das hab ich nie vergessen, unser Gespräch bei dieser Tagung an der Nordsee, wie lang ist das her? … Nicht zu fassen, ich dachte fünf Jahre oder sieben höchstens … Beim Frühstück über das Faustische reden, das kommt ja auch nicht alle Tage vor. Das hat mir schon mal gefallen, dass da einer, so ein junger Kerl, diese Stelle in meinen Memoiren nicht überlesen hat. Und wissen Sie noch, was Sie dann zu mir gesagt haben? … Nein, nein, ich hab das besser in Erinnerung, wörtlich: Faust ist doch ziemlich humorlos, aber Sie sind es nicht, haben Sie gesagt. Zuerst hab ich nicht gewusst, ob Sie mir schmeicheln oder mich auf den Arm nehmen. Schließlich, muss ich zugeben, fand ich den Gedanken doch ganz nützlich. War schade, dass wir das abbrechen mussten, ich hatte keine Zeit mehr für den Spaziergang zum Leuchtturm, aber auf der Rückfahrt ist mir das lange im Kopf geblieben … Seit neun Jahren haben wir es nicht geschafft, das nachzuholen, mal sehn, wie weit wir heute damit kommen. Ich hab mich jedenfalls vorbereitet und die alte Schwarte aus dem Regal geholt. Ich hab meine Hausaufgaben gemacht und den *Faust* noch mal gelesen und den *Faust Zwei* zur Hälfte. Wer tut so was schon freiwillig, ich meine, wenn er nicht vom Fach ist … Ja, eins hab ich dabei gelernt, und das sag ich Ihnen gleich: dass Ada[1] nicht mein Gretchen ist, sondern meine Helena, wenn schon … Das sag ich Ihnen gleich zu Anfang, damit Sie bei Ada nicht auf falsche Gedanken kommen, so ein schäbiger Hund wie der Faust bin ich dann doch nicht … Nein, später … Kurz und gut, Sie sind der Einzige, nehmen Sie das ruhig als Kompliment, junger Mann, der meine Gedanken zum *Faust* verstanden, nein, der sie bemerkt hat. Ob Sie mich verstanden haben, ist eine ganz andere Frage, da hab ich eher meine Zweifel, das werden wir vielleicht herausfinden heute Abend. Alle andern haben drüber hinweggelesen in meinen Erinnerungen, obwohl ich im Vorwort, deutlicher geht es ja nicht, die Leute mit der Nase drauf gestoßen habe. Kein Mensch hat mich je auf die Faust-Frage angesprochen in all den Jahren, in fünfzig, in mehr als fünfzig Jahren nicht. Alle lachen nur über den *Faust*, Schulkram, abgedroschen … Und deshalb, Sie verstehen schon, muss ich Sie ins Vertrauen ziehen, wen denn sonst? Ich sag es mal so: Wer den Faust in mir versteht oder ihn wenigstens bemerkt, der versteht auch die Ada in mir … Nein, nachher … Ich möchte heut gar nicht viel über den Computer-Erfinder sagen, sondern über die Leidenschaft des Computer-Erfinders, über seine Gefühle, den Antrieb. Nicht über die Mathematik, sondern über faustische Energie, über die Lust am Erfinden. Es hört sich immer so aufgeplustert, so pathetisch an, wenn man vom Faustischen spricht, von der faustischen Seele, und ich will gar nicht aufgeplustert daherreden … Sie verstehen wenigstens, was ich meine, das hoff ich jedenfalls. Bei meinen Freunden und Bekannten mach ich mich lächerlich, wenn ich mit dem *Faust* anfange … Die wollen einfach nichts davon hören, dass der alte Goethe etwas verstanden hat – von mir, ich sag es mal so frei heraus … Manche von denen schauen mich schon so an, mit dem Doktorblick: Senil? Debil? Fragil? Als müssten sie prüfen, ob ich wirklich noch der gute alte Formelfummler bin, der liebe und nette Erfindergreis. Ich gebe zu, ich mach es den

Freunden nicht leicht, ich mute ihnen schon meine Kunst zu. Dass ich male auf meine alten Tage, nicht etwa pinsele wie ein Rentner sich seine Freizeit auspinselt, sondern ernsthaft male und ringe mit meiner Kunst, das ist eigentlich eine Frechheit von mir. Und wenn ich denen dann auch noch mit Dr. Faust komme, mit faustischer Leidenschaft für den Fortschritt, dann seh ich, wie sie innerlich abwinken … Ja, Sie hören richtig, bei mir ist das Wort Fortschritt noch nicht aus der Mode … *Wer immer strebend sich bemüht*, das ist doch kein Schülerkram, da steckt der ganze Ernst des Daseins drin, oder auch der Witz des Daseins, wie Sie wollen. Na ja, und lächerlich mach ich mich erst recht vor den jungen Computer-Narren, ich sag nicht gern Computer-Freaks, da sehen Sie, wie altmodisch ich bin, und vor den Effizienz-Enkeln, wie ich sie nenne, vor den Betriebsblind-Wirten, den Informatik-Idioten – ich darf das sagen als Nestor der Informatiker, ich hab da ein kleines Arsenal von Schimpfwörtern für jede Gelegenheit. Auch dieser Orden muss provoziert werden, und außer mir traut sich ja keiner. Als wenn es unter den Informatikern weniger Idioten und Scheuklappenträger gäbe als anderswo. Diese Generation, die kennt das Stück schon gar nicht mehr, die haben das nicht mal in der Schule gelesen … Es ist eine Schande, wie wir mit unserem Know-how umgehen. Auch Goethe ist für mich Know-how und Wachstumsmotor und Multiprozessor für Geist und Seele und Innovation. Zugegeben, Geist und Seele sind auch nicht gerade in Mode. Hin und wieder bei Vorträgen oder beim Dankeschön zum soundsovielten Doktorhut sag ich was in diese Richtung. Aber wenn die mich, den Alten, vom uralten Goethe reden hören, dann bin ich sowieso schon von gestern. Und wenn ich nur den Namen Faust ausspreche oder Mephistopheles, schalten die gleich ab, es ist eine Schande … Ich seh das förmlich an ihren kurzhaarigen Köpfen, wie sie den Impulsgeber umschalten … Und wer was vom *Faust* versteht, die Fachleute von der Literatur, wie heißen die noch mal … Germanisten, ja, Germanisten, die sind sich zu fein, mit einem Dilettanten wie mir über ihren Gott Goethe zu reden. Ich kenn ja solche Leute eigentlich nicht, nur einmal hab ich einen getroffen auf einem Empfang in Heidelberg, ich dürfte also nicht verallgemeinern. Ich hab nur gemerkt, der wollte gar nicht sehen, der wollte gar nicht verstehen, dass es auch heute die Faust-Problematik gibt. Sogar in Heidelberg! Ich sage nur: Biochemie! Die Stammzellen und was da alles auf uns zukommt. Auch heute gibt es Erfinder und Entdecker, die das Faust-Drama in ihrer Brust austragen und den kalten Hauch einer Mephisto-Gestalt neben ihrem Schreibtisch spüren … Ich hab Ihnen doch gesagt, Sie sollen mir ins Wort fallen, wenn ich sentimental werde, und natürlich sind das Sentimentalitäten, woher hab ich das mit dem kalten Hauch? Bestimmt ein Zitat, also passen Sie auf, passen Sie besser auf mich auf! … Nein, verstehen Sie mich bitte richtig, ich hoffe doch auf Sie, auf Ihr Faust-Verständnis, weil Sie weder zu den Computer-Narren noch zu den Goethe-Narren gehören, wenn ich das richtig sehe. Genau deshalb hab ich Sie auf den Stoppelsberg bestellt … Nicht ganz so hoch wie der Brocken, aber auch hier ließe sich eine hübsche Walpurgisnacht zaubern, was meinen Sie? Ich bringe meine Dame mit, und welche Hexen brauchen Sie? …

Aus: Delius, Friedrich Christian: Die Frau, für die ich den Computer erfand. Berlin: Rowohlt 2009, S. 29–33.

1 hier: Ada Lovelace (1815–1852), berühmte Mathematikerin und Muse des Computer-Erfinders. Wegen ihrer schriftlichen Kommentare zur mechanischen Rechenmaschine Analytical Engine wird Ada Lovelace als erste Programmiererin bezeichnet. Die Programmiersprache *Ada* wurde nach ihr benannt.

Arbeitsanweisung

Interpretieren Sie den Text!

oder

Der Computer-Erfinder muss anlässlich der Verleihung seiner Ehrendoktorwürde eine Rede zum Thema „Auch Goethe ist für mich Know-how" halten. Schreiben Sie diese Rede!

Hinweise und Tipps

Die Arbeitstechnik des **Interpretierens** verlangt von Ihnen, dass Sie den Text zunächst beschreiben und danach deuten. Seine Überschrift ist offensichtlich eine von den Aufgabengestaltern erfundene. Es handelt sich um einen **Romanauszug** und erst die Quellenangabe verrät den richtigen Titel des Werkes von Friedrich Christian Delius: *Die Frau, für die ich den Computer erfand*. Nach gründlichem Lesen gehen Sie nun daran, den **Inhalt** wiederzugeben, der aus einem **Gespräch** zwischen einem alten und einem jungen Mann besteht, das anknüpft an eines vor neun Jahren, wobei die Redeanteile des Jüngeren ausgespart bleiben. In der **Figurencharakteristik** stellen Sie den Älteren, den „Computer-Erfinder", als einen Wissenschaftler dar, der einerseits aus seinem Leben erzählt, andererseits jedoch sein Selbstverständnis als Wissenschaftler anhand von Goethes *Faust*, teils selbstironisch, reflektiert. Die **künstlerische Gestaltung** ist durch einen saloppen Stil mit umgangssprachlichen Elementen und Fachtermini gekennzeichnet, wodurch die Rede des Erfinders lebendig und lebensecht wirkt. Arbeiten Sie die vom Autor verwendeten **Stilmittel** heraus und benennen Sie ihre Funktion. Da das **Faust-Thema** den gesamten Text durchzieht, muss es in der **Deutung** in den verschiedenen Bezügen vorkommen und tiefgründig ausgearbeitet werden. Dabei ist von großem Vorteil, wenn Sie beide Teile von Goethes *Faust* gelesen und im Unterricht behandelt haben. **Reflexionsthemen** des Computer-Erfinders sind z. B. die Verantwortung des Wissenschaftlers, die Ablehnung von Fachidiotie, die Notwendigkeit, dass zum wissenschaftlichen Arbeiten Kreativität und die Fähigkeit, träumen zu können, gehören. Drei Frauennamen spielen eine Rolle: Ada, Gretchen und Helena; bringen Sie Ihre Kenntnisse zu diesen Figuren in Ihre Interpretation ein. Nun fehlt noch eine Idee für **Einleitung und Schluss**; es bietet sich an, wie im Lösungsvorschlag ausgeführt, fächerübergreifend zu denken. Da es inhaltlich um die Verantwortung des Wissenschaftlers für seine Resultate geht, könnten Sie in diesem Sinne auf andere Forscher und deren Erfindungen eingehen.

Die **alternative Aufgabe** gibt Ihnen die Möglichkeit, **kreativ** zu arbeiten. Sie sollen eine **Rede** schreiben, die der Computer-Erfinder anlässlich der Verleihung seiner Ehrendoktorwürde zum Thema „Auch Goethe ist für mich Know-how" hält. Das scheint zunächst einfacher zu sein als die Interpretation.
Aber Reden haben ihre eigenen Gesetze, die Sie kennen und beachten müssen. Der Redner hat ein **Publikum** und spricht dieses höflich an. Er hält die Rede zu einem bestimmten **Anlass**, hier die Verleihung der Ehrendoktorwürde, und bedankt sich für die Auszeichnung. Er hält sich an sein **Thema** und schweift nicht ab, um die Zuhörer nicht zu langweilen. **Der Redner** ist der Computer-Erfinder, die Hauptfigur aus dem Romanauszug *Faust zum Frühstück*, also ein Mann im fortgeschrittenen Alter, der in der Welt der Wissenschaft einen geachteten Platz einnimmt, was sich in seinem **Sprachstil** widerspiegeln muss. Er spricht in gehobenem Deutsch und, wie Sie aus dem Text analysiert haben, provokant, ironisch bzw. selbstironisch. **Inhaltlich** entspricht die Rede teilweise den Deutungsaspekten der Interpretation. Sie wird sich mit der Verantwortung des Wissenschaftlers in der heutigen modernen Welt befassen, mit Goethes Menschenbild und deren Relevanz für eigenes Handeln, ergänzt bzw. aufgelockert durch Bezüge zu „**Faust**". Abschließend gibt der Redner einen **Ausblick** in die Zukunft und bedankt sich für die Aufmerksamkeit.

Lösungsvorschlag

Einleitung
Wenn es im 19. Jahrhundert den Wettbewerb „Jugend forscht“ gegeben hätte, dann hätte Otto Lilienthal daran teilgenommen und sicher einen Preis gewonnen. Der junge Otto beobachtete Möwen und Störche, zog sogar Jungvögel auf, um zu verstehen, wie der Flügelschlag funktioniert. Er wollte begreifen, wie es möglich ist, dass Vögel fliegen können. Physiker wussten damals fast nichts über das Grundprinzip der Aerodynamik, den Auftrieb. Durch seine Forschungen am lebenden Objekt erkannte Lilienthal schnell, dass Flügel gewölbt sein müssen, um im Luftstrom nach oben zu steigen. An einem Sommertag im Jahr 1891 erfüllte sich sein und zugleich ein Menschheitstraum. Sein Flug 15 Meter durch die Luft gilt als Zeitpunkt, zu dem das Fliegen auch für den Menschen möglich wurde. Bereits ein Jahrzehnt später führte das zur Verwirklichung des Motorflugs durch die Gebrüder Wright. Von da an war es allerdings nicht mehr weit, bis Flugzeuge im Zweiten Weltkrieg als todbringende Kampfmaschinen eingesetzt wurden. Ob Otto Lilienthal gut geheißen hätte, dass seine Forschungen Ausgangspunkt waren, Leid und Tod über die Menschen zu bringen? Insofern sind Fluch und Segen des Fortschritts immer gegenwärtig.

Hauptteil
Dieses Thema spielt auch in dem Auszug von Friedrich Christian Delius’ *Faust zum Frühstück*, der dem Roman *Die Frau, für den ich den Computer erfand* entnommen ist, eine Rolle. Aufgezeichnet wird ein **Gespräch** zwischen dem Computer-Erfinder und einem jungen Mann, das „**heute**“ (Z. 13) stattfindet, wobei die Gesprächsanteile des jungen Mannes ausgespart bleiben. Der Leser kann diese Lücken gedanklich leicht füllen, durch Anspielungen des Computer-Erfinders auf das, was der andere sagt bzw. gesagt hat. Die beiden haben sich neun Jahre nicht gesehen, aber dem Protagonisten ist die damalige Begegnung noch gut in Erinnerung geblieben. Diese hat am Rande einer Tagung an der Nordsee beim Frühstück stattgefunden. Diesmal hat die Hauptfigur den Jüngeren „auf den **Stoppelsberg**“ (Z. 78 f.) bestellt. Der Computer-Erfinder hat sich sogar auf das Gespräch, das wirkt, als erzähle der eine dem anderen seine ganze Lebensgeschichte, vorbereitet, hat „den *Faust* noch mal gelesen und den *Faust Zwei* zur Hälfte“ (Z. 15). Wie damals reden sie über Goethes Werk und über Goethe selbst. Weiterhin über das „Faustische“ (Z. 4), „faustische Energie“ (Z. 32), die „Lust am Erfinden“ (Z. 32), die Leidenschaft (Z. 31), die junge Generation (Z. 49 ff.) sowie über die zwei Seiten des Fortschritts, die der Protagonist „Faust-Problematik“ (Z. 69) nennt. Am Schluss des Auszugs zieht der alte Mann eine Parallele vom Stoppelsberg zum Brocken. Übermütig behauptet er, man könne auch auf diesem viel kleineren Berg „eine hübsche **Walpurgisnacht** zaubern“, er bringe seine „Dame“ (Z. 79), Ada, eine berühmte Mathematikerin und erste Programmiererin mit. Der Auszug endet mit der Frage an den jungen Mann, welche Hexen er brauche.

Der **Computer-Erfinder** ist ein alter Wissenschaftler, jedoch im Herzen jung geblieben. Er hat vor mehr als fünfzig Jahren seine Memoiren veröffentlicht (vgl. Z. 26) und mehrere Doktorhüte (Z. 59) verliehen bekommen, ist demnach in der Welt der Wissenschaft **anerkannt und geehrt**. Er sieht sich jedoch nicht auf einem Denkmalssockel, sondern hat einen gesunden Menschenverstand behalten und nimmt sich nicht so ernst. Wenn er sich „Computer-Erfinder“ (Z. 30 f.) nennt, dann muss er den Computer erfunden haben, so wie in der Wirklichkeit Konrad Zuse. Er behauptet, der „Nestor der Informatiker“ (Z. 51) zu sein, hebt seinen Berufsstand jedoch nicht über andere heraus, denn unter den Informatikern gebe es genauso viele „Idioten und Scheuklappenträger“ (Z. 54) wie anderswo. Er hat Freunde und Bekannte, bei denen er sich seiner Meinung nach lächerlich mache, wenn er auf Faust zu sprechen kommt (vgl. Z. 35 f.). Ob er eine Beziehung zu einer Frau aus Fleisch und Blut hat, weiß man nicht. **Ada** jedenfalls, die „nicht mein Gretchen ist, sondern meine Helena“ (Z. 17 f.), kann diese Frau nicht sein. Die wirkliche Ada, die Mathematikerin, lebte im Jahrhundert vor ihm und stellt seine Muse dar.

Auf seine alten Tage hat er begonnen, ernsthaft zu **malen** und er ringe mit seiner Kunst, was eine „Frechheit“ (Z. 43) von ihm sei. Er hebt sich bewusst ab von pinselnden Rentnern (vgl. Z. 42). Der Protagonist scheut keine Auseinandersetzung, weder mit den „jungen Computer-Narren“ (Z. 49), die er respektlos „Effizienz-Enkel“ und „Betriebsblind-Wirte“ (Z. 50 f.) schimpft, noch mit den „Germanisten“ (Z. 64). Er behauptet sogar forsch, „außer [ihm] trau[e] sich ja keiner.“ (Z. 53). Er scheint Menschen zu schätzen, die über ihren Tellerrand hinaussehen können, nicht nur Informatiker und nicht nur Germanisten sind. Den Germanisten traut er nicht zu, die „Faust-Problematik“ zu verstehen, gar nicht verstehen zu wollen und spricht als Beispiel Heidelberg an, wo in Biochemie geforscht wird: „Die Stammzellen und was da alles auf uns zukommt“ (Z. 69 f.). Er sei altmodisch, „von gestern“ (Z. 61) und meint damit ein anderes Selbstverständnis als Wissenschaftler, als es heute vielfach anzutreffen ist. Allerdings kokettiert er auch mit seinem Alter, indem er z. B. seine Freunde mit einem fragenden Doktorblick auf sich schauen lässt: „Senil? Debil? Fragil?“ (Z. 39) oder indem er sich selbstironisch als der „gute alte Formelfummler“ und der „nette Erfindergreis“ (Z. 40) bezeichnet.

Faust ist sein **großes Thema**, das ihn mindestens, seit er seine Memoiren veröffentlicht hat, beschäftigt und den er gleich in deren Vorwort erwähnt hat. Seine Auseinandersetzung mit Goethes Figur läuft darauf hinaus, sich das ethische Problem vor Augen zu halten, das Wissenschaftler immer begleitet: Darf man alles machen, wozu man in der Lage ist? Er drückt es so aus: „Auch heute gibt es Erfinder und Entdecker, die das Faust-Drama in ihrer Brust austragen und den kalten Hauch einer Mephisto-Gestalt neben ihrem Schreibtisch spüren …“ (Z. 70–72) Ihm missfällt, dass der *Faust* keine Schullektüre mehr sei und dass sich Leute, durchaus nicht nur junge, über ihn lustig machten, wenn er auf Faust zu sprechen komme. Gefallen hat ihm die Äußerung des jungen Mannes vor neun Jahren: „Faust ist doch ziemlich humorlos, aber Sie sind es nicht“ (Z. 8), wobei er sich zunächst nicht sicher war, ob es Schmeichelei oder Provokation gewesen ist. Auf jeden Fall hat sie dazu beigetragen, dass ein erneutes Gespräch zustande gekommen ist. Er schätzt an seinem Gesprächspartner, dass er weder zu den „Computer-Narren“ noch zu den „Goethe-Narren“ (Z. 76 f.) gehöre. Einerseits identifiziert sich der Sprecher mit Faust, etwa in der Äußerung: „Wer den Faust in mir versteht oder ihn wenigstens bemerkt“ (Z. 28 f.), andererseits auch mit dessen Schöpfer: „[…] dass der alte Goethe etwas verstanden hat – von mir“ (Z. 37), paradoxerweise ist er der Meinung, dass der Dichter etwas von ihm, dem Nachgeborenen, verstanden habe – und nicht umgekehrt.

Der Altersunterschied zwischen den **Gesprächspartnern** scheint groß zu sein. Der **junge Mann** hat beim Computer-Erfinder „einen Stein im Brett“ (Z. 1), da er in der Lage ist, ernsthaft über Faust zu diskutieren. Er sei „der Einzige, […] der [s]eine Gedanken zum *Faust* verstanden“ (Z. 20 f.) habe, allerdings schränkt er sofort ein: Er habe sie wenigstens „bemerkt“ (Z. 22). Welche Funktion im Gespräch der Jüngere tatsächlich einnimmt, wird aus dem Auszug nicht klar. Er hört geduldig zu und unterbricht ihn nicht, sodass der Computer-Erfinder unzufrieden mit ihm wird: „Ich hab Ihnen doch gesagt, Sie sollen mir ins Wort fallen, wenn ich sentimental werde“ (Z. 72 f.). Dabei kommt die Hochachtung vor dem älteren Menschen, auch dem Wissenschaftler zum Ausdruck, den man nicht unterbricht, selbst wenn das, was er sagt, vielleicht langweilig oder kauzig ist. Auch wenn die Redepassagen des Jüngeren ausgeblendet sind, erfasst der Leser, dass sie wesentlich kürzer sein müssen. Das Wort führt eindeutig der Erfinder. Deshalb kann man fast von deckender Zeitgestaltung sprechen. Wie lange das ganze Gespräch dauert, ob es außer „heute Abend“ (Z. 23) am nächsten Tag oder gar an den nächsten Tagen fortgesetzt wird, erfährt man nicht, hat aber den Eindruck, dass sich beide viel Zeit nehmen, weil der Protagonist durch Wendungen wie „später“ oder „nachher“ andeutet, dass er zu gegebener Zeit auf ein Thema zurückkommen wird bzw. vorhat, es zu vertiefen.

Die Szenerie, die der Romanauszug präsentiert, kann man sich gut vorstellen. Man sieht den alten Wissenschaftler leidenschaftlich auf den jungen Mann einreden, der zu ihm aufschaut und dabei über manche Weitschweifigkeit und manchen misslungenen Witz hinweghört. Der Dialog, der eigentlich ein **Monolog** ist, wirkt lebendig und kurzweilig durch die Sprechweise des Protagonisten. Er bedient sich eines **saloppen Stils** mit umgangssprachlichen Elementen. Der Auszug beginnt z. B. mit einem lässigen „Na ja" (Z. 1). Aufgelockert wird die Rede durch die Einwürfe, die direkt an den Gesprächspartner gerichtet sind, z. B. „Und wissen Sie noch, was Sie dann zu mir gesagt haben?" (Z. 6 f.), „Das sag ich Ihnen gleich zu Anfang" (Z. 18) oder „Ja, Sie hören richtig" (Z. 45). Häufig wird der Text durch Auslassungspunkte unterbrochen, um darzustellen, wie der Wissenschaftler nach Worten sucht, wie er ein Thema auf später verschiebt oder um das, was er gesagt hat, wirken zu lassen. Dem Wissenschaftler ist wichtig, dass der junge Mann ihn versteht. Er möchte nicht einfach sprechen wie in ein Diktiergerät, sondern erwartet ein Feedback. Er fordert sogar das Verständnis des Gegenübers ein: „Nein, verstehen Sie mich bitte richtig" (Z. 75). Einerseits verwendet der Erfinder **Fachtermini**, z. B. „Multiprozessor" (Z. 57), „Impulsgeber" (Z. 63), „Biochemie" (Z. 69) und „Stammzellen" (Z. 70), andererseits Redewendungen, wie „Stein im Brett" (Z. 1), „auf den Arm nehmen" (Z. 9), „Hausaufgaben gemacht" (Z. 15), „mit der Nase drauf gestoßen" (Z. 25), „auch nicht gerade in Mode" (Z. 58), „schalten die gleich ab" (Z. 62) bzw. **abwertende Ausdrücke**, wie „die alte Schwarte" (Z. 14), bezogen auf *Faust*, „schäbiger Hund" (Z. 19), „Schulkram, abgedroschen" (Z. 27), „pinsel[n] wie ein Rentner" (Z. 42), „Informatik-Idioten" (Z. 51), „Scheuklappenträger" (Z. 54) und „Dilettant", (Z. 65). **Neologismen** treten als durch Bindestriche zusammengefügte Komposita auf: „Computer-Narren" (Z. 49), „Effizienz-Enkel" (Z. 50), „Betriebsblind-Wirte" (Z. 50 f.). Der Autor arbeitet mit der **Übertreibung**, mit Sprachwitz und mit Gegensätzen. Das Leben fasst er lakonisch zusammen als „Ernst des Daseins" und „Witz des Daseins" (Z. 47 f.). **Alliterationen** gestalten den Text gefällig: „Beim **F**rühstück über das **F**austische reden" (Z. 4), „**F**aust-**F**rage" (Z. 26), „**F**ormel**f**ummler" (Z. 40), „Dr. **F**aust [...] mit **f**austischer Leidenscha**f**t **f**ür den **F**ortschritt" (Z. 44 f.), „**E**ffizienz-**E**nkel" (Z. 50), „**I**nformatik-**I**dioten" (Z. 51) oder „**G**ott **G**oethe" (Z. 65 f.). Durch die **Vergleiche** „So ein schäbiger Hund wie der Faust" (Z. 19), „nicht etwa pinsele wie ein Rentner" (Z. 42), oder „Nicht ganz so hoch wie der Brocken" (Z. 78) lässt der Autor den Wissenschaftler seine Rede anschaulicher gestalten. Auch das **Bild**, dass Erfinder und Entdecker „das Faust-Drama in ihrer Brust austragen und den kalten Hauch einer Mephisto-Gestalt neben ihrem Schreibtisch spüren" (Z. 71 f.), ist eindringlich.

Faust durchzieht wie ein roter Faden in verschiedensten Zusammenhängen den gesamten Auszug (vgl. Z. 4, 26, 32, 34, 44, 69, 71, 72, 76), was die Wichtigkeit dieses Themas für den Erfinder herausstellt. Der Auszug beginnt **syntaktisch** zwar mit einer Reihe von Hauptsätzen, setzt sich dann aber differenzierter in Satzgefügen fort, die häufig Aufzählungen oder Einschübe haben. Nebensätze fangen mehrmals mit „wie" an, um eine bewusstere Wahrnehmung des Redenden auszudrücken. Der Protagonist bemüht sich um Genauigkeit und **korrigiert sich** selbst: „der meine Gedanken zum *Faust* verstanden, nein, der sie bemerkt hat" (Z. 21 f.), „in all den Jahren, in fünfzig, in mehr als fünfzig Jahren" (Z. 26), „so aufgeplustert, so pathetisch" (Z. 33), oder „also passen Sie auf, passen Sie besser auf mich auf" (Z. 74 f.).

Nicht umsonst kommt **Faust** im gesamten Auszug in verschiedenen Zusammensetzungen und Anspielungen vor, weil er wie keine andere Figur die rastlose Verkörperung des menschlichen Strebens nach Erkenntnis darstellt. So wird das **Selbstverständnis des Wissenschaftlers** in Anlehnung an Goethes literarische Schöpfung zum Ausdruck gebracht. Prompt zitiert der Erfinder auch die entsprechende Stelle: „*Wer immer strebend sich bemüht*" (Z. 46). Offensichtlich ist der frühneuzeitliche Gelehrte die **Identifikationsfigur** des Protagonisten und man fragt sich, ob er sich damit nicht ein bisschen übernimmt. Was ist daran faustisch, wenn man den Computer erfindet? Der Leser könnte sich den alten Wissenschaftler vor seinem Vorbild stehend vorstellen wie dieses vor dem Erdgeist in der Szene „Nacht", nur um sich eine Abfuhr abzuholen: „Du gleichst dem Geist, den du begreifst,/nicht mir!" (*Faust I*, V. 512 f.). Wähnt er sich als verkanntes Genie? Aus dem Romanauszug erfährt man nicht, wie es der Held fertig gebracht hat, das Gerät zu erfinden, das heute auf allen Schreibtischen steht. Aber man kann sich parallel zu anderen Erfindergeschichten ausmalen, dass er lange hart gearbeitet hat, möglicherweise in Geldnot kam, Rückschläge einstecken musste, fast verzweifelt war, belächelt oder beschimpft, schließlich bewundert und mit dem „soundsovielten Doktorhut“ (Z. 59) geehrt wurde. Da, seit er seine Memoiren veröffentlicht hat, bereits fünfzig Jahre vergangen sind, wird der inzwischen Gealterte miterlebt haben, welchen Siegeszug sein Gerät in die Arbeitszimmer, die Büros und Geschäftsräume aller Branchen antrat. Seine Vision ist somit bestätigt worden. Kaum eine andere Erfindung hat unser Alltags- und Geschäftsleben so tief greifend verwandelt wie die multifunktionalen Schreib-, Rechen-, Kommunikations- und Gedächtnismaschinen. Mit ihr kam aber auch die Möglichkeit, die Menschen, ohne dass sie es merken, zu überwachen, sie mit virtuellem Werbemüll zuzuschütten, sie abhängig von der Maschine zu machen. Aus **faustischer Leidenschaft** und **faustischer Energie** resultiert oft auch das, was man als den **Fluch des Fortschritts** bezeichnet. Die Mephisto-Gestalt steht immer neben dem Schreibtisch und pustet dem, der davor sitzt, seinen kalten Hauch in den Nacken: „Ich bin der Geist, der stets verneint! / […] So ist denn alles, was ihr Sünde, / Zerstörung, kurz, das Böse nennt, / mein eigentliches Element.“ (*Faust I*, V. 1339–1345) Die Wertetafel des Teufels ist verkehrt und somit auf das Negative beschränkt. Er steht neben dem Schreibtisch und versucht, das Werdende durch Katastrophen zu annullieren. Der Wissenschaftler, der am Schreibtisch forscht, steht in der **Verantwortung** abzuwägen, ob er das, was da in seinem Kopf und auf dem Papier entsteht, vor sich sowie vor der gesamten Menschheit guten **Gewissens** vertreten kann. Die Frage ist: Überblickt er mögliche Folgen zu einem frühen Zeitpunkt und kann er den Verlockungen des Ruhmes widerstehen? Denn: Wenn er es nicht erfindet, dann tut es ein anderer und erntet die Lorbeeren. Faust erfindet mit Hilfe von Mephisto im ersten Akt des zweiten Teils das Papiergeld, wodurch scheinbar die Finanzkrise im Kaiserreich eingedämmt werden kann. Im fünften Akt gewinnt er dem Meer Land ab, wird Großgrundbesitzer, baut sich einen Palast und zerstört gleichzeitig die kleine Welt des Paares Philemon und Baucis. Er ist am Ende ein Machtmensch, ein ökonomischer Stratege, der dem Fortschrittswahn alles opfert. Dabei bleiben nicht nur die beiden alten Menschen auf der Strecke, sondern tausende. Kaum zu glauben, dass der Computer-Erfinder diese Entwicklung meint, wenn er das „Faustische“ rühmt.

In dieser komplizierten „**Faust-Problematik**“ (Z. 69) stecken alle, die forschen und entwickeln, die Innovationen auf den Markt werfen und Know-how schaffen. Auch die Wissenschaftler in Heidelberg, die Stammzellenforschung betreiben (vgl. Z. 69 f.). Einerseits könnte eine Stammzellen-Therapie, wenn sie eines Tages ausgereift wäre, helfen, Patienten mit einer tödlichen Erkrankung oder einer irreparablen Schädigung, z. B. Querschnittlähmung, zu heilen. Andererseits könnten auch Klonversuche mit menschlichen Zellen durchgeführt werden, deren Anwendung ethisch-moralische Bedenken hervorrufen. Gibt es bald den Menschen nach Maß? Die Szene, als Dr. Wagner im zweiten Akt des zweiten Teils den Homunculus schafft, kommt einem gleich in den Sinn.
Am Ende des zweiten Teils von Goethes Tragödie klagt Faust: „Könnt ich Magie von meinem Pfad entfernen,/Die Zaubersprüche ganz und gar verlernen“ (*Faust II*, V. 11404 f.). Eine völlig richtige Erkenntnis, deren Ausbildung jedoch ein ganzes Faust-Leben gedauert hat und nun, im Angesicht des **Todes**, hoffnungslos zu spät kommt. Faust steht am Lebensende **schuldbeladen** in seinem prächtigen Palast und kann nichts mehr rückgängig machen. Und dennoch wird ihm vergeben werden, denn „Wer immer strebend sich bemüht, /den können wir erlösen.“ (*Faust II*, V. 11936 f.)

Der **Romantitel** zu dem vorliegenden Textauszug heißt *Die Frau, für die ich den Computer erfand.* Eine naheliegende Schlussfolgerung wäre, dass der Protagonist sein Gerät für **Ada**, nämlich Ada Lovelace, die erste Programmiererin, erfunden hat. Er hat zu ihrer Programmiersprache den entsprechenden Computer entwickelt – eine witzige Idee. Der Erfinder sagt über Ada, sie sei „nicht mein Gretchen […], sondern meine Helena.“ (Z. 17 f.). **Gretchen** und Helena sind die zwei Frauen, die Faust jeweils auf seinem Lebensweg ein Stück begleiten. Gretchen, das unschuldige Mädchen, das am Ende, Frau geworden, mehr moralische Größe zeigt als der Mann, der sie schamlos verrät und zerstört. Seine Beziehung zu ihr ist weniger durch Liebe, denn durch Lust gekennzeichnet. Dieses Gretchen ist nicht die Muse des Computer-Erfinders, wohl weil sie zu bodenständig, zu brav und – anders als Helena – im Drama eine reale Figur ist. Sie taugt nicht zum Träumen, zum Abheben, zum Fantasieflug. Zudem ist der Erfinder kein „schäbiger Hund wie […] Faust“ (Z. 19), verführt niemand wie dieser, sondern lässt sich eher verführen.

Helena dagegen ist die göttliche **Traumgestalt**, die Faust aus der griechischen Antike ins christlich-moderne Mittelalter holt und mit der er den Knaben Euphorion zeugt. Sie verkörpert **Leidenschaft**, „ewig-weibliche“ Triebkraft und ein Alles-ist-möglich-Gefühl. Ada, die seine Helena ist, ist des Computer-Erfinders **Muse**, seine Fee, seine Fata-Morgana, seine Hexe. **Kreativität** braucht, um sich entfalten zu können, Impulse, Begeisterung, Temperament. Und sie braucht die Liebe, sei sie noch so imaginär. Diese Zutaten scheint er bei der irrealen Ada zu finden. Sie ist die Ausflucht aus dem Dasein des Logikers und seiner Maschinen, die nicht träumen können. Zugleich ist sie eine virtuelle Figur, die dem Helden nicht wirklich begegnet sein kann, da sie weit vor ihm gelebt hat. Er erschafft sie sich neu wie Wagner den Homunculus. Ada ist eine Homuncula. Mit ihr im Sinn kann er auch den „Computer-Narren“ (Z. 49), den „Informatik-Idioten“ (Z. 51), den „Scheuklappenträgern“ (Z. 54) widerstehen und sich über sich selbst lustig machen. Diese Tugend ist nicht selbstverständlich für einen Tüftler, der verbissen an Lösungen knobelt. Insofern hält sie ihn davon ab, sich zu verrennen oder sich für den Nabel der Welt zu halten. Das ganz normale Leben spielt neben der wissenschaftlichen Leistung eine tragende Rolle. Wissenschaftliche Exaktheit gepaart mit fantastischer Leidenschaft können erstaunliche **Resultate** hervorbringen: z. B. die Dampfmaschine, die Fotografie, Automobil und Flugzeug, Radio und Fernsehen und eben den Computer. In abgewandelter Form könnte das aktuelle Abiturthema auch lauten: Wer Kraft zum Träumen hat, hat auch Kraft zum Handeln. Träume sind unerlässlich, um Ideen zu entwickeln, Visionen zu verwirklichen, vermeintlich Unmögliches möglich zu machen.

Johann Wolfgang Goethes Tragödie werde in der **Schule** nicht mehr gelesen, beklagt die Hauptfigur im Roman. Ein wenig könnte sie beruhigt werden. Der *Faust* spielt im Unterricht durchaus eine Rolle, zumindest der erste Teil. Auch in den Theatern der Republik führt er kein Nischendasein. Wer den *Faust* gelesen oder auf der Bühne gesehen hat, ist um viele Erkenntnisse reicher, sieht anders auf die menschliche Geschichte, begreift das alte Spiel zwischen Gut und Böse. Angesichts dieser Selbsterfahrung schwärmt der Computer-Erfinder: „Auch Goethe ist für mich Know-how und Wachstumsmotor und Multiprozessor für Geist und Seele und Innovation“ (Z. 56 f.). Übersetzt kommt diese Beschreibung dem Menschenbild der **Klassik** nahe, bei dem Harmonie zwischen Kopf und Herz herrschen und jeder zum Wohle der Gemeinschaft tätig werden solle. Der Dichter ist seiner Meinung nach ein Wissenschaftler, der in der Lage ist, über den eigenen Tellerrand hinauszusehen, ein **Universalgenie**, wie er selbst gern eins wäre. Goethe war studierter Jurist, überdies Botaniker, Mineraloge, Geologe, Anatom, Physiker, Meteorologe, beschäftigte sich mit Kunstgeschichte, zeichnete, malte, betrieb Farbenlehre. Solch ein umfassendes Spektrum zu bedienen, wäre heute gar nicht mehr möglich. Forscher spezialisieren sich, um auf ihren jeweiligen Gebieten die Besten zu sein, sie werden entweder „Computer-Narren“ oder „Goethe-Narren“ (Z. 76 f.). Insofern liegt die Gefahr nahe, die Verbindung zu angrenzenden Forschungsgegenständen zu vernachlässigen oder gar ganz abreißen zu lassen, kurz: ein Fachidiot zu werden. Die „faustische Energie“ (Z. 32) könne dies verhindern.

Schluss

Ob Alfred Nobel im Entferntesten geahnt hat, dass das von ihm erfundene Dynamit einmal in Bomben gefüllt wird, die massenhaft Menschen töten? Wernher von Braun forschte in Peenemünde an Hitlers Geheimwaffe „V2“. Er wusste sehr genau, was sie bewirkt, wenn sie, einmal abgeschossen, wie vorgesehen, funktioniert. Ihre todbringende Wirkung war gerade das Ziel. Beide waren Wissenschaftler. Der Grat zwischen nützlichen, das Leben erleichternden einerseits und den Tod für viele Menschen bringenden Erfindungen andererseits ist äußerst schmal. Umso verantwortungsvoller muss jeder Forscher, Entwickler, Erfinder mit seinen Erkenntnissen umgehen. Können sie zum Nutzen oder zum Schaden der Menschheit eingesetzt werden – das ist die Gretchenfrage.

wieder wie in Einleitung fachübergreifender Bezug und Faust eingebunden

Leistungskurs Deutsch (Thüringen): Abiturprüfung 2010
Aufgabe 4: Interpretation eines dramatischen Textes

Georg Büchner (1813–1837)

Leonce und Lena (Erster Act. Erste Scene.)

O wär' ich doch ein Narr!
Mein Ehrgeiz geht auf eine bunte Jacke.
(Wie es Euch gefällt.)

Erste Scene.

Ein Garten.

LEONCE *(halb ruhend auf einer Bank)*. DER HOFMEISTER.

LEONCE. Mein Herr, was wollen Sie von mir? Mich auf meinen Beruf vorbereiten? Ich habe alle Hände voll zu thun. Ich weiß mir vor Arbeit nicht zu helfen. Sehen Sie, erst habe ich auf den Stein hier dreihundert fünf und sechzig Mal hintereinander zu spucken. Haben Sie das noch nicht probirt? Thun Sie es, es gewährt eine ganz eigne Unterhaltung. – Dann, sehen Sie diese Hand voll Sand? – *(er nimmt Sand auf, wirft ihn in die Höhe und fängt ihn mit dem Rücken der Hand wieder auf)* – jetzt werf' ich sie in die Höhe. Wollen wir wetten? Wieviel Körnchen hab' ich jetzt auf dem Handrücken? Grad oder ungrad? Wie? Sie wollen nicht wetten? Sind Sie ein Heide? Glauben Sie an Gott? Ich wette gewöhnlich mit mir selbst und kann es tagelang so treiben. Wenn Sie einen Menschen aufzutreiben wissen, der Lust hätte, manchmal mit mir zu wetten, so werden Sie mich sehr verbinden. Dann – habe ich nachzudenken, wie es wohl angehen mag, daß ich mir einmal auf den Kopf sehe. – O wer sich einmal auf den Kopf sehen könnte! Das ist eines von meinen Idealen. Und dann – und dann – noch unendlich Viel der Art. – Bin ich ein Müßiggänger? Habe ich keine Beschäftigung? – Ja, es ist traurig …

HOFMEISTER. Sehr traurig, Eure Hoheit.

LEONCE. Daß die Wolken schon seit drei Wochen von Westen nach Osten ziehen. Es macht mich ganz melancholisch.

HOFMEISTER. Eine sehr gegründete Melancholie.

LEONCE. Mensch, warum widersprechen Sie mir nicht? Sie haben dringende Geschäfte, nicht wahr? Es ist mir leid, daß ich Sie so lange aufgehalten habe. *(Der Hofmeister entfernt sich mit einer tiefen Verbeugung.)* Mein Herr, ich gratulire Ihnen zu der schönen Paranthese, die Ihre Beine machen, wenn Sie sich verbeugen.

LEONCE *(allein, streckt sich auf der Bank aus)*. Die Bienen sitzen so träg an den Blumen und der Sonnenschein liegt so faul auf dem Boden. Es krassirt ein entsetzlicher Müßiggang. – Müßiggang ist aller Laster Anfang. Was die Leute nicht Alles aus Langeweile treiben! Sie studiren aus Langeweile, sie beten aus Langeweile, sie verlieben, verheirathen und vermehren sich aus Langeweile und sterben endlich aus Langeweile, und – und das ist der Humor davon – Alles mit den wichtigsten Gesichtern, ohne zu merken, warum, und meinen Gott weiß was dazu. Alle diese Helden, diese Genies, diese Dummköpfe, diese Heiligen, diese Sünder, diese Familienväter sind im Grunde nichts als raffinirte Müßiggänger. – Warum muß ich es grade wissen? Warum kann ich mir nicht wichtig werden und der armen Puppe einen Frack anziehen und einen Regenschirm in die Hand geben, daß sie sehr rechtlich und sehr nützlich und sehr moralisch würde? – Der Mann, der eben von mir ging, ich beneidete ihn, ich hätte ihn aus Neid prügeln mögen. O wer einmal jemand Anderes sein könnte! Nur 'ne Minute lang. Wie der Mensch läuft! Wenn ich nur etwas unter der Sonne wüßte, was mich noch könnte laufen machen.

(Valerio, etwas betrunken, tritt auf.)

VALERIO *(stellt sich dicht vor den Prinzen, legt den Finger an die Nase und sieht ihn starr an).* Ja!

LEONCE *(eben so).* Richtig!

VALERIO. Haben Sie mich begriffen?

LEONCE. Vollkommen.

VALERIO. Nun, so wollen wir von etwas Anderem reden. *(Er legt sich ins Gras).* Ich werde mich indessen in das Gras legen und meine Nase oben zwischen den Halmen herausblühen lassen und romantische Empfindungen beziehen, wenn die Bienen und Schmetterlinge sich darauf wiegen, wie auf einer Rose.

LEONCE. Aber Bester, schnaufen Sie nicht so stark, oder die Bienen und Schmetterlinge müssen verhungern über den ungeheuren Prisen, die Sie aus den Blumen ziehen.

VALERIO. Ach Herr, was ich ein Gefühl für die Natur habe! Das Gras steht so schön, daß man ein Ochs sein möchte, um es fressen zu können, und dann wieder ein Mensch, um den Ochsen zu essen, der solches Gras gefressen.

LEONCE. Unglücklicher, Sie scheinen auch an Idealen zu laborieren.

VALERIO. Es ist ein Jammer. Man kann keinen Kirchthurm herunterspringen, ohne den Hals zu brechen. Man kann keine vier Pfund Kirschen mit den Steinen essen, ohne Leibweh zu kriegen. Seht, Herr, ich könnte mich in eine Ecke setzen und singen vom Abend bis zum Morgen: „Hei, da sitzt e Fleig' an der Wand! Fleig' an der Wand! Fleig' an der Wand!" und so fort bis zum Ende meines Lebens.

LEONCE. Halt's Maul mit deinem Lied, man könnte darüber ein Narr werden.

VALERIO. So wäre man doch etwas. Ein Narr! Ein Narr! Wer will mir seine Narrheit gegen meine Vernunft verhandeln? Ha, ich bin Alexander der Große! Wie mir die Sonne eine goldne Krone in die Haare scheint, wie meine Uniform blitzt! Herr Generalissimus Heupferd, lassen Sie die Truppen anrücken! Herr Finanzminister Kreuzspinne, ich brauche Geld! Liebe Hofdame Libelle, was macht meine theure Gemahlin Bohnenstange? Ach bester Herr Leibmedicus Cantharide, ich bin um einen Erbprinzen verlegen. Und zu diesen köstlichen Phantasieen bekommt man gute Suppe, gutes Fleisch, gutes Brod, ein gutes Bett und das Haar umsonst geschoren, – im Narrenhaus nämlich, – während ich mit meiner gesunden Vernunft mich höchstens noch zur Beförderung der Reife auf einen Kirschbaum verdingen könnte, um – nun? –um?

LEONCE. Um die Kirschen durch die Löcher in deinen Hosen schamroth zu machen! Aber Edelster, dein Handwerk, deine Profession, dein Gewerbe, dein Stand, deine Kunst?

VALERIO *(mit Würde).* Herr, ich habe die große Beschäftigung, müßig zu gehen, ich habe eine ungemeine Fertigkeit im Nichtsthun, ich besitze eine ungeheure Ausdauer in der Faulheit. Keine Schwiele schändet meine Hände, der Boden hat noch keinen Tropfen von meiner Stirne getrunken, ich bin noch Jungfrau in der Arbeit, und wenn es mir nicht der Mühe zu viel wäre, würde ich mir die Mühe nehmen, Ihnen diese Verdienste weitläufiger auseinanderzusetzen.

LEONCE *(mit komischem Enthusiasmus).* Komm an meine Brust! Bist du einer von den Göttlichen, welche mühelos mit reiner Stirne durch den Schweiß und Staub über die Heerstraße des Lebens wandeln, und mit glänzenden Sohlen auf blühenden Leibern gleich seligen Göttern in den Olympus treten? Komm! Komm!

VALERIO *(singt im Abgehen).* Hei! da sitzt e Fleig' an der Wand! Fleig' an der Wand! Fleig' an der Wand!

(Beide Arm in Arm ab.)

Aus: Büchner, Georg: Sämtliche Werke und Schriften. Historisch-kritische Ausgabe mit Quellendokumentation und Kommentar. Bd. 6, Mainz 2003, S. 52–56

Arbeitsanweisung

Interpretieren Sie die Szene!

Hinweise und Tipps

Voraussetzungen
Büchners 1836 entstandenes Stück *Leonce und Lena* wird im Deutschunterricht meist weniger Bedeutung beigemessen als seinem *Woyzeck*, *Dantons Tod* oder seiner berühmten Flugschrift *Der hessische Landbote*. Deshalb mag es verblüffen, dass die vertraute, sonst dominierende sozial-kritische Tendenz des Autors zu fehlen scheint. Erst bei genauerer Betrachtung – und bei der Lektüre des gesamten Stückes – wird deutlich, dass Büchner sich durchaus treu geblieben ist. Der Zuschauer/Leser findet also im Lustspiel nicht den Revolutionär (Danton) oder den sozial benachteiligten Soldaten (Woyzeck), aber die Figuren des Lustspiels sind durchaus geeignet, gesellschaftliche Missstände aufzuzeigen und zu entlarven.
Die Lösung der Aufgabe setzt die Kenntnis des gesamten Stückes natürlich nicht voraus. Es ist also durchaus möglich, trotz fehlender erläuternder Angaben zur Dramenhandlung, zu den Figuren usw. eine adäquate Interpretation der Szene zu verfassen.

Erläuterung der Aufgabenstellung
Die Aufgabe verlangt die Interpretation der Szene, wobei Ihnen sowohl Vorgehensweise als auch Schwerpunktsetzung weitgehend freigestellt sind. Der Operator „Interpretieren Sie" gibt lediglich die deutende Erschließung des Textes vor.
Die besondere Position der Szene im Lustspiel gibt Ihnen die Möglichkeit zu einigen grundsätzlichen Ausführungen zur Struktur eines Dramas, die Sie wiederum konkret auf die vorliegende Szene übertragen können.
Es ist erforderlich, den Gesprächsverlauf nachzuzeichnen, wobei wesentliche vom Autor verwendete sprachliche und dramaturgische Gestaltungsmittel benannt und in ihrer Wirkung beschrieben werden müssen. Die Sprache der Figuren ist als Mittel ihrer Charakterisierung zu betrachten und zu beschreiben. Ebenso zu berücksichtigen ist die Figurenrede in ihrer Wirkung auf den Dialogpartner und auf den Zuschauer/Leser.
Um Ihre eigene Position deutlich zu machen, sollten Sie die Haltungen der Figuren nicht nur darstellen und erläutern, sondern auch werten. Zur Untermauerung Ihrer Ansichten sind Textzitate geschickt in Ihre Darlegungen einzufügen.
Aufgrund Ihres literaturgeschichtlichen Wissens sollten Sie in der Lage sein, Büchners Schaffen zeitlich einzuordnen. Vielleicht ist Ihnen aus dem Unterricht der berühmte Brief Büchners vom 28. Juli 1835 an seine Familie bekannt, in dem er gegen die Dichtung des Idealismus Stellung bezieht. Auch der vorliegende Dramenauszug lässt sich in diese Richtung deuten. Am ehesten wird Ihnen das konträre Welt- und Menschenbild auffallen, wenn Sie die Szene mit einem Drama der Weimarer Klassik (*Iphigenie auf Tauris*, *Maria Stuart*) vergleichen.

Lösungsvorschlag

Es ist die pure Langeweile, die dem Zuschauer/Leser bereits aus den ersten Sätzen von Georg Büchners Lustspiel *Leonce und Lena* entgegenschlägt. Schon der Ort des Geschehens – „Ein Garten" – und die Körperhaltung der Hauptfigur – „halb ruhend auf einer Bank" (Z. 1 f.) – drücken **Ruhe und Müßiggang** aus. Bis zum Ende der Szene verlässt den Zuschauer/Leser dieser Eindruck nicht. Zwar treten nacheinander zwei Figuren hinzu, zu einer wirklichen Handlung, zu Aktion auf der Bühne also, kommt es jedoch nicht.

Der offensichtlich **gelangweilte Prinz Leonce** begrüßt den hinzutretenden Hofmeister nicht gerade freundlich mit der Frage: „Mein Herr, was wollen Sie von mir?" (Z. 3) Der Hofmeister, der für die Erziehung und Bildung des Prinzen verantwortlich ist, muss wegen dessen Benehmens entsetzt sein, bekommt jedoch keine Möglichkeit, zu einer Antwort auch nur anzusetzen. Leonce gefällt sich so sehr in seiner **Rolle des nachdenklichen Melancholikers**, dass er in seinen Überlegungen einfach fortfährt. Seine Vermutung, der Hofmeister wolle ihn auf seinen Beruf vorbereiten (vgl. Z. 3), ist natürlich grundsätzlich richtig, denn Leonce muss ja als Thronfolger gewisse Anforderungen an seine künftige Position erfüllen, also entsprechend ausgebildet werden. Der junge Mann hat jedoch keinerlei Lust auf ein Gespräch mit dem Hofmeister und verweist darauf, sehr beschäftigt zu sein: „Ich weiß mir vor Arbeit nicht zu helfen." (Z. 4) Um diese freche Behauptung, die den Tatsachen widerspricht, zu untermauern, demonstriert Leonce seine „Arbeit": Er habe zunächst „dreihundert fünf und sechzig Mal hintereinander" (Z. 5 f.) auf einen Stein zu spucken. Er fordert den von dieser Vorführung wahrscheinlich befremdeten Hofmeister sogar dazu auf, es ihm gleichzutun, der Unterhaltungswert sei durchaus beachtlich. Auch als Leonce anschließend Sand in die Höhe wirft, diesen mit dem Handrücken wieder auffängt und den Hofmeister auffordert, die Anzahl der Sandkörner zu schätzen, reagiert sein Erzieher mit keinem Wort. Er wird die Absonderlichkeit im Verhalten des Prinzen schon öfter bemerkt haben, sie regt ihn nicht auf. So lässt er sich auch von spontan aus der Laune heraus gestellten, im Grunde ungehörigen Fragen des Prinzen nach seinem Glauben nicht provozieren. Die **unterwürfige Haltung des Haushofmeisters** scheint den Prinzen zu immer tolleren Aufforderungen zu reizen. Leonces Provokation seines Lehrers, die Ausbreitung absurder Ideen, bedeutete zur Entstehungszeit von Büchners Drama sicherlich auch eine **Provokation des Publikums**, das es gewohnt war, auf der Bühne die Konflikte hochstehender Personen zwischen Pflicht und Neigung und ein klassisch-idealistisches Weltbild vorgeführt zu bekommen.

Dabei ist Leonce **von seiner Langeweile selbst genervt**, sie treibt ihn quasi zu seinem Verhalten. Auch seine „Experimente" sind nicht geeignet, ihm die Niedergeschlagenheit zu vertreiben.
Dass er Witz hat, ist an seiner Sprache zu bemerken und steht außer Frage. Allerdings verfehlen die **Wortspiele** ihre Wirkung, sie laufen ins Leere. Wie mechanisch wiederholt er das Wort „wetten": „Wollen wir wetten? […] Sie wollen nicht wetten? […] Ich wette gewöhnlich mit mir selbst […] manchmal mit mir zu wetten …" (Z. 9–12). Auch das Verb „treiben" wird in zwei verschiedenen Zusammenhängen von Leonce bewusst gebraucht: „ Ich […] kann es tagelang so treiben. Wenn Sie einen Menschen aufzutreiben wissen […]" (Z. 11 f.). Es spielt für ihn wohl keine Rolle, ob seine Worte ankommen, denn er ist viel zu sehr auf die Wirkung seines Verhaltens bedacht – immerhin stellt er seinen **Überdruss betont** zur Schau.

Den Höhepunkt der Demonstration der Langeweile schafft Leonce mit seinem **bizarren Verlangen:** „O wer sich einmal auf den Kopf sehen könnte!" (Z. 14 f.) Dieses außergewöhnliche Bild wird von ihm sogar zu einem seiner Ideale erhoben und ist wohl Ausdruck des Wunsches, einmal aus seiner Haut herausschlüpfen zu können. Welche weiteren Ziele er hat, vermag er nicht zu formulieren: „Und dann – und dann – noch unendlich Viel der Art." (Z. 15 f.) Er hat **keine klaren Vorstellungen** von dem, was er will. Und so bringen ihn auch die letzten beiden Fragen, die er sich in diesem Gesprächsabschnitt stellt, nicht voran, sondern bilden gewissermaßen das **Fazit:** „Bin ich ein Müßiggänger? Habe ich keine Beschäftigung?“ (Z. 16) Die Antwort, der der Zuschauer/Leser vorbehaltlos zustimmt, gibt er sich selbst: „Ja, es ist traurig …“ (Z. 16f.)

Endlich meldet sich der Hofmeister zu Wort, allerdings nur, um dem Prinzen zuzustimmen. Leonce fühlt sich von der Anmerkung seines Erziehers gereizt und provoziert seinerseits mit einer völlig banal scheinenden Bemerkung über den gleichförmigen Zug der Wolken. Dieser mache ihn „ganz melancholisch“ (Z. 20). Aus dieser Bemerkung wird deutlich, dass dem Prinzen die Zeit nicht vergeht, weil er mehr als genug davon zur Verfügung hat. Der devote Hofmeister bekräftigt seinen Herrn auch in dieser Feststellung: „Eine sehr gegründete Melancholie.“ (Z. 21)

Daraufhin wird er vom Prinzen erneut zurechtgewiesen: „Mensch, warum widersprechen Sie mir nicht?“ (Z. 22) Abgesehen davon, dass der Hofmeister aufgrund der Ablehnung und Widerspenstigkeit, die der Prinz seiner Person entgegenbringt, keinerlei Chance hat, seine Aufgabe am Hofe zu erfüllen, steht es ihm wohl auch nicht zu, dem Prinzen zu widersprechen. Seiner vorläufigen Entlassung setzt er, obwohl er unverrichteter Dinge gehen muss, nichts entgegen, sondern „entfernt sich mit einer tiefen Verbeugung“ (Z. 24), wie es sich gehört, vom Prinzen. Dass er von Leonce wegen der Stellung seiner O-Beine auch noch verspottet wird, nimmt er gleichmütig hin. Die respektlose Haltung des Prinzen gegenüber seinem Hofmeister ist wohl auch ein Ausdruck seiner **Abneigung gegen die Anforderungen des Lebens am Hofe**, denen er sich entziehen will. Andererseits genießt Leonce die Annehmlichkeiten dieses Lebens. Seiner sozialen Stellung verdankt er das Privileg, sein Leben wie einen langen Sonntag (vgl. Büchner: *Der Hessische Landbote*) führen zu dürfen.

Nachdem Leonce sein Ziel, den störenden Hofmeister loszuwerden, erreicht hat, kann er sich seiner melancholischen Stimmung wieder ganz hingeben. Das tut er auch, indem er es sich auf der Bank bequem macht. Wieder ist der **Müßiggang** sein **einziges Thema**. Sogar in der **Natur** erkennt er nur Trägheit und Faulheit. Leonce bedauert in seinem Monolog, dass „ein entsetzlicher Müßiggang“ (Z. 27f.) grassiere. Das ist nun freilich die Kehrseite von Luxus und Freizeit und diese Tatsache allein seiner Lebensweise geschuldet. Die Bauern, von denen Büchner in seiner Flugschrift berichtet, können über Langeweile und Müßiggang nicht klagen. Im Gegenteil, ihr Leben „ist ein langer Werktag“ (Büchner: *Der Hessische Landbote*). Zu einer solchen Bewertung seines eigenen Daseins wie bei Leonce kann nur ein **Mitglied der herrschenden Klasse** gelangen. Aus diesem Grund muss auch Leonces Betrachtung von Müßiggang und Langeweile als Eigenschaft menschlichen Lebens schlechthin, ja sogar als Gesetzmäßigkeit der Natur, sehr kritisch betrachtet werden. Bezeichnenderweise interpretiert er alle möglichen menschlichen Tätigkeiten – Studium, Gebet, Liebe, Ehe, Fortpflanzung, Tod – als Flucht vor der Langeweile. Wenn der Müßiggang allerdings zum Naturgesetz wird, gibt es **keinerlei positive Ziele** mehr. Büchner bricht hier klar mit dem Weltbild der Weimarer Klassik und ersetzt deren hehre Ideale durch die irrwitzigen, unerfüllbaren Einfälle eines gelangweilten Prinzen, die letztlich nur seine **geistige Orientierungslosigkeit** kaschieren.

Leonce beklagt, dass allein er sich in der Situation befindet, den Zustand der Langeweile zu erkennen: „Warum muß ich es grade wissen?“ (Z. 34) Er ist klug genug einzusehen, dass Langeweile nichts anderes ist als das **Fehlen einer zielgerichteten, sinnvollen Tätigkeit**. Immerhin deutet seine rhetorische Frage darauf hin: „Warum kann ich mir nicht wichtig werden […]?“ (Z. 34f.) Aber statt sich aufzuraffen und sich eine Tätigkeit zu suchen, damit er „sehr rechtlich und sehr nützlich und sehr moralisch würde“ (Z. 36f.), beneidet er den Hofmeister, da der eine Aufgabe habe (vgl. Z. 39f.); zugleich macht er sich aber über ihn als „arme Puppe“ (Z. 35) lustig. Indem Leonce sich weiterhin passiv verhält, seine Lage halbherzig beklagt und im Grunde mit Krokodilstränen beweint und eben nicht aus seiner Rolle heraustritt, verhält er sich **konform mit den höfischen Gesetzen** und wird damit selbst zu einem Langweiler.

Mit **Valerio**, der „etwas betrunken" (Z. 41) in den Garten kommt und sich vor dem ruhenden Leonce aufbaut, entwickelt sich ein **Gespräch**. Die Chemie zwischen den beiden jungen Männern stimmt, wie ihre erste Begegnung zeigt. Ohne viele Worte zeigen sie, dass sie einander verstehen. Dass Valerio witzig ist, bemerkt der Zuschauer/Leser u. a. an seiner Art, sich einzuführen. Obwohl noch so gut wie nichts zwischen ihm und dem Prinzen gesprochen wurde, schlägt Valerio vor: „Nun, so wollen wir von etwas Anderem reden." (Z. 47) Danach legt er sich ins Gras, von wo aus er dem Prinzen in aller Ruhe über seine „romantische[n] Empfindungen" (Z. 49) referiert. Leonce springt sofort auf Valerios Vorgaben an und setzt die Plänkelei mit sichtlichem Vergnügen fort. Dieser beschreibt sein enthusiastisches „Gefühl für die Natur" (Z. 53) witzig und **ironisch** und betrachtet es vor allem – für den Leser überraschend – unter praktischem Aspekt: „Das Gras steht so schön, daß man ein Ochs sein möchte, um es fressen zu können [...]" (Z. 53 f.) Sowohl Valerio als auch Leonce geben sich in ihrer jeweiligen **Naturbetrachtung** als Kind ihres Standes zu erkennen: Während der Prinz in der Natur das umfassende Gesetz des Müßiggangs wiederfinden will, interessiert sich Valerio für die Nahrungsgrundlage. Leonce findet in dieser Aussage seinen **eigenen Weltschmerz** bestätigt und in seinem Gesprächspartner einen gleichermaßen Geplagten: „Unglücklicher, Sie scheinen auch an Idealen zu laborieren." (Z. 56) Zwar ist auch das Nichtstun Valerios Lieblingsthema, und zwar verdammt er jede Arbeit, aber er leidet, anders als Leonce, nicht unter seinem Müßiggang. Das lähmende Gefühl der Langeweile empfindet er nicht. Der Nonsens setzt sich fort, als Valerio über völlig banale Erfahrungen „philosophiert", und gipfelt in der Feststellung, „vom Abend bis zum Morgen [...] und so fort bis zum Ende [seines] Lebens" (Z. 59–61) das völlig **sinnleere Lied von der Fliege** an der Wand singen zu können. Weiter brauche er nichts zu tun, das sei ihm Lebensinhalt genug, was erneut eine Absage an das klassische Ideal der Selbstvervollkommnung darstellt.

Leonce verbietet dem neu gewonnenen Freund mit einer groben Aufforderung den Mund, weil er über den Unsinn, den dieser von sich gibt, befürchtet, „ein Narr werden" (Z. 62) zu können. Immerhin wäre man dann etwas, hat **Valerio**, der wirklich ein **Narr** ist, dem Prinzen entgegenzusetzen. Valerio legt Leonce die **Vorzüge des Närrischseins** ausführlich und in einer sehr bildreichen Sprache dar. Die Metaphern, mit denen er Mitglieder seines aus Insekten und Pflanzen bestehenden Hofes bedenkt, dienen gleichzeitig der Charakterisierung der jeweiligen Person bzw. des von ihr ausgeübten Amtes: „Generalissimus Heupferd [...], Finanzminister Kreuzspinne [...], Hofdame Libelle [...], [s]eine theure Gemahlin Bohnenstange [...], Leibmedicus Cantharide" (Z. 65–68).

Valerio meint, einen Ort zu kennen, an dem man sich nicht nur in „diesen köstlichen Phantasieen" (Z. 69) ergehen kann, sondern obendrein noch gut versorgt wird mit „gute[r] Suppe, gute[m] Fleisch, gute[m] Brod, ein[em] gute[n] Bett" (Z. 69 f.), nämlich im Narrenhaus. Allerdings sei er „mit [s]einer gesunden Vernunft" (Z. 71) für dieses Haus nicht geeignet. Es kann auch nicht sein Wunsch sein, ins Narrenhaus zu kommen, denn dass es dort keinesfalls so lustig zugeht, wie Valerio beschreibt, weiß er. Was er vorträgt, sind einfache **Wort- und Gedankenspiele**. Allerdings steckt ein Körnchen Wahrheit in dem, was er sagt. Als er an Leonce die rhetorische Frage richtet: „Wer will mir seine Narrheit gegen meine Vernunft verhandeln?" (Z. 63 f.), unterstellt er, dass jeder ein bisschen verrückt sei und dass er, der Narr, weniger närrisch sei, als man annimmt. Mit seinem Preis des Narrentums macht Valerio den **aufklärerischen Vernunftglauben lächerlich**.

Seinen albernen Gedanken über eine Nutzanwendung seiner „gesunden Vernunft" (Z. 71) vermag er selbst nicht zu Ende zu bringen, dazu braucht es einen Einfall des Gesprächspartners. Leonce geht zunächst auch genau auf Valerios Geplapper ein. Aber anschließend stellt er ihm eine Frage nach ernsthaften Dingen, die er aufzählt: „Aber Edelster, dein Handwerk, deine Profession, dein Gewerbe, dein Stand, deine Kunst?" (Z. 74 f.)

„Mit Würde“ (Z. 76) geht Valerio an die Beantwortung dieser Frage heran, was eine ernsthafte Aussage erwarten lässt. Aber würde die zu Valerio passen? Wohl kaum, und so bleibt sich der Narr treu und verkündet das **Lob seiner Faulheit**. Der noble Gestus, mit dem er seine Antwort vorträgt, widerspricht dem komischen Inhalt derselben. Zur näheren Bezeichnung seiner „Talente“ braucht Valerio Worte, die deren Außerordentlichkeit hervorheben. Büchner lässt ihn den absoluten Superlativ, den Elativ, gebrauchen und ihn von seiner „ungemeine[n] Fähigkeit im Nichtsthun“ (Z. 77) und von seiner „ungeheure[n] Ausdauer in der Faulheit“ (Z. 77f.) sprechen. Sehr **bildhaft und poetisch** erklärt er etwas völlig Prosaisches: „Keine Schwiele schändet meine Hände, der Boden hat noch keinen Tropfen von meiner Stirne getrunken“ (Z. 78f.). Mit der Inversion, die das Wort „kein“ hervorstellt, betont Valerio die Negierung bzw. das Fehlen jeglicher Anstrengung und belegt damit seine zuvor getroffene Aussage: „ich habe die große Beschäftigung, müßig zu gehen“ (Z. 76). Seine „Beweisführung“ gipfelt in der Feststellung, „noch Jungfrau in der Arbeit“ (Z. 79) zu sein. Diese Metapher zeigt die Freude, die Valerio bei der Entwicklung seiner Gedanken hat, ebenso wie seine **sprachliche Gewandtheit**. Die letzte Anmerkung unterstreicht erneut seinen Wortwitz und seine Lust am Paradoxen – „wenn es mir nicht der Mühe zu viel wäre, würde ich mir die Mühe nehmen“ (Z. 79f.) – und löst eine Reaktion des Prinzen aus.

Der nämlich ist ganz begeistert von dem Gleichgesinnten, den er da vor sich hat, und fordert ihn „mit komischem Enthusiasmus“ (Z. 82), also übertrieben leidenschaftlich, auf, „an [s]eine Brust“ (Z. 82) zu kommen. Leonce sieht in dem neuen Freund einen „von den Göttlichen“ (Z. 82f.), er erhebt ihn also **zu einem Ideal**. Warum ihm Valerio so erscheint, liegt auf der Hand: Leonce erkennt in den Ansichten seines Gesprächspartners seine eigene Auffassung von einem **unbeschwerten Leben ohne Zwänge**, in dem er einfach nur närrisch sein kann. Allerdings kann Valerios Außenseitertum keine wirkliche Vorbildfunktion für Leonce haben, da dieser als Königssohn und Thronfolger in seiner Rolle gefangen bleibt.

Doch noch erscheint dem melancholischen Prinzen diese – naive – Aussicht als erstrebenswerte Idylle. Er wiederholt seine Aufforderung zur Verbrüderung, verleiht ihr Dringlichkeit: „Komm! Komm!“ (Z. 85) Und Valerio? Hat nichts entgegenzusetzen als sein langweiliges Lied und verlässt, dieses singend, Arm in Arm mit Leonce den Garten.

Damit endet die erste Szene des Stückes. Sie bildet zusammen mit weiteren Auftritten des ersten Aktes die **Exposition des Schauspiels**, d. h., sie stellt neben dem Handlungsort und der Handlungszeit auch die wesentlichen handelnden Personen vor und deutet bereits vorsichtig auf mögliche Konflikte hin. Dass recht bald etwas geschehen muss, um die Handlung in Gang zu setzen, erwartet der Zuschauer zu Recht. Es bleiben Fragen, z. B. die nach der Echtheit von Leonces Sehnsucht nach der „Narrenfreiheit“ oder die, ob es ihm gelingen wird, der Langeweile etwas entgegenzusetzen. Der Königssohn sah sich in der ersten Szene mit zwei unterschiedlichen Lebensentwürfen konfrontiert – mit der unreflektierten Geschäftigkeit des Haushofmeisters und mit dem Narrentum Valerios; seine eigenen Fragen nach einer Einstellung zum Leben bleiben allerdings (vorläufig?) unbeantwortet.

Die mit großem Sprachwitz vorgebrachte Verherrlichung von Faulheit bzw. Narrheit stellt die **Ideale und die Ästhetik der Weimarer Klassik geradezu auf den Kopf:** Ein junger Mensch leidet an seiner inneren Leere und Ziellosigkeit. Georg Büchner sagt sich damit nicht nur von der Dramentradition los, er entlarvt auch mit Ironie und Übertreibung das sinnleere, übersättigte Leben des Adels.

Über die Zeitkritik hinaus hat der melancholische Prinz Leonce auch tragische Züge, da er über seiner Orientierungslosigkeit verzweifelt. Jeder Mensch hat Wünsche und Träume, aber wenn diese ins Leere laufen, sind sie als Ziele untauglich. Es zeichnet den Menschen eben gerade aus, dass er seinem Leben einen Sinn gibt, indem er sich bemüht, seine Träume zu verwirklichen.

Grundkurs Deutsch (Thüringen): Abiturprüfung 2010
Aufgabe 3: Interpretation eines epischen Textes

Daniela Wolf (geb. 1984)

Traumsterilisation

Kritisch hob die Bibliothekarin hinter dem Computerbildschirm ihren Blick und musterte den unsicher wirkenden Jugendlichen über die Auskunftstheke hinweg. „Haben Sie diese Woche neue Alpträume hereinbekommen?“, fragte er und knetete dabei seine Finger.

Manche Fragen hörte man so oft, dass jede Antwort vollkommen automatisch abgespult wurde. Innerlich mit den Augen rollend wies Christiane auf die Regale hinter sich. „Die Neuerwerbungen stehen hier. Alpträume findest du unter Horror … suchst du denn etwas Bestimmtes?“

Der Junge schüttelte den Kopf, während er sich schon an der Auskunftstheke vorbei schob und den Ausstellungstisch inspizierte.

Christiane runzelte die Stirn. So jung, wie er aussah, waren Alpträume sicher nicht angemessen. Hoffentlich kam bald ein Gesetz zur Altersbeschränkung der Traumausleihen.

Seufzend sah sie sich um, ob noch weitere Kunden eine Antwort verlangten, bevor sie ihre Aufmerksamkeit wieder dem Computerbildschirm widmete. Neben dem Gerät stapelten sich die Traumdiscs, die alle erfasst werden mussten. Doch noch immer hatte sie nicht damit begonnen.

Unwillkürlich legte Christiane ihre Hand auf die Hosentasche, in der bleiern die Traumdisc lag, die sie eingesteckt hatte. Einfach so.

Vor ihr landete auf der Theke wie aus dem Nichts eine Zeitung.

„Sieh dir das an“, schüttelte ihre Kollegin Julia fassungslos den Kopf, „die Zahl der Traumsterilisationen ist weiter gestiegen. Unglaublich … warum machen Menschen so etwas? Allein der Gedanke, dass irgendjemand in meinem Kopf herum werkelt …“. Es schüttelte sie sichtbar.

Christianes Hand spielte unbewusst mit der Computermaus: „Manche wollen nicht, dass ihre Träume gespeichert und der Öffentlichkeit bereitgestellt werden.“

Allein in dieser Stadt wurden jede Nacht beinahe dreißigtausend Träume gespeichert, wovon die meisten nur wirre Schnipsel waren, in denen keiner mehr etwas erkennen konnte. Die etwas verständlicheren Träume wurden von Kontrolleuren aussortiert und an die Bibliothek weiter gereicht, wo sie in die Datenbank eingepflegt und suchbar gemacht wurden. Träume hatten höhere Ausleihquoten als Bücher und Filme zusammen … der Hauch Realismus machte sie für die Leute interessant.

In einer theatralischen Geste warf Julia die Hände in die Luft: „Ja, aber warum nicht? Das ist das, was ich nicht begreife. Die einzigen, die damit Probleme haben könnten, sind diejenigen, die etwas zu verbergen haben und nicht wollen, dass es sich unbewusst in ihren Träumen zeigt.“ Sie beugte sich vor und tippte demonstrativ auf die Schlagzeile: „Niemand sollte Geheimnisse haben. Das ist der Grundstock unserer Gesellschaft … wo kämen wir denn da hin, wenn ein Personalchef so gut wie nichts über seine Mitarbeiter wüsste?“ Es war schwer, Julia Einhalt zu gebieten, wenn sie ein Thema gefunden hatte, bei dem sie ihre Meinung kundtun konnte.

Christiane ließ ihren Blick zur Ausleihtheke am anderen Ende des Raumes schweifen, vor der sich zu ihrem Glück eine Schlange zu bilden begann. „Der Andrang ist ziemlich groß, du solltest besser wieder zurückgehen“, meinte sie.

Ihre Kollegin wandte sich um und verzog dann das Gesicht: „Ich hasse den Thekendienst.“ Während sie den Raum durchquerte, warf sie ihr über die Schulter noch ein kurzes „Bin gleich wieder da!“ zu.

Erleichterung breitete sich in Christiane aus, als sie alleine war. Noch immer blinkte ihr der Cursor auf der Eingabemaske höhnisch entgegen, aber sie konnte es nicht über sich bringen, die Traumdisc aus der Tasche zu nehmen und sie ordnungsgemäß zu katalogisieren.

Genau genommen war es nicht einmal Diebstahl, schließlich handelte es sich um ihren eigenen Traum. Das jedenfalls versuchte sich Christiane einzureden.

Mehr als je zuvor wünschte sie sich, ihren Dienst an der Auskunftstheke fallen lassen zu können, um sich in ein Büro zurückzuziehen. So aber musste sie die Zeit aussitzen, obwohl ihr schlechtes Gewissen sie von innen heraus aufzufressen drohte. Wieder und wieder zuckten ihre Hände, als sie mit sich rang, ob sie die Disc nicht doch katalogisieren sollte. Aber dann fiel ihr wieder ein, wovon sie geträumt hatte.

Warum nur, warum musste sie jetzt von ihrer Jugendliebe träumen? Seit sechs Jahren war sie verheiratet, nie hatte sie einen Gedanken an jemand anderen verschwendet und auf einmal kamen diese Träume. Was nur, wenn ihr Mann die Disc auslieh? Er konnte ziemlich eifersüchtig werden … „Hey!“, Julias Stimme ließ sie zusammenzucken, „gehen wir nachher gemeinsam Mittagessen?“ Offensichtlich hatte sich die Schlange schneller aufgelöst als erwartet.

„Ähm“, Christiane stolperte über ihre eigenen Gedanken, „tut mir leid, ich bleibe hier. Ich muss noch was erledigen.“ Ihre Kollegin zuckte mit den Schultern: „Na gut, wie du meinst.“

Während Julia wieder auf ihren Platz zurückkehrte, nahm Christiane die Traumdiscs und begann, sie zu katalogisieren. Ihr Herz pochte laut und sie fürchtete schon, jemand könnte es hören. Der Entschluss, der in ihr gereift war, ließ ihre Hände schwitzig werden. Es war schwer, die letzte halbe Stunde ihres Thekendienstes zu überstehen, bevor sie endlich abgelöst wurde und in ihr Büro verschwinden konnte. Normalerweise ließ sie die Tür sperrangelweit offen stehen, aber heute war sie dazu nicht in der Lage. Sie verbarrikadierte sich regelrecht dahinter und zog dann die Traumdisc hervor, um sie in die tiefste Ecke ihrer Handtasche zu stopfen.

Mit zittrigen Knien ließ sie sich auf ihren Drehstuhl nieder. Apathisch starrte sie auf die Tasche, als könnte sie die Disc durch das Leder hindurch sehen. Wie die meisten Menschen hatte sich Christiane nie etwas zu schulden kommen lassen.

Sie hatte nie in der Schule abgeschrieben, nie falsch geparkt und immer ihre Steuern rechtzeitig bezahlt. Sie befand sich damit in guter Gesellschaft, denn seit Träume archiviert und veröffentlicht wurden, war die Kriminalitätsrate drastisch gesunken … was zur Folge hatte, dass jedes Vergehen wochenlang die Schlagzeilen der Zeitungen dominierte.

Christiane sah es schon vor sich, wie die Überschrift zu ihrem Fall aussehen würde. Erschreckend kurz und nüchtern, irgendwas in der Art wie „Bibliothekarin stiehlt Traumdisc“. Drei Worte, die ausreichten, um ihr Leben zu zerstören.

Was nur, wenn sie nicht nur von ihrer Jugendliebe, sondern auch vom Diebstahl träumte? Sie konnte nicht jede Disc stehlen, irgendwann würde jemand anderes die Katalogisierung übernehmen. Außerdem würde es auffallen, wenn ihre Träume niemals in die Bibliothek gelangten.

Es gab nur einen Ausweg.

Mit schweißnassen Händen fuhr sie ihren Rechner hoch und öffnete den Internetbrowser. Nach einer kurzen Suche fand sie die Nummer der Klinik. Vielleicht konnte man sie schon am Samstag operieren – wenn sie am Montag zur Arbeit kam, würde sie nie mehr träumen.

Welch eine herrliche Vorstellung.

Aus: Wolf, Daniela: Traumsterilisation. In: Nagelprobe 23.
München: Allitera Verlag 2006, S. 46 ff. ↳ kein Romanauszug

Arbeitsanweisung

Interpretieren Sie den Text!

Hinweise und Tipps

Interpretation eines epischen Textes
Die Aufgabenstellung erfordert eine textimmanente Interpretation, in die textexterne Sichten einfließen können.
Der **Aufbau** sollte folgendermaßen aussehen:
Einleitung, Überleitungssatz, Inhaltszusammenfassung, Setzung der Interpretationshypothese, Hauptteil als Beschreibung, Deutung und Wertung des Textes, Abschluss.
Folgende Aspekte müssen bei diesem Text den **Inhalt des Hauptteils** bestimmen:
Textsorte, Titel-Text-Bezug, Inhalt, Aufbau, Erzähler, Erzählhaltung, Darbietungsformen, innere und äußere Orte, erzählte Zeit, Erzählzeit, Personen und deren Charakteristik, Handlung, Konflikt, Gegenstand und Thema.

Vorgehensweise
Da nach der Einleitung der Überleitungssatz mit Angaben zu Autor, Titel, Textsorte, Erscheinungsjahr und Thema formuliert wird, sollte zuerst die Textsorte bestimmt werden. Das Thema kristallisiert sich erst am Ende der Analyse heraus. Sie sollten es bestimmen, bevor Sie mit der Niederschrift des Hauptteils beginnen.

Textsorte: Kurzgeschichte mit Elementen eines Science-Fiction-Szenarios

Die **Analysepunkte** müssen der Hypothese entsprechend deutend und wertend einbezogen werden. Die Reihenfolge ist selbst festzulegen. Immer müssen direkte und indirekte Zitate Ihre Ausführungen unterstützen. Arbeiten Sie auch die gesellschaftskrititische Aussage des Textes heraus: Der Text erweist sich als literarischer Beitrag zu der aktuellen Debatte um die Rechte des Einzelnen.

Der **Abschluss** kann neben dem Fazit, einer Zusammenfassung, auch den Einstieg wieder aufgreifen, indem er ihn fortsetzt, relativiert, erweitert, auf andere Bereiche überträgt oder verwirft.

Lösungsvorschlag

„Statt zu schlafen kotzte sie bei Nacht in eine Schüssel, die sie anschließend auf der Straße in einen Gully leerte, damit die Sensoren in der Toilette keine erhöhte Konzentration von Magensäure im Abwasser messen konnten."
Mia Holl, eine junge Frau von dreißig Jahren, gerät unverschuldet in Konflikt mit dem staatlichen System der totalen Gesundheitsüberwachung, die alle Menschen kontrolliert und letztendlich auch alle anderen Lebensbereiche beeinflusst.
Juli Zeh entwirft in ihrem Roman *Corpus Delicti* (2009) eine zukünftige Gesellschaft, in der der Einzelne zum gläsernen Menschen wird, der nur seiner Gesundheit und dem System (dem Staat) gegenüber verpflichtet ist. Die allumfassende Kontrolle wird von der Technik, angepassten Bürgern und dem Einzelnen selbst ausgeübt. Kreativität, individuelle Rechte, Wünsche, Privatsphäre und Selbstständigkeit existieren nicht mehr. Stattdessen werden die Menschen durch Kontrollmechanismen und Eigenberichte gesteuert. Sie offenbaren freiwillig ihr Leben, denn sie vertrauen der Methode (Anm.: Begriff für Staatsmacht) mehr als sich selbst, mehr als ihrem eigenen Verstand und ihren eigenen Fähigkeiten. Sie haben ihr gesamtes privates Leben und dessen individuelle Gestaltung aufgegeben. Als Mia persönlich betroffen wird, beginnt sie nachzudenken und sich zur Wehr zu setzen.

Ebenso wie diese Autorin thematisiert Daniela Wolf in ihrer Kurzgeschichte *Traumsterilisation*, die ebenfalls 2009 erschienen ist und in der Zukunft handelt, das Recht des Einzelnen, Entscheidungen gegen staatliche Verordnungen und Erwartungen zu treffen.

Dazu verfasste sie folgenden **Plot:**
Christiane, die als Bibliothekarin arbeitet, die neben Büchern und Filmen auch archivierte reale Träume zum Verleih anbietet, hat in der letzten Nacht nach sechsjähriger Ehe unvermittelt von ihrer Jugendliebe geträumt. Sie hält nun in ihrer Arbeitsstätte beim Speichern und Katalogisieren von Träumen die eigene Traumdisc in der Hand. Da sie weiß, dass jeder Besucher diese Disc ausleihen und ansehen kann, fühlt sie sich persönlich bloßgestellt und ihrem Mann gegenüber schuldig. Um zu verhindern, dass er zufällig ihren Traum ausleiht, steckt sie die CD ein, erkennt aber bald darauf, dass sie unter dem inneren Druck vielleicht von dem Diebstahl träumen würde und weitere Discdiebstähle folgen müssten.
Während dieser ängstlichen Überlegungen tritt eine Mitarbeiterin an sie heran und berichtet ihr ungefragt von einem Artikel, der Traumsterilisationen verurteilt, wobei auch sie empört den um sich greifenden Trend, die eigene Traumfähigkeit zu beseitigen, ablehnt. Doch hoher Besucherandrang in der Bibliothek verhindert ein Gespräch, das Christiane zu einer Meinungsäußerung gezwungen hätte. Nach innerem Ringen kommt sie zu dem Ergebnis, dass eine sofortige Sterilisation besser sei, als in der Zeitung wochenlang als Diebin für Schlagzeilen zu sorgen.

Der **Titel** verweist sinngebend auf das zentrale Problem bzw. auf die Problemlösung. In einfacher, aber bildhafter Sprache wird **linear chronologisch** ein sehr kurzer Ausschnitt aus dem Leben der weiblichen Hauptperson erzählt. Sie wird kaum in ihrem Charakter differenziert dargestellt, ebenso wenig die anderen Nebenpersonen. Der **sofortige Einstieg** in die Handlung, die schnelle Konfliktentwicklung zum Höhepunkt und zur Entscheidung sowie zum bedeutungstragenden letzten Satz hin und damit zum **offenen Ende** drängen zur Auseinandersetzung mit dem **Thema** „**Individuelle Rechte und Staatliche Überwachung**". Die wissenschaftlich-visionären Elemente zeigen sich in der täglich massenhaften, flächendeckenden Aufzeichnung, Sortierung, Erfassung, Speicherung, Katalogisierung und öffentlichen Ausleihe von persönlichen, intimen Träumen.

Auch in dieser **Kurzgeschichte** ist der **Titel** von tragender Bedeutung: Hier verweist das Substantiv „Traumsterilisation" auf einen Vorgang, der von der Nebenperson als verwerflich und von der Hauptperson als Lösung empfunden wird.

Die **Handlung** erfährt der Leser weitgehend aus dem Blickwinkel eines **auktorialen Erzählers**. Doch zum Ende hin ändert sich die Perspektive, zunehmend übernimmt es die **personale** Erzählerin, die Hauptperson selbst, ihre Ängste und Entscheidungen mitzuteilen. Die von Daniela Wolf für die Darstellung des Geschehens gewählten Darbietungsformen umfassen den **Erzählbericht, die wörtliche Rede**, **den Dialog**, **die erlebte Rede und den inneren Monolog**. Die Formen haben alle die Aufgabe, in Verbindung mit der suggestiven **Erzählhaltung** die Stimmung der Hauptperson, deren zunehmende Unsicherheit, Zweifel, Angst, Panik und Hoffnung zu verdeutlichen und den Leser einzubeziehen.

Die **Hauptperson**, eine verheiratete Bibliothekarin, arbeitet in einer öffentlichen Bibliothek an der Auskunftstheke und im Büro (**äußere Orte**). Da sie ihre eigene Traumdisc, deren Inhalt ihr ungehörig und gefährlich erscheint, erfassen soll, hat sie diese aus Scham und Vorsicht vorerst in der Hosentasche verschwinden lassen. Nun durchlebt sie gedanklich (**innerer Ort**) Szenarien, die das Ausmaß ihrer Schuldgefühle steigern, da sie gegen Anweisungen handelt (**innerer Konflikt**). Zufällig konfrontiert eine befreundete Mitarbeiterin (**Nebenperson**) sie mit einem Zeitungsartikel, der mögliche Traumsterilisationen angreift. Die Kollegin stimmt mit dem Tenor des Artikels überein: Sie lehnt wie der Artikel die Sterilisation als beängstigend und feindlich ab.
Träume (**Gegenstand**) wurden von der Protagonistin Christiane lange als notwendig offene und allgemein zugängliche Räume akzeptiert. Auf dem **Höhepunkt** ihrer Angst erkennt sie darin jedoch ihren Ausweg (**Konfliktlösung**).

Die Kurzgeschichte endet mit dem Satz: „Welch eine herrliche Vorstellung." (Z. 93) und schließt gedanklich fast nahtlos an den Titel *Traumsterilisation* an. Doch der beglückende Gedanke ist bei genauerem Hinsehen nur ein „Ausweg" (Z. 88) aus einem **Überwachungssystem**, das von vielen akzeptiert, gestützt und von einigen sogar gepriesen wird, denn es stellt für sie den Grundstock der Gesellschaft dar (vgl. Z. 36).

Daniela Wolf versetzt den Leser einen kleinen Augenblick lang in eine technologisch und gesellschaftlich nahe **Zukunft** (**erzählte Zeit**), um die heute brisante Frage zum Recht des Staates, in die private Sphäre Einblick zu nehmen, aufzuwerfen. Dazu verlegt sie die **linear erzählte Handlung** in einen öffentliche Raum, den jeder schon einmal betreten und vielleicht auch benutzt hat: eine Bibliothek (Z. 29) mit „Auskunftstheke" (Z. 2), „Ausstellungstisch" (Z. 9), „Computer[n]" (Z. 1), „Bücher[n] und Filme[n]" (Z. 30), „Ausleihtheke" (Z. 40) und „Büro[s]" (Z. 70). Aber zu all diesen bekannten Merkmalen fügt der Erzähler ein Novum hinzu: das Angebot und die Ausleihe von „Traumdiscs" (Z. 15) ohne „Altersbeschränkung" (Z. 11). In wenigen Minuten (**zeitdeckendes Erzählen** mit Abschnitten des Raffens und Dehnens) erfährt der Leser von der Normalität in einer zukünftigen „Traumbibliothek", vom Konflikt einer Mitarbeiterin und der **Entscheidung**, ihr Problem durch eine Operation lösen zu lassen.

Zwar wünscht sich jeder einmal, sich an angenehme oder irritierende Traumsequenzen erinnern zu können, sie zu bewahren oder sie im Gespräch zu bewältigen. Auch wenn man sich hin und wieder einem Mitmenschen öffnet, um etwas loszuwerden, zu klären oder den anderen an den schönen, skurrilen, furchtbaren oder originellen Ideen teilhaben zu lassen, würde niemand seine Träume anderen Menschen immer und vollständig zumuten bzw. zugänglich machen. Das Erzählen entspricht jedoch dem natürlichen Wesenszug des Menschen, sich zu unterhalten, scheinbar Sinnlosem einen Sinn zu geben, sich zu befreien oder therapeutische Hilfe in Anspruch zu nehmen, allerdings kann man sich aussuchen, wem man sich mitteilt und was man preisgibt.

Das ist in der vorliegenden Kurzgeschichte anders. Es werden alle Träume jedes Menschen erfasst, gespeichert und öffentlich zugänglich gemacht (vgl. Z. 25). Lediglich „wirre Schnipsel" (Z. 27) werden von „Kontrolleuren aussortiert" (Z. 28). Alles andere wird „an die Bibliothek weiter gereicht, wo [es] in die Datenbank eingepflegt und suchbar gemacht" (Z. 28 f.)

wird. Die letzten beiden Partizipien und der Neologismus „suchbar“ (Z. 29) malen nicht nur ein mögliches zukünftiges Szenario aus, sondern weisen vor allem auf einen formalen automatisierten Umgang mit geistigen Werten hin.

Wenn man bedenkt, dass allein für die eine angegebene Bibliothek pro Nacht „dreißigtausend Träume“ (Z. 26) aufgezeichnet, kontrolliert und sortiert werden, so ergibt sich ein ungeheurer **Überwachungsaufwand**. Geht man davon aus, dass jede Traumbeobachtung mit Bewertung nur eine Minute dauert, so müssten 62,5 Arbeiter täglich acht Stunden arbeiten, um verantwortungsvoll zu entscheiden, was interessant und verständlich sein könnte oder ob sich kriminelle Strukturen und Straftaten erkennen lassen, „[…] denn seit Träume archiviert und veröffentlicht w[e]rden, [ist] die Kriminalitätsrate drastisch gesunken“ (Z. 78 f.). Dafür scheint der Aufwand dann doch gerechtfertigt, meint auch Julia, eine Bibliotheksmitarbeiterin. Blickt man aber hinter die vom System propagierte Berechtigung, so offenbaren sich Machtstrukturen, die dem Einzelnen das **Recht auf Geheimnisse absprechen**. Julia akzeptiert und verteidigt das Aufgeben privater, individueller Denkweisen, wenn sie darauf verweist: „Niemand sollte Geheimnisse haben. Das ist der Grundstock unserer Gesellschaft … wo kämen wir denn da hin, wenn ein Personalchef so gut wie nichts über seine Mitarbeiter wüsste?“ (Z. 36 ff.) Doch wozu muss ein Personalchef die intimsten Träume kennen? Diese umfassende Transparenz liefert die Träumenden ihren Vorgesetzten gleichsam aus.

Schon **heute** sind **Überwachungsmechanismen** im Gespräch, die in die Privatsphäre eindringen, zum Beispiel die Telefonüberwachung oder Kameras im Pausenraum. Das mögliche Vorgehen wird von staatlicher und unternehmerischer Seite mit innerer Sicherheit und Betriebsfrieden begründet. Erste Skandale zeigen, dass mehr beobachtet wird als zulässig ist. Es gibt zudem immer wieder Versuche, sogenannte Onlinedurchsuchungen zu legalisieren und den Datenschutz aufzuweichen, um möglichen terroristischen Verbrechen vorzubeugen. Die persönliche Freiheit droht dabei auf der Strecke zu bleiben. Julia äußert die typische Floskel, die staatliche Übergriffe rechtfertigen soll: Wer nichts zu verbergen habe, habe auch nichts zu befürchten (vgl. Z. 33 ff.).
Dienstverhältnisse sollten die soziale, technische und kognitive Befähigung für den Arbeitsplatz erfassen und sonst nichts. Das hinterfragt Julia nicht. Sie hat sich angepasst, sie funktioniert. Deshalb kann sie auch nicht verstehen, dass es Menschen gibt, die eine „Traumsterilisation“ vornehmen lassen (vgl. Z. 20 ff.). Der Gedanke an die handwerkliche Gehirnoperation erschreckt sie, nicht der Gedanke, warum diese immer mehr Mitbürger vornehmen lassen. Es könnte aus Selbstschutz geschehen, aus Berechnung oder aus modischen Motiven. Wahrscheinlich haben sich die „Amputationswilligen“ Gedanken über **individuelle und gesellschaftliche Interessen und Ansprüche** gemacht. Es ist zu vermuten, dass sie über komplexe Zusammenhänge nachgedacht haben und sich der Traumbeobachtung aus unterschiedlichen Gründen verweigern. Dafür wählen sie die neue Möglichkeit, den „herrliche[n]“ (Z. 94) Gedanken der Sterilisation. Er erscheint als Lösung eines inneren Konfliktes, obwohl es sich nur um eine Vermeidungshaltung handelt.

Auf Träume zu verzichten bedeutet das **Aufgeben individueller Besonderheiten**. Der Mensch verliert seine Fähigkeit, gedanklich Latentes, Verstecktes, Unbewusstes zu verarbeiten. Damit geschieht auch eine Amputation des Geistes, denn es wird ihm etwas weggenommen, er wird gleichsam innerlich verstümmelt. In diesem Zusammenhang lässt sich auch ein Bezug zum Rahmenthema „Wer keine Kraft zum Träumen hat, hat keine Kraft zum Handeln“ herstellen. Hier bedeutet der Verlust des Traums auch Verlust von Anregungsmechanismen, die zum Nachdenken und Handeln führen. Warum also entschließen sich Menschen in der Kurzgeschichte dazu? Es macht Sinn, die einzelnen Schritte von Christianes **Entscheidungsfindung** und damit ihre innere Entwicklung nachzuzeichnen.

Christiane denkt zu Beginn der Handlung über eine „Altersbeschränkung von Traumausleihen“ (Z. 11 f.) nach, weil sie von einem Jugendlichen, der ihr psychisch labil und unreif vorkommt, nach „neue[n] Alpträume[n]“ (Z. 3) gefragt wird. Es erscheint ihr unangemessen, dass er in seinem Alter schon Horrorträume wahllos und unbeschränkt ausleihen und ansehen kann. Der kurze **Dialog** führt mitten in die Problematik der Veröffentlichung und Bewältigung des Gesehenen. Vermutlich holt er sich Discs, weil sein Leben recht eintönig und langweilig abläuft und der entliehene Traum ihm einen erregenden „Hauch Realismus“ (Z. 31), keine Illusion vermittelt. Die „höhere[n] Ausleihquoten als Bücher und Filme zusammen“ (Z. 30) sprechen dafür.

Christiane stellt ihre Arbeit, speziell die Ausleihe, nicht infrage, nur mit dem Ausleihverhalten des Jungen ist sie nicht einverstanden. Mehr denkt sie nicht, sie ist mit anderen Gedanken beschäftigt. Ihre Arbeit hat bei ihr Betroffenheit ausgelöst, da sie beim Einpflegen der Discs auf ihren eigenen Traum gestoßen ist, den sie nun erfassen müsste. Dazu ist sie unfähig, deshalb stapeln sich die CDs. Vor dem Gespräch mit dem Jungen hatte sie ihren eigenen Traum einfach in die Hosentasche gesteckt (vgl. Z. 18). Das Erschrecken über ihre Handlung lähmt sie, „bleiern“ (Z. 17) liegt der Gedanke an die entwendete Disc auf ihrer Seele.

In diese Befindlichkeit bricht Julia, eine Mitarbeiterin, unbewusst ein und konfrontiert sie mit dem Problem der Traumsterilisation. Noch reagiert Christiane nach außen hin relativ ruhig – nur ihre Hand spielt unbewusst mit der Computermaus (vgl. Z. 24) – mit der unverfänglichen Aussage, dass manche die Speicherung und Veröffentlichung ihrer Träume nicht wollen. Innerlich setzt bei ihr ein **Denkprozess** über Abläufe zur Traumerfassung und Ausleihquoten ein. In **erlebter Rede** wird wertungsfrei Christianes Sicht auf den Zustand mitgeteilt. Sie hat nicht lange Zeit, darüber nachzudenken, denn Julia greift eifernd Christianes Antwort als Gegenposition auf und versucht, sie mit Argumenten anzugreifen. Eine von Julias Aussagen setzt sich in ihrem Kopf fest: „[…] diejenigen, die etwas zu verbergen haben […], [das] sich unbewusst in ihren Träumen zeigt“ (Z. 34 f.). Nun steigert sich ihre innere **Unruhe** stetig. Christiane hat etwas zu verbergen: die entwendete Traumdisc mit ihrem Traum. Doch was ist an ihm so Besonderes, dass sie ihn nicht katalogisieren möchte? Eigentlich nichts, nur eine vom Unterbewussten hervorgeholte Jugendliebe, die es vor ihrer Ehe einmal gegeben hatte und die für sie heute bedeutungslos ist. Aber ihr Ehemann, der ebenso wie viele andere dem „Hauch Realismus“ (Z. 31) nachhängt, könnte „ziemlich eifersüchtig“ (Z. 60) werden, wenn er den Traum ansehen sollte. Diese Vorstellung und das plötzliche Vernehmen von Julias Stimme lassen sie zusammenzucken. Hatte sie sich zuvor zur **Beruhigung** eingeredet, dass es doch nur ihr eigener Traum sei, also ihr persönliches Gut und kein Diebstahl, wird diese Überzeugung bald brüchig. Sie kann weder entspannt wie sonst die Mittagspause mit Julia verbringen, die zuckenden Hände ruhig stellen, noch ihr Gewissen beruhigen (vgl. Z. 52 ff.). In ihrem Inneren kämpfen zwei Seelen. Die eine rät zur formalen Katalogisierung und die andere zur Vermeidung von Unannehmlichkeiten. Ihr Kopf kann sich nicht klar entscheiden, die Hände beginnen aber automatisch mit der Eingabe der noch zu bearbeitenden Discdaten in den Computer.

Dabei wird ihre Erregung zum **Angstzustand**, der sich in einem laut pochenden Herzen (vgl. Z. 67) und in schwitzigen Händen (vgl. Z. 68) äußert. Diese **emotional angespannte Lage** wird vor allem von dem Entschluss ausgelöst, die Traumdisc bewusst zu stehlen, sie „in die tiefste Ecke ihrer Handtasche“ (Z. 72 f.) zu stecken. Dazu „verbarrikadiert“ (Z. 72) sie sich in ihrem Büro, dessen Tür sie sonst immer offen lässt. Dieses geheime Handeln erzeugt bei ihr zittrige Knie und apathisches Starren (vgl. Z. 74). Die Bibliothekarin hat damit einen Zustand höchster Beunruhigung erreicht, zumal sie ungeübt ist in Gesetzesübertretungen. Verstöße gegen das Gesetz gibt es kaum noch und die überführten Täter stehen wochenlang in den Medien am Pranger, weshalb Christiane in Form einer **erlebten Rede** schon die Schlagzeilen vor sich sieht: „Bibliothekarin stiehlt Traumdisc“ (Z. 82 f.). Ihre übergroße Angstreaktion deutet darauf hin, dass der Staat sehr rigide und hart vorgeht, also gefürchtet ist. Sie erkennt die möglichen Folgen der Kettenreaktion und versteht, dass die eingeschlagene Bahn zwangsläufig ihre Existenz vernichten, „ihr Leben […] zerstören“ (Z. 83) muss. In diesem Moment setzt aber auch ihr **Überlebenstrieb** ein, und sie beginnt planvoll zu handeln. Die von ihr bisher kaum reflektierte Traumsterilisation erscheint als Licht am Horizont. Sie muss schnell handeln, denn ihr bleibt keine Zeit für erwägende, ruhige Überlegungen. Sie vergisst, dass ihr mit der OP am Kopf ein Teil ihrer geistigen Fähigkeiten genommen wird. In ihrer Angst denkt sie nicht an die komplexen Folgen, sondern wählt den Spatzen in der Hand, um sicher zu sein, und ruft in der Klinik an.

Moritz, der Bruder von Mia Holl in Juli Zehs Roman *Corpus Delicti*, würde ihr bei ruhiger Überlegung entgegenhalten: „Was soll denn das Ziel dieser Sicherheit sein? Ein Dahinvegetieren im Zeichen einer falsch verstandenen Normalität? Erst wenn eine einzige Idee über die der Sicherheit hinausgeht, erst dort, wo der Geist seine physischen Bedingungen vergisst und sich über das Überpersönliche richtet, beginnt der allein menschenwürdige, im höheren Sinn folglich der allein normale Zustand!" (S. 93)

Das in ihrem Zustand zu verstehen, ist Christiane unfähig. An das Überpersönliche vermag sie in ihrer Betroffenheit, in ihren Angstzuständen gar nicht zu denken. Mit der Entscheidung zur Traumsterilisation bricht die Kurzgeschichte ab und verlangt vom Leser die weitere Auseinandersetzung. Ihm ist es überlassen, Möglichkeiten und Grenzen wissenschaftlicher Angebote und gesellschaftlicher Strukturen zu diskutieren und dabei nie die Normalität, wie Moritz sie umschreibt, aus dem Blick zu verlieren. Natürlich sind wir schon heute nur ein winziger Teil einer globalen Vernetzung, aber wir sind auch im kantischen Sinne aufgefordert, unsere Vernunft und unseren Mut zu gebrauchen, um nicht erst reagieren zu müssen, wenn uns die Hände schon gebunden sind.

Grundkurs Deutsch (Thüringen): Abiturprüfung 2010
Aufgabe 4: Interpretation eines dramatischen Textes

Johann Wolfgang von Goethe (1749–1832)

Faust. Der Tragödie Zweiter Teil. 5. Akt, Vers 11511–11603

Faust, der unermüdlich tätige Mensch, geht eine Verbindung mit Mephistopheles ein, um erkunden zu können, was ihm zu seiner Zeit nicht möglich ist. Erfüllt Mephisto Fausts Ansprüche, so fällt ihm dessen Seele zu.
Nach langem, erfolglosem Bemühen Mephistos arbeitet der inzwischen hoch betagte, erblindete Faust an einem Großprojekt zur Landgewinnung durch Eindeichung des Meeres als höchstes Ziel seines Lebens. Währenddessen lässt der ungeduldige Mephisto bereits dessen Grab schaufeln.

Großer Vorhof des Palastes
Fackeln

MEPHISTOPHELES *(als Aufseher, voran).*
Herbei, herbei! herein, herein!
Ihr schlotternden Lemuren[1],
Aus Ligamenten[2] und Gebein
Geflickte Halbnaturen.

LEMUREN *(im Chor).*
Wir treten dir sogleich zur Hand,
Und wie wir halb vernommen,
Es gilt wohl gar ein weites Land,
Das sollen wir bekommen.

Gespitzte Pfähle, die sind da,
Die Kette lang fürs Messen;
Warum an uns der Ruf geschah
Das haben wir vergessen.

MEPHISTOPHELES
Hier gilt kein künstlerisch Bemühn;
Verfahret nur nach eignen Maßen;
Der Längste lege längelang sich hin,
Ihr andern lüftet ringsumher den Rasen;
Wie man's für unsre Väter tat,
Vertieft ein längliches Quadrat!
Aus dem Palast ins enge Haus,
So dumm läuft es am Ende doch hinaus.

LEMUREN *(mit neckischen Gebärden grabend).*
Wie jung ich war und lebt und liebt,
Mich deucht das war wohl süße,
Wo's fröhlich klang und lustig ging
Da rührten sich meine Füße.

Nun hat das tückische Alter mich
Mit seiner Krücke getroffen;
Ich stolpert über Grabes Tür,
Warum stand sie just offen!

FAUST *(aus dem Palaste tretend, tastet an den Türpfosten).*
Wie das Geklirr der Spaten mich ergötzt!
Es ist die Menge, die mir frönet,
Die Erde mit sich selbst versöhnet,
Den Wellen ihre Grenze setzt,
Das Meer mit strengem Band umzieht.

MEPHISTOPHELES *(beiseite).*
Du bist doch nur für uns bemüht
Mit deinen Dämmen deinen Buhnen;
Denn du bereitest schon Neptunen,
Dem Wasserteufel, großen Schmaus.
In jeder Art seid ihr verloren,
die Elemente sind mit uns verschworen,
Und auf Vernichtung läuft's hinaus.

FAUST
Aufseher!

MEPHISTOPHELES
Hier!

FAUST
Wie es auch möglich sei
Arbeiter schaffe Meng auf Menge,
Ermuntere durch Genuss und Strenge,
Bezahle, locke, presse bei!
Mit jedem Tage will ich Nachricht haben
Wie sich verlängt der unternommene Graben.

MEPHISTOPHELES *(halblaut).*
Man spricht, wie man mir Nachricht gab,
Von keinem Graben, doch vom Grab.

FAUST
Ein Sumpf zieht am Gebirge hin,
Verpestet alles schon Errungene;
Den faulen Pfuhl auch abzuziehn,
Das Letzte wär das Höchsterrungene.
Eröffn' ich Räume vielen Millionen,
Nicht sicher zwar, doch tätig-frei zu wohnen.
Grün das Gefilde, fruchtbar; Mensch und Herde
Sogleich behaglich auf der neusten Erde,
Gleich angesiedelt an des Hügels Kraft,
Den aufgewälzt kühn-emsige Völkerschaft.
Im Innern hier ein paradiesisch Land,
Da rase draußen Flut bis auf zum Rand,
Und wie sie nascht, gewaltsam einzuschießen,
Gemeindrang eilt, die Lücke zu verschließen.
Ja diesem Sinne bin ich ganz ergeben,
Das ist der Weisheit letzter Schluss:
Nur der verdient sich Freiheit wie das Leben,
Der täglich sie erobern muss.
Und so verbringt, umrungen von Gefahr,
Hier Kindheit, Mann und Greis sein tüchtig Jahr.

Solch ein Gewimmel möcht ich sehn,
Auf freiem Grund mit freiem Volke stehn.
Zum Augenblicke dürft ich sagen:
Verweile doch, du bist so schön!
Es kann die Spur von meinen Erdetagen
Nicht in Äonen untergehn. –
Im Vorgefühl von solchem hohen Glück
Genieß ich jetzt den höchsten Augenblick.

FAUST *(sinkt zurück, die* LEMUREN *fassen ihn auf und legen ihn auf den Boden.)*

MEPHISTOPHELES
Ihn sättigt keine Lust, ihm g'nügt kein Glück,
So buhlt er fort nach wechselnden Gestalten;
Den letzten, schlechten, leeren Augenblick
Der Arme wünscht ihn festzuhalten.
Der mir so kräftig widerstand,
Die Zeit wird Herr, der Greis hier liegt im Sand,
Die Uhr steht still –

CHOR
Steht still! Sie schweigt wie Mitternacht.
Der Zeiger fällt.

MEPHISTOPHELES
Er fällt, es ist vollbracht.

CHOR
Es ist vorbei.

MEPHISTOPHELES
Vorbei! ein dummes Wort.
Warum vorbei?
Vorbei und reines Nicht, vollkommnes Einerlei.
Was soll uns denn das ew'ge Schaffen,
Geschaffenes zu nichts hinwegzuraffen?
Da ist's vorbei! Was ist daran zu lesen?
Es ist so gut, als wär es nicht gewesen,
Und treibt sich doch im Kreis als wenn es wäre.
Ich liebte mir dafür das Ewig-Leere.

Aus: Goethe, Johann Wolfgang: Faust. Der Tragödie Zweiter Teil. Stuttgart 2001, S. 201 ff.

1 Lemuren: Römische Totengeister (lat.: lemures)
2 Ligament: ein sehnenähnliches Band an Gelenken

Arbeitsanweisung

Interpretieren Sie die Szene und werten Sie Fausts Vision!

Hinweise und Tipps

Voraussetzungen

Nicht nur der Faust-Stoff (vgl. Puppenspiel, Historie usw.) ist Ihnen aus dem Literaturunterricht verschiedener Jahrgänge sicherlich bekannt, sondern Sie werden auch den gesamten *Faust I* aus dem Deutschunterricht der Oberstufe kennen und dürften darüber hinaus mit Auszügen aus dem zweiten Teil der Tragödie bekannt gemacht worden sein. Es darf hier sicherheitshalber in Erinnerung gerufen werden, dass Mephisto getreu seinem Programm „Wir sehn die kleine, dann die große Welt." (Studierzimmer II) Faust in eben die große Welt führt. In der vorliegenden Szene steht der greise Faust, der als Unternehmer Siedlungsland aus dem Meer gewinnen will, am Ende seines Lebens. In einer Begegnung mit der Sorge, deren Macht er sich anzuerkennen weigerte, ließ diese ihn erblinden. Fausts Wille jedoch ist ungebrochen. Er ist überzeugt davon, dass es zur Vollendung seines Werkes des Augenlichtes weniger bedarf als eines Planes, an dessen Umsetzung unter seiner strengen Leitung fleißig gearbeitet werden muss.

Erläuterung der Aufgabenstellung

Die Aufgabenstellung wird von zwei Operatoren bestimmt. Die Schwerpunktsetzung sollte zugunsten des Interpretierens erfolgen. Die Wertung der Vision Fausts kann gut in die Interpretation eingefügt werden, sollte also keinesfalls „angehängt" werden. Bemühen Sie sich um eine differenzierte und kritische Wertung, stellen Sie also die positive Seite von Fausts Vision, wie sie auch das Rahmenthema „Wer keine Kraft zum Träumen hat, hat keine Kraft zum Handeln" nahelegt, heraus. Doch vernachlässigen Sie darüber nicht die Schattenseiten, also die Frage der Realisierbarkeit und den Preis, den Faust dafür zu zahlen bereit ist.
Die Interpretation sollte den Gesprächsverlauf berücksichtigen. Auch die sprachkünstlerische Gestaltung ist grundsätzlich mit einzubeziehen, wird in dem vorliegenden Lösungsvorschlag allerdings nicht in einem eigenen Abschnitt abgehandelt, sondern in die inhaltliche Deutung integriert. Während auf Hinweise verzichtet wird, die Verbindungen zu anderen Werken (*Hamlet*, Das Alte Testament) zeigen, wird der Wertung der Vision Fausts einiges Gewicht beigemessen.

Lösungsvorschlag

Faust, der inzwischen greise Unternehmer, glaubt sich seinem Ziel nahe. Von dem Wunsch getrieben, dem Meer durch Eindeichung Land abzuringen, um neuen **Siedlungsraum zu schaffen**, lässt er eine Vielzahl von Zwangsarbeitern Tag und Nacht schuften. Dieses Projekt erscheint ihm jetzt, am Ende seines Lebens, als „das **größte Werk**" (Mitternacht), auf dessen Vollendung er drängt. Dass er inzwischen erblindet ist – in der vorangegangenen Begegnung mit der Sorge hatte sich Faust geweigert, deren Macht anzuerkennen und war von ihr mit Blindheit geschlagen worden –, behindert ihn in keiner Weise. Im Gegenteil: Faust sieht sein Ziel klar vor Augen („im Innern leuchtet helles Licht", ebd., V. 11500) und ist sich sicher, dass seine Idee unter seiner Anleitung verwirklicht werden wird. „Daß sich das größte Werk vollende, / genügt e i n Geist für tausend Hände." (ebd.)

Unterdessen ruft **Mephisto** die Arbeiter auf dem von Fackeln erhellten Palasthof zusammen. Er führt die **Aufsicht** über die Arbeiten und ist auch für die Knechte verantwortlich. Er hat Lemuren, die Geister Verstorbener, zum Arbeiten verpflichtet. Die sind ein quirliger Haufen und erledigen ohne rechten Ernst Mephistos Auftrag, der eigentlich Fausts Willen genau zuwiderläuft: Sie messen ein **Grab** aus und schaufeln es dann. Das **Lied**, das sie bei der Arbeit singen, weist auf den Gang des Lebens hin – der junge Mensch genießt sein Leben und denkt nicht an das Alter, das für ihn nichts als Gebrechen und den Tod bereithält. Die Lemuren erinnern hier an den Chor der antiken Tragödie, der das Geschehen kommentierend begleitet. Auf die Vergänglichkeit des menschlichen Daseins spielt auch Mephisto an, als er den Lemuren den Befehl gibt. Mit seiner lapidaren, antithetischen Bemerkung „Aus dem Palast ins enge Haus, / So dumm läuft es am Ende doch hinaus." (V. 22 f.) verweist er auf die Endstation des menschlichen Lebens, das Grab, und lässt – wie schon so oft zuvor – erkennen, dass ihm das Streben des Menschen ein Buch mit sieben Siegeln bleibt. Mephisto geht von der **Vergeblichkeit dieses Strebens** aus und zeigt damit, dass er das Wesen des Menschen nicht begreifen kann. Die ganze Szene steht im Spannungsfeld zwischen menschlichem Streben auf eine Vision hin (Faust) und der zynischen Überzeugung, dass ohnehin alles vergebens sei (Mephisto).

Faust, der spürt, dass er sich an seinem Lebensende befindet, und dass ihm nicht mehr viel Zeit bleibt, um seinen Plan zu verwirklichen, tritt in den Vorhof seines Palastes. Zwar „tastet [er] an den Türpfosten" (V. 33), ist also in seinen Bewegungen aufgrund seiner altersgemäßen Gebrechlichkeit und seiner Blindheit unsicher, doch will er unbeirrbar als **Herr die Arbeiten vorantreiben**.

Das seltsame Treiben im Hof bleibt ihm verborgen, allerdings vernimmt er erfreut das „Geklirr der Spaten" (V. 34). In seiner Bewertung dieser Idee der Landgewinnung wird im Übrigen erkennbar, dass Faust sein Vorhaben als ein harmonisches, „natürliches" betrachtet, denn er spricht davon, „die Erde mit sich selbst [zu versöhnen]" (V. 36). Der Mensch könne der Natur Grenzen setzen, in sie eingreifen und damit einen idealen Zustand herstellen. Faust, der für sich, für sein Streben keine Grenzen gelten lässt, überträgt seine tiefe **Überzeugung von der schöpferischen Fähigkeit des Menschen** auf sein Projekt.

Wie schon zu anderen Gelegenheiten merkt Faust nicht, dass er **sich überschätzt**. Seine Wahrnehmungen deutet er völlig falsch als Eindeichungsarbeiten, also als fleißiges Tätigsein im Sinne seiner Vorstellungen. Es wird deutlich, dass sein Geist die Realität – dass nämlich Mephisto auf seinen Tod wartet und das Begräbnis vorbereitet – nicht mehr erfassen kann.

Mephisto bemerkt das und verspottet Fausts Euphorie. Er macht sich nicht einmal mehr die Mühe der offenen Auseinandersetzung mit dem Greis, sondern spricht „beiseite" (V. 39), was er anzumerken hat. Es muss **Mephisto doppelte Genugtuung** bereiten, einerseits die Vergeblichkeit der Bemühungen des einstigen Widersachers zu konstatieren und andererseits zu sehen, dass Faust seinen – für alle offenbaren – Irrtum nicht erkennen kann. Deshalb stellt er fest, dass Fausts Bemühungen in die falsche Richtung laufen müssen („die Elemente sind mit uns verschworen", V. 45), nicht seiner Idee, sondern der Zerstörung in die Hände arbeiten: „Und auf Vernichtung läuft's hinaus." (V. 46)

Faust hat von Mephistos Bemerkungen nichts gehört und ruft seinen Aufseher, um ihm neue Order zu geben. Die Unternehmung verlangt jede Menge Arbeitskräfte. Diese herbeizuschaffen soll Mephistos neuer Auftrag sein. Faust ist es völlig gleichgültig, woher die Arbeiter genommen werden. Er lässt seinem Aufseher freie Hand: „Ermuntere durch Genuss und Strenge, / Bezahle, locke, presse bei!" (V. 54 f.) Widerspricht das nicht seiner hohen Auffassung von der Fähigkeit des Menschen, gar seinem Traum vom „tätig-frei[en]" (V. 67) Bewohner des Neulandes, welches eigens für diesen gewonnen werden soll? In seiner Rolle als **Unternehmer** sieht Faust den **Menschen als Werkzeug**, das einzig seinem großartigen Plan zu dienen hat. Er trägt in seiner Skrupellosigkeit und Gleichgültigkeit den Arbeitern gegenüber die Züge eines **Gewaltherrschers**. Faust verlangt dann auch von seinem Aufseher, ihn täglich über die Fortschritte beim Bau des Entwässerungsgrabens zu informieren. Mephisto korrigiert: „Man spricht [...] / Von keinem Graben, doch vom Grab." (V. 59 f.) Sollte Faust diese Worte nicht gehört haben – Mephisto spricht sie „halblaut" (V. 58) –, oder will er sie nicht verstehen? **Faust** ist dermaßen **von seinem Plan besessen**, dass er grundsätzlich keinerlei Zweifel an dessen Erfüllbarkeit zulässt. So ist der Moment gekommen, in dem sich Fausts Kräfte noch einmal bündeln, in dem er seiner **Vision** klaren Ausdruck verleiht.

Anders als in seinen anderen Monologen blickt Faust in seinem letzten großen Monolog nicht zurück. Auch geht es ihm nicht, wie in seinen vorherigen Selbstgesprächen, vorrangig um sich. Im Mittelpunkt von **Fausts Schlussmonolog** steht seine Vision, sein Traum, stehen die Menschen, für die er – durchaus in selbstherrlichem Gestus – den Traum ersann.

„Ein Sumpf zieht am Gebirge hin, / Verpestet alles schon Errungene" (V. 62 f.). Das ist zunächst eine Bestandsaufnahme, eine Feststellung des jetzigen Zustandes des Stückes Natur, das Faust umgestalten lässt. Die Trockenlegung des Sumpfes und die sich daraus ergebende Möglichkeit der Landerweiterung erscheinen Faust als „das Höchsterrungene" (V. 65). Die Ansiedlung von „vielen Millionen" (V. 66) Menschen ist sein Ziel. In diesem Gedanken blitzt die bekannte, immer wieder sichtbare **Maßlosigkeit Fausts** auf. Die zahlenmäßige Übertreibung spielt hier allerdings kaum eine Rolle, denn sie ist nicht wörtlich zu nehmen, wie sie auch von Faust selbst wohl kaum wörtlich gemeint ist. Fausts Auffassung allerdings zeigt sich in seinen Vorstellungen vom Leben auf diesem Neuland: „Nicht sicher zwar, doch tätig-frei zu wohnen." (V. 67) Faust sieht für „seine" Siedler ein **tätiges Leben** vor, d. h., sie müssen sich sowohl ihre Sicherheit als auch ihre Freiheit „täglich [...] erobern" (V. 79). Faust beschreibt, was er meint: Die Menschen, die dieses „paradiesisch Land" (V. 72) besiedeln, werden es nutzen und schützen. Dem **gemeinschaftlichen Wirken** räumt Faust, der Einzelgänger, einen hohen Stellenwert ein: „Gemeindrang eilt, die Lücke zu verschließen." (V. 75) Aus diesen Worten spricht die **Auffassung der Klassik vom idealen Menschen**. Er soll tätig sein, schöpferisch, frei in seinen Anschauungen, und er soll seine Fähigkeiten in den Dienst der Gemeinschaft, eines höheren Ganzen, stellen. Wenn Faust also vor seinem geistigen Auge sieht, dass sich seine Menschen „behaglich auf der neusten Erde" (V. 69) einrichten, sieht er sie nicht untätig und dem Müßiggang hingegeben, sondern sich ein in seinem Sinne **erfülltes Leben** gestalten. Mit dieser Vorstellung ist er völlig eins. Fausts Fazit fasst all seine Gedanken zusammen und ergibt sich als „der Weisheit letzte[r] Schluss" (V. 77): „Nur der verdient sich Freiheit wie das Leben, / Der täglich sie erobern muss." (V. 78 f.)

Noch weiter steigert sich Faust in seine Vision hinein: „Solch ein Gewimmel möcht ich sehn, / Auf freiem Grund mit freiem Volke stehn." (V. 82 f.) Hat er kurz zuvor rücksichtslos und ohne Skrupel Arbeitskräfte rekrutieren lassen, bei der Durchsetzung seiner Siedlungspolitik sogar den Tod von Menschen billigend in Kauf genommen, ergötzt ihn jetzt der **Gedanke an ein freies Volk auf freiem Land**. Diese Idee ist Fausts Hochgefühl geschuldet, das sich zwangsläufig aus der Situation – Fausts falscher Realitätswahrnehmung, seiner daraus resultierenden Freude am vermeintlichen Vorangehen der Arbeiten und seinem unmittelbar bevorstehenden Tod – heraus einstellt, und reine **Utopie**. Diesen Augenblick hält er des Festhaltens würdig, zu diesem Moment könnte er die bewusste, bisher nie gesagte Formel aussprechen: „Verweile doch, du bist so schön!" (V. 85)

Bis zum Schluss bleibt sich Faust treu, auch in seiner Maßlosigkeit: „Es kann die Spur von meinen Erdetagen / Nicht in Äonen untergehn." (V. 86 f.) Will nicht jeder Mensch, dass etwas von ihm bleibt, eine Spur, die auf ihn, auf sein Leben, sein Wirken hinweist? Vielleicht ist es Faust gar nicht so ernst mit diesem Satz, ist ihm seine **Nachwirkung bis in alle Ewigkeit** gar nicht so bedeutsam. Immerhin hatte er im Gespräch mit Mephisto, als er mit diesem Bekanntschaft schloss, ein eindeutiges Bekenntnis zum Diesseits abgegeben und betont, wie gleichgültig ihm alles sei, was nach seinem Tode geschehe. Womöglich beruhigt er nur sich selbst mit diesem Gedanken, denn wichtiger für ihn ist es wohl, wie er diesen Moment am Ende seines Lebens empfindet. Er, der das „Leben durchgestürmt" (Mitternacht) ist, der am Beginn seines Bündnisses mit Mephisto großspurig dem Genuss abgeschworen hatte, genießt diesen letzten Moment, der doch nicht Realität, sondern nur ein „Vorgefühl" (V. 88) ist. Zwar nur eine Ahnung „von solchem hohen Glück“ (V. 88), aber geeignet, für Faust den „höchsten Augenblick“ (V. 89) darzustellen.

Erschöpft von all seinen Überlegungen und wohl auch vom Leben sinkt Faust zurück und wird von den Lemuren auf den Boden gelegt. Jetzt sieht sich **Mephisto** endlich am Ziel! Der jahrelange Dienst für den nie zufriedenzustellenden Faust hat ihn verdrießlich gestimmt. Mephisto war **ungeduldig** geworden, musste er im Laufe der Zeit doch einsehen, mit Faust kein so leichtes Spiel wie erhofft zu haben („Der mir so kräftig widerstand“, V. 96), und die Wette mit dem Herrn zu gewinnen, hätte er sich auch einfacher vorgestellt. Deshalb achtet er gar nicht richtig darauf, was Faust sagt. Wäre Mephisto aufmerksam gewesen, hätte er bemerken müssen, dass **Faust im Konjunktiv sprach**. In der Wettszene war vereinbart worden: „Werd ich zum Augenblicke sagen: / Verweile doch! du bist so schön!“ (Studierzimmer II) Aber jetzt spricht Faust von der Möglichkeit, den Augenblick festzuhalten: „Zum Augenblicke dürft ich sagen“ (V. 84). Mephisto bemerkt den feinen Unterschied nicht, glaubt sich vielmehr als Sieger der Wette mit dem Herrn. Den „höchsten Augenblick“ (V. 89) Fausts verhöhnt Mephisto als „Den letzten, schlechten, leeren Augenblick“ (V. 94) und zeigt damit erneut, dass er Fausts Geist nicht zu fassen, nicht zu verstehen vermag. Er bedauert Faust gar: „Der Arme“ (V. 95). Natürlich hat Mephisto nicht wirklich Mitleid mit Faust, sein Bedauern ist nicht echt, sondern eher **spöttisch** gemeint. Er sieht nur – und das allein zählt für ihn, daran zweifelt er nicht – dass Faust aufgegeben hat. Faust, der sich in seiner Machtverstiegenheit als Herr gesehen hatte, liegt nun als „Greis hier [...] im Sand“ (V. 97), als wahrer Herr erweist sich die personifizierte „Zeit“ (V. 97), die Endlichkeit und Tod bedeutet.

Vor den Lemuren genießt Mephisto seinen Sieg. Er lässt sich sogar dazu herab, sie über seine **Ansichten von der Vergeblichkeit** zu belehren und interpretiert damit Fausts Tod in seinem Sinne: „Vorbei und reines Nicht, vollkommnes Einerlei.“ (V. 109) In seinen zahlreichen Ausrufen und Fragen gibt sich **Mephisto** erneut als **Nihilist** zu erkennen, für den das menschliche Dasein nur ein sinnloser ewiger Kreislauf ist, während er das „Ewig-Leere“ (V. 115) feiert. Ironischerweise verkennen sowohl Faust als auch Mephisto die Lage: Während Ersterer an das Werden seines gigantomanischen Projekts glaubt, wähnt sich Mephisto schon im Besitz von Fausts Seele.

Mephisto – als „Geist, der stets verneint“ (Studierzimmer) – bekräftigt erneut seine Ansicht: „denn alles, was entsteht / Ist wert, dass es zugrunde geht“ (ebd). Damit zeigt er noch einmal, dass er vom menschlichen Streben nichts versteht, dass er einen solchen Schöpfergeist wie den Fausts nicht begreifen und damit auch nicht besiegen kann. **Fausts letzte Vision** bleibt ihm unverständlich. Diese ist allerdings auch höchst **ambivalent**. Denn einerseits beruht sie auf der Selbsttäuschung Fausts, durch Zwang und Gewalt ein paradiesisches Reich der Freiheit aufbauen zu können. Die Vision einer idealen menschlichen Gesellschaft, die gemeinsam tätig ist, bleibt eine **Sozialutopie**. Mephisto macht überhaupt keine Anstalten, zu deren Umsetzung beizutragen. Zudem verdankt sich die Vision auch Fausts Hybris, selbst als Stifter und Begründer einer solchen sozialen Harmonie unsterblich zu werden. Andererseits stellt Fausts Vision unter Beweis, dass es für einen Menschen nicht darum geht, seine Lebenszeit schlicht zu verbringen, sondern sein **Leben zu gestalten**, es auszufüllen. Dazu gehört nicht nur das Erreichen gesteckter Ziele, sondern dazu gehören auch Visionen und Träume, die nicht unbedingt und ausschließlich an den Möglichkeiten zu ihrer Verwirklichung zu messen sind.

Grundkurs Deutsch (Thüringen): Abiturprüfung 2010
Aufgabe 5: Interpretation eines lyrischen Textes

Bertolt Brecht (1898–1956)

Der Schneider von Ulm (Ulm 1592)

Bischof, ich kann fliegen
Sagte der Schneider zum Bischof.
Paß auf, wie ich's mach!
Und er stieg mit so 'nen Dingen
Die aussahn wie Schwingen
Auf das große, große Kirchendach.
        Der Bischof ging weiter.
        Da sind so lauter Lügen
        Der Mensch ist kein Vogel
        Es wird nie ein Mensch fliegen
        Sagte der Bischof vom Schneider.

Der Schneider ist verschieden
Sagten die Leute dem Bischof.
Es war eine Hatz.
Seine Flügel sind zerspellet
Und er lag zerschellet
Auf dem harten, harten Kirchenplatz.
        Die Glocken sollen läuten
        Es waren nichts als Lügen
        Der Mensch ist kein Vogel
        Es wird nie ein Mensch fliegen
        Sagte der Bischof den Leuten. (1934)

Aus: Brecht, Bertolt: Von der Freundlichkeit der Welt. Gedichte. Leipzig: Insel Verlag 1971, S. 125.

Robert Lerch[1] **(geb. 1938)**

„Wer nicht vom Fliegen träumt, dem wachsen keine Flügel.“

1 Schweizer Aphoristiker und Lyriker

Arbeitsanweisung

Interpretieren Sie das Gedicht und erörtern Sie Möglichkeiten und Grenzen von Visionen! Beziehen Sie dabei das Zitat von Robert Lerch ein!

Hinweise und Tipps

Voraussetzungen
Die Interpretation eines lyrischen Textes, wie in der vorliegenden Aufgabe, stellt häufig den Zusammenhang mit einem Text aus einer anderen literarischen Gattung her, wie es in den Vorgaben für die Elemente der Interpretation im *Thüringer Lehrplan für das Fach Deutsch in der Oberstufe* durchaus vorgesehen ist. Die Deutung und damit das textimmanente Verständnis des Gedichtes stehen aber immer im Mittelpunkt der Aufgabe. Bei dem hier hinzugezogenen Text handelt es sich um ein kurzes Zitat im Stil eines **Aphorismus**. Mit dieser Textform ist sonst eher bei der freien Erörterung (vgl. Aufgabe 1) zu rechnen. So schließt sich auch in diesem Fall eine erörternde Teilaufgabe an. Zur Bearbeitung der vorliegenden Gedichtanalyse müssen also zusätzlich Kompetenzen in diesem Aufgabenbereich aktiviert werden. Es zeigt sich an diesem Beispiel, dass es gefährlich ist, sich nur auf einen Aufsatztyp im schriftlichen Abitur vorzubereiten. Auf jeden Fall sollte die zusätzliche Aufgabenstellung nicht abschrecken, vielmehr bietet sie einen nicht unwesentlichen Hinweis auf die thematische Ausrichtung der Interpretation. Grundkenntnisse über das Werk Bertolt Brechts werden erwartet, eine genauere Einbeziehung biografischer Elemente in Bezug auf den Autor ist in geringem Maße möglich, wenn dazu Näheres im Unterricht behandelt wurde. Hinweise auf die **Bedeutung Brechts als Dramatiker** lassen sich durchaus begründet in die Analyse dieses Gedichtes einbeziehen. Auf eventuell behandelte Texte kann hier also am Rande eingegangen werden. Die *Einheitlichen Prüfungsanforderungen in der Abiturprüfung Deutsch (EPA)* verweisen immer wieder auf die Herstellung solcher Zusammenhänge, trotzdem steht bei einer Interpretation der Text selbst im Mittelpunkt.

Die Aufgabe verlangt Leistungen in allen drei Anforderungsbereichen, die laut EPA zu einer vollständigen Aufgabenstellung gehören:
Anforderungsbereich I (Grundlagen an Wissen/Kennen konkreter Einzelheiten): Allgemeinwissen zu gesellschaftlichen Prozessen sowie Kenntnisse zum Werk Bertolt Brechts und zu den Gattungsformen erzählender Gedichte. Die formalen Gestaltungsmittel des Gedichtes sind zu erkennen und mit den fachspezifischen Begriffen zu beschreiben.
Anforderungsbereich II (Organisation des Arbeitsprozesses): Die Struktur und die Einzelelemente des Textes sind zu erfassen, zu beschreiben und in ihrer Bedeutung zu erläutern. Daraus leitet sich das begründete Ergebnis der Analyse ab. Die dabei erarbeiteten problembezogenen Schwerpunkte müssen richtig gewichtet und auf das Zitat übertragen werden.
Anforderungsbereich III (Fähigkeit zur eigenen Urteilsbildung): Die problembezogene Aussage des Gedichtes ist zu erfassen und darzustellen. Die sich daraus ergebende Position des Autors muss in umfassendere Zusammenhänge gestellt werden. Dies erfordert Argumentationsstrategien.

Erläuterung der Aufgabenstellung
Der Operator „Interpretieren Sie …“ bedeutet eine sehr komplexe Aufgabenstellung. In den EPA wird er daher dem dritten Anforderungsbereich zugeordnet. Ihre Aufgabe ist es, die Wechselbeziehungen zwischen Inhalt und Form anhand einer detaillierten Beschreibung der Auffälligkeiten darzustellen. Der Operator „Erörtern Sie …“ zielt eigentlich auf eine eigene komplexe Aufgabenstellung aus dem dritten Anforderungsbereich ab. Mit dem konkreten Hinweis auf die Problematik, zu der es Stellung zu nehmen gilt („Möglichkeiten und Grenzen“), wird Ihnen die Aufgabe erleichtert, über den Text hinausgehende Aspekte zu ermitteln. Die **dialektische Form** ist hier ebenfalls vorgegeben, da sich Möglichkeiten (Pro Visionen) und Grenzen (Contra Visionen) inhaltlich bereits gegenüberstehen. Die Aufgabenstellung wird mit dem Verweis auf das Zitat von Robert Lerch noch weiter ergänzt. Sie sollen es in Ihre Arbeit einbeziehen, wobei es eher in der Argumentation als in der Betrachtung des lyrischen Textes eine Rolle spielen wird.
Die Aufgabe 5 ist im Thüringer Abitur immer eine Gedichtinterpretation. Dies geben ebenfalls die Richtlinien für das neue Abitur im Kernfach vor. Daher sollte diese Aufsatzform trotz

der zweiteiligen Aufgabenstellung bei der hier vorliegenden Lösung im Mittelpunkt stehen. Die Einleitung des vorgeschlagenen Lösungswegs entspricht somit auch dem Vorgehen bei einer Gedichtinterpretation. Nach einer kurzen gedanklichen Hinführung, die sich eindeutig auf den Gegenstand des Gedichtes bezieht, folgt der klassische Einleitungssatz mit Hinweisen zu Autor, Titel, Gattung, Entstehungszeit und Thema des zu analysierenden Textes. Mit der Einführung des Begriffes **Menschheitstraum** wird allerdings im ersten Satz bereits der Bezug zum inhaltlichen Problem des zweiten Teils hergestellt. Das schafft am Ende die nötigen Anknüpfungspunkte. Auf die Einleitung folgt eine kurze Wiedergabe des Inhalts. Sie sollte sachlich sein und noch keine Deutungen enthalten. Mit den sich anschließenden Angaben zum Autor können weitere Hinweise zur Erschließung des Textes gegeben werden. Hier kann selbstverständlich nur Sachwissen aus Ihrem Unterricht erwartet werden. Die Beschreibung der Form konzentriert sich auf typische Merkmale der Lyrik. Überlegungen zum Aufbau, zum Gebrauch von Reim und Metrum sowie zur Sprache stehen daher im Mittelpunkt. Im vorliegenden Text sind es im Vergleich zu anderen Gedichtinterpretationen weniger die sprachlichen Bilder, die diesen Teil dominieren. Vielmehr liegt das Augenmerk auf der Wortwahl und der Satzstruktur.

Im Übrigen zeigt dieses Beispiel, wie sich wichtige Sachinformationen mithilfe des Wörterbuchs ermitteln lassen, das Ihnen als Hilfsmittel zur Verfügung steht. Dass das Wort „Hatz" eine süddeutsche Variante von „Hetze" ist, kann man den gängigen Wörterbüchern zur deutschen Rechtschreibung entnehmen. Das Verb „zerspellet" ist ebenfalls in einigen Nachschlagewerken dieser Art zu finden. Nutzen Sie diese also nicht nur für Zweifelsfragen der Rechtschreibung, sondern auch für die Recherche nach auffälligen Wörtern. Manch ein Fremdwort lässt sich hiermit ebenfalls klären.

Die Deutung des Gedichtes sollte abgeschlossen sein, ehe Sie auf den zweiten Aufgabenteil eingehen. Das Zitat wird zur Überleitung genutzt und ist somit an einer zentralen Stelle des Aufsatzes berücksichtigt. Zunächst werden die Grenzen, dann die Möglichkeiten von Visionen erörtert. Diese Gliederung sollte sich auch an Ihrer eigenen Position, die Sie entwickeln müssen, ausrichten. Die beiden Aufgaben werden mit einem Fazit zusammengefasst, sodass beide Teile miteinander gut verbunden sind.

Lösungsvorschlag

Wenn man nach einem Beispiel für einen **Menschheitstraum** sucht, dann wird man wahrscheinlich immer zuerst an das **Fliegen** denken. Lange hat dieser Traum die Sehnsucht und die Erfindungsgabe der Menschen inspiriert. Viele Mythen und Legenden – angefangen beim Scheitern von Ikarus in der griechischen Sage – ranken sich um die Erfüllung dieses Traums. Eine solche Geschichte erzählt uns Bertolt Brecht in seinem kurzen, 1934 entstandenen Gedicht *Der Schneider von Ulm (Ulm 1592)*. Auch wenn der Versuch des Schneiders bei Brecht tödlich endet, möchte der Autor uns damit nicht ein Beispiel für die Grenzen von Visionen geben. Aus den zwei Strophen ergibt sich weitaus mehr.

Zu Beginn des Gedichtes kündigt der namenlose Schneider dem ebenfalls nicht näher bezeichneten Bischof den eigenen **Flugversuch** an. Um diesen durchzuführen, steigt er auf das Kirchendach, während sich der Bischof entfernt und den Schneider als Lügner zu bezeichnen beginnt, da der Mensch nicht fliegen könne. Die Ulmer berichten ihm im zweiten Teil vom Tod des Schneiders. Sie beschreiben dazu den Zustand der Leiche und der Flügel auf dem Platz vor dem Gotteshaus. Daraufhin wiederholt der Bischof seine Aussage über die **Unmöglichkeit des Fliegens**.

Das Gedicht ist im Jahr **1934** entstanden. Damals befand sich der Autor Bertolt Brecht bereits im **Exil**. Mit der Machtergreifung Hitlers im Jahr zuvor musste der 1898 in Augsburg geborene Schriftsteller, der sich politisch deutlich im Widerspruch zur Ideologie der Nationalsozialisten befand, sein Heimatland sofort verlassen. Seine Flucht führte ihn weiter – wie so viele andere deutsche Autoren – bis in die USA, wo er sich bis nach Kriegsende aufhielt. Danach fühlte er sich vom politischen Neubeginn in der sowjetisch besetzten Zone Deutschlands eher angezogen und nutzte die ihm dort gebotene Möglichkeit, im Ostsektor Berlins viele Theaterpläne zu realisieren. Trotzdem blieb er auch bis zu seinem Tod 1956 gegenüber den Machthabern in der DDR stets ein unbequemer Kritiker. Seine **kritische Haltung gegenüber Gesellschaft und Politik** drückte er sowohl in der Lyrik als auch auf der Bühne aus. Viele seiner Stücke, mit deren Verfremdungseffekten er das sogenannte epische Theater etablierte, berichten – ähnlich wie im vorliegenden Gedicht – von Einzelpersonen, die sich ihre Visionen von ihrem Umfeld bzw. von politischen Machthabern nicht nehmen lassen (z. B. *Leben des Galilei*, *Mutter Courage und ihre Kinder* oder *Der gute Mensch von Sezuan*). Zu Brechts Konzept des epischen Theaters gehört als ganz zentrales Merkmal der Einsatz von Liedern, was zeigt, wie offen die Grenzen der literarischen Gattungen von Brecht gesehen wurden.

Durch viele, an einen **Refrain** erinnernde **Parallelismen und Wiederholungen** erhält *Der Schneider von Ulm (Ulm 1592)* ebenfalls **liedhaften Charakter**. Das Gedicht gliedert sich in zwei Strophen, die jeweils 11 Verse haben. Im vorliegenden Abdruck werden sie noch einmal durch eine Einrückung geteilt. Sie betrifft immer die letzten 5 Verse (V. 7–11 und V. 18–22) und es handelt sich zum großen Teil um die wörtlichen Aussagen des Bischofs, was zwar nicht durch entsprechende Satzzeichen (Anführungsstriche) jedoch durch die Aussage der abschließenden Verse deutlich wird: „Sagte der Bischof …“ (V. 11 und 22). Das Metrum des Gedichtes ist einfach, bei den Verslängen gibt es leichte Variationen. Einige Feststellungen werden durch kurze Verse hervorgehoben (z. B. „Es war eine Hatz“, V. 14). Das **Reimschema** folgt ebenfalls keiner klassischen und **regelmäßigen Form**. Brecht setzt dabei durchaus spielerisch Gleichklang und Assonanz ein. Die Abfolge ist in beiden Strophen die gleiche. Die Wörter „Bischof“ (V. 2 und V. 13) und „Vogel“ (V. 9 und 20) am Versende reimen sich nicht, sind aber durch ihre eigene Wiederholung doch wieder Teil der Struktur. Sie fallen damit sogar weniger auf als etwa die Reime „läuten“ (V. 18) und „Leuten (V. 22) mit gleichem Klang bei unterschiedlicher Schreibung und Bedeutung sowie „zerspellet“ (V. 15) und „zerschellet“ (V. 16), die zudem mit einer Alliteration verbunden sind. Zweimal lässt sich zudem ein umschließender Reim erkennen (V. 3–6 und V. 14–17).

Die **Sprache** des Gedichtes ist **einfach**. Der Satzbau ist **parataktisch**. Mit wenigen Ausnahmen (Relativsatz in Vers 5) trifft man auf die Aneinanderreihung von Hauptsätzen. Einfache Satzkonstruktionen entstehen allenfalls durch den Hinweis auf die jeweiligen Sprecher (z. B. „Sagte der Schneider zum Bischof“, V. 2, siehe auch V. 11, V. 13 und V. 22). Kommasetzung erfolgt nur bei Anreden und Ausrufen wie „Bischof“ (V. 1) und „Paß auf“ (V. 3). Das **Fehlen der Satzzeichen** in den eingerückten Teilen der Strophen lässt allerdings Spielraum zur Interpretation durch den Leser. Setzte man etwa hinter den Vers „Das sind so lauter Lügen“ (V. 8) einen Doppelpunkt, könnte dieser sich auf die nachfolgende Aussage des Bischofs beziehen. Mit einem gedachten Komma jedoch würde dieser Vers schon zu seiner Rede und dem Vorwurf gegenüber dem Schneider gehören. Parallel gilt dies für den Vers 18 in der zweiten Strophe, wenn wieder von der Lüge die Rede ist.

Die **Wortwahl** ist **umgangssprachlich**, wobei die Sprache des kirchlichen Würdenträgers dabei weniger auffällig ist. Beim Schneider jedoch werden für den mündlichen Ausdruck typische Verkürzungen wiedergegeben: „ich’s“ (V. 3). In der Beschreibung des erfindungsreichen Handwerkers heißt es zudem „so ’nen“ (V. 4) und „aussahn“ (V. 5). In der Form der Ansprache des Bischofs wird Respektlosigkeit gegenüber dessen Amt und Stand deutlich. Im Imperativ „Paß auf“ (V. 3) verwendet der Schneider nicht die höfliche Anrede (Passen Sie auf). Auf diese freche Art und Weise drückt der Schneider aus, dass er nicht bereit ist, die Position und damit zusammenhängend die Lehre des Bischofs, dass der Mensch nicht fliegen könne, zu akzeptieren. In der Aussage der Leute in der zweiten Strophe ist der zunächst betont offizielle Ton, verdeutlicht durch das Verb „verschieden“ (V. 12) anstelle etwa von „tot“ oder „gestorben“, ein Hinweis darauf, dass die hier erscheinenden Ulmer das Amt respektieren. Dieser Ton geht über in eine Sprache, die zwar nicht respektlos erscheint, aber deutlich **von der Zeit und dem Ort des Geschehens geprägt** ist: „Hatz“ (V. 14) ist eine ältere und dialektale Form von „Hetze“ aus dem Süddeutschen und „zerspellet“ (V. 15) gilt als veraltet für „zersplittert“. In beiden Fällen ist diese Wortwahl zusätzlich durch den Reim, der nur durch sie möglich wird, hervorgehoben.

Der erzählende Inhalt des Gedichtes *Der Schneider von Ulm (Ulm 1592)* rückt es in die **Nähe der Ballade**, denn diese Gattung vereint Elemente aus Lyrik, Epik und Dramatik. Der starke Anteil und die wichtige Bedeutung der **wörtlichen Rede** von Schneider, Leuten und Bischof entspricht ebenso wie der **tragische Ausgang** Merkmalen dramatischer Texte. Dass Brecht hier nicht im Titel auf den Gattungsbegriff zurückgreift – wie etwa in den Liedern seiner *Dreigroschenoper* – mag an der Kürze des Textes liegen. Zudem werden Teile der Handlung nicht erzählt, sondern ausgeblendet. Bei der Betrachtung der Textgattung muss auf jeden Fall an den **liedhaften Charakter** erinnert werden. Die Eingängigkeit der Verse mit ihren Wiederholungen lässt auch an eine Form denken, die Kinder als Leser oder Hörer im Blick hat. Gut zeigen dies die parallelen Verse 6 und 17 mit den verstärkend wiederholten Adjektiven: „Auf das große, große Kirchendach“ (V. 6) und „Auf dem harten, harten Kirchenplatz“ (V. 17). Die **Namenlosigkeit der Figuren** erinnert an Märchen, wobei diesem Eindruck die genaue Nennung von Zeit und Ort im Titel (Ulm 1592) widerspricht. Im eigentlichen Text spielen diese Angaben allerdings keine Rolle mehr. Die Jahresangabe erweist sich zudem als beliebig, da die historische Vorlage eines Flugversuches in Ulm in einem späteren Jahrhundert lag. Die Zahl 1592 konstruiert dagegen eher einen **Bezug zu 1492**, als es Kolumbus gelang, seine Vision entgegen allen Zweiflern zu verwirklichen. Entdecker wie Entwickler erster Fluggeräte, die meist auch deren Piloten sind, gelten gleichermaßen als Pioniere.

Trotz der **Kritik an der Kirche**, welche durch den Bischof repräsentiert wird und die auch in Brechts Stück *Leben des Galilei* als dogmatische Macht gegen die Ideen der Einzelperson vorgeht, ist das Gedicht auf den ersten Blick unhistorisch und unpolitisch. Seiner Aussage nähert man sich allerdings über die inhaltlichen Auslassungen des Textes. In der Analyse ist bereits deutlich geworden, dass die zwei stark parallelisierten Strophen den **zwei inhaltlichen Abschnitten** entsprechen. Die erste Strophe berichtet vom Aufeinandertreffen des Schneiders mit dem Bischof und die zweite Strophe gibt das Gespräch zwischen den Leuten und dem Bischof wieder. Dazwischen fehlt die eigentliche Handlung. Vom Tod des Schneiders erfahren wir nur über den Bericht der Leute (V. 12). Wie er tatsächlich ums Leben gekommen ist, wird nicht erzählt. Nur das Ergebnis („er lag zerschellet“, V. 16) ist uns bekannt. Sein Absturz scheint damit zwar voraussetzbar, aber der durch die Kürze des Verses hervorgehobene Hinweis „Es war eine Hatz“ (V. 14) eröffnet Zweifel an dieser alleinigen Todesursache. Der Begriff „**Hetze**“ bezeichnet ursprünglich die **Jagd auf Tiere**. Seit Beginn der Neuzeit benennt man damit aber auch **pogromartige Verfolgung von Menschen**. Vor einer solchen Hetze floh Brecht selbst als bedrohter Andersdenkender aus dem nationalsozialistisch regierten Deutschland. Ist also der Schneider vielmehr ein Opfer der Hetze geworden, die vom Vorwurf des Bischofs ausging, seine Idee vom Fliegen sei eine Lüge? Eine direkte Antwort bleibt der Autor schuldig. Kennzeichnend für ein solches Verhalten des Bischofs ist aber, dass er sich selbst der eigentlichen Wahrheitsfindung entzieht („Der Bischof ging weiter“, V. 7) und nicht mit, sondern nur über den Schneider redet („Sagte der Bischof vom Schneider“, V. 11). Dass er damit im Gegensatz zum Schneider steht, der mit ihm redet, wird durch die Ähnlichkeit zwischen Vers 11 und Vers 2 („Sagte der Schneider zum Bischof“) unterstrichen. Eine genaue Untersuchung des Fluggerätes erfolgt ebenfalls nicht. Dessen Beschreibung ist ungenau und abwertend: „so 'nen Dingen“ (V. 4). Der Wahrheit wird also keine Chance gegeben.

Aus der Zweiteilung des Gedichtes ergibt sich eine **dialektische Struktur**. Der These des Schneiders („[I]ch kann fliegen“, V. 1) steht sein Tod – ausgesprochen ebenfalls im ersten Vers der zweiten Strophe – antithetisch gegenüber. Dementsprechend steht unter anderem das Oben des „Kirchendach[es]“ (V. 6) dem Unten des „Kirchenplatz[es]“ (V. 17, ebenfalls sechster Vers der zweiten Strophe) gegenüber. Was der dialektischen Darstellung fehlt, ist somit die Synthese, eine mögliche dritte Strophe also, die z. B. trotzdem Mut zur Vision machen würde. Doch hier nimmt Brecht den Leser selbst in die Pflicht. Die **Synthese** liegt in der weiteren geschichtlichen Entwicklung. Ergänzt man die **Errungenschaften der Technik**, wozu in diesem Fall jedes Kind in der Lage wäre, dann wird die wiederholte Aussage des Bischofs „Es wird nie ein Mensch fliegen“ (V. 21) einfach der Lächerlichkeit preisgegeben.

Als Schlussfolgerung aus Brechts *Der Schneider von Ulm (Ulm 1592)* könnte aber auch ein Zitat des Schweizer Lyrikers und Aphoristikers Robert Lerch (geb. 1938) stehen: „Wer nicht vom Fliegen träumt, dem wachsen keine Flügel“. Nimmt man diese Aussage wörtlich, könnte man mit den Worten des Bischofs bei Brecht entgegenhalten, dass der Mensch nun mal kein Vogel sei, also könnten ihm weder Flügel wachsen, noch könnte er das Fliegen lernen. Tatsächlich war das praktische technische Wissen Ende des 16. Jahrhunderts noch nicht so weit, dass jemand ein flugfähiges Gerät hätte konstruieren können. Zeichnungen wie die, die von Leonardo da Vinci aus der Zeit der Renaissance überliefert sind, sind zwar beeindruckend, blieben aber Theorie. Noch mehr als drei Jahrhunderte vergingen, wenn man Brechts Datierung einmal ernst nimmt, bis zur Realisierung des Menschheitstraums. Sollte die Tatsache, dass **Fliegen** heute zum **Alltag der Menschen** gehört, zum unbegrenzten Glauben an unsere technischen Möglichkeiten berechtigen? Große Katastrophen zeigen regelmäßig die **Gefahren** und die Belastungen der Umwelt (z. B. durch CO_2), die durch technischen Fortschritt entstehen. Wir müssen hier auch unsere **Grenzen erkennen und akzeptieren**. Der Fortschritt seit den ersten funktionierenden Flugmaschinen ließ sich nicht so einfach fortsetzen, wie es sich die Verfasser utopischer Romane vor hundert Jahren noch ausmalten. Noch weit bis in das letzte Jahrhundert hinein gab es die Vorstellung, dass eine Besiedlung des Weltalls nur noch wenige Jahrzehnte bräuchte. Filme und Fernsehserien verliehen diesem Traum Ausdruck. Doch nur selten verlässt der Mensch heute die Grenzen der eigenen Atmosphäre.

Aber nicht nur für den technischen Fortschritt sind die Möglichkeiten eingeschränkt. Jeder Mensch hat **persönliche Grenzen**, die er nicht überschreiten kann. Wenn man etwa an körperliche Voraussetzungen, Talent aber auch finanzielle Möglichkeiten denkt, dann bleiben viele persönliche Träume tatsächlich unerfüllt. Nicht jeder kann das Leben führen, den Beruf ausüben und die Ziele erreichen, die er sich erträumt. Oftmals setzt die **Gesellschaft Rahmenbedingungen**, die nicht jeder überwinden kann. Je nachdem, wie frei eine Gesellschaft ist, kann dieser Rahmen weiter oder enger sein. In dieser Beziehung haben wir schon viele Fortschritte gemacht, jedoch gibt es immer noch politische Systeme, in denen **Freiheit ein Traum** der Menschen bleibt.

Der **Aphorismus** von Robert Lerch ist aber auch als **Umsetzung einer Redewendung** zu begreifen. Bei jemandem Flügel wachsen zu sehen bedeutet, Leistungen zu beobachten, die man bisher nicht im Rahmen seiner Möglichkeiten gesehen hat. Zunächst müssen wir selbst unsere Grenzen und Möglichkeiten kennen. **Visionen** können uns dabei im Sinne von **Zielsetzungen** eine Hilfe sein. Mit unseren Träumen machen wir uns auf den Weg, um zu entdecken, ob hinter den alten Grenzen neue Möglichkeiten zu finden sind. Wer sich das Träumen untersagen lässt oder es sich selbst verbietet, der kann dessen Kraft nicht für sich nutzen. Träume, Wünsche und Sehnsüchte treiben uns persönlich an und sorgen dafür, dass der Mensch in Richtung seiner Ziele **in Bewegung bleibt**. Dies kann auch wieder am technischen Fortschritt festgemacht werden. Ohne den Traum vom Fliegen hätte es die Versuche dazu tatsächlich nicht gegeben. Der Mensch wäre am Boden geblieben, denn das war erst einmal das Naheliegende. Wir sind in der Lage, Gefahren und Risiken zu erkennen und einzuschätzen, und deshalb gehört die **Vision einer sicheren und gesunden Welt** ebenfalls zu den Ideen, die Menschen in der Wissenschaft oder der Politik antreiben. Krankheiten zu heilen oder die Umwelt nachhaltig zu schützen, können also ebenfalls Visionen sein wie ein regelmäßiger Touristenverkehr auf den Mond. Unabhängig davon, wie wichtig oder unwichtig uns diese Träume erscheinen mögen, dürfen wir den Menschen, die eine Möglichkeit zur Realisierung sehen, diese Chance nicht nehmen. Den Zustand unserer Gesellschaft heute verdanken wir denen, die an eine Vision von Freiheit geglaubt haben. Dafür haben viele ihr Leben aufs Spiel gesetzt.

Somit kann das Zitat von Robert Lerch uns den Mut machen, trotz der tragischen Wende beim Geschehen von Ulm in Brechts Gedicht Visionen vor Zweiflern zu verteidigen. Nicht der selbstbewusste Schneider handelt dort falsch. Der Bischof mit seinem dogmatischen Urteil und die Leute, die sich gegen den Flieger aufhetzen lassen, werden am Ende selbst Lügen gestraft. Brecht hat wohl gerade deshalb die Handlung seines Gedichtes so weit in die Vergangenheit gesetzt, weil er seiner Gegenwart plausibel machen wollte, dass ein **Menschheitstraum trotz aller ideologischen und dogmatischen Widerstände in Erfüllung** gehen kann.

Deutsch (Thüringen): Abiturprüfung 2011
Aufgabe 1: Freie Erörterung

Johann Wolfgang von Goethe (1749–1832)

„Was du ererbt von deinen Vätern hast,
Erwirb es, um es zu besitzen.
Was man nicht nützt, ist eine schwere Last; […]"

In: Faust. Der Tragödie erster Teil. Szene Nacht, Vers 682 ff.

Arbeitsanweisung

Erörtern Sie Goethes Worte. Gehen Sie dabei darauf ein, in welcher Weise Literatur und Kunst vergangener Zeiten **Ihr** Leben beeinflussen.

Hinweise und Tipps

Die **Arbeitsanweisung** verlangt von Ihnen, sich mit Goethes Worten, folglich mit dem Zitat aus *Faust*, auseinanderzusetzen und dabei darauf einzugehen, in welcher Weise Literatur und Kunst vergangener Zeiten **Ihr** Leben beeinflussen. Das Anredepronomen **Ihr** ist fett gedruckt, was ein besonderer Hinweis darauf ist, dass sich die Beispiele für den Umgang mit Literatur und Kunst wirklich auf **Sie selbst** beziehen müssen. Außerdem sollen sie aus **vergangenen Zeiten** stammen, wodurch auf das Abiturthema, das Zitat des Musikers Gustav Mahler „Tradition ist nicht die Anbetung der Asche, sondern die Weitergabe des Feuers", verwiesen wird. Wer sich für dieses **Thema** entscheidet, sollte gern lesen sowie des Öfteren in Bibliotheken, Museen, Kirchen und Kunstausstellungen unterwegs sein. **Goethes „Faust"** zu kennen ist nicht allein von Vorteil, sondern eine Voraussetzung, um der Fragestellung angemessen begegnen zu können. Zunächst ist es ratsam, das Zitat im **Drama** *Faust* zu verorten und kurz auf die Titelfigur einzugehen. Die differenzierte Auswertung mündet in das **Abiturthema**, das inhaltlich darauf verweist, dass Überkommenes eine nutzlose Last sei, wenn man es sich nicht aktiv aneigne. Aus dem Musikunterricht werden Sie wissen, dass der Autor der Zeilen **Gustav Mahler** selbst ein Reformer war und demzufolge seinem eigenen Anspruch gerecht geworden ist. Im Folgenden empfiehlt es sich, das Spannungsfeld zwischen **Tradition und Innovation** auszuleuchten und es mit passenden Beispielen dafür anzureichern, wie Überlieferung in der **Gegenwart** fortwirkt. Sie sollten darauf verweisen, dass Tradition ein ambivalentes Phänomen ist, und verdeutlichen, dass sie einerseits Zugehörigkeitsgefühl, aber andererseits Fessel bedeuten kann. Im Weiteren sollten Sie Ihren individuellen Umgang mit Kunst und Literatur erläutern sowie konkrete Kenntnisse zu ausgewählten künstlerischen Werken verschiedener Genres in Musik, Literatur und Malerei nachweisen, kurz: **persönliche Akzente** setzen. Im Lösungsvorschlag finden Sie Angebote, wie den Verweis auf Märchen, auf die Musik der Gruppe *In Extremo*, Kirchenbauten bzw. deren Umnutzung etc. Diese können nur Anregungen für das Beschreiben eigener Erfahrungen im Umgang mit dem kulturellen Erbe geben. Es ist sicher nicht falsch, neben den Beispielen für Literatur vergangener Zeiten auch eine moderne Heldin, hier Mia Holl aus Julie Zehs Roman *Corpus Delicti*, mit anzuführen. Nun fehlt noch eine Idee für **Einleitung und Schluss**. Vielleicht ging es Ihnen so wie im Vorschlag ausgeführt und Sie haben bei dem Begriff „Erben" zunächst an Nachlass gedacht. Diesen „Denkfehler" könnten Sie für Beginn und Abrundung Ihres Aufsatzes nutzen.

Lösungsvorschlag

Einleitung
„Was du ererbt von deinen Vätern hast, / Erwirb es, um es zu besitzen. / Was man nicht nützt, ist eine schwere Last; [...]“. Wenn ein literarisch Unkundiger diese Worte Goethes hört oder liest, könnte er denken: „Aha, Thema Nachlass“. Nachlass als Gesamtheit dessen, was ein Verstorbener seinen Erben hinterlässt: im günstigen Falle Geld, Immobilien, Antiquitäten, Bücher; im ungünstigen Schulden. Aber das ist es nicht, was der Autor der Zeilen aus dem ersten Teil der Tragödie *Faust* im Sinne hatte.

Hauptteil
Heinrich **Faust**, die Titelfigur, ist von der Wissenschaft, von seinem Gelehrtenleben zutiefst enttäuscht, weil ihn das Studium der vier Fakultäten der Universität nicht klüger gemacht und er seinen Studenten nichts zu sagen habe. Seine Tätigkeit habe ihm weder das ersehnte Wissen noch Gut, Geld oder Ehre eingebracht. In der Szene *Nacht* reflektiert er sein bisheriges Dasein und kommt zu dem Ergebnis, dass er ohne Magie niemals herausfinden werde, „was die Welt / Im Innersten zusammenhält“ (V. 353 f.). Er beschwört den Geist des Makrokosmos und den Erdgeist. Aber beide Versuche, aus seinen Grenzen auszubrechen, enden mit einem Misserfolg. Der Erdgeist, so wird Faust bewusst, hat ihn „ins ungewisse Menschenlos“ (V. 629) zurückgestoßen. Den Menschen treibe unaufhörlich die Sorge um „Haus und Hof“ (V. 648), um seine Angehörigen, vor drohenden Gefahren um. Es sei so, wie es in den Büchern stehe, „dass überall die Menschen sich gequält“ (V. 662). Die in seiner Studierstube verstaubenden Bücher und Gerätschaften hält Faust für nutzlosen „Trödel“, wie er im Eingangsmonolog das Wissen der Fakultäten als nutzlos eingeschätzt hat. Überkommenes sei demnach eine überflüssige Last, wenn man es sich nicht neu aneigne und in Gebrauch nehme. **Gustav Mahler** hat das eine Generation nach Goethe in die Worte gefasst, die das aktuelle **Abiturthema** darstellen: „Tradition ist nicht die Anbetung der Asche, sondern die Weitergabe des Feuers“. Mahler selbst, Musiker im Übergang von der Spätromantik zur Moderne, traute sich, die Gesetze, die für Sinfonien herrschten, zu durchbrechen, und hielt sich nicht an Konventionen. So verwendete er Elemente der Volks-, Tanz-, Klezmer- und sogar der Militärmusik, um seinen Kompositionen einen nie gehörten Klang zu verleihen. Somit wurde er als Reformer seinem eigenen Anspruch gerecht. Mahler verband in seinen Werken immer wieder die Literatur mit der Musik. Außer Märchen- und Sagenstoffen setzte er ebenso Texte von Grillparzer, Rückert und aus Goethes *Faust* ein, wodurch die Verbindung zwischen dem Dichter und dem Musiker hergestellt werden kann. Goethe seinerseits griff für sein Drama auf einen Stoff zurück, der von den ersten Geschichten über den historischen Faust, über die Sage, das Volksbuch und das Puppenspiel zahlreiche Umformungen erfahren hat und weiterhin erfährt.

Die viel zitierte Weisheit aus dem *Faust*, die Thema dieses Abituraufsatzes ist, wird im darauf folgenden Vers in maßlos überspitzte **Umkehrung** gebracht: „Nur was der Augenblick erschafft, das kann er nützen“ (V. 685). Damit wird der Wert verfügbarer Werkzeuge, vorhandener Einrichtungen, im Grunde der Sinn kultureller Beständigkeit geleugnet. Weder Anbetung der Asche noch Weitergabe des Feuers. Wer weiß, wo die Menschheit stünde, wenn sie sich den Vers tatsächlich zu eigen gemacht hätte.

Jede Generation befindet sich in dem Spannungszustand zwischen **Tradition und Innovation**. Vernünftig ist es, Bewährtes zu erhalten und fortzuführen, Überholtes zurückzulassen sowie Neues zu entwickeln. Ein gutes Beispiel für dieses Prinzip ist das **Rad**. Seine auf das 4. Jahrtausend v. Chr. datierte Erfindung und Verwendung an einem Gefährt war vermutlich das in der Vorzeit wichtigste Ereignis für die Entwicklung der technischen Kultur. Die ersten Räder bestanden aus einer massiven Holzscheibe. Entwicklungsstufen waren der Pflug, der zweirädrige Transportkarren, der Streitwagen und der Schubkarren. Bis in die heutige Zeit haben Räder in den verschiedensten Bereichen eine große Bedeutung, vor allem in der Fahrzeugindustrie. Es können schwere Lasten in unwegsamem Gelände fortbewegt oder Menschen befördert werden. Räder kommen als Zahnräder, Handräder oder Lenkräder vor. Die Erfindung vor über 6 000 Jahren ist in ihrer Grundform erhalten geblieben. Daraus entwickelte Produkte lösen bis heute einander ab.

Eine weitere wichtige Erfindung, die sich als **grundlegende Kulturtechnik** manifestiert hat, ist die der **Schrift**. Sie begann vermutlich als Keilschrift mit der Buchführung im alten Mesopotamien. Es war nun möglich, Informationen festzuhalten, Erzählungen und Bräuche weiterzugeben, andere an Erzählungen teilhaben zu lassen – kurz: sich nicht alles merken zu müssen. Das Medium, auf dem Schrift dargestellt wird, wandelt sich seit dem ersten Keilschriftzeichen in Ton unablässig. Man meißelte in Stein, stichelte in Silber, ritzte in Holz, schrieb auf Leder, Papyrus, Pergament, bis schließlich das Papier fast in der ganzen Welt alle anderen Schriftträger ablöste. Die Erfindung des Buchdrucks leitete eine neue Ära ein, da es nun möglich war, Bücher schnell zu verbreiten und so gut wie jedem zugänglich zu machen. Die Alphabetisierung der Menschen schritt voran. Im digitalen Zeitalter können Computer Texte auf Speichermedien verwalten und die Übertragung auf Datenträger steuern. Papier ist nicht mehr nötig, um Schrift sichtbar zu machen. Es ist sicher eine Frage des Geschmacks, ob man ein modernes E-Book zur Hand nimmt oder in einem herkömmlichen Buch blättert mit vielen schönen Seiten aus Papier.

In allen Bereichen setzt sich **Tradition** in der Gegenwart auf verändertem Niveau fort, weil die Menschen nicht aufhören zu suchen und zu forschen, sodass sie zu immer neuen Erkenntnissen kommen. Vereine werben mit dem Slogan „Tradition vermitteln – Gegenwart gestalten – Zukunft fördern". Unter Tradition wird in der Regel die Überlieferung der Gesamtheit des Wissens, der Fähigkeiten sowie der Sitten und Gebräuche einer Kultur oder einer Gruppe verstanden. Dies kann mündlich oder schriftlich über Erziehung oder spielerisches Nachahmen erfolgen. Tradition ist in dieser Hinsicht das **kulturelle Erbe**, das von einer Generation zur nächsten weitergegeben wird. Die Sprache, akademisches Wissen und handwerkliches Können gehören ebenso dazu wie Rituale, künstlerische Gestaltungsauffassungen und moralische Regeln. Traditionen im Sinne von Brauchtum und kulturellem Erbe begegnen beispielsweise bei Hochzeiten, Dorffesten und im Zusammenhang mit kirchlichen Feiertagen. Tradition bedeutet einerseits **Zugehörigkeitsgefühl**, Geborgensein und Sicherheit, andererseits kann sie auch eine **Fessel** darstellen, die einen Menschen hindert, sich weiterzuentwickeln. Wenn es in einer Familie bisher Tradition war, dass alle männlichen Nachfolger wieder Juristen werden, dann kann sich das für einen Sohn, der keinerlei Interesse oder Talent für diesen Beruf zeigt, als Strafe herausstellen. Es ist fraglich, ob er unter solchen Umständen glücklich wird. Johann Wolfgang Goethe wurde auf Weisung des Vaters nach Leipzig zum Jurastudium geschickt. Da er sich schon seit der Kindheit mehr für Literatur und Theater interessierte, vernachlässigte er bald seine Studien. Trotzdem schloss er in Straßburg als Jurist ab und eröffnete in seiner Geburtsstadt eine kleine Anwaltskanzlei, die er bald zu Gunsten der Dichtung aufgab. Was dann aus ihm geworden ist, ist allgemein bekannt.

Jedes Kind sollte mit **Märchen** aufwachsen als einem unerschöpflichen Fundus von Überlieferungen. Märchen regen die Fantasie an, fördern das Gerechtigkeitsempfinden und das Allgemeinwissen. Das Kind lernt beizeiten, Märchen nachzuerzählen oder selbst eigene zu erfinden. Befürchtungen, die des Öfteren geäußert werden, dass das kindliche Gemüt durch die zum Teil grausame Handlung leide, sind nicht gerechtfertigt, denn Kinder vermögen ganz genau zwischen Fiktion und Realität zu unterscheiden. Dies ist eine Fähigkeit, die ihnen hilft, sich in ihrer Wirklichkeit zurechtzufinden und ein kritisches Denken zu entwickeln.

Tradition wird dann problematisch, also „eine schwere Last", wenn Formen sich verselbstständigen, deren ursprünglicher Sinn verloren gegangen ist. Die Begründung „Das haben wir schon immer so gemacht" kann nicht überzeugen. In verschiedenen Gegenden Deutschlands, auch in Thüringen, gab und gibt es jedes Jahr Diskussionen um den bei Dorffesten praktizierten Brauch des **Hahnenschlagens**. Ein Hahn wird in eine Mulde gesetzt und mit einem Tontopf abgedeckt. Wer diesen mit verbundenen Augen findet und mit dem Dreschflegel zertrümmert, ist Sieger und für ein Jahr Hahnenkönig. Teilweise muss der Hahn anschließend gefangen und erschlagen werden. Dies rief Tierschützer auf den Plan, die erreichten, dass heute zumeist Attrappen verwendet werden. Der Brauch gehört in die Ernte- bzw. Kirmeszeit. Dem erfolgreichen Hahnenschläger brachte er neben der Anerkennung bei Mädchen einen ganzen Hahn als Preis. Wenn er heute immer noch ausgeführt wird, dann losgelöst von den ursprünglichen Beweggründen. Es ist eine lustige Veranstaltung, bei der obendrein viel Alkohol fließt. Dass dabei keine Hähne mehr auf qualvolle Art sterben müssen, ist nur wünschenswert.

Traditionen, die **sich überlebt** haben oder die einer Gruppe von Menschen zum Nachteil gereichen, sollten verschwinden. Ein Beispiel dafür ist die lange praktizierte **Trennung von Jungen und Mädchen** in Schulen, welche eng mit der traditionellen Rollenverteilung der Geschlechter zusammenhing. Mädchen sollten auf ihre späteren häuslichen Pflichten als Gattin und Mutter vorbereitet werden. Es fehlten die Oberstufe, die auf ein Studium vorbereitete, und der zu einem Hochschulstudium qualifizierende Abschluss des Abiturs, weil es bis ins 18. Jahrhundert für Frauen nicht möglich war zu studieren. Heute laufen Schulversuche, die die eigentlich überwundene Trennung der Geschlechter im Unterricht unter einem neuen Ansatz als Vorteil darstellen. Man wolle pädagogische Wege finden, um die Fähigkeit des Miteinanderumgehens am besten zu fördern, indem man an die unterschiedlichen Lernvoraussetzungen von Mädchen und Jungen anknüpfe. Die Praxis wird zeigen, ob getrennter Unterricht tatsächlich sowohl das jeweilige Sozialverhalten als auch die Kenntnisse und Fähigkeiten der beiden Geschlechter besser voranbringt.

Aus verschiedenen Gründen drängt es Menschen dazu, sich in die **Vergangenheit** zurückzuversetzen. Mittelalterfeste haben großen Zulauf, die Begeisterung für Ludwig II., den bayrischen „Märchenkönig“, kennt kaum Grenzen und manche suchen die Einsamkeit eines Klosters bzw. eines abgelegenen Bauernhofes, um zu sich selbst zu finden. Obwohl jeder weiß, dass diese Zeiten ganz gewiss nicht die „guten alten“ gewesen sein können, wird diese Illusion heraufbeschworen, weil auch Erwachsene manchmal wieder Märchen brauchen, um die konfliktreiche Gegenwart für ein paar Stunden oder Tage zu vergessen.

Der beste Umgang mit dem **kulturellen Erbe** ist die **lebendige Auseinandersetzung** mit dessen Erzeugnissen: das Erwerben, um das Erbe zu besitzen, wie Goethe sich ausdrückte. Nicht das bloße Vorhandensein der Schriften, Gemälde, Kompositionen ist bedeutsam, sondern dass sie gelesen, gesehen, gehört werden. Im Zuge der Globalisierung ist es wichtig, dass jedes europäische Land, auch Deutschland, seinen unverwechselbaren Beitrag in die Gemeinschaft einbringt, damit die verschiedenen Kulturen ihre jeweils eigene Stimme, ihr jeweils eigenes Profil nicht verlieren. Dazu ist es aber notwendig, dass wir unsere kulturellen Traditionen kennen und mit einer gewissen Selbstverständlichkeit mit ihnen umgehen. Sie sind keine Betätigungsfelder für Gebildete oder besonders Qualifizierte, sondern jeder braucht diese Möglichkeit zur Selbstverständigung. In der Literatur werden Probleme und Konflikte, wie z. B. in der Liebe oder mit den Eltern, gespiegelt. Ein Bild kann eine fantasievolle Fluchtmöglichkeit darstellen, die nützlich ist, wenn man mit einem Lösungsansatz in die Realität zurückkehrt. Musik kann unbändige Lebensfreude hervorrufen, die Kraft gibt für die nächsten Aufgaben. Die Gruppe **In Extremo** hat sich 1999 produktiv mit den ältesten Literaturdenkmälern, die wir kennen, den Merseburger Zaubersprüchen, auseinandergesetzt. Herausgekommen ist eine äußerst lebendige Vertonung des althochdeutschen Textes, dessen kraftvolle, volkstümliche Stimmung sich auf die Zuhörer überträgt. Literatur und Kunst sind Spiegel der Vergangenheit, der Schöpferkraft unserer Vorfahren, Ausdruck ihres Lebens, ihrer Freude und Ohnmacht. Wir lernen unsere Geschichte kennen, wenn wir Kulturgut rezipieren, und begreifen in der Auseinandersetzung damit unsere eigene historische Situation.

Kirchen spiegeln im besonderen Maße Traditionen, die einerseits mit dem christlichen Glauben zusammenhängen, aber sich andererseits auf Baukunst, Bildhauerei, Malerei, Schnitzerei und Glasmalerei stützen. Alte Handwerks- und Kunsttechniken können dort bewundert werden. Ein Erlebnis ist ein Besuch des Naumburger Doms. Er verdankt seine kunsthistorische Bedeutung den Steinmetzarbeiten eines unbekannten Meisters, dem „Naumburger Meister", der die zwölf Stifterfiguren, darunter Ekkehard und Uta, schuf. Kirchen sind einerseits Gotteshäuser zum Ausüben des Glaubens, andererseits sind sie lebendige Museen, in denen jeder Besucher viel über das Leben und Wirken unserer Vorfahren lernen kann.

In letzter Zeit kann nicht mehr jede Kirche als Gotteshaus erhalten werden, aus Finanzgründen oder weil die Gemeinden zu klein geworden sind. Da sie nicht einfach verfallen sollen, werden sie anderen Zwecken zugeführt, denn „Was man nicht nützt, ist eine schwere Last". Besonders findig in der **Kirchenumnutzung** sind die Maastrichter, die aus drei der Sakralbauten ein Hotel, einen Buchladen und ein Museum gemacht haben. In Neubrandenburg gibt es ein Konzerthaus in einer Kirche und in Mühlhausen eine Bibliothek.

Bibliotheken sind auch im digitalen Zeitalter eine Fundgrube und ein Wissensspeicher für alle, die sich mit dem von den Vätern Ererbten auseinandersetzen wollen. So warten in langen Regalreihen Buchdeckel an Buchdeckel die Schätze der Weltliteratur auf Neugierige. Der Leser kann mit Odysseus auf Seereise gehen, mit Don Quijote gegen Windmühlen ankämpfen oder mit Gulliver Liliput und Brobdingnag besuchen. Welche **literarischen Figuren** beeindrucken junge Leute von heute? Jede literarische Epoche hat Helden hervorgebracht. Ist es Lessings Jude Nathan, der, obgleich seine gesamte Familie ausgelöscht wurde, für Toleranz unter den Menschen eintritt? Oder ist es Goethes Faust, der am Lebensende als größenwahnsinniger Großgrundbesitzer nach der Weltherrschaft trachtet? Oder sind es Manns Buddenbrooks, die sich vergeblich ihrem Verfall entgegenstemmen? Ein Buch, aus dem man viel über den Wissensdrang der Menschen lernen kann, ist **Daniel Kehlmanns „Die Vermessung der Welt"**. Dieser Roman beschreibt auf heitere Art das Leben und Forschen zweier Genies: Der eine, Alexander von Humboldt, vermisst ausgerüstet mit Barometer, Sextant und diversen anderen Instrumenten Anfang des 19. Jahrhunderts Südamerika. Er besteigt Vulkane, kriecht in Erdlöcher, pflückt Blüten von Sträuchern und schickt sogar mumifizierte Ureinwohner nach Berlin. Der andere, der Astronom und Mathematiker Carl Friedrich Gauß, erobert in Göttingen die Welt der Zahlen. Er berechnet die Bahnen von Himmelskörpern, schreibt wegweisende Abhandlungen zur Physik und zum Erdmagnetismus. Kehlmann lässt die beiden Besessenen in Berlin zusammentreffen. Das Buch braucht einen aufgeweckten Leser, denn es ist nicht einfach, Wahrheit und Fiktion auseinanderzuhalten.

In die Welt des 19. Jahrhunderts gehören neben den erwähnten Goethe, Mahler, Humboldt und Gauß auch die Kunstwerke von **Carl Spitzweg**, die allerdings inhaltlich gar nichts von der Aufbruchstimmung haben, die in Kehlmanns Roman durch die beiden Wissenschaftler verbreitet wird. Spitzweg stellte Schwächen von Personen in karikierender Weise dar, wobei die Lebensweise der Menschen seiner Zeit gut zum Ausdruck kommt. Sein bekanntestes Gemälde ist *Der arme Poet*, der mit der Handgeste den Klang einer Formulierung, die er niederschreiben will, unterstreicht. Es könnte ebenso sein, dass er mit den Fingern einen Floh wegschnippt. Spitzwegs Bilder sind Ausdruck einer kleinbürgerlichen Lebensweise und biedermeierlichen Einstellung. Eher das Gegenteil davon machte **Adolph Menzel** als Hauptvertreter des deutschen bürgerlichen Realismus in seinen Gemälden sichtbar. Seine Darstellung des Industrieproletariats im Bild *Eisenwalzwerk* war wegweisend. Diese und viele andere bedeutende Gemälde kann man sich in Büchern oder im Internet anschauen. Aber viel beeindruckender ist es, wenn man tatsächlich einmal den Originalen gegenübersteht. Dabei wird man feststellen, dass manche Werke viel kleiner sind, als man dachte, z. B. *Der Bücherwurm* von Spitzweg, das 50 × 30 cm misst. Andere werden einen einmaligen Glanz oder eine besondere Stimmung ausstrahlen, die man nur aus erster Hand erfahren kann. **Gemäldegalerien** werden erst lebendig, wenn man, indem man durch sie hindurch schreitet, sich aneignet, was

Künstler vergangener Epochen der Nachwelt hinterlassen haben. Man muss nicht alle Werke schön oder wichtig finden, aber man sollte sich durchaus mit deren Motiven ernsthaft auseinandersetzen. Es lohnt sich, die eigene Lebenswelt mit der dargestellten zu vergleichen. Das ist auch eine Art des Erwerbens, um das Erbe zu besitzen.

Die **Schule** leistet viel in der „Weitergabe des Feuers". Am methodischen Geschick der Lehrkräfte liegt es, dass sich die Schüler die kulturellen und literarischen Schätze, die Klassiker, nicht nur rein wissensmäßig aneignen, sondern auf lebendige Art und Weise vergegenwärtigen. Sie achten auch darauf, dass die Rezeption nicht durch Verherrlichung der Vergangenheit erfolgt, sondern in einer stetigen kritischen Auseinandersetzung. Regelmäßig wird die verbindliche Einführung eines **literarischen Kanons** in Schulen gefordert. Aber das sollte man sich gründlich überlegen. Einiges spricht tatsächlich dafür. Er kann dafür sorgen, dass die Schüler zu einer gemeinsamen Sprache als Grundlage des Denkens gelangen, da die Klassiker Meister der Sprache waren. Wer mit anspruchsvoller Sprache Umgang hat, denkt kritischer und lässt sich in unserer heutigen Werbewelt und Bilderflut nicht so leicht manipulieren. Er entwickelt Sprachbewusstsein. Auf Basis der Literatur können sich die jungen Menschen mit Normen und Werten, mit Formen des Zusammenlebens beschäftigen. Das würde sich auf ihr eigenes Leben positiv auswirken. Sie würden wissen, welche Traditionen in das Zusammenspiel im europäischen Haus eingebracht werden sollten, um sich als gebildete Nation zu präsentieren. Einiges spricht jedoch gegen einen literarischen Kanon. Wer bestimmt die Auswahl der Werke für alle Schüler in Deutschland? Sollen die Thüringer mit ihren Klassikern Goethe und Schiller das Gleiche lesen wie die Schüler in der Lausitz mit ihrem Lessing oder die am Bodensee mit ihrer Annette von Droste-Hülshoff? Wünschenswert wäre, dass alle Schüler einen guten Querschnitt durch die Literaturgeschichte kennenlernen. Drüber hinaus sollten jedoch auch die eigenen literarischen Vorlieben der Schüler im Unterricht eine Rolle spielen, moderne Autoren, die in keinem Schulbuch verzeichnet sind, aber die Leselust der jungen Leute entzünden. Bücher oder Stücke, in denen sie sich wiederfinden mit ihren Problemen, Sorgen, Ängsten, aber auch Freuden und Sehnsüchten. Vielleicht beeindruckt neben Faust und Nathan auch eine moderne Figur, mit der man sich auseinandersetzt und dadurch zu Erkenntnissen gelangt, eine Figur wie Mia Holl aus **Juli Zehs Roman „Corpus Delicti**". Sie ist jung, attraktiv, begabt, unabhängig, aber sie muss sich vor einem Schwurgericht verantworten, weil sie beweisen will, dass ihr Bruder, dem eine Vergewaltigung zur Last gelegt wird, unschuldig ist. Die Handlung ist in der Zukunft angesiedelt, in einem System, dessen wichtigste Regel in der Vorsorge für die Gesundheit besteht. Selber schuld ist, wer sich dieser Prävention, die nur sein Bestes will, mutwillig entzieht. Mia beharrt darauf, Unvernünftiges tun zu dürfen, und gerät so in den Fokus der Vorsorger. Obwohl die Geschichte in einer fiktiven Zeit spielt, sind kritische Anklänge an die Gegenwart deutlich, denn ein Schlüsselthema unserer heutigen Zeit könnte die Frage sein, ob sich unsere Gesellschaft nicht zunehmend vom Vorsorge- zum Entmündigungsstaat entwickelt. Damit beweist die Autorin Mut zur Kulturkritik und rüttelt an den Grundfesten des Traditionellen.

Schluss

Ganz schön anstrengend, die Weisheit von Goethe in die Tat umzusetzen, die Asche zu vergessen und zum Feuerträger zu werden. Man soll Bücher lesen, nicht irgendwelche, sondern solche, aus denen man etwas lernt, Gemälde anschauen, möglichst im Original, Kirchen besichtigen, ins Theater und ins Konzert gehen. Und obendrein soll man sich mit den künstlerischen Erzeugnissen sowie den Einstellungen von deren Schöpfern kritisch auseinandersetzen. Da reicht kein Leben. Die Aufstellung ist keine Checkliste, sondern eine Anregung, das eigene Leben durch das eine oder andere Kunstwerk zu bereichern. Erst in der Auseinandersetzung damit kann es für den Rezipienten eine Bedeutung erhalten. Nicht Faust deklamiert mit erhobenem Zeigefinger, sondern der eigene Verstand empfiehlt: „Was du ererbt von deinen Vätern hast, / Erwirb es, um es zu besitzen. / Was man nicht nützt, ist eine schwere Last".

Deutsch (Thüringen): Abiturprüfung 2011
Aufgabe 2: Textgebundene Erörterung

Iris Radisch (geb. 1959)

Tiere sind auch nur Menschen

Wer darf wen töten und warum? Es gibt keine ethische Begründung für die Schlachthäuser. Ein Plädoyer für den Vegetarismus.

Die alles entscheidende Frage, dürfen wir Tiere töten, um ihre Leichen zu essen, haben wir seit Ewigkeiten beantwortet. Vielleicht nicht mit dem Kopf, aber doch mit den Zähnen. Der Tieresser steht auf der Siegerseite der Evolution. Er ist der König der Nahrungskette.

Ausgiebiger Fleischgenuss signalisierte lange Zeit Wohlstand, und Wohlstand signalisierte soziale Integration. Je bedeutender der Mensch, desto größer die Fleischportion auf seinem Teller. Vegetarismus hingegen war eine Lebensweise mit dem zweifelhaften Odium einer sektiererhaften Marotte. Sie berief sich zwar gelegentlich auf eine ferne antike Überlieferung (die Orphiker[1] und die Pythagoräer[2] waren Vegetarier), entstand aber im fleischessenden Abendland eigentlich erst in den unübersichtlichen Umtrieben der Lebensreformbewegung am Ende des 19. Jahrhunderts, die ihrerseits eine politisch unzuverlässige, teils radikaldemokratische, teils völkische, in jedem Fall widerspenstige und anarchische Reaktion auf die Zwänge der beginnenden Industrialisierung war.

Der Vegetarier war ein Sonderling, ein Außenseiter der Gesellschaft. An ihm haftete der Makel, sich einem zentralen Übereinkommen des vernünftigen Zusammenlebens zu widersetzen. Wer nicht wie alle anderen Fleisch aß, war womöglich auch sonst zu nichts Ordentlichem zu gebrauchen. Zahlreich waren die Anekdoten, die das berufliche Missgeschick dieses oder jenes Großonkels auf die in meiner Familie seit Generationen verbreitete Unfähigkeit, Tiere zu essen, zurückführten.

Das alles scheint lange her zu sein und ist doch erst seit Kurzem vorbei. Heute ist der Vegetarismus in jedem Sinn in der Mitte der Gesellschaft angekommen. Vegetarische Speisegaststätten gibt es überall in den Innenstadtvierteln, in Berlin hat soeben die erste vegetarische Mensa eröffnet. Es gibt viele Intellektuelle und Künstler, die sich für den Vegetarismus einsetzen. Und es gibt einen Vegetarismus-Chic in den besseren Kreisen. Der amerikanische Schriftsteller Jonathan Safran Foer hat gerade ein sehr erfolgreiches und viel diskutiertes Buch veröffentlicht, das uns in schönster Offenheit dazu auffordert, am besten keine und am zweitbesten weniger Tiere zu essen. Alles schön und gut. Bleibt nur noch die Frage, ob wir Tiere überhaupt töten dürfen.

Normalerweise werben die Vegetarier für ihre Lebensart, indem sie den Fleischessern die gesundheitlichen Nachteile ihrer Ernährungsweise mahnend vor Augen halten. Dazu zählen die vielen Herz- und Krebsleiden, die Übertragung von Viren und Giftstoffen, die Gefahr, an Osteoporose, Gicht, Rheuma, Bluthochdruck, Adipositas und so weiter zu erkranken. Das alles ist bedenkenswert. Für die Frage nach unserem Recht, Tiere zu töten, um sie zu essen, sind diese luxuriösen Diskussionen um die möglichen Zuwachsraten unseres ohnehin bereits beträchtlichen leiblichen Wohlergehens aber unerheblich.

Das gilt auch für den noch viel gewichtigeren Trumpf in der Hand der Vegetarier: die ungeheuere Belastung der Erde durch die Treibhausgasemissionen, die durch die Massentierhaltung entstehen. Gerade veröffentlichte das unabhängige Washingtoner Worldwatch Institute seine jüngsten Messungen, nach denen die Massentierhaltung nicht nur wie bisher angenommen für 18 Prozent, sondern sogar für über 50 Prozent der globalen Treibhausgasemissionen verantwortlich ist. Fleisch essen ist schlimmer als Auto fahren.

Von dem unverantwortlichen Wasserverbrauch, der unwirtschaftlichen Vernichtung von Anbaufläche, der Rodung der Wälder zur Vermehrung von Weideflächen noch gar nicht zu reden. Niemand bezweifelt diese für unsere Überlebensaussichten äußerst betrübliche Diagnose. Sie ist ein starkes Argument für eine drastische Senkung des Fleischkonsums. Doch erspart auch sie uns nicht die alles entscheidende Frage, die man auch unseren ökologisch korrekten Urahnen hätte stellen müssen: Wer darf wen töten und warum?

Die Entscheidung ist bereits gefallen. Der Mensch genießt das Recht auf leibliche Unversehrtheit. Das Recht des Tieres, das wir ihm einräumen, besteht demgegenüber darin, vor dem Zerstückelt- und Ausgenommenwerden durch einen Metallbolzen, der ihnen den Schädel spaltet, betäubt oder an einem Haken kopfüber aufgehängt durch ein elektrisches Wasserbad gezogen zu werden.

Das Ungleichgewicht der Rechte springt ins Auge, wird aber außer von einigen Tierethikern wie Peter Singer, Tom Regans, Helmut F. Kaplan, Ursula Wolf und den unermüdlich, teils auch radikal kämpfenden Tierrechtsorganisationen wie Peta kaum infrage gestellt. Es ist die Grundlage dessen, was wir als Normalität bezeichnen. Aber was, wenn wir uns einfach geirrt haben? Ist es möglich, dass, was seit Jahrtausenden als normal gilt, dennoch ein ungeheueres Unrecht ist?

Ja, es ist möglich. Die Gründe, die wir für das eklatante Ungleichgewicht der Rechte zwischen Mensch und Tier geltend machen, sind allesamt windig.

Überdies sind sie widersprüchlicher Natur. Sie stehen sich gegenseitig im Weg, weil sie sich wahlweise auf den tierischen oder auf den göttlichen Ursprung des Menschen berufen. Einerseits, heißt es, tötet der Mensch Tiere, weil er – selbst ein Tier – nicht anders kann. Das ist die sogenannte Naturthese: Tiere fressen eben Tiere. Andererseits behauptet man, gerade die evolutionäre Überlegenheit des Menschen erlaube ihm, das Tier zu töten und mit seinen Leichenteilen Handel zu treiben. Das wäre die Kulturthese: Der Mensch isst Tiere, weil er besser ist als sie. Beide Begründungen hinken und sollten uns nicht ruhig schlafen beziehungsweise essen lassen. Einzig wer meint, dass man Tiere schon allein deswegen töten darf, weil ihre sterblichen Überreste, gut gebraten und gewürzt, gut schmecken, kann sich unbesorgt zu Tisch setzen (und wird betrüblicherweise spätestens an dieser Stelle die Lektüre des Artikels abbrechen). […]

Fleisch essen gehöre angeblich zur menschlichen Natur. Doch was ist die Natur des Menschen? Vor allem ist sie ein Wort, das, wenn es im Sinn von Ursprünglichkeit oder Gottgegebenheit verwendet wird, jede Diskussion beendet (siehe Natur der Frau, Natur der Schwarzen und so weiter). Die akademische Debatte darüber, ob der Steinzeitmensch eher ein Pflanzen- oder ein Fleischfresser war, verliert sich schnell im Nachmessen der Darmzotten und des Zungendurchmessers. Die eine Fraktion beruft sich auf die Reißzähne und die Magensäure des Menschen, um ihn den Karnivoren[3] zuzuschlagen. Der anderen gilt als Beweis für sein natürliches Pflanzenfressertum, dass er anders als jedes karnivore Tier Fleisch im rohen Zustand nicht herunterbekommt.

Für die Frage, ob wir dürfen, was wir tun, nämlich morden, um zu essen, spielt dieser Streit um die Ernährungsgewohnheiten des Menschen in der Frühzeit keine Rolle. Denn selbst wenn der Urmensch die Tiere den Blättern vorgezogen hat oder vorziehen musste, ist dies kein Grund, ihm nachzueifern. Seit Jahrtausenden ist der Mensch damit beschäftigt, die rohen Sitten seiner Urahnen zu zähmen und zu kultivieren. Ein Vorgang, den man Zivilisation nennt und der uns immerhin schon so weit gebracht hat, Zeitung zu lesen, zum Mond zu fliegen und von der Unsitte des angeblich besonders schmackhaften Menschenfleischverzehrs abzulassen (es gibt Berichte von bekehrten Wilden, die auf dem Totenbett in Erinnerung an die Menschenfleischgenüsse ihrer Kindheit vor Sehnsucht geweint haben sollen). Warum sollten wir ausgerechnet an der Fleischtheke in der Steinzeit stehen bleiben? […]

Wir haben das Tier in uns vergessen und vergessen das Tier, sobald es auf unserem Teller liegt. Das gehört zur Verhaltensweise der Kälte, der vielleicht zentralsten psychosozialen Technik fortgeschrittener Kulturen. Dennoch dürfte es weniger Fleischesser geben, die unbeeindruckt blieben, wenn sie sich der Unbequemlichkeit aussetzten, beispielsweise einen Film anzusehen, der ihnen zeigt, wie das Fleisch auf ihre Teller kommt (sehr häufig werden Tiere in der industriellen Schlachthausroutine nicht gründlich genug betäubt und schreiend bei lebendigem Leib gehäutet und zerstückelt). Der südafrikanische Literaturnobelpreisträger J. M. Coetzee erinnert in seiner bewegenden Erzählung *Das Leben der Tiere* an die „gewaltige gemeinschaftliche Anstrengung", derer es bedarf, um „unsere Herzen vor den Schlachtstätten zu verschließen".

Gleichwohl kultivieren wir inmitten dieser offensichtlichen Mitleidslosigkeit sonderbare Mitleidsnischen. Niemand möchte seinen eigenen Hund oder sein eigenes Pferd essen, obgleich Hunde und Pferde durchaus gegessen werden. Für unsere Katzen kaufen wir altersgerechtes Katzenfutter und lassen sie beim Tierarzt gegen Diabetes behandeln, während wir Kühe und Hühner, sauber in Cellophan verpackt, in der Tiefkühltruhe aufbewahren. Dabei ist die Artengrenze, die festlegt, welches Tier geliebt und welches gemordet wird, völlig willkürlich und abhängig von den Sitten und Moden. [...]

Aus: Die Zeit, Nr. 33, 12. August 2010, S. 41–42

1 Orphiker: Anhänger eines antiken Mysterienkults, der auf den Schriften des Sängers Orpheus basiert.
2 Pythagoräer: Angehöriger einer religiös-philosophischen Schule, die sich auf Pythagoras von Samos beruft.
3 Karnivoren: Fleischfresser oder fleischfressende Tiere

Arbeitsanweisung

Erörtern Sie mit Bezug auf die Argumentation im Text die Frage „Wer darf wen töten und warum?"

Hinweise und Tipps

Voraussetzungen
Die textgebundene Erörterung des ersten Abiturjahrgangs nach der neuen Oberstufenordnung schließt sich in Aufbau, Niveau und Umfang nahtlos an die Aufgaben des früheren Leistungs- und Grundfaches an. Dabei zeigt vor allem die **Länge** und **Komplexität** des Textauszuges, dass durchaus mehr verlangt wird als im ehemaligen Grundfach.
Thematisch scheint der vorliegende Text zunächst ein sehr eindeutiges Problem aufzugreifen: Ja oder Nein zum **Vegetarismus**? Hier besteht allerdings die Gefahr, dass man sich schnell in einer freien Erörterung verliert. Dabei würden aber der Text sowie die Aufgabenstellung aus dem Blick geraten. Beide sollten bei der Entscheidung für diese Aufgabe deshalb die wesentliche Rolle spielen. Nach dem Thüringer Lehrplan für das Fach Deutsch trägt das Beschreiben und Erklären der Sprachform zum Verstehen von Sachtexten wie dem vorliegenden Plädoyer bei. Vor allem bei der Beschreibung der beabsichtigten Wirkung auf den Leser bietet sich die Möglichkeit, den Auszug aus der Wochenzeitung DIE ZEIT zu analysieren. Die ausführliche Auseinandersetzung mit der **Problemfrage**, wie sie die Einheitlichen Prüfungsanforderungen in der Abiturprüfung Deutsch (EPA) einfordern, wird sich immer auch in einem gewissen Maß an der Textvorlage messen. Deswegen ist es wichtig zu erkennen, dass es nicht um ein allgemeines Alltagsgespräch über Fleisch als Nahrungsmittel geht, sondern dass ein ethisches Problem angesprochen wird. Hier können zusätzliche Kenntnisse aus dem Unterricht in den Fächern Ethik, Religion oder den anderen Gesellschaftswissenschaften durchaus von Vorteil sein. Wer sich dem Thema aus einer **persönlichen Perspektive** nähern möchte, z. B. weil man selbst vegetarisch lebt oder mit einem Vegetarier im Freundeskreis schon viel darüber diskutiert hat, kann diese Bezüge zur Problematik nutzen. Achten Sie dabei im Interesse der Sachlichkeit aber auf ein gesundes Maß.

Die Aufgabe verlangt Leistungen in allen drei Anforderungsbereichen, die laut EPA vorausgesetzt werden:
Anforderungsbereich I (Grundlagen an Wissen/Kennen konkreter Einzelheiten): Kenntnisse über die deutsche Presselandschaft und die Einordnung des Aufsatzes – hier aus DIE ZEIT – sind für die Bestimmung der kommunikativen Situation nötig. Das gilt ebenso für die Bezeichnung des Textauszugs als Plädoyer. Daneben wird ein hohes Maß an Alltagswissen verlangt.
Anforderungsbereich II (Organisation des Arbeitsprozesses): Die Erfassung von Inhalt und Argumentation des Artikels ist für die Erfüllung der Aufgabe zentral. Die Gewichtung der Sachverhalte muss daraus in eigenen Worten deutlich werden. Eigene Argumente, Belege und Beispiele sind auf ihre Eignung zu prüfen. Zur Darstellung der Wirkung im analytischen Teil sowie zum Hervorheben von Kernaussagen der Autorin sollte auch auf Techniken des Zitierens zurückgegriffen werden.
Anforderungsbereich III (Fähigkeit zur eigenen Urteilsbildung): Das Ergebnis der Texterschließung sollte die begründete Stellungnahme sein. Auch hier ist unbedingt die Schwerpunktsetzung auf die ethische Fragestellung zu beachten. Das erkennbare Anwenden von Argumentationsstrategien wird verlangt.

Erläuterung der Aufgabenstellung
Die Aufgabenstellung fordert dazu auf, die Frage „Wer darf wen töten und warum?“ zu erörtern. Durch den Zusatz „mit Bezug auf die Argumentation im Text“ wird aus dem Aufsatz eine textgebundene Erörterung, wie sie in den EPA vorgesehen ist. Dies ist wichtig zu beachten, weil die **ethische Frage** allein einen viel größeren **Rahmen** vorgeben würde, in dem Vegetarismus gar nicht das allein naheliegende Thema wäre. Über die Argumentation des Textes wird das Thema also erst konkretisiert. Deswegen ist es zunächst nötig, diese **Argumentation** genau **darzustellen** und zu **analysieren**. Dazu gehört die Betrachtung der Textart. Sie gibt in diesem Fall entscheidende Hinweise auf die Absicht und Position der Autorin. Überdies kön-

nen Informationen zum Veröffentlichungsort (Wochenzeitung DIE ZEIT) hier sinnvoll mit einbezogen werden. Aufgrund des Umfangs und sprachlichen Anspruchs des Textes – die Autorin ist immerhin Chefredakteurin des Feuilletons – ist eine Analyse der Sprache, die alle stilistischen Mittel und Details bis ins Kleinste darstellt, kaum möglich. Hier sind Schwerpunkte zu setzen. Der Lösungsvorschlag geht in diesem Sinne auf die **provozierende Wirkung** einiger Passagen ein und stellt dann dar, wie die Autorin sich auf wissenschaftliche Diskurse bezieht. Obwohl Letztere nicht primär ethischer Natur sind, spielen sie in der Argumentationskette von Iris Radisch eine bedeutende Rolle. Deswegen können sie auch in der Darstellung im Aufsatz nicht wirklich fehlen. Wichtig ist, dass Sie ganz deutlich die Fokussierung auf das ethische Problem aus dem Plädoyer übernehmen. Dies muss dann besonders bei der Entwicklung einer eigenen Position deutlich werden.
Muss man sich am Ende des Aufsatzes eindeutig für oder gegen Vegetarismus entscheiden? Diese Funktion kann von einer Prüfungsarbeit sicherlich nicht erwartet werden. Wenn Sie sich privat schon mit der **Entscheidung zum Verzicht auf Fleisch** auseinandergesetzt haben, fällt es Ihnen sicher nicht schwer, ein persönliches Fazit zu ziehen. Wenn Sie sich aber zum ersten Mal mit dem Thema argumentativ beschäftigen, sollte Ihnen am Ende die Möglichkeit gegeben werden, sich nicht festzulegen. Bei solchen polarisierenden Themen kann eine textgebundene Erörterung gut mit dem Hinweis enden, dass die Lektüre des Textes ein weiteres Nachdenken angestoßen hat.

Lösungsvorschlag

Der Begriff „**Mord**" unterliegt einer ganz klaren **juristischen Definition**. Ein zentrales Merkmal sind die von den Juristen sogenannten niederen Beweggründe. Ein beliebter Slogan der Tierrechtsbewegung – als Aufkleber der Organisation PETA oder als Graffiti in der Öffentlichkeit präsent – lautet „Fleisch ist Mord". Juristisch gesehen wären es demnach also niedere Beweggründe, die unsere Entscheidung für ein Nahrungsmittel – von der Wurst zum Frühstück bis zum Steak auf dem Grill am Abend – durch den ganzen Tag bedingen.

Iris Radisch verwendet in ihrem **Plädoyer für den Vegetarismus**, also für den Verzicht auf Fleisch, ebenfalls das Verb „morden" im Zusammenhang mit der Tötung von Tieren zu Nahrungszwecken. Allerdings gibt sie den Lesern der ZEIT, in der ihr Text am 12. August 2010 erschienen ist, eine ausführlichere Stellungnahme als der Aufkleber mit seinen drei verkürzenden Worten. Sie geht sehr genau auf die **ethische Problematik** ein: „Wer darf wen töten und warum?" Diese rhetorische Frage und die Verwendung des Begriffes „Plädoyer" zeigen die persönliche Haltung der Journalistin Iris Radisch. Die gewählte **Textart** setzt eine Argumentation voraus, die sich klar für eine Position entscheidet. Der Begriff ist dem juristischen Sprachgebrauch entlehnt, da es sich beim Plädoyer um die Rede des Strafverteidigers bzw. des Staatsanwalts vor Gericht handelt. Gerade in diesem Zusammenhang müssen Argumente der Gegenseite beachtet werden, um das Gericht (hier den Leser) von der eigenen Position zu überzeugen. Der vorliegende Text spricht sich also eindeutig für den Vegetarismus aus.

Nachdem die Autorin das Problem kurz einleitend formuliert hat, geht sie zunächst auf die **historische Entwicklung** des Vegetarismus seit den antiken Philosophen ein. Sie zeigt, dass die eigentliche Herausbildung dieser Ernährungsform erst in der Moderne stattfand. Hier aber galt der Vegetarier zunächst als Sonderling. Die Feststellung, dass dies heute nicht mehr so ist, schließt die historische Darstellung des Vegetarismus ab. Dennoch wird an dieser Stelle die eigentliche ethische Frage noch weiter **verschoben**. Vielmehr erläutert Radisch **gesundheitliche** und **ökologische Argumente**. Erst danach wird die Frage, wer wen töten darf, aufgenommen. Iris Radisch kritisiert das **Ungleichgewicht der Rechte** von Mensch und Tier. Sie sieht weder in der **Naturthese** (Dass Menschen Fleisch essen, ist natürlich, weil auch andere

Tiere Tiere fressen.) noch in der **Kulturthese** (Dass Menschen Fleisch essen, entspricht ihrer kulturellen Überlegenheit.) eine stichhaltige Begründung für den Verzehr von Fleisch, zumal sich beide Ansätze widersprächen (vgl. Z. 61–67). Nicht eindeutig geklärt sei weiterhin der Streit um die Ursprünglichkeit menschlicher Essgewohnheiten. Es gebe sowohl naturwissenschaftliche Beweise für als auch gegen die Einordnung des Menschen als Fleischfresser. Auch hier führt Iris Radisch ihre Argumentation zurück auf eine ethische Ebene, indem sie der Ursprünglichkeit den **zivilisatorischen Fortschritt** entgegenhält. Diesen Gedanken emotionalisiert sie im letzten Teil des Ausschnitts stärker, indem sie erstens auf die Bedingungen der Schlachtbetriebe sowie die Behandlung der Tiere dort eingeht und zweitens die extrem unterschiedliche Sicht auf **Tiere als Weggefährten des Menschen** (Hunde, Katzen etc.) und Nahrungslieferanten anspricht. Dieses Phänomen stelle eine große **Verdrängungsleistung** innerhalb unserer Gesellschaft dar.

Der Anspruch der Wochenzeitung „Die ZEIT“, bei der die Autorin als Redakteurin arbeitet, ist, dass ihre Autoren sich ausführlich und aus mehreren Perspektiven der Probleme der Gegenwart annehmen. Bei aller Genauigkeit muss es dabei gleichzeitig gelingen, Leser an den Text, der hier in Auszügen wiedergegeben ist, zu binden, die sich selbst bereits eine feste Meinung gebildet haben. Dies gelingt hier durch eine Mischung aus **Provokation** auf der einen und aus der **Berufung auf Fakten und Autoritäten** auf der anderen Seite.

Der Effekt der Provokation wird bei einem so polarisierenden Thema wie Vegetarismus vor allem durch **drastische Darstellungen** sowie die konsequente Vermenschlichung der Tiere erreicht. Eine sehr deutliche Beschreibung findet man zum Beispiel in der ironisch eingeleiteten Passage Z. 49–52: „Das Recht des Tieres […] besteht demgegenüber darin, vor dem Zerstückelt- und Ausgenommenwerden durch einen Metallbolzen“ betäubt zu werden. Iris Radisch schildert die weiteren Einzelheiten des Tötungsprozesses, macht durch die detaillierten Angaben auf den industriellen Charakter dieses Vorgangs aufmerksam und wehrt gleichzeitig das Gegenargument einer humanen Tötung von Schlachtvieh ab. Sie kommt in einer Ergänzung am Ende des Auszugs darauf zurück. In Klammern heißt es dort: „sehr häufig werden Tiere in der industriellen Schlachthausroutine nicht gründlich genug betäubt und schreiend bei lebendigem Leib gehäutet und zerstückelt.“ (Z. 96–98) Durch die Klammern entsteht der Eindruck von Beiläufigkeit, was aber im **ironischen** Gegensatz zur enthaltenen Information steht. Ein ähnlicher Effekt wird erreicht und noch ins Sarkastische gesteigert, wenn Iris Radisch die „Unsitte des angeblich besonders schmackhaften Menschenfleischverzehrs“ (Z. 87 f.) erwähnt und wieder in Klammern die Anekdote ergänzt, dass es „Wilde“ gegeben habe, die sich „auf dem Totenbett“ gerührt an den Genuss von Menschenfleisch erinnerten (vgl. Z. 88–90). Die Autorin will damit ihre Aussage belegen, dass sich Gegner des Vegetarismus nicht auf die Essgewohnheiten vorzivilisatorischer Gesellschaften als besonders natürliche Form berufen dürften.

Am letzten Beispiel zeigt sich Radischs Kunstgriff, durch die Gleichsetzung oder den Austausch von tierischen und menschlichen Eigenschaften **Denktabus** zu **brechen**. Dazu verwendet sie immer eine bestimmte **Wortwahl**. Gleich im ersten Satz schreibt sie von den „Leichen“ (Z. 1) der Tiere, die gegessen werden. Bei Tieren spricht man üblicherweise von Kadavern. Auch die anfangs bereits thematisierte Verwendung des Verbs „morden“ ist ein Beispiel für dieses Verfahren der **Vermenschlichung**, das auch in umgekehrter Richtung angewandt wird. So unterscheidet Iris Radisch wie in der Fauna auch beim Menschen zwischen Pflanzen- und Fleischfressern. An einer Stelle nutzt sie dazu auch den biologischen Fachausdruck „Karnivoren“ (vgl. Z. 78). Als Metonymie formuliert sie, dass es mit den Zähnen entschieden sei, ob man Tiere töten dürfe (vgl. Z. 2 f.). Damit erfüllt sich in der Wortwahl und der Wahl sprachlicher Mittel das in der **Überschrift** paradox formulierte Motto des Textes „Tiere sind auch nur Menschen“.

Diese deutliche Sprache könnte denjenigen Leser, der sich bisher ohnehin den Forderungen der Vegetarier verschlossen hat, gleich vom Weiterlesen abhalten. In Z. 70 f. wird eine solche Gefahr sogar von der Autorin selbst offen angesprochen. Iris Radisch arbeitet dem aber entgegen, indem sie sich auf Autoritäten aus ganz unterschiedlichen wissenschaftlichen Bereichen beruft. Sie geht auf **ökologische** (vgl. Z. 38 f.), **anthropologische** (vgl. Z. 75–80) aber auch **ethische Expertenmeinungen** ein und zitiert sie teilweise mit konkreten Zahlen oder zeigt durch den Gebrauch der Fachbegriffe, dass sie sich gründlich mit dem Thema beschäftigt hat. Diese Bezüge sorgen im Zusammenspiel mit der für das Plädoyer gebotenen Deutlichkeit für die Versachlichung der Darstellung. Im letzten Teil, der dann wesentlich stärker **emotionalisiert**, setzt sie mehr auf die Wirkungen des Mediums Film (vgl. Z. 96) und der Literatur (Verweis auf den Literaturnobelpreisträger J. M. Coetzee, Z. 99). Ganz verzichtet sie aber trotz provozierender Denkanstöße auf eine verletzende oder beleidigende Diffamierung derjenigen Leser, die Fleisch essen und sich vermutlich in der Mehrheit befinden. Das erreicht Iris Radisch vor allem dadurch, dass sie oft in der 1. Person Plural schreibt, z. B.: „Bleibt nur noch die Frage, ob wir Tiere überhaupt töten dürfen." (Z. 27 f.) oder: „Warum sollten wir ausgerechnet an der Fleischtheke in der Steinzeit stehen bleiben?" (Z. 90 f.) Nur an einer Stelle spricht sie von sich selbst, wenn sie ebenfalls im Plural „die in meiner Familie seit Generationen verbreitete Unfähigkeit, Tiere zu essen," (Z. 18 f.) erwähnt. Sie macht durch den Plural deutlich, dass sie nicht nur die Antwort auf eine private Frage sucht, sondern ein ethisches Problem diskutieren möchte, das alle angeht.

Die Beantwortung der ethischen Frage: „Darf der Mensch Tiere töten, um sie zu essen?" müsste sich eigentlich der rein naturwissenschaftlichen Argumente enthalten. Aber sie spielen nun mal in der Auseinandersetzung eine zentrale Rolle und berühren andere grundlegende Probleme unserer Zeit.

Dabei sieht Iris Radisch ohnehin einen größeren Teil der Gesellschaft bereits auf ihrer Seite: „Vegetarismus [ist] in jedem Sinn in der Mitte der Gesellschaft angekommen." (Z. 21) Ihre Belege (erste vegetarische Mensa, vegetarische Restaurants in allen größeren Städten) lassen sich durchaus noch erweitern. Die steigende Produktvielfalt in den Supermärkten umfasst eine immer reichhaltigere Palette von bewusst als vegetarisch deklarierten Produkten. Selbst große Fast-Food-Ketten haben den Bedarf erkannt und Gemüse-Burger mit der Kennzeichnung „vegetarisch" in ihr Angebot aufgenommen. Hier geht es aber wesentlich um marktwirtschaftliche Entscheidungen, die nur auf einen **Trend** antworten. Kann aber ein solcher entscheidend für die Beantwortung der Frage sein, wer wen töten darf? Eine Mode kann man an- und ablegen wie den Nerzpelz, der – trotz aller Kampagnen in den letzten Jahren – immer wieder in Modeläden auftaucht. Eine ethische Entscheidung erforderte mehr Konsequenz.

Um die Essgewohnheiten dauerhaft zu ändern, spielen eher schon die negativen Folgen des Fleischkonsums eine Rolle. Iris Radisch bezieht sich zunächst auf die Gesundheit: Viele der verbreiteten Krankheiten unserer Zeit werden durch das übermäßige Essen von Fleisch begünstigt. Viele **Lebensmittelskandale** der jüngeren Vergangenheit zeigen, dass gerade die Produktion tierischer Nahrungsmittel sehr anfällig ist: BSE, Gammelfleisch oder Dioxin-Eier sind Schlagworte, die die Essgewohnheiten vieler Menschen zumindest für eine kurze Zeit infrage stellen. Hier geht es aber weniger um die grundsätzliche Entscheidung für oder gegen tierische Produkte. Vielmehr sollte die Menge sowie die Art und Weise der Produktion überdacht werden. Das gilt ebenso für die Bedenken bezüglich der durch die **Massentierhaltung** bedingten ökologischen Schäden, die das Klima (vgl. Z. 36–41), das Wasser und die Wälder (vgl. Z. 42–44.) erheblich gefährden. Iris Radisch sieht darin eher den Ausdruck „von luxuriösen Diskussionen" (Z. 34). Diese Wertung trifft auf unsere Gesellschaft sicherlich zu, denn wieder sind es marktwirtschaftliche Entscheidungen, die mit dem Ziel eines niedrigen Preises zu einer immer stärker industrialisierten Produktion geführt haben. Doch dies gilt zum Teil auch für die Produktion pflanzlicher Nahrungsmittel, denn hier greift der Mensch ebenfalls durch die Rodung der Wälder, Einsatz von Pflanzenschutzmitteln oder mit den Mitteln der

Gentechnik in die Ökosysteme ein. Während solche industriellen Methoden den Überfluss in den reichen Regionen der Erde gewährleisten, stellt sich mit dem Blick auf die Bevölkerung ärmerer Gebiete die Frage nach der Notwendigkeit von Massenproduktion und die Frage nach der Rechtfertigung des Fleischverzehrs ganz anders. Kann ein Vegetarier in einer deutschen Großstadt mit dem vegetarischen Restaurant vor der Haustür und der Vielfalt unterschiedlicher Produkte im Supermarkt um die Ecke von den **hungernden Menschen** auf der Welt wirklich verlangen, dass sie sich zunächst über die ethische Frage, ob man Tiere töten darf, Gedanken machen, bevor sie ein Stück Fleisch essen, um ihren Hunger zu stillen?

Der in der Welt so unterschiedliche Umgang mit Nahrungsmitteln hat seine Wurzeln in einem besonderen, meist **traditionellen Verhältnis zur Natur** und insbesondere zu den Tieren. Iris Radisch stellt für unsere Gesellschaft fest: „Wir haben das Tier in uns vergessen und vergessen das Tier, sobald es auf unserem Teller liegt." (Z 92 f.) Dieses Vergessen hat mit der Entfremdung vom Herstellungsprozess des Fleischs zu tun. Die Tötung und Verarbeitung der Tiere findet hinter den Mauern von Fleischfabriken statt, in die nur wenige Menschen Einblick haben. Auch wenn man in einigen ländlichen Gegenden noch die Tradition der Hausschlachtung kennt und ein Angler oftmals seinen Fang noch selbst ausnehmen kann, ist kaum noch jemand gegen seinen Willen mit dem Sterben des Schweins oder des Fischs konfrontiert. Zu den Tieren, die wir essen, haben wir durch Industrialisierung und Urbanisierung die Beziehung verloren. Andererseits ist die Bindung zu manchen Haustieren, die in den Genuss „sonderbare[r] Mitleidsnischen" (Z. 102 f.) geraten, umso größer geworden. So erhält der eigene Hund oder die eigene Katze das beste Fleisch vom Rind, das einem in der Werbung angepriesen wird. Eine **Widersprüchlichkeit**, die fragen lässt, woraus man diese Ungleichbehandlung von Tieren überhaupt ableiten kann. Man kann es sich sicherlich einfach machen und auf die kulturellen Traditionen einer Gesellschaft hinweisen, in denen sich diese Unterschiede zwischen schmackhafter Hauptmahlzeit und niedlichem Spiel- und Lebensgefährten entwickelt haben. Als Beleg werden da immer Kulturen auf der Welt genannt, in denen Hunde und Katzen auf der Speisekarte stehen. Die Diskussion, welches Tier – mitunter wie – zum Verzehr getötet werden darf, berührt ja bei einem Großteil der Menschheit auch tief **religiöse Fragen**, wenn man an das Verbot des Schweinefleischs im Islam und Judentum oder an die Verehrung der Rinder im Hinduismus denkt. Durch die Globalisierung treffen solche Vorstellungen und Traditionen immer öfter aufeinander. Angesichts dieser Tatsache fällt es schwer, von *einer* Natur des Menschen zu sprechen, um die eigenen Nahrungsgewohnheiten zu rechtfertigen. Somit hält Iris Radisch diesen Begriff zu Recht für einen Ausdruck von Intoleranz, wie er auch in anderen chauvinistischen Denkmustern („Natur der Frau, Natur der Schwarzen und so weiter", Z. 74 f.) vorkommt. Deshalb können auch akademische Debatten (vgl. Z. 75–80) nicht von dem ethischen Kernthema ablenken.

Noch größer und grundlegender für die Problematik ist nämlich die Frage nach dem **ungleichen Recht auf Leben** beim Menschen und beim Tier. Sie hat eine ethische Dimension, die in vielen Debatten unserer Welt des technischen Fortschritts eine Rolle spielt: Darf man, was man kann? Dem Menschen ist es durch die Entwicklung der Technik von der ersten Pfeilspitze an bis hin zur fabrikartigen Massentierhaltung gelungen, die Möglichkeiten der Erfindungsgabe seines Gehirns gegenüber den Tieren einzusetzen. Iris Radisch fragt aber, ob es möglich sei, „dass, was seit Jahrtausenden als normal gilt, dennoch ein ungeheueres Unrecht ist?" (Z. 57 f.) Mit den genannten Argumenten gelingt es ihr, diesem Zweifel durchaus Nahrung zu geben. Dazu gehört auch die Frage, ob es überhaupt einen Qualitätsunterschied zwischen einer humanen und einer qualvollen Tötung gibt.

Der Fortschritt der menschlichen Zivilisation beruht nicht nur auf einer Aneinanderreihung von Erfindungen. Wer die Geschichte kennt, weiß, dass der Mensch sich nur fortentwickelt hat, wenn er althergebrachte **Denkmuster** infrage gestellt hat. Vor nicht allzu langer Zeit war es nicht selbstverständlich, dass alle Individuen von Geburt die gleichen Rechte haben. Traditionen der unterschiedlichen Behandlung von Ständen, Rassen oder Geschlechtern waren und sind sogar teilweise noch tief im Denken und Handeln der Menschen verankert. Dennoch hat der Zweifel an deren Rechtmäßigkeit die Gesellschaft dauerhaft verändern können. Sollte demnach auch die Ungleichbehandlung unter den Lebewesen, seien sie nun Mensch oder Tier, nicht für alle Ewigkeit gelten? Iris Radisch kann zwar einige sogenannte **Tierethiker** nennen, die diesen Gedanken mit sämtlichen Konsequenzen zu Ende denken (vgl. Z. 54: Peter Singer, Tom Regans, Helmut F. Kaplan, Ursula Wolf). Ihre Namen spielen aber außerhalb eines Fachpublikums, wie z. B. dessen der Anhänger der Tierrechtsorganisation PETA, keine große Rolle. Die Mehrheit der Vegetarier wird sich kaum auf sie berufen.

Letztendlich wird die **Entscheidung**, ob man Fleisch isst oder nicht, für viele Menschen eine **persönliche** sein. Iris Radisch zeigt in ihrem Plädoyer viele Argumente auf, die für die vegetarische Lebensweise sprechen. So vielfältig sind dementsprechend wohl auch die Wege zum Vegetarismus. Doch die Frage „Wer darf wen töten?" geht weit über ökologische oder gesundheitliche Gründe hinaus. Sie ist aber, gerade weil sie unser alltägliches Leben so betrifft, ebenfalls keine reine Frage der Philosophen mit dem Fachgebiet Tierethik. Juristisch ist sie in unserer Gesellschaft eindeutig gelöst. Das Grundgesetz regelt in den Grundrechten die Menschenrechte und nicht die Rechte der Lebewesen, es klammert mit dem Schutz der Menschenwürde die Würde der Tiere klar aus. Nur in wenigen Fällen der Gesetzbücher genießen alle Lebewesen eine von der Sache unterschiedene Behandlung. Doch diese rechtlichen Bedingungen trennen nicht die persönliche von der ethischen Fragestellung, selbst wenn man juristisch korrekter fragen würde: „Wer darf was töten?" In unserem persönlichen Empfinden sind Tiere nämlich eigentlich nicht sächlich. Der Mensch hat die Eigenschaft, **Empfindungen gegenüber Tieren aufzubauen**. Er identifiziert sich mit ihnen und in der Literatur nutzt er sie zum Beispiel in der Fabel, um menschliche Eigenschaften allegorisch zu reflektieren. In Zoos werden süße Eisbärbabys und schielende Opossums zu Medienstars. Dies unterscheidet die Menschen von den karnivoren Tieren, deren Beziehung zu ihrer Beute allein auf Instinkten basiert. Hier liegt ein möglicher Widerspruch zur Naturthese. Etwas, was so viele menschliche Emotionen auslöst, kann eigentlich nicht wie ein lebloser Gegenstand behandelt werden. Und doch geschieht dies jeden Augenblick in den Schlachthäusern. Trotzdem bleibt auch im vorliegenden Plädoyer ungelöst, warum Tiere in den Rechten völlig gleichgestellt sein sollten, ihr grausames Verhalten gegenüber der eigenen Beute aber mit dem Unterschied des reinen Instinkts gerechtfertigt wird.

Iris Radisch möchte, indem sie die **aktuellen Aspekte des Vegetarismus** in ihrem Plädoyer zum Thema macht, den Leser mit der ethischen Problematik konfrontieren. Daraus können weitere Diskussionen entstehen, die zum **Überdenken der persönlichen Haltung** führen. Den Schritt zur Änderung des eigenen Verhaltens muss jeder alleine tun.

Deutsch (Thüringen): Abiturprüfung 2011
Aufgabe 3: Interpretation eines epischen Textes

Angelika Mechtel (1943–2000)

Katrin

Ich habe seine Kinder geboren. Ich habe mich eingeordnet. Ich habe versucht, ihn zu sehen, wie ich sah, daß meine Mutter ihren Mann gesehen hatte. Ich habe gelernt, Windeln zu waschen, Kinder zu trösten und Ordnung zu halten.

Ich habe einmal Mathematik und Latein gelernt, Physik und Französisch. Ich war eine mittelmäßige Schülerin. Ich habe mich streicheln lassen und schlagen. Ich habe zurückgeschlagen; habe gelernt, daß er mir überlegen ist.

Ich habe meinen Leib beobachtet, wie er anschwoll. Ich habe die Geburten überstanden; habe mir gesagt, dafür bist du eine Frau. Ich habe mir zugeredet, ich wollte glücklich sein. Ich habe ihn zur Arbeit geschickt und das Essen gekocht.

Ich habe seine Angst gesehen, als ich im Fieber lag, und seine Ungeduld, wenn das Baby schrie.

Ich habe zugelassen, daß er meine Mutter fortschickte, weil sie in der Ein-Zimmer-Wohnung die Windeln am Ofen trocknete und die Milch vors Fenster stellte. Ich habe gelernt, daß er sagen durfte, was er dachte: „Was sollen die Leute von uns denken?“ Ich habe nichts begriffen. Ich habe mich eingelebt.

Ich habe nach seinem Ärger gefragt. Ich habe ihm zugehört; habe seinen Chef begrüßt, Kollegen bewirtet.

Ich habe mich von seiner Mutter belehren lassen. Ich war freundlich zu ihr. Ich habe von ihr gelernt, wie er gewohnt war zu leben und was er am liebsten aß. Ich habe mich darauf eingestellt. Ich habe mir sagen lassen, wie sie ihre Kinder erzogen hat. Ich habe meinen Kindern beigebracht, bitte zu sagen und danke, einen Knicks zu machen oder einen Diener, die schöne Hand zu geben und Weihnachtslieder zu singen. Ich habe ihren Sohn kennengelernt. Ich habe Angst gehabt.

Ich habe versucht, verständig zu sein und Nachsicht zu üben. Ich habe die Fehler bei mir gesucht. Ich habe immer gehofft, daß er auch mein großer Bruder sein könnte. Davon habe ich ihm nie etwas gesagt.

Ich habe ihm gesagt, daß ich ihn liebe. Ich habe Zärtlichkeit gelernt; habe die Kinder in Schutz genommen, wenn er wütend war; habe gelernt, daß er wütend sein durfte. Ich habe es mir erklären können. Ich bin nicht verzweifelt. Ich habe mir gesagt, daß ich glücklich bin.

Ich war glücklich, wenn er mich in seinen Armen begrub, wenn er freundlich war. Ich habe ihn trösten können, habe ihm Mut zugesprochen. Ich hatte mir einen sanften Mann gewünscht. Ich habe in geschlossenen Räumen geweint. Ich habe gewußt, daß Depressionen krankhaft sind. Ich habe mich allein gefühlt. Ich habe mir Mut gemacht. Ich habe gesehen, wie meine Hände den Händen meiner Mutter ähnlich wurden; habe mir gesagt, daß die täglichen Niederlagen nichts sind gegen meine Zuneigung. Ich habe mich nicht gefragt.

Wir haben die Anfänge überstanden. Ich habe gelernt, mit seinen Ängsten zu leben. Ich habe ihn geweckt, wenn er nachts in seinen Träumen schrie, habe ihm gesagt: Ich bin es. Ich habe mir seine Träume erzählen lassen. Ich habe zugehört. Ich habe gelernt, auch seine Schwester zu sein. Ich habe mir sagen lassen, daß ich eine mütterliche Ausstrahlung hätte. Ich habe mir gedacht, du mußt warm und weich sein wie ein Muttertier; du mußt eine Höhle sein. Ich habe unsere Kinder geliebt. Zuflucht, habe ich gedacht. Ich habe mich preisgeben wollen, aber ich habe es nicht gekonnt. Ich habe mich schuldig gefühlt.

Ich habe mir vorgestellt, daß es vorübergeht, daß wir älter werden und ruhiger. Ich habe gelernt, daß ich einen Mann nicht mehr ändern kann. Ich habe mich nicht daran gehalten. Ich habe gelernt, Latein zu vergessen und die höhere Mathematik.

Ich habe ihm Mut zugesprochen, als er arbeitslos wurde. Ich habe gelernt, Umzüge zu organisieren, Wohnungen einzurichten und mit dem Geld auszukommen. Ich habe die Krankheiten unserer Kinder überstanden. Ich habe Träume gehabt.

Ich habe Tabletten geschluckt gegen Kopfschmerzen, Tabletten gegen Schlaflosigkeit; ich habe Rückenschmerzen behandeln lassen und Blutarmut. Ich war eine Schlafwandlerin.

Ich habe streiten gelernt; habe Grabenkämpfe geführt. Ich bin in die Verweigerung gegangen, ich habe kein Wort mehr mit ihm gesprochen. Ich bin wütend geworden, wenn er wütend war. Ich habe mir gewünscht, daß die Kinder schnell groß werden.

Ich habe kapituliert, habe mir die Pulsadern aufgeschnitten, aber ich habe nicht sterben wollen. Ich habe es zugelassen, daß er mir den Arm abband; daß er für den Hausarzt einen Unfall erfand. Ich habe gehofft, daß einer fragen würde.

Ich habe mich selbst gefragt.

Wir haben es überstanden. Ich habe ihm den beruflichen Erfolg gewünscht. Ich habe um zwei Kindergartenplätze gekämpft; habe die Oberschwester mit Geschenken bestochen. Ich habe die Pille genommen. Ich habe mir gesagt: Du kannst keine Angst mehr haben. Ich habe meine Gefühle abgewehrt; ich habe eine Grenze gezogen. Ich habe nicht mehr zugelassen, daß mich einer verletzt.

Ich habe Schreibmaschine schreiben gelernt und Stenografie. Ich habe eine Arbeit angenommen. Ich habe Selbstvertrauen gewinnen wollen. Ich habe Geld nach Hause gebracht. Zu Weihnachten habe ich einen Kreislaufkollaps überwunden.

Ich habe halbtags gearbeitet wegen der Kinder.

Wir haben uns Urlaub leisten können und Anschaffungen. Wir sind vorangekommen. Ich habe nicht auf die Zeit geschaut. Ich habe gesagt: Die Neunzig-Stunden-Woche bringt mich nicht um.

Meine Hoffnungen habe ich nicht aufgegeben, ich habe sie verschüttet.

Wir haben ein Haus gebaut; haben die Kinder aufs Gymnasium geschickt. Wir sind dem Elternbeirat beigetreten. Wir haben uns engagiert, wo wir selbst betroffen waren. Wir haben es vermieden, Erinnerungen nachzuhängen. Ich habe mich arrangiert; habe gelernt, mit seinem Temperament umzugehen. Ich bin nicht untergegangen. Ich habe wieder Latein und Mathematik gelernt, als die Kinder es lernten.

Ich habe es nicht aufgegeben, mich von meinem Glück zu überzeugen. Ich bin hartnäckig gewesen. Ich habe es für mich behalten. Unsere Tochter habe ich zum Protest erzogen.

Ich habe gelernt, allein zu sein.

Gestern habe ich meine Tochter in Begleitung eines jungen Mannes gesehen. Ich habe ihm davon erzählt. Ich habe gesagt: Sie ist dir ähnlicher als mir. Ich habe mich gefragt, ob das eine Chance ist.

In: Mechtel, Angelika: Die Träume der Füchsin. Erzählungen. Stuttgart: Deutsche Verlagsanstalt 1976, S. 7–11.

Arbeitsanweisung

Interpretieren Sie den Text unter besonderer Beachtung des Rahmenthemas.

Hinweise und Tipps

Die **Arbeitsanweisung** verlangt eine **Interpretation** des Textes unter besonderer Beachtung des Rahmenthemas „Tradition ist nicht die Anbetung der Asche, sondern die Weitergabe des Feuers." Beginnen Sie im Hauptteil mit dem Verweis auf die **zwei inhaltlichen Teile:** Katrins am herkömmlichen Rollenbild orientiertes Eheleben sowie ihr missglückter Emanzipationsversuch. Anschließend könnten Sie Überlegungen darüber anstellen, welcher **Textsorte** der Text zuzuordnen wäre: Es handelt sich um eine Erzählung mit Elementen der Kurzgeschichte. Danach kann der recht kurze **Analyseteil** folgen, da der Text sprachlich bzw. formal nicht sehr ergiebig ist. Sie werden herausfinden, dass es sich um einen **Monolog** mit vorwiegend parataktischem Satzbau im **Perfekt** handelt mit Wiederholungen, Anaphern, Parallelismen, wodurch der Text auf den Leser eintönig und monoton wirkt. Nun sollten Sie sich ausführlich der **Titelfigur** zuwenden: Charakterisieren Sie sie und interpretieren Sie ihre Entwicklung aspektorientiert anhand der zwei Teile. Katrin ist ein typisches Beispiel für eine Frau, die sich am **Rollenbild** vergangener Generationen orientiert, ihr mangelt es an Selbstbewusstsein, sie leugnet ihre eigenen Bedürfnisse, erfüllt fremde Erwartungen, hat ein übersteigertes Schuldgefühl, leidet physisch wie psychisch und verklärt die Realität. Versäumen Sie es nicht, am und mit dem Text zu arbeiten, indem Sie **zitieren** bzw. auf Textstellen **verweisen**. Der halbherzige **Emanzipationsversuch** scheitert, worauf sie am Ende ihre Hoffnungen auf die **Tochter** projiziert. Sie werden sich sicher fragen, warum die Protagonistin trotz des hohen Leidensdrucks nicht die nahe liegende **Konsequenz** zieht, sich von ihrem Mann scheiden zu lassen. Versuchen Sie, eine Antwort darauf zu geben unter Beachtung der Sozialisation der Figur. Leiten Sie über zum **Abiturthema** und setzen Sie die tradierte Rolle der Frau in Beziehung zu den modernen Möglichkeiten, welche sich das weibliche Geschlecht seit Beginn der **Frauenbewegung** im 19. Jahrhundert mühsam erkämpft hat. Am Ziel, der wirklichen **Gleichberechtigung**, sind die Frauen dennoch nicht. Wenn Ihnen weitere **literarische Figuren** bekannt sind, die sich als Vergleichs- bzw. Kontrastfiguren eignen, können Sie diese in Ihre Ausarbeitung einbringen. In **Einleitung und Schluss** könnten Sie beispielsweise darüber nachdenken, inwieweit Frauen der Gegenwart in männlichen Domänen erfolgreich sind und ob es einer Frauenquote in Politik und Wirtschaft bedarf.

Lösungsvorschlag

Einleitung

Was haben Angela Merkel, Silvia Neid und Margret Suckale gemeinsam? Sie sind weiblich und dennoch in Männerdomänen erfolgreich. Angela Merkel ist als Bundeskanzlerin eine der mächtigsten und einflussreichsten Frauen der Welt. Silvia Neid hat das Amt der Bundestrainerin im Frauenfußball inne und gewann mit der Nationalmannschaft 2007 die Weltmeisterschaft. Topmanagerin Margret Suckale ist Personalvorstand und Arbeitsdirektorin der Deutschen Bahn und damit einziges weibliches Vorstandsmitglied in einem der 100 größten Unternehmen Deutschlands. Dass Frauen in vornehmlich männlich dominierten Bereichen erfolgreich sind, ist noch nicht selbstverständlich. Ihren erfreulicherweise zunehmenden Erfolg haben sie sich seit dem Beginn der Frauenbewegung im 19. Jahrhundert hart erkämpft, sie sind jedoch noch lange nicht am Ziel.

Hauptteil

Katrin ist die literarische **Titelfigur** der Erzählung von Angelika Mechtel, die 1976 im Band *Die Träume der Füchsin* erschienen ist. Sie ist die typische Vertreterin eines konservativen Frauenbildes. Mechtel lässt ihre Protagonistin in **zwei Teilen** aus ihrem Leben erzählen: Im ersten Teil (Z. 1–54) geht es um ihre Ehe, die sich am Rollenverhalten vergangener Generationen orientiert, und im zweiten Teil (Z. 55–85) wird deutlich, dass ihr Emanzipationsversuch wenig erfolgreich ist.

Der Text ist eine **Erzählung** mit Merkmalen der **Kurzgeschichte**. Eine Figur, Katrin, steht im Mittelpunkt. Der Leser wird, was ein typisches Merkmal der Kurzgeschichte ist, in die Handlung geworfen mit der Aussage: „Ich habe seine Kinder geboren." (Z. 1) Katrin schildert aus der **Ich-Perspektive**, wie sich ihr Leben an der Seite ihres Mannes, also eine größere zeitliche Spanne, gestaltet hat, was eher auf eine Erzählung hindeuten würde. Dabei werden einerseits typische Stationen im Leben eines Paares, wie Kinderkriegen, Umzüge, Hausbau, Erwerbstätigkeit, aufgegriffen. Andererseits jedoch spielen psychische Momente der Frau, die gewöhnlich unsichtbar für Außenstehende ablaufen, wie Angst, Unsicherheit, Widerstand, Suizidversuch, eine entscheidende Rolle. Katrin wird älter, unternimmt währenddessen Versuche, sich zu emanzipieren, was jedoch nicht gelingt. Sie hat sich im Verlauf der Handlung nicht wesentlich verändert, was ebenso auf die Textsorte der Kurzgeschichte deutet wie auch die Schlussgestaltung. Der Text endet mit der Hoffnung, dass es Katrins Tochter einmal besser gelingen werde, ein selbstbestimmtes Leben zu führen.

Der **Zeitraum**, in dem Katrins Lebensgeschichte spielt, umfasst mehrere Jahre. Er beginnt mit der Geburt der Kinder und endet damit, dass sie „gestern" ihre Tochter in Begleitung eines jungen Mannes gesehen hat. Die Tochter ist demnach inzwischen in dem Alter, in dem man gewöhnlich den ersten Freund hat, vielleicht 14 oder 15. Zudem verweist die Hauptfigur auf Ereignisse, die länger zurückliegen, wie ihre eigene Schulzeit.

Die Autorin lässt ihre Hauptfigur als Ich-Erzählerin **monologisch** überwiegend im **Perfekt** aus deren Leben erzählen. Sie bedient sich vorwiegend des parataktischen **Satzbaus**, wodurch die Aussagen recht kurzatmig dargeboten werden. Es scheint ein unablässiger Erzählstrom zu sein, mit dem Katrin einem Gesprächspartner leicht auf die Nerven gehen würde. Er spiegelt die **Monotonie** ihres Lebens wider. Der Text wird durch die oben erwähnten zwei Teile strukturiert. Er ist geprägt von **Anaphern**, **Parallelismen** sowie **Wiederholungen** der immer gleichen Personal- und Possessivpronomen *ich, er, ihm, meine, seine*.

Die Hauptfigur heißt **Katrin**, ein Name, den viele Eltern in den 1960er- und 1970er-Jahren schön fanden und für ihre kleinen Mädchen ausgesucht haben. Dies könnte darauf hinweisen, dass das Schicksal Katrins verallgemeinerbar ist. So wie ihr ging und geht es vielen anderen Frauen. Der Name beginnt mit dem Buchstaben K. Auch die berühmten drei Bereiche, die traditionell den Frauen zugewiesen wurden und womöglich auch noch werden, beginnen mit K: Kinder, Küche, Kirche. Insofern assoziiert der Leser mit dem Titel eine **konservative Allerweltsfrau**. Der Monolog erinnert an die **Protokollliteratur** der 1970er-Jahre, die vor allem durch Maxie Wander sowohl in der DDR als auch in der BRD populär wurde. In ihrem Band *Guten Morgen, du Schöne* lässt sie Frauen verschiedener Herkunft und unterschiedlichen Alters über ihre Alltagserfahrungen, Befindlichkeiten und Wünsche sprechen.

Katrin ist verheiratet und Mutter. Sie sei „eine mittelmäßige Schülerin" (Z. 4 f.) gewesen, habe „einmal Mathematik und Latein gelernt, Physik und Französisch" (Z. 4). Die Fächer stehen eher im Stundenplan eines Gymnasiums, woraus man schließen könnte, dass Katrin dort gelernt hat und intelligent ist. Sie kann ihren Kindern, als sie selbst am Gymnasium sind, bei den Hausaufgaben helfen (vgl. Z. 78 f.). Offensichtlich **fehlt** es **ihr an Selbstbewusstsein**, denn sie hat sich in ihren Entscheidungen immer nach anderen gerichtet, v. a. nach ihrem Mann und dessen Mutter. Sie erfüllt stets fremde Erwartungen. Ihre erste Feststellung lautet, sie „habe *seine* Kinder geboren." (Z. 1) Das ist, wenn es keine flapsige Bemerkung sein soll, die provokante Aussage einer Mutter, durch die der Leser emotional sofort ins Thema eingeführt wird. Ihr **Mann dominiert das Familienleben**, wie es jahrhundertelang üblich gewesen ist. Er scheint sie sogar geschlagen zu haben, woraus sie gelernt habe, dass er ihr überlegen sei (vgl. Z. 5 f.). Sie fügt sich, passt sich seinen Wünschen und Bedürfnissen an, ordnet sich bedingungslos unter, wie sie es von ihren Eltern vorgelebt bekommen hat: „Ich habe versucht, ihn zu sehen, wie ich sah, daß meine Mutter ihren Mann gesehen hatte.“ (Z. 1 f.) Sie hält den Mund, wenn reden besser wäre. Innerhalb der Beziehung scheint es **kaum echte Kommunikation** zu geben und wenn, dann stehen die Befindlichkeiten ihres Mannes zur Diskussion, z. B. fragt sie nach *seinem* Ärger (vgl. Z. 16) oder nach *seinen* Träumen, wenn er nachts schreit (vgl. Z. 40), spricht *ihm* Mut zu, als er arbeitslos wird (vgl. Z. 49). Sie lässt sich belehren, z. B. von seiner Mutter, und verbietet sich in ihrer Sehnsucht nach Harmonie, die doch nur eine Scheinharmonie sein kann, Ehrlichkeit sowie die Äußerung eigener Wünsche. Wenn sie nicht mit ihm spricht, so glaubt sie, sei das eine Art der Rebellion. Streiten, das zu jeder Beziehung gehört und reinigend wie ein Gewitter sein kann, endet in „Grabenkämpfe[n]“ (Z. 55), d. h., jeder wirft dem anderen Argumente, die ihm später leid tun, an den Kopf, ohne auf den anderen zu hören. Viele Worte werden verbraucht, ohne ein Vorankommen zu ermöglichen, und beide gehen verletzt aus der Krise. **Angepasstes Verhalten** gibt sie ihrerseits an die Kinder weiter, indem sie Erziehungsprinzipien der Schwiegermutter übernimmt, die Wert auf altmodische Höflichkeitsformen wie Knicks und Diener legt (vgl. Z. 21 f.).

Die Familie funktioniert auf der Basis, dass er das Geld verdient und sie die Kinder versorgt. Sie hat „ihn zur Arbeit geschickt und das Essen gekocht.“ (Z. 9) So kann sich das Paar einen bescheidenen Wohlstand leisten, ein Haus bauen, die Kinder im Gymnasium lernen lassen und in den Urlaub fahren. Dass es auch Krisen übersteht, ist vor allem der Hauptfigur zu verdanken, denn sie kommt selbst in einer engen Einraumwohnung mit zwei Kindern zurecht, lässt zu, dass er ihre eigene Mutter fortschickt, die der Tochter im Haushalt ein wenig unter die Arme greifen will, geht sparsam mit dem wenigen Geld um und organisiert Umzüge. Später trägt sie durch eigene Arbeit zum Einkommen der Familie bei. Was sie nach Hause bringt, ist Geld, kein Selbstvertrauen, wie sie gehofft hat (vgl. Z. 68 f.). Katrin **leugnet eigene Bedürfnisse**. Gleich im zweiten Satz der Erzählung heißt es: „Ich habe mich eingeordnet.“ (Z. 1) Sie macht sich vor, selbst nicht so wichtig zu sein. Ihre Kinder nimmt sie in Schutz, wenn er wütend ist, und will glauben, dass das ein normales Verhalten für einen Mann bzw. Vater sei. Wie ein Almosen nimmt sie Zärtlichkeiten entgegen, wenn er sie einmal in „seinen Armen begrub, wenn er freundlich war“ (Z. 31), und redet sich in diesen wenigen Augenblicken ein, glücklich zu sein. Katrin **sehnt sich nach Geborgenheit**, möchte einen Freund oder Bruder an ihrer Seite, Qualitäten die ihr Mann ihr nicht geben kann oder will, wohingegen sie sich einbildet, im richtigen Moment schwesterlich zu reagieren (vgl. Z. 40 f.). Es ist fraglich, ob er ihr sensibles Eingehen auf seine Ängste überhaupt registriert. Von eigenen **Träumen** spricht sie wie über alles andere, was ihr wichtig ist, im Perfekt, sie hat sie „gehabt“ (Z. 51) und begräbt sie von Anfang an. Sie vergisst Latein und Mathematik (vgl. Z. 48), die eine Voraussetzung dafür wären, weiter zu lernen, ein Studium zu absolvieren und einen akademischen Beruf anzustreben. In der Bemerkung „Ich habe mir vorgestellt, daß es vorübergeht, daß wir älter werden und ruhiger“ (Z. 46) liegt Resignation.

Katrin sehnt sich nach **Glück**, sie nimmt sich vor bzw. redet sich ein, glücklich zu sein (vgl. Z. 8 f. und 29 f.), und hat es nicht aufgegeben, sich von ihrem Glück zu überzeugen (vgl. Z. 80). Was für Katrin allerdings wirkliches Glück sein könnte, erfährt der Leser nicht. Sicher hängt es eng mit der Sehnsucht nach **Anerkennung**, der Akzeptanz ihrer Person zusammen. Das was sie tut, für den Mann, für die Kinder, scheint selbstverständlich. Aber sie fühlt sich allein und ausgenutzt, hat ihre Hoffnungen zwar nicht aufgegeben, aber „verschüttet“ (vgl. Z. 74). Man fragt sich, wo dabei der Unterschied ist. Sie rückt sich die Realität so zurecht, damit sie damit leben kann. Zudem macht sich ein übersteigertes **Schuldbewusstsein** bemerkbar: „Ich habe die Fehler bei mir gesucht“ (Z. 24 f.) und „Ich habe mich schuldig gefühlt“ (Z. 44 f.), was sich offensichtlich auf alles, was um sie herum geschieht, bezieht. Für ihre Kinder will sie „Muttertier“ (Z. 42) und „eine Höhle“ (Z. 43) sein. „Ich habe unsere Kinder geliebt. Zuflucht, habe ich gedacht“ (Z. 43), wobei nicht klar wird, wer für wen Zuflucht sein soll, sie für ihre Kinder oder die Kinder für sie. Die Protagonistin erträgt klaglos **körperliche**

Leiden und glaubt, das gehöre zum Frausein. Sie übersteht die Geburten, Fieber, schluckt Tabletten gegen Kopfschmerzen und Schlaflosigkeit, lässt Rückenschmerzen und Blutarmut behandeln, schlafwandelt, bekommt einen Kreislaufkollaps, was kein Wunder ist bei einer Neunzig-Stunden-Woche. Sie spürt das Älterwerden: „Ich habe gesehen, wie meine Hände den Händen meiner Mutter ähnlich wurden“ (Z. 34 f.). Die **psychischen Leiden** Angst, Depressionen, Einsamkeit, Unterlegenheits- und Schuldgefühle sowie Wut führen schließlich dazu, dass sie sich die Pulsadern aufschneidet. Es ist zu vermuten, dass sie nicht wirklich sterben, sondern damit ein Zeichen setzen wollte: Seht her, mir geht es schlecht, helft mir! Aber der Ehemann, der sie rechtzeitig findet, bindet den Arm ab und belügt den Arzt. Keiner fragt nach den wahren Ursachen.

Katrins **Emanzipation bleibt ein Versuch**. Sie probiert, ohne sonderlichen Erfolg, ihrem Ehemann Widerstand entgegenzusetzen, sie spricht für eine Zeit nicht mit ihm, führt „Grabenkämpfe“ (Z. 55), lässt Gefühle zu, handelt in Ansätzen selbstbestimmt, indem sie die Pille nimmt, um keine weiteren Kinder auf die Welt zu bringen, und geht arbeiten. Ihr Aufschrei in Form des Suizidversuchs verhallt ungehört. Der Leser gewinnt im Verlauf der Erzählung das traurige Gefühl, dass das, was Katrin in einem Leben durchmacht, ausreichend wäre für drei Leben. Einem schlimmen Ereignis folgt ein noch schlimmeres und sie kann sich nicht dagegen wehren. Kurzzeitig hat man den Eindruck, dass sich die Beziehung der beiden verbessert, nämlich in den wenigen Zeilen, als aus dem ständigen „Ich“ ein „**Wir**“ wird (Z. 71 und Z. 75 f.). Die Familie leistet sich Urlaub und Anschaffungen, sie baut ein Haus, schickt die Kinder aufs Gymnasium, engagiert sich im Elternbeirat. Außenstehende würden sie, vielleicht sogar neidvoll, eine glückliche Familie nennen. Das positive Bild nach außen würde Befürchtungen des Mannes „Was sollen die Leute von uns denken?“ (Z. 14) zerstreuen. Der Satz „Wir haben es vermieden, Erinnerungen nachzuhängen“ (Z. 76 f.) rückt das schöne Bild zurecht: Es ist nur die **Fassade**, die die Leute zu sehen bekommen.

Die Protagonistin greift schließlich zu einem Mittel, dessen sich viele Eltern bedienen: Sie projiziert ihre **Hoffnungen auf die Tochter**. Die soll nun das verwirklichen, was ihr selbst nicht vergönnt gewesen ist. Katrin sagt zufrieden oder vielleicht triumphierend zu ihrem Mann: „Sie ist dir ähnlicher als mir.“ (Z. 84) Die Tochter könnte die Erste sein, die aus einer langen Reihe von Frauen ausbricht, die immer wieder das alte Rollenbild ihrer Mütter und Großmütter übernommen haben. Die Mutter fragt sich jedoch zu Recht, ob das eine Chance sei. Was ist gewonnen, wenn nun anstatt des Mannes die Frau die Beziehung dominiert? Der richtige Weg wäre der, dass die Partner in einer Beziehung gleichberechtigt sind, dass sie gemeinsam planen, Chancen gleichermaßen wahrnehmen und jeder seine Lebensziele verfolgt. Rechtlich wäre das möglich. Im **Grundgesetz**, Artikel 3, steht seit 1949 der Satz: Männer und Frauen sind gleichberechtigt. Acht Jahre später wurde er ins bürgerliche Gesetzbuch aufgenommen. Spätestens jetzt sollte sich für die Frauen alles zum Besseren wenden. Aber dem war nicht so. Es galt weiterhin das Ideal einer kinderreichen Familie, welche die Mutter als **fleißige und aufopferungsvolle Hausfrau** treu umsorgte. Diesem **Idealbild** entspricht Katrin. Es ist ihr wenig möglich, daraus einfach auszubrechen. Sie rebelliert, sie jammert, sie hadert mit den Gegebenheiten, aber sie hat es durch ihre **Sozialisation** kaum in der Hand, ein selbstbestimmtes Leben zu beginnen. Ihren Kindern sollte dies schon eher gelingen.

Immerhin könnte sie sich scheiden lassen und mit den Kindern in eine Wohnung ziehen. Je nachdem, zu welchem Zeitpunkt sie das tun würde, hätte sie es leichter oder schwerer nach ihrer Entscheidung. Wenn die Kinder aus dem Gröbsten heraus sind, könnte sie arbeiten und sich ihren Lebensunterhalt selbst verdienen. Würde sie sich früher zu dem Schritt entschließen, dann hätte sie als alleinerziehende Mutter mit mehr Schwierigkeiten zu kämpfen. Was Katrin davon abhält, kann man nur vermuten. Vielleicht das verminderte Ansehen innerhalb der Gesellschaft, die geschmälerte Lebensqualität, vielleicht ist sie einfach nicht mutig genug. Sie müsste nicht gleich eine Aussteigerin werden wie die Figur Kate in Anna Gavaldas Buch *Alles Glück kommt nie*, die nach einem schweren Schicksalsschlag inmitten von wilder

Natur zusammen mit einer Schar Kinder und einem alten Hund selbstbestimmt auf einem Bauernhof lebt. Ein Unterschied besteht auch darin, ob Katrin im Westen oder Osten von Deutschland gelebt hat. Während sich im Westen das traditionelle Bild der Familie noch lange hielt, nahm die DDR eine andere Entwicklung. Dort gehörten erwerbstätige Frauen bald zum Alltag. Der Staat richtete zahlreiche Betreuungsmöglichkeiten ein, sodass auch Mütter einer beruflichen Tätigkeit nachgehen konnten. Es sei dahingestellt, welche politischen Ziele er damit verfolgte.

Katrin ist ein typisches Beispiel dafür, wie **Tradition** einen Menschen in seiner Entwicklung hemmen bzw. einschränken kann. Dazu passt das **Abiturthema**, das von einem Zitat Gustav Mahlers gebildet wird: „Tradition ist nicht die Anbetung der Asche, sondern die Weitergabe des Feuers." Das ist ein schmerzhafter Prozess, denn er erfordert Mut und Opfer. Frauen mussten den Männern in jahrelangem Kampf das Recht auf **Gleichberechtigung** abtrotzen. Es ist tatsächlich noch gar nicht so lange her, dass in den Augen der Gesellschaft die einzige Aufgabe einer Frau die Sorge für Ehemann, Familie und Haushalt sein sollte. Die Männer, die Ascheanbeter, sorgten und sorgen dafür, dass der Kampf der Frauen, der Feuerträgerinnen, um Gleichberechtigung so lange dauert und nicht zu Ende ist. Es ist noch immer so, dass Frauen in Deutschland für die gleiche Tätigkeit im Schnitt 23 % weniger verdienen als ihre männlichen Kollegen. Sie bekommen auch seltener Sonderzahlungen, wie Urlaubs- oder Weihnachtsgeld, bzw. werden mit weniger Geld am Gewinn des Unternehmens beteiligt. Katrin hat um zwei Kindergartenplätze gekämpft und die Oberschwester bestochen, um arbeiten gehen zu können. Noch immer ist es wegen fehlender Kita-Plätze schwierig für Mütter, Kind und Karriere unter einen Hut zu bringen. Der Kampf um Gleichbehandlung dauert an. Katrins Tochter wird es vermutlich besser gelingen, die Vorteile der Gleichberechtigung für sich zu nutzen und sie in ihrer Beziehung zu leben.

Eine **weitere literarische Figur**, die ungefähr in der gleichen Zeit wie Katrin angesiedelt ist, ist Hilla Palm aus Ulla Hahns biografischem Roman *Das verborgene Wort*. Die Hauptfigur wächst in einer engen katholischen Dorfgemeinde im Deutschland der 1950er- und 1960er-Jahre auf. Wie sie es im Gegensatz zu Katrin schafft, ihrem vorgezeichneten Schicksal als Verkäuferin zu entgehen und wie die Musik, die Sprache, Gedichte und Bücher ihr weiteres Leben bestimmen, wird von Ulla Hahn spannend erzählt.

Schluss

Frauen drängen wie selbstverständlich in immer mehr Männerdomänen und deren Führungsetagen. Jedes Jahr nehmen viele Mädchen am Girlsday teil, an dem sie in eigentlich typisch männliche Berufe hineinschnuppern können. Dennoch setzen sich Politikerinnen und Frauenrechtlerinnen für eine gesetzlich geregelte Frauenquote ein. Ist diese angesichts der erfreulichen Fortschritte bei der Gleichberechtigung der Geschlechter in Deutschland notwendig? Die Meinungen gehen auseinander. Die Befürworter bestehen darauf, weil ihrer Meinung nach nur auf diesem Weg die Benachteiligung von Frauen beendet werden könne. Die Gegner behaupten, dadurch würden bei gleicher Qualifikation die Männer benachteiligt. Ganz gleich, wie die Sache ausgeht, die Frauen kann niemand mehr aufhalten.

Deutsch (Thüringen): Abiturprüfung 2011
Aufgabe 4: Interpretation eines dramatischen Textes

Frank Wedekind (1864–1918)

Frühlings Erwachen. Eine Kindertragödie

Im Mittelpunkt stehen vierzehnjährige Schüler, die mit ihren Fragen in der Pubertät von Eltern und Schule allein gelassen werden.
Der Schüler Moritz beging Selbstmord. Für diesen Freund hatte Melchior eine Aufklärungsschrift verfasst, die nach dessen Tod gefunden wurde und Anlass dafür ist, dass er vor die versammelte Lehrerschaft zitiert wird.

Dritter Akt, Erste Szene

Konferenzzimmer.
An den Wänden die Bildnisse von Pestalozzi[1] und J. J. Rousseau[2]. Um einen grünen Tisch, über dem mehrere Gasflammen brennen, sitzen die Professoren Affenschmalz, Knüppeldick, Hungergurt, Knochenbruch, Zungenschlag und Fliegentod. Am oberen Ende auf erhöhtem Sessel Rektor Sonnenstich. Pedell[3] Habebald kauert neben der Tür.

SONNENSTICH: … Sollte einer der Herren noch etwas zu bemerken haben? – – Meine Herren! – Wenn wir nicht umhinkönnen, bei einem hohen Kultusministerium die Relegation unseres schuldbeladenen Schülers zu beantragen, so können wir das aus den schwerwiegendsten Gründen nicht. Wir können es nicht, um das bereits hereingebrochene Unglück zu sühnen, wir können es ebensowenig, um unsere Anstalt für die Zukunft vor ähnlichen Schlägen sicherzustellen. Wir können es nicht, um unsern schuldbeladenen Schüler für den demoralisierenden Einfluß, den er auf seinen Klassengenossen ausgeübt, zu züchtigen; wir können es zuallerletzt, um ihn zu verhindern, den nämlichen Einfluß auf seine übrigen Klassengenossen auszuüben. Wir können es – und der, meine Herren, möchte der schwerwiegendste sein – aus dem jeden Einwand niederschlagenden Grunde nicht, weil wir unsere Anstalt vor den Verheerungen einer Selbstmord-Epidemie zu schützen haben, wie sie bereits an verschiedenen Gymnasien zum Ausbruch gelangt und bis heute allen Mitteln, den Gymnasiasten an seine durch seine Heranbildung zum Gebildeten gebildeten Existenzbedingungen zu fesseln, gespottet hat. – – Sollte einer der Herren noch etwas zu bemerken haben?

KNÜPPELDICK: Ich kann mich nicht länger der Überzeugung verschließen, daß es endlich an der Zeit wäre, irgendwo ein Fenster zu öffnen.

ZUNGENSCHLAG: Es he-herrscht hier eine A-A-Atmosphäre wie in unterirdischen Kata-Katakomben, wie in den A-Aktensälen des weiland Wetzlarer Ka-Ka-Ka-Ka-Kammergerichtes.

SONNENSTICH: Habebald!

HABEBALD: Befehlen, Herr Rektor!

SONNENSTICH: Öffnen Sie ein Fenster! Wir haben Gott sei Dank Atmosphäre genug draußen. – Sollte einer der Herren noch etwas zu bemerken haben?

FLIEGENTOD: Wenn meine Herren Kollegen ein Fenster öffnen lassen wollen, so habe ich meinerseits nichts dagegen einzuwenden. Nur möchte ich bitten, das Fenster nicht gerade hinter meinem Rücken öffnen lassen zu wollen!

SONNENSTICH: Habebald!

HABEBALD: Befehlen, Herr Rektor!

SONNENSTICH: Öffnen Sie das andere Fenster! – – Sollte einer der Herren noch etwas zu bemerken haben?

Hungergurt: Ohne die Kontroverse meinerseits belasten zu wollen, möchte ich an die Tatsache erinnern, daß das andere Fenster seit den Herbstferien zugemauert ist.

Sonnenstich: Habebald!

Habebald: Befehlen, Herr Rektor!

Sonnenstich: Lassen Sie das andere Fenster geschlossen! – Ich sehe mich genötigt, meine Herren, den Antrag zur Abstimmung zu bringen. Ich ersuche diejenigen Herren Kollegen, die dafür sind, daß das einzig in Frage kommen könnende Fenster geöffnet werde, sich von ihren Sitzen zu erheben. *(Er zählt:)* Eins, zwei, drei. – Eins, zwei, drei. – Habebald!

Habebald: Befehlen, Herr Rektor!

Sonnenstich: Lassen Sie das eine Fenster gleichfalls geschlossen! – Ich meinerseits hege die Überzeugung, daß die Atmosphäre nichts zu wünschen übrigläßt! – – Sollte einer der Herren noch etwas zu bemerken haben? – – Meine Herren! – Setzen wir den Fall, daß wir die Relegation unseres schuldbeladenen Schülers bei einem hohen Kultusministerium zu beantragen unterlassen, so wird *uns* ein hohes Kultusministerium für das hereingebrochene Unglück verantwortlich machen. Von den verschiedenen von der Selbstmord-Epidemie heimgesuchten Gymnasien sind diejenigen, in denen fünfundzwanzig Prozent den Verheerungen zum Opfer gefallen, von einem hohen Kultusministerium suspendiert worden. Vor diesem erschütterndsten Schlage unsere Anstalt zu wahren, ist unsere Pflicht als Hüter und Bewahrer unserer Anstalt. Es schmerzt uns tief, meine Herren Kollegen, daß wir die sonstige Qualifikation unseres schuldbeladenen Schülers als mildernden Umstand gelten zu lassen nicht in der Lage sind. Ein nachsichtiges Verfahren, das sich unserem schuldbeladenen Schüler gegenüber rechtfertigen ließe, ließe sich der zur Zeit in denkbar bedenklichster Weise gefährdeten Existenz unserer Anstalt gegenüber *nicht* rechtfertigen. Wir sehen uns in die Notwendigkeit versetzt, den Schuldbeladenen zu richten, um nicht als die Schuldlosen gerichtet zu werden. – Habebald!

Habebald: Befehlen, Herr Rektor!

Sonnenstich: Führen Sie ihn herauf!

(Habebald ab.)

Zungenschlag: Wenn die he-herrschende A-A-Atmosphäre maßgebender-seits wenig oder nichts zu wünschen übrigläßt, so möchte ich den Antrag stellen, während der So-Sommerferien auch noch das andere Fenster zu-zu-zu-zu-zu-zu-zu-zu-zuzumauern!

Fliegentod: Wenn unserem lieben Kollega Zungenschlag unser Lokal nicht genügend ventiliert erscheint, so möchte ich den Antrag stellen, unserm lieben Herrn Kollega Zungenschlag einen Ventilator in die Stirnhöhle applizieren zu lassen.

Zungenschlag: Da-da-das brauche ich mir nicht gefallen zu lassen! – Gro-Grobheiten brauche ich mir nicht gefallen zu lassen! – Ich bin meiner fü-fü-fü-fü-fünf Sinne mächtig …!

Sonnenstich: Ich muß unsere Herren Kollegen Fliegentod und Zungenschlag um einigen Anstand ersuchen. Unser schuldbeladener Schüler scheint mir bereits auf der Treppe zu sein.

(Habebald öffnet die Türe, worauf Melchior, bleich, aber gefaßt, vor die Versammlung tritt.)

Sonnenstich: Treten Sie näher an den Tisch heran! – Nachdem Herr Rentier Stiefel[4] von dem ruchlosen Frevel seines Sohnes Kenntnis erhalten, durchsuchte der fassungslose Vater, in der Hoffnung, auf diesem Wege möglicherweise dem Anlaß der verabscheuungswürdigen Untat auf die Spur zu kommen, die hinterlassenen Effekten[5] seines Sohnes Moritz und stieß dabei an einem nicht zur Sache gehörigen Orte auf ein Schriftstück, welches uns, ohne noch die verabscheuungswürdige Untat an sich verständlich zu machen, für die dabei maßgebend gewesene moralische Zerrüttung des

Untäters eine leider nur allzu ausreichende Erklärung liefert. Es handelt sich um eine in Gesprächsform abgefaßte, *Der Beischlaf* betitelte, mit lebensgroßen Abbildungen versehene, von den schamlosesten Unflätereien strotzende, zwanzig Seiten lange Abhandlung, die den geschraubtesten Anforderungen, die ein verworfener Lüstling an eine unzüchtige Lektüre zu stellen vermöchte, entsprechen dürfte. –

MELCHIOR: Ich habe …

SONNENSTICH: Sie haben sich ruhig zu verhalten! – Nachdem Herr Rentier Stiefel uns fragliches Schriftstück ausgehändigt und wir dem fassungslosen Vater das Versprechen erteilt, um jeden Preis den Autor zu ermitteln, wurde die uns vorliegende Handschrift mit den Handschriften sämtlicher Mitschüler des weiland Ruchlosen verglichen und ergab nach dem einstimmigen Urteil der gesamten Lehrerschaft sowie in vollkommenem Einklang mit dem Spezial-Gutachten unseres geschätzten Herrn Kollegen für Kalligraphie die denkbar bedenklichste Ähnlichkeit mit der *Ihrigen.* –

MELCHIOR: Ich habe …

SONNENSTICH: Sie haben sich ruhig zu verhalten! – Ungeachtet der erdrückenden Tatsache der von seiten unantastbarer Autoritäten anerkannten Ähnlichkeit glauben wir uns vorderhand noch jeder weiteren Maßnahmen enthalten zu dürfen, um in erster Linie den Schuldigen über das ihm demgemäß zur Last fallende Vergehen wider die Sittlichkeit in Verbindung mit daraus resultierender Veranlassung zur Selbstentleibung ausführlich zu vernehmen. –

MELCHIOR: Ich habe …

SONNENSTICH: Sie haben die genau präzisierten Fragen, die ich Ihnen der Reihe nach vorlege, eine um die andere, mit einem schlichten und bescheidenen „Ja“ oder „Nein“ zu beantworten. – Habebald!

HABEBALD: Befehlen, Herr Rektor!

SONNENSTICH: Die Akten! – – Ich ersuche unseren Schriftführer, Herrn Kollega Fliegentod, von nun an möglichst wortgetreu zu protokollieren. – *(Zu Melchior:)* Kennen Sie dieses Schriftstück?

MELCHIOR: Ja.

SONNENSTICH: Wissen Sie, was dieses Schriftstück enthält?

MELCHIOR: Ja.

SONNENSTICH: Ist die Schrift dieses Schriftstücks die Ihrige?

MELCHIOR: Ja.

SONNENSTICH: Verdankt dieses unflätige Schriftstück Ihnen seine Abfassung?

MELCHIOR: Ja. – Ich ersuche Sie, Herr Rektor, mir *eine* Unflätigkeit darin nachzuweisen.

SONNENSTICH: Sie haben die genau präzisierten Fragen, die ich Ihnen vorlege, mit einem schlichten und bescheidenen „Ja“ oder „Nein“ zu beantworten!

MELCHIOR: Ich habe nicht mehr und nicht weniger geschrieben, als was eine Ihnen sehr wohlbekannte Tatsache ist!

SONNENSTICH: Dieser Schandbube!! direktheit verschlägt Sprache → Beleidigung

MELCHIOR: Ich ersuche Sie, mir einen Verstoß gegen die Sittlichkeit in der Schrift zu zeigen!

SONNENSTICH: Bilden Sie sich ein, ich hätte Lust, zu Ihrem Hanswurst an Ihnen zu werden?! – Habebald …!

MELCHIOR: Ich habe …

SONNENSTICH: Sie haben so wenig Ehrerbietung vor der Würde Ihrer versammelten Lehrerschaft, wie Sie Anstandsgefühl für das dem Menschen eingewurzelte Empfinden für die Diskretion der Verschämtheit einer sittlichen Weltordnung haben! – Habebald!!

HABEBALD: Befehlen, Herr Rektor!

SONNENSTICH: Es ist ja der Langenscheidt zur dreistündigen Erlernung des agglutinierenden Volapük[6]!

MELCHIOR: Ich habe …

Sonnenstich: Ich ersuche unseren Schriftführer, Herrn Kollega Fliegentod, das Protokoll zu schließen!

Melchior: Ich habe …

Sonnenstich: Sie haben sich ruhig zu verhalten!! – Habebald!

Habebald: Befehlen, Herr Rektor!

Sonnenstich: Führen Sie ihn hinunter!

[…] (1891)

Wedekind, Frank: Frühlings Erwachen. Eine Kindertragödie. In: Wedekind, Frank: Werke in zwei Bänden. Band 1. München 1994, S. 518–523.

1 Pestalozzi (1746–1827): Schweizer Pädagoge, Sozialreformer, Philosoph und Politiker. Sein pädagogisches Ziel war eine ganzheitliche Volksbildung zur Stärkung der Menschen für das selbstständige und kooperative Wirken in einem demokratischen Gemeinwesen.
2 Rousseau (1712–1778): Pädagoge, Schriftsteller, Philosoph und Naturforscher. In seinem pädagogischen Hauptwerk „Emile" beschreibt er als Erziehungsziel die Entfaltung aller natürlichen Kräfte des Menschen.
3 Pedell: Diener, Bote oder Hausmeister in akademischen Einrichtungen
4 Rentier Stiefel: französisch veraltend für Rentner, Moritz' Vater
5 Effekten: beweglicher Besitz
6 agglutinierendes Volapük: künstliche Welthilfssprache

Arbeitsanweisung

Interpretieren Sie das Gespräch im Lehrerzimmer und setzen Sie sich mit dem Berufsethos der handelnden Personen auseinander.

Hinweise und Tipps

Voraussetzungen

Frank Wedekinds Stück *Frühlings Erwachen* hat einen festen Platz im Deutschunterricht. Es stellt junge Menschen mit ihren Problemen in den Mittelpunkt, die auch der heutige jugendliche Leser grundsätzlich kennt. Obwohl dem modernen Leser viele der Situationen, denen sich die jungen Menschen im Bühnenstück gegenübersehen – so werden die Schüler weder von den Lehrern noch den Eltern sexuell aufgeklärt –, befremdlich erscheinen werden, weckt die Situation der Heranwachsenden in Wedekinds Stück doch das Interesse des Lesers/Zuschauers. Ähnliche Fragen wird er sich auf der Suche nach dem Sinn des eigenen Lebens, nach der Gestaltung seines Lebensentwurfes auch gestellt haben bzw. stellen.
Die Lösung der Aufgabe setzt die Kenntnis des gesamten Stückes nicht voraus.

Erläuterung der Aufgabenstellung

Die Aufgabe verlangt sowohl die Interpretation der Szene als auch die Auseinandersetzung mit dem Berufsethos der handelnden Personen. Dabei ist Ihnen die Vorgehensweise freigestellt. Der Operator „Interpretieren Sie" gibt die deutende Erschließung des Textes vor. Sie können die beiden Arbeitsaufträge nacheinander ausführen oder – wie im folgenden Lösungsvorschlag umgesetzt – miteinander verschränken, also das Ethos der Lehrer bereits während der Interpretation problematisieren.
Die Frage nach dem Berufsethos der handelnden Lehrer wird sich Ihnen im Verlaufe der Arbeit mit dem Text immer wieder stellen. Es bietet sich an, Ihre Überlegungen an entsprechender Stelle anzubringen, einige abschließende Gedanken zu dieser Problematik sollten Ihre Arbeit jedoch zusätzlich abrunden. Natürlich können Überlegungen zur Auffassung vom Lehrerberuf auch den Einstieg zu Ihren Darlegungen bilden.
Der Gesprächsverlauf der Szene sollte nachgezeichnet werden, wobei die Konzentration auf Hauptsächliches durchaus legitim ist. Wesentliche vom Autor verwendete sprachliche und

dramaturgische Gestaltungsmittel sind zu benennen und in ihrer Wirkung zu beschreiben. Die Sprache der Figuren ist als Mittel ihrer Charakterisierung zu betrachten und zu analysieren. Ebenso müssen Sie die Figurenrede in ihrer Wirkung auf den Dialogpartner und auf den Zuschauer/Leser berücksichtigen. Auch die Besonderheit der Namen der Figuren verdient hinsichtlich der Figurencharakterisierung Erwähnung.
Um Ihre eigene Position deutlich zu machen, sollten Sie die Haltungen der Figuren nicht nur darstellen und erläutern, sondern auch werten. Zur Untermauerung Ihrer Ansichten müssen Sie Textzitate geschickt in Ihre Darlegungen einfügen.

Lösungsvorschlag

Von Lehrerzimmern ging für Schüler schon immer eine besondere Faszination aus. Ihre Tür war meist verschlossen, ihr Betreten nur in Ausnahmefällen gestattet. Dass in diesem Zimmer die geballte Lehrerschaft zusammentraf und – vermutlich – über nichts anderes als die Schüler sprach, machte den Respekt – oder die Furcht? – vor diesem Raum nicht geringer.
Zum Glück haben die jungen Menschen, die heute unsere Schulen besuchen, eine natürliche Beziehung zu Autoritäten, und die Lehrerzimmer an modernen Schulen sind keineswegs „heilige Hallen". Auch geht es wesentlich anders zu als im Konferenzzimmer des Gymnasiums, in das Frank Wedekind den Leser/Zuschauer in der ersten Szene des dritten Aktes seiner 1891 veröffentlichten „Kindertragödie" *Frühlings Erwachen* hineinführt.

Obwohl an den Wänden dieses Lehrerzimmers die **Porträts großer Pädagogen** hängen, scheinen die Ansichten Pestalozzis und Rousseaus für die am Gymnasium unterrichtenden Professoren keinerlei Bedeutung für ihre Arbeit zu haben. Je länger man das Treiben in diesem Raum beobachtet, desto stärker werden die Zweifel daran, ob man wirklich die Gespräche zwischen Lehrern belauscht. Die Frage nach der beruflichen Eignung der hier versammelten Lehrer stellt sich dem heutigen Leser recht früh. Da wird von Schuld und Sühne gesprochen, von Demoralisierung, von Züchtigung. Was veranlasst die Anwesenden dazu, sich innerhalb ihrer Lehranstalt mit solchen moralischen Kategorien auseinandersetzen zu müssen?

Der Grund für die **Einberufung des Kollegiums** ist ein tragischer: Ein Schüler, Moritz Stiefel, hat **Selbstmord** begangen. Es wird aber im Lehrerzimmer nicht über diesen Tod gesprochen, sondern über einen Umstand, der die Lehrer weitaus stärker beschäftigt: In Moritz' Nachlass ist eine **Aufklärungsschrift** über den Beischlaf (vgl. Z. 85) gefunden worden, die dessen Freund Melchior für ihn verfasst hat. Diese Schrift nun ist es, die die Professoren derart empört, dass sie die Relegation Melchiors, der vor die Herren zitiert wurde, beraten. Im Grunde ist diese „Anhörung" eine Farce, denn das **Urteil** über Melchior ist **bereits gesprochen**.

Die zur Beratung versammelten Lehrer waren wohl bereits in regen Meinungsaustausch über den Vorfall getreten, als Rektor Sonnenstich – von seiner exponierten Sitzposition an der Stirnseite des Konferenztisches aus – die Gesprächsführung übernimmt. Er fragt seine Kollegen zunächst, ob sie „noch etwas zu bemerken" (Z. 1) hätten. Weil niemand auf seine Frage reagiert, sieht er sich ermuntert, seine Ansichten darzulegen.

Melchiors **Schuld steht nicht zur Debatte**, der Rektor spricht, und das mehrmals, von ihm als „unsere[m] schuldbeladenen Schüler" (Z. 3). Auch die Entfernung Melchiors aus der Schule wird nicht diskutiert, wie der Leser/Zuschauer das erwarten könnte, sondern der Rektor führt **Gründe für die Unausweichlichkeit der Relegation** an. Nachdem er betont hat, gar nicht anders zu können, als den Schüler der Schule zu verweisen, zählt er Gründe für diese „Entscheidung" auf, wobei er sich einer umständlichen bürokratischen Sprache bedient. Dabei verstärkt er den Eindruck, selbst nicht entscheiden zu dürfen, indem er jede Begründung mit denselben Worten beginnt: „Wir können es nicht …" (Z. 4–11). Außerdem stellt Sonnenstich von Anfang an klar, dass es keinen Zweifel an der erzieherischen Maßnahme geben kann, indem er seine Motive als „schwerwiegendste Gründe" (Z. 4) bezeichnet. Allerdings versteckt sich der Rektor hinter dem Kollegium, denn ohne dass ein Gespräch auch nur stattgefunden hätte, in welchem jeder Lehrer seine Meinung hätte äußern dürfen, spricht er bei der Begründung der Maßnahme in der ersten Person Plural. Der Ausschluss von der Schule soll also beim „hohen Kultusministerium" (Z. 2) beantragt werden. Der Rektor will die Verantwortung in dieser „heiklen Angelegenheit" nicht übernehmen, ist freilich auch nicht bereit – er denkt in keinster Weise daran – das Problem intern zu lösen, geschweige denn die Sache auf sich beruhen zu lassen.

Welches sind nun die **Begründungen** für diese folgenschwere Bestrafung Melchiors? Zunächst soll mit Melchiors Rauswurf „das bereits hereingebrochene Unglück" (Z. 4 f.) gesühnt und die Schule „für die Zukunft vor ähnlichen Schlägen" (Z. 6) geschützt werden. Ein nicht unwesentlicher Grund wird an dritter Stelle genannt, scheint aber eines der Hauptmotive der Lehrer zu sein – der Schüler soll gezüchtigt werden „für den demoralisierenden Einfluß, den er auf seinen Klassengenossen ausgeübt" (Z. 7 f.) hat. Der Rektor steigert die Spannung, indem er „zuallerletzt" (Z. 8) die verheerenden Folgen andeutet, die Melchiors schlechter Einfluss „auf seine übrigen Klassengenossen" (Z. 9) zweifellos haben würde. Um diesen zu verhindern und – Rektor Sonnenstich führt tatsächlich einen weiteren, den „schwerwiegendste[n]" (Z. 10) Grund an – um seine „Anstalt vor den Verheerungen einer Selbstmord-Epidemie zu schützen" (Z. 11 f.), gebe es keine andere Entscheidung als die bereits erwähnte. Einen solchen Zustand, wie er „bereits an verschiedenen Gymnasien zum Ausbruch gelangt" (Z. 12 f.) sei, will Sonnenstich an seiner Anstalt unbedingt verhindern. Er bedauert, dass es nicht gelungen sei, den Gymnasiasten „durch seine Heranbildung zum Gebildeten" sowie seine damit „gebildeten Existenzbedingungen" (Z. 14 f.) vom Selbstmord abzubringen. Sonnenstich hat keine Ahnung davon, was in seinen Schülern vorgeht, welche Probleme und scheinbar unüberwindbaren Hindernisse sich gerade in der Pubertät vor jungen Menschen auftürmen können. Diese dann mit dem Hinweis auf Bildung und geebnete Wege abtun zu wollen, offenbart sein **pädagogisches Versagen**.

Wohl schwer von seiner eigenen Argumentation und besonders von der Gescheitheit seiner letzten Worte beeindruckt und erschöpft, fragt der Rektor nach einer kleinen Pause endlich seine Kollegen: „Sollte einer der Herren noch etwas zu bemerken haben?" (Z. 15 f.) Diese Art der Fragestellung ist als Ermunterung zur Meinungsäußerung denkbar ungeeignet, aber das weiß der Rektor. Und auch seine Kollegen wissen, was von ihnen erwartet wird.

So ist die Äußerung Professor Knüppeldicks gar nicht so verwunderlich. Erwartet der Leser zunächst einen Beitrag in der Sache, vielleicht sogar einen Widerspruch – „Ich kann mich nicht länger der Überzeugung verschließen, dass es endlich an der Zeit wäre …" (Z. 17 f.) –, ist seine Verwunderung und Enttäuschung entsprechend groß, wenn er den Satz des Professors zu Ende gelesen hat „… irgendwo ein Fenster zu öffnen." (Z. 18) Wie kann ein Lehrer in einer solchen Situation, in der er über die Zukunft eines jungen Menschen zu entscheiden hat, so viele Worte verschwenden, um ein Fenster öffnen zu lassen?

Dass der stotternde Professor Zungenschlag sich nur äußert, um mit der Schilderung der Atmosphäre den Wunsch seines Vorredners zu unterstützen, befremdet den Leser schon gar nicht mehr. Vielmehr erwartet er mit einiger Spannung den Fortgang der **Posse**.

Der Rektor fordert den neben der Tür kauernden Pedell dazu auf, das Fenster zu öffnen, schließlich habe man, im Gegensatz zum Inneren des Zimmers, „Atmosphäre genug draußen" (Z. 24 f.). Sonnenstich scheint den Zweck der Konferenz nicht aus den Augen verloren zu haben und will zu ihm zurückkehren, denn er wiederholt seine Frage (vgl. Z. 25). Anstatt dass sich die Herren jedoch auf den Anlass ihrer Zusammenkunft konzentrieren und ihr Vorgehen in der Angelegenheit abstimmen, entsteht eine **Diskussion um das Öffnen eines Fensters**. Freilich ist dieses Hin und Her gar nicht so abwegig, wie es erscheint, denn – es gibt nichts abzusprechen. Das **Schicksal Melchiors** ist nicht nur besiegelt, es **interessiert** auch **keinen der Professoren**.

Wedekind **karikiert** sie nicht nur durch ihr kindisches Verhalten, sondern auch durch ihre **sprechenden Namen**. Die Überhöhung trägt durchaus komische Züge und gibt die so bemüht ernsthaft auftretenden und sich wichtig nehmenden Herren der Lächerlichkeit preis. Auch die Autorität des Rektors muss vor solch unsinnigem Verhalten kapitulieren. Zwar versucht Sonnenstich immer wieder, insgesamt viermal, die Herren zur Ordnung zu rufen, aber seine monotone und halbherzige Fragestellung „Sollte einer der Herren noch etwas zu bemerken haben?" wird überhört. Einzig dem Diener Habebald, der vor lauter Anordnungen gar nicht weiß, was er tun soll, und in seiner Hilflosigkeit nur zu einem unterwürfigen Satz fähig ist (vgl. Z. 23, 30, 36, 42, 60), gehört vielleicht ein wenig das Mitgefühl des Lesers.

Es scheint, als gelinge es Rektor Sonnenstich dann doch, ein Machtwort zu sprechen und zum Ernst zurückzukehren, denn er fordert seine Kollegen zur Abstimmung auf. Aber – er lässt die wegen der Entlassung eines Schülers zusammengekommenen Kollegen über das Öffnen eines Fensters votieren! Und: Seine Kollegen, die sich bisher mit keinem Wort zur Angelegenheit Melchior geäußert haben, stehen nun tatsächlich zur Abstimmung auf und lassen sich abzählen. Die **groteske Abstimmung** hat zur Folge, dass die Fenster geschlossen bleiben, zumal der Rektor der Ansicht ist, „daß die Atmosphäre nichts zu wünschen übrigläßt!" (Z. 44)

Spätestens hier ist sich der Leser dieser Szene im Klaren darüber, dass trotz des tragischen Geschehens, der Selbsttötung des Schülers Moritz, der Autor der „Kindertragödie" nicht auf **Komik** verzichten will. Diese tritt in vielfältiger Gestalt in Erscheinung: als feine Stichelei, wenn ausgerechnet Professor Zungenschlag stark stottert, in den lächerlich wirkenden Namen der Professoren, in Worten und Wendungen, die einerseits bezeichnen, andererseits entlarven, und schließlich als Groteske, wenn erwachsene Männer mehr Aufhebens um das Öffnen oder Schließen eines Fensters machen als um die Zukunft eines Schülers. Mit all diesen **satirischen Mitteln entlarvt** Wedekind die Dummheit, Borniertheit und das Unvermögen der Lehrer.

Nachdem er seine unsinnige Frage nach einer eventuellen Wortmeldung ein letztes Mal gestellt hat, worauf erwartungsgemäß niemand reagiert, kommt Rektor Sonnenstich wieder auf den Anlass der Konferenz zurück. Mit vielen Worten, unter denen wiederholt die selbstgerechte Formulierung von „unserem schuldbeladenen Schüler" (vgl. Z. 46, 53 f., 55) vorkommt, begründet er die Entscheidung gegen Melchior: Er hat Angst, seinerseits von „einem hohen Kultusministerium […] für das hereingebrochene Unglück verantwortlich" (Z. 46–48) gemacht zu werden, wie dies an anderen Gymnasien geschehen sei (vgl. Z. 48–51). Sonnenstich verrät hier bei allem herrischen Gebaren seinen **Untertanengeist**. Auch könne man es sich nicht erlauben, „die sonstige Qualifikation unseres schuldbeladenen Schülers als mildernden Umstand gelten zu lassen" (Z. 53 f.). (Immerhin wird mit dieser Anmerkung wenigstens ein gutes Haar an Melchior gelassen, denn seine guten Leistungen kann man ihm dann doch nicht absprechen.) Zwar versichert Sonnenstich, dass diese Entscheidung das Kollegium tief schmerze (vgl. Z. 52 f.), aber das nimmt ihm der Leser nicht ab. Der Rektor sieht sich und seine Kollegen als „Hüter und Bewahrer [der] Anstalt" (Z. 52) und in dieser Funktion in der Pflicht, allem „Ungesunden, Unnormalen" entschieden entgegenzutreten.

Es stellt sich die Frage, was denn an dieser Schule bewahrenswert ist, was behütet zu werden verdient. Nach allem, was der Leser bisher über diese Lehranstalt und ihre „Pädagogen" erfahren hat, scheint das nicht viel zu sein. Sicherlich geht es um Leistung, denn die von Melchior erzielten Zensuren werden auch vom Rektor anerkannt. Ansonsten aber scheint der **junge Mensch nur als Objekt** betrachtet und behandelt zu werden, dem Wissen vermittelt und das – auch durch Drill – zu unbedingtem Gehorsam erzogen wird. Das Streben nach Selbstständigkeit im Denken und im Handeln wird nicht gefördert, sondern unterdrückt. Probleme, denen sich junge Menschen gegenübersehen, werden ignoriert. Wichtig ist nicht der Schüler, sondern der Ruf der Schule als Lehranstalt. Die Lehrer sind nicht die Partner der Schüler, sondern deren Pauker. Ein Versagen gibt es nur auf der Seite der Schüler, die Lehrer stellen sich die Frage nach ihrem Anteil, z. B. an der gefürchteten „Selbstmord-Epidemie", gar nicht erst. Die in diesem Lehrerzimmer versammelten Professoren haben von den fortschrittlichen Zielen ihrer dekorativ zur Schau gestellten großen Kollegen Pestalozzi und Rousseau keine Ahnung, wohl nicht einmal das Bedürfnis, sich mit deren Ideen zu beschäftigen. Wedekind gestaltet mit der Szene eine scharfe, teilweise ins Groteske umschlagende **gesellschaftskritische Satire**, in der er das **obrigkeitshörige Denken** sowie die autoritären, hierarchischen Strukturen des wilhelminischen Kaiserreichs bloßstellt. In einer stark militaristisch geprägten Gesellschaft fungiert die Schule nur noch als „**Zuchtanstalt**".

Schließlich wird Habebald aufgefordert, „ihn" – der Schulleiter hält es nicht für nötig, den Namen des Schülers zu nennen, und zeigt auch damit seine Ablehnung des Jungen – heraufzuführen. Sofort nach Abgang des Pedells wird die unselige Nörgelei wegen des Fensters wieder aufgenommen. Nur regt Professor Zungenschlag jetzt bissig an, das andere Fenster auch noch zumauern zu lassen, woraufhin es fast zum Streit mit Fliegentod kommt. Dem Rektor gelingt es nur mit dem Hinweis darauf, dass der vorzuführende Schüler „bereits auf der Treppe zu sein" (Z. 73 f.) scheint, die beiden Streithähne zum Schweigen zu bringen.

Melchior tritt „bleich, aber gefaßt, vor die Versammlung" (Z. 75) seiner Lehrer. Nachdem Rektor Sonnenstich den Jungen zum Nähertreten aufgefordert hat, legt er ohne weitere Einleitung in vielen Worten den Anlass der Vorladung dar, wobei er weit ausholt und sich wieder eines geschraubten Satzbaus bedient. Es zeigt sich erneut (vgl. Z. 1–16 und Z. 43–59), dass **Sonnenstich sich gern reden hört** und sich quasi an seinen eigenen Worten berauscht. Aus seiner **Bewertung der „Tat"** und ihres Urhebers macht er keinen Hehl. Seine Darlegungen sind gespickt mit abwertenden Attributen: „ ruchlose[r] Frevel" (Z. 78), „verabscheuungswürdige Untat" (Z. 80, 82), „moralische Zerrüttung" (Z. 83), „Untäter" (Z. 84). Als er nicht umhin kann, den Stein des Anstoßes zu nennen, stellt er all seine **Verachtung** zur Schau, indem er Melchiors Aufsatz und dessen Verfasser mit Superlativen und weiteren abwertenden Attributen betitelt. Die Arbeit sei eine „[…] von den schamlosesten Unflätereien strotzende […] Abhandlung" (Z. 86 f.), ihr Verfasser „ein verworfener Lüstling" (Z. 87), der die „geschraubtesten Anforderungen […] an eine unzüchtige Lektüre" (Z. 87 f.) habe.

Melchior nutzt eine kurze Atempause des sich ereifernden Rektors zum **Widerspruch**. Weit kommt er nicht, denn der Professor schneidet ihm das Wort ab, indem er die beiden Worte des Schülers („Ich habe …", Z. 89) für sich nutzt und einen Befehl daraus macht: „Sie haben sich ruhig zu verhalten!" (Z. 90)

Sonnenstich fährt also fort und legt stolz die Vorgehensweise dar, die zur Aufdeckung des „Frevels" geführt hat. Dass er, wie bisher auch, affektiert spricht, dass er seine Verachtung Melchiors weiterhin deutlich zeigt, passt zu seinem selbstherrlichen Auftreten. Melchiors zweiten Versuch eines Einwandes weist Sonnenstich entschieden zurück, indem er dem Jungen erneut klarmacht, wie der sich zu verhalten habe, nämlich ruhig. Aus der Befragung ist längst ein **Verhör** geworden, Melchior bekommt nicht die Möglichkeit, seine Ansicht darzulegen. Es wird erneut deutlich, dass es um den Jungen im Grunde gar nicht geht. Hier will ein selbstgefälliger **Schulleiter**, stillschweigend unterstützt von seinen willfährigen Kollegen, seine **Macht demonstrieren** und **ein Exempel statuieren**. Ihren vorläufigen Höhepunkt erreicht die blasierte Rede des Rektors, als er Melchior für die „Selbstentleibung" (Z. 102) Moritz' verantwortlich macht.

Ein drittes Mal versucht Melchior, das Wort zu ergreifen (vgl. Z. 104), erneut wird er von seinem Rektor barsch unterbrochen und im hochfahrenden Ton darauf hingewiesen, wie er auf „die genau präzisierten Fragen" (Z. 105) zu antworten habe, nämlich „mit einem schlichten und bescheidenen ‚Ja' oder ‚Nein'" (Z. 106). Der Diener Habebald wird herbeordert, um die Akten zu bringen, Professor Fliegentod zum Protokollanten ernannt und zum „möglichst wortgetreu[en]" (Z. 110) Mitschreiben angehalten. Das **Protokoll** soll offensichtlich den objektiven Verlauf der Anhörung beglaubigen.

Nun folgt das Verhör. Melchior beantwortet alle Fragen wahrheits- und wunschgemäß mit einem klaren „Ja". Auch seine Urheberschaft leugnet Melchior nicht, verwahrt sich aber gegen die Unterstellung, seine Abfassung sei „unflätig", und ersucht den Rektor, ihm „*eine* Unflätigkeit darin nachzuweisen." (Z. 118) **Sonnenstich fühlt sich in die Enge getrieben** und weicht aus, indem er den Schüler erneut und völlig unsinnig darauf hinweist, wie er die Fragen zu beantworten habe. Aber Melchior lässt sich nicht unterkriegen. Nachdrücklich macht er dem Professor deutlich, nichts anderes geschrieben zu haben als das, was diesem hinlänglich bekannt sei. Diese Direktheit verschlägt dem Lehrer fast die Sprache, er kann nur zu einer Beleidigung greifen: „Dieser Schandbube!!" (Z. 123) Melchior fühlt sich bestärkt und insistiert (vgl. Z. 124 f.). Im Gegensatz zu seinem Schüler, der trotz seiner prekären Lage vor dem Tribunal der Professoren mit der gebotenen Höflichkeit auftritt, verliert der Schulleiter seine Beherrschung. Er schreit Melchior an und macht sich damit lächerlich.

Als Melchior erneut ansetzt, um seine Position zu erklären, unterstellt der Professor dem Schüler, weder „Ehrerbietung vor der Würde [seiner] versammelten Lehrerschaft" noch „Anstandsgefühl" (Z. 129 f.) zu besitzen. Dem Leser stellt sich erneut die Frage, worin die Würde dieser Lehrerschaft denn bestehen soll, wofür diese Lehrer Achtung verdient hätten. Was in diesem Lehrerzimmer geschieht, ist in vielerlei Hinsicht würdelos. Melchior kennt seine Schule und seine Lehrer zu gut, als dass er ihnen den eingeforderten Respekt (weiterhin) entgegenbringen könnte.

In das Durcheinander äußert sich Melchior erneut, aber die Aufforderung Sonnenstichs an den Schriftführer, „das Protokoll zu schließen" (Z. 137 f.), schneidet ihm das Wort ab. Für den Rektor hat die Befragung eine **unerwartete**, **peinliche Wendung** genommen. Sieht er auch keine Niederlage für sich ein, will er doch möglichst vertuschen, dass die Anhörung nicht nach seinen Vorstellungen verlaufen ist.
Melchior will nicht aufgeben und versucht es noch einmal: „Ich habe …" (Z. 139) Das ist auch das letzte Mal, dass er zu Wort kommt, denn Sonnenstich hat sich wieder so weit gefasst, dass er seinen Schüler in bewährter Manier in die Schranken weisen kann. Allerdings brüllt er seinen stereotypen, unsinnigen Satz in den Raum (vgl. Z. 140), um sofort nach dem Pedell zu rufen und diesen anzuweisen, Melchior aus dem Raum zu führen.

Wie wird es Melchior nach diesem Vorfall gehen? Wird er bei jemandem Verständnis, ja Hilfe finden? Das sind einige der Fragen, die sich der Leser womöglich stellen wird. Vielleicht wird er auch darüber nachdenken, wie er in einer ähnlichen Konfliktsituation fühlen, denken und handeln würde. Ist der Leser ein **Schüler**, so wird er hoffen, von seinen Lehrern ernst genommen, als Partner behandelt und als eigenständige Persönlichkeit respektiert zu werden. Er will gleichermaßen gefordert und gefördert werden und das nicht nur im Hinblick auf seine schulischen Leistungen. Seine Entwicklung soll nicht beschränkt werden, sondern ihm sollen Möglichkeiten eröffnet werden, sich selbst zu entdecken und seine Pläne zu verwirklichen.
Der **Lehrer**, der die Szene aus Wedekinds Stück liest, fragt sich Ähnliches: Welchen Anspruch habe ich als Lehrer? Will ich nur ein Vermittler von Wissen sein oder bin ich für meine Schüler auch ein Erzieher, der ihre Stärken fördert, ihnen beim Ausgleich ihrer Schwächen hilft? Wie gehe ich mit meinen Schülern um? Respektiere ich sie?
Die Fragen, was einen guten Lehrer ausmacht und wie ein wohltuendes Verhältnis zwischen Schüler und Lehrer sein soll, können vielfältig beantwortet werden. Eins jedoch ist klar: So, wie Wedekind die Professoren karikierend darstellt, wird kein Lehrer sein wollen, und kein Schüler hat solche Lehrer verdient!

Deutsch (Thüringen): Abiturprüfung 2011
Aufgabe 5: Interpretation eines lyrischen Textes

Wulf Kirsten (geb. 1934)

Unvergeßlicher Augenblick

der sommer schlägt sein grünes dach
über den feldweg
bis auf die steinigen weinbergäcker.
waldwärts zwei räderzeilen, tief
in den lehm geschnitten.

mutter im gespräch mit Lorenz, dem bäckergesellen,
spaziergänger unter kirschbäumen.
meine augen starren auf wadenstrümpfe,
geschmückt mit flauschigen bommeln,
sonntäglich weiß.

gesicht und stimme vergessen.
auf den wortlaut
gab ich nicht acht.
der bäcker mußte einrücken.
blieb an der ostfront verschollen.

geführt von anderen händen,
schnellt sein brotschieber
über die fußgrube.
die kirschallee ist abgehaun.
der wind hat freie bahn.

ich seh mich an der hand der mutter
in der allee.
ein schattengang voller laubfrische.
ein gespräch unterm kirschbaum,
belebend belanglos.

die erinnerungen meiner augen
hängen gebannt
und verwundert
an den bommeln
des bäckersonntags. (1992)

Aus: Kirsten, Wulf: Stimmenschotter. Gedichte 1987–1992.
Zürich: Ammann Verlag 1993, S. 9–10.

Arbeitsanweisung

Interpretieren Sie das Gedicht.

Hinweise und Tipps

Voraussetzungen

Die vorliegende Aufgabe ist in ihrer Konzeption auf das Wesentliche reduziert: Ein einzelner, lyrischer Text steht im Mittelpunkt und die Aufgabenstellung setzt neben der Interpretation keine weiteren Handlungsschritte voraus. Sie haben hier somit die Gelegenheit, eine **klassische Gedichtinterpretation** mithilfe der von Ihnen eingeübten **Arbeitstechniken** zu verfassen. Auf der anderen Seite würden Bezugstexte oder weitere Teilaufgaben, wie sie durch den *Thüringer Lehrplan für das Fach Deutsch in der Oberstufe* vorgesehen sind, auch immer Hinweise auf eine inhaltliche Schwerpunktsetzung bieten. Diese Funktion entfällt in diesem Fall. Allerdings erschließt sich das Gedicht durch die **klare Sprache** und den **Lebensbezug** relativ schnell. Kenntnisse über den Autor Wulf **Kirsten** und sein Werk sind nicht unbedingt vorauszusetzen. Hinweise zu textexternen Untersuchungsaspekten ergeben sich allenfalls aus dem Geburtsjahr des Autors und dem Zeitpunkt der Veröffentlichung des Gedichts. Zur besseren Einordnung dieser Daten ist eine gute Orientierung in der **Geschichte des letzten Jahrhunderts** durchaus hilfreich. Die in einer Strophe vorhandenen Hinweise auf den Zweiten Weltkrieg sollten aber nicht zu einer rein historischen Schwerpunktsetzung verleiten.

Die Aufgabe verlangt Leistungen in allen drei Anforderungsbereichen, die laut den *Einheitlichen Prüfungsanforderungen in der Abiturprüfung Deutsch (EPA)* zu einer vollständigen Aufgabenstellung gehören:
Anforderungsbereich I (Grundlagen an Wissen/Kennen konkreter Einzelheiten): **Allgemeinwissen** zu gesellschaftlichen Prozessen insbesondere zu historischen Bedingungen des 20. Jahrhunderts sollte zur Einordnung herangezogen werden können. Die formalen **Gestaltungsmittel** des Gedichtes sind zu erkennen und mit den fachspezifischen Begriffen zu beschreiben.
Anforderungsbereich II (Organisation des Arbeitsprozesses): Die **Struktur** und die Einzelelemente des Textes sind zu erfassen, zu beschreiben und in ihrer **Bedeutung** zu erläutern. Daraus leitet sich das begründete Ergebnis der Analyse ab. Eine selbstständige Erarbeitung von Schwerpunkten und ihre sinnvoll gegliederte Darstellung ist durch die allgemein formulierte Aufgabenstellung notwendig.
Anforderungsbereich III (Fähigkeit zur eigenen Urteilsbildung): Die **Aussage** des Gedichtes ist zu erfassen und darzustellen. Die jeweiligen Deutungen müssen zu einer Sichtweise führen, die eine Übertragung der dargestellten Problematik auf umfassendere Lebensbereiche zulässt. Die Wirkung des Textes kann **bewertet** werden.

Erläuterung der Aufgabenstellung

Die Arbeitsanweisung verwendet nur den **Operator** „Interpretieren Sie …“, der nach den EPA dem dritten Anforderungsbereich eindeutig zugeordnet ist und die **selbstständige und komplexe Bearbeitung** in einem zusammenhängenden Interpretationsaufsatz zum Ziel hat. Die Gliederung dieser Textart erfordert für den Hauptteil immer die Entscheidung, ob man sich an der **Chronologie** des Gedichts orientiert oder bestimmte **Untersuchungsaspekte** übergreifend in thematischen Blöcken behandelt. Da bei Wulf Kirstens Text eine inhaltliche Dreiteilung und daran orientiert die Darstellung eines Prozesses vorausgesetzt wird, bietet es sich an, im Wesentlichen dem Lauf des Gedichts zu folgen. Um sprachliche Veränderungen zu charakterisieren, werden aber immer auch Vergleiche zwischen den Strophen notwendig sein. Zu Beginn sollte allerdings ein **Überblick** über das Gedicht die notwendigen Voraussetzungen schaffen. Dem klassischen Einleitungssatz (Angaben zu Autor, Titel, Textart, Erscheinungsjahr) wird im folgenden Lösungsvorschlag eine inhaltliche Hinführung zum Thema des Gedichts vorangestellt. So entsteht ein **Rahmen**, der die anschließenden Details der Analyse gleich in einen größeren Zusammenhang stellt. Ein Überblick sollte zunächst über textexterne Untersuchungsaspekte und dann über die äußere Form informieren. Einige Angaben zum Autor wurden im Lösungsvorschlag zweckmäßig eingesetzt, können aber nicht erwartet werden. Das Beispiel zeigt recht gut, dass man aus Quellenangaben keine spekulativen Schlüsse auf den Autor ziehen sollte, da es sich bei Kirsten nicht um einen Schweizer handelt, obwohl er

seinen Gedichtband *Stimmenschotter*, aus dem der vorliegende Text stammt, bei einem Züricher Verlag veröffentlicht hat.
Zum Überblick über die äußere Form gehören Hinweise zu **Umfang** sowie **Aufbau** von Strophen und Versen. Hierbei spielen eventuell Reim und Rhythmus eine Rolle. Auch die Beobachtung, dass sie wie im vorliegenden Fall fehlen, ist notwendig. Auffälligkeiten in der Groß- und Kleinschreibung und in der Wortwahl gelten ebenfalls für das gesamte Gedicht und können bereits Hinweise zur Deutung geben, die dann mit Blick auf die einzelnen Strophen vertieft werden sollten. Wer deren Verlauf folgt, sollte das **Gliederungsprinzip** zur besseren Orientierung ebenfalls vor der Vertiefung darstellen. Abschnittsweise werden nun die Details immer auch unter der Voraussetzung beschrieben, in welchem Verhältnis sie zu den vorher genannten Prinzipien stehen und wie sie die Struktur des Gedichts spiegeln.
Zuletzt erfolgt eine **Zusammenfassung**, die die Entwicklung noch einmal insgesamt verdeutlichen soll. Dabei können Sie wichtige Aspekte zur abschließenden **Bewertung** heranziehen. Nicht zu vergessen ist eine Bezugnahme auf die Einleitung, mit der Sie den Rahmen schließen.

Lösungsvorschlag

Einleitung

Manchmal sagen wir „Das sehe ich noch als Bild vor mir, …“ und wollen damit die Erzählung einer **Erinnerung** einleiten, die sich uns so eingebrannt hat, dass sie wie ein Foto abrufbar zu sein scheint. Aber unser Gedächtnis ist kein Fotoalbum, keine schreibgeschützte Speicherkarte einer Digitalkamera. Diese Bilder in unserem Kopf sind bruchstückhaft. Ganz bestimmte Gegenstände, Gesichter oder Gegenden stehen Pars pro Toto für die jeweilige Erinnerung. Zudem sind die Augenblicke, die wir abrufen, nicht nur optisch hinterlegt, denn auch Gerüche, Geräusche und Gefühle tragen einen beträchtlichen Teil dazu bei. Manches davon bleibt von der frühen Kindheit bis ins hohe Alter präsent, aber der jeweilige **Kontext** kann sich verändern und mit ihm die Erinnerung. Deswegen ist die Foto-Metapher, nach der Vollständiges gleichbleibend abgebildet wird, für die Erinnerung doch nicht so geeignet.

Da ist es eher der Begriff der **lebendigen Erinnerungen**, der zu Wulf **Kirstens** Gedicht *Unvergeßlicher Augenblick* passt. Das lyrische Ich gibt dort einen Moment der **Kindheit** wieder und verknüpft ihn mit dem Wissen über die folgenden Veränderungen. Dadurch wird aus einem zufälligen Augenblick der Teil einer **reflektierten** Erinnerung. Das Gedicht erschien als Teil des 1993 veröffentlichten Lyrikbandes *Stimmenschotter. Gedichte 1987–1992*. Der Entstehungszeitraum ist somit identisch mit der Zeit des politischen Wandels in der DDR, den der 1934 in einem Dorf bei Dresden geborene Autor aktiv miterlebte. Dass in diesen Jahren viel in Bewegung geraten war, mag den Titel des Bandes mit beeinflusst haben, denn Schotter befestigt die Straßen. In jedem Fall spielen Wege und ihre Verfassung in *Unvergesslicher Augenblick* ebenfalls eine Rolle (vgl. zum Beispiel „den feldweg“, V. 2–5 und die „kirschallee“, V. 19 sowie 21 f.). Auf diesen Wegen bleiben auch die Erinnerungen in **Bewegung**. Die Eindrücke des lyrischen Ichs können durchaus mit denen aus Wulf Kirstens Kindheit korrespondieren. Das ließe sich zum einen zeitlich belegen, denn es wird von einem Bäcker berichtet, der nach dem geschilderten Moment an der Front im Osten verschollen bleibt. Die Kindheit liegt also vor dem Ende des Zweiten Weltkriegs, das Kirsten als 11-Jähriger erlebte. Zum anderen finden sich die „weinbergäcker“ (V. 3) räumlich in der sächsischen Heimat des Lyrikers an der Elbe.

Das Gedicht besteht aus sechs Strophen, die jeweils 5 Verse umfassen. Damit erschöpft sich allerdings die Regelmäßigkeit des Textes. Die Verse sind reimlos und folgen keinem festen Rhythmus. Längere Verse wechseln sich mit kürzeren ab, dominieren allerdings in der ersten Hälfte. Mit der Kürze der Verse sind zahlreiche **Enjambements** verbunden. Die letzte Strophe besteht aus einem einzigen Satz. Aber auch in den vorigen Abschnitten fließen die Sätze mitunter über die Versenden hinaus, was dem gesamten Text eine dynamische Wirkung gibt (z. B. „schnellt sein brotschieber/über die fußgrube.“, V. 17 f.). Die Grenzen der Strophen werden dabei allerdings nicht überschritten. Eine Besonderheit der Orthografie, die sich ansonsten an die damals geltenden Regeln hält, ist die **Kleinschreibung** aller Satzanfänge und Substantive, außer des einzigen Eigennamens („Lorenz“, V. 6). Die Substantive werden dadurch zwar an die anderen Wortarten angeglichen, erhalten aber gleichzeitig durch den gehäuften **Nominalstil** eine besondere Funktion. Ein Beispiel dafür ist die folgende Satzellipse aus der ersten Strophe: „waldwärts zwei räderzeilen, tief/in den lehm geschnitten.“ (V. 4 f.) Die Hauptbedeutung liegt auf dem Substantiv, dem Neologismus „räderzeilen“, der durch ein Adjektiv und ein Partizip näher erläutert wird. Durch die Wortwahl und das Enjambement wirkt die Ellipse trotz des fehlenden Prädikats kaum statisch. Die Bevorzugung von Partizipien gegenüber dem Verb in seiner vollständigen und flektierten Form findet sich weitere Male im Text, z. B. bei „geschmückt mit flauschigen bommeln“ (V. 9) oder „geführt von anderen händen“ (V. 16).

Durch eine Satzellipse und die Hervorhebung zweier durch eine Konjunktion verbundener Substantive wird der Nominalstil noch einmal besonders im ersten Vers der dritten Strophe deutlich: „gesicht und stimme vergessen.“ (V. 11) Dieser Vers markiert einen ersten inhaltlichen **Einschnitt** innerhalb des Gedichts, das sich in **drei gleich große Abschnitte** teilen lässt. Im ersten Teil, bestehend aus erster und zweiter Strophe, wird der titelgebende unvergessliche Augenblick als Moment der **Gegenwart** dargestellt. In den beiden mittleren Strophen folgen **Prozesse** des Vergessens und der Veränderungen. In den abschließenden zwei Strophen ist der Moment zur rückblickenden **Erinnerung** geworden.

Woran lässt sich dieser Prozess, den ein „Unvergeßlicher Augenblick“ hier durchläuft, festmachen? Die zwei Prädikate, die sich im ersten Teil – dem Augenblick in der Gegenwart – finden lassen, stehen im Präsens („schlägt“, V. 1; „starren“, V. 8). Die **Perspektive des lyrischen Ichs** wird als eine unmittelbare und ungefilterte Betrachtung des Moments wiedergegeben: „meine augen starren auf wadenstrümpfe“ (V. 8). Dass es der Blick eines kleineren Kindes ist, verdeutlicht die dargestellte Sichtachse, die nicht weit über die Beine der Mutter hinausgeht. Die Bezeichnung der beobachteten Personen vermittelt ebenfalls keine Distanz. Der Verzicht auf ein besitzanzeigendes Pronomen bei „mutter“ (V. 6) am Beginn der zweiten Strophe entspricht der Bezeichnung durch ein Kind. Auch ihr Gesprächspartner Lorenz wird in einer Parenthese so bezeichnet, als ob das lyrische Ich die Kenntnis von dessen Person beim Leser voraussetzen könnte, denn die Aufmerksamkeit gilt „*dem* bäckergesellen“ (ebd.) und nicht *einem* Bäckergesellen.

In den insgesamt nur acht kurzen und etwas längeren Versen entsteht das Bild einer **Idylle**, das vollständig wirkt. Dazu trägt bei, dass – wie bei einer Bildbeschreibung – zunächst die gesamte Perspektive entwickelt wird und dann der Blick immer mehr ins Detail geht. Zunächst ruft die Personifikation „der sommer schlägt sein grünes dach“ (V. 1) gleich zu Beginn allein durch die ganz allgemeine Nennung der Jahreszeit in Verbindung mit der Farbe der Natur eine Reihe von **Assoziationen** auf, die ein ungebrochenes Landschaftsbild erzeugen. In dieser Landschaft führt das lyrische Ich den Blick nun „über den feldweg“ (V. 2) und „waldwärts“ (V. 4). Gerade dieser etwas antiquiert wirkende Neologismus betont den **romantisierenden** Charakter einer Landschaftsidylle. Auch die Räderzeilen, die „tief/in den lehm geschnitten“ (V. 4 f.) sind, verweisen zurück auf eine lange Vergangenheit, in der Wagen auf dem Weg zu den „weinbergäcker[n]“ (V. 3) gefahren sind. Auf einer weiteren Ebene aber stehen die Spuren gleichzeitig als Metapher für eine Erinnerung, die sich eben „tief“ und deutlich „geschnitten“ verfestigt hat. Sie übernehmen tatsächlich die Funktion des geschriebenen Wortes, das etwa in der Literatur oder in der Geschichtsschreibung im Dienst der Erinnerung steht, denn die Räder bilden Zeilen wie Sätze bzw. Verse.

Am Ende des Abschnittes stehen als Detail die Bommeln an den Wadenstrümpfen. Zusätzliche Nähe erzeugt die Beschreibung der Bommeln als flauschig (vgl. V. 9). Hier wird das einzige Mal in der Erinnerung ein anderer als der optische Sinn bedient. Die nachgeschobene Ergänzung „sonntäglich weiß" (V. 10) schließt den ersten Abschnitt ab. Bis zu diesem Punkt ist der Moment unberührt, symbolisiert durch das unschuldige Weiß, das gleichzeitig einen Bogen zum natürlichen Grün im ersten Vers zulässt. Es handelt sich um die beiden einzigen farblichen Beschreibungen im Gedicht. Die Erwähnung des Wochentags zeigt, dass der Augenblick ein zufälliger sein muss. Es ist kein bestimmter Tag, kein bestimmtes Ereignis, das hier wiedergegeben wird. Es könnte sich um jeden normalen Sonntag jener Kindheit handeln, denn immer wieder werden dann die frisch gewaschenen Bommeln getragen, wobei ungeklärt bleibt, zu welchem der Personen das Kleidungsstück gehört. Es ist aber eben auch **kein Alltag**. Der Leser sieht die „spaziergänger" (V. 7) und nicht die Werktätigen, was die Idylle betont. Arbeit spielt dagegen im mittleren Teil des Gedichts eine Rolle.

In der dritten Strophe setzen Prozesse des Vergessens und der Veränderung ein. Sie beginnen gleich mit der Ellipse „gesicht und stimme vergessen" (V. 11). Hier erfolgt auch der Wechsel in der **Zeitform**. Die Verben stehen im Präteritum („gab", V. 13; „mußte", V. 14; „blieb", V. 15). Das lyrische Ich blickt also jetzt aus der Gegenwart auf den in der Vergangenheit liegenden Augenblick. Dabei wird gleich eingeräumt, dass nicht nur Teile der Erinnerung dem Vergessen zum Opfer gefallen sind, sondern der Moment nie in seiner Vollständigkeit wahrgenommen wurde: „auf den wortlaut/gab ich nicht acht." (V. 12 f.) Die Erinnerung ist also von vornherein **selektiv**. Für den Leser des Gedichts bleibt offen, welche Inhalte die Gespräche zwischen den Spaziergängern hatten. Die Frage, in welchem Verhältnis die Mutter und der Bäckergeselle zueinander standen, könnte nur spekulativ beantwortet werden. Es scheint aber für die Erinnerung des lyrischen Ichs auch nicht von Relevanz zu sein. Nur die Person, die sich erinnert, entscheidet für sich, welche Teile eines Moments nicht vergessen werden. Aber nicht nur dadurch verändert sich der Augenblick. Was ist passiert seit dem unvergesslichen Augenblick? Aus dem „bäckergesellen" (V. 6) ist ein „bäcker" (V. 14) geworden. Über ihn erhalten wir weiterhin die Informationen, dass er „einrücken" musste und „an der ostfront verschollen" blieb (V. 14 f.). Mit den Worten „einrücken" und „osftront" wird beim Leser eine klare historische Vorstellung vom Bäcker, der aus dem **Zweiten Weltkrieg** als Soldat nicht mehr heimkehrt, aufgerufen. Über diese Worte hinausgehende Informationen sind nicht notwendig, denn sie allein sprechen ein kollektives Gedächtnis an, das zahlreiche andere Schicksale dieser Art kennt.

Obwohl der Bäcker Lorenz, der ja immerhin als einzige Person im Text namentlich genannt wird, ein Teil des unvergesslichen Augenblicks ist, löst sein Verlust **keine** offene **Trauer** aus. Das Leben geht weiter: „geführt von anderen händen,/schnellt sein brotschieber/über die fußgrube." (V. 16–18) Dass ein anderer Mensch nun Brot und Brötchen herstellt, scheint unerheblich. Es ist als Metonymie nur von den „händen" die Rede. Die Backtätigkeit bleibt dieselbe. Durch den Gebrauch von Fachbegriffen aus dem Bäckerhandwerk („brotschieber", „fußgrube") wird die Emotion aus der Information herausgehalten. Dennoch ist die „fußgrube" – ähnlich wie die „räderzeilen" (V. 4) – auch wieder eine Metapher für die Spuren der Vergangenheit, denn es handelt sich um die Vertiefung an der Stelle, an der ein Bäcker Tag für Tag steht, um mit dem Schieber das Brot in den Ofen zu schieben. Hier wird zudem der Kontrast zwischen der sonntäglichen Idylle der ersten beiden Strophen und der alltäglichen Arbeit deutlich.

Die Idylle wird aber nicht nur durch den Krieg gestört. Der Mensch hat in die **Landschaft** eingegriffen, denn „die kirschallee ist abgehaun" (V. 19). Diese Information wird erneut sachlich und emotionslos in einem zwar vollständigen, aber parataktisch auf das Wesentliche reduzierten Hauptsatz gegeben. Das grüne Dach aus dem ersten Vers des Gedichts existiert nicht mehr. Dass dies eine Wirkung auf die Menschen hat, macht die Metapher „der wind hat freie bahn" (V. 20) klar. Der Wind stört nicht nur die Idylle, sondern sorgt dafür, dass Spuren und mit ihnen die Erinnerungen schneller wieder verschwinden. Am Ende der vierten Strophe haben sich die Bedingungen also sichtbar verändert. Wir wissen nun, dass es den Ort des unvergesslichen Augenblicks in dieser Form nicht mehr gibt und dass durch den Krieg mindestens eine Person, an die sich die Erinnerung knüpft, nicht mehr da ist. Beides sind Prozesse, an denen der Mensch die Verantwortung trägt. Hinzu kommt das selektive Erinnern des lyrischen Ichs.

Unter diesen neuen Voraussetzungen wird der Augenblick in den letzten beiden Strophen nun **wiederholt**. Doch die Auswirkungen sind beträchtlich, wie sich an Inhalt und Sprache festmachen lässt. Das lyrische Ich wechselt in eine **Außenperspektive:** „Ich seh mich an der hand der mutter" (V. 21). Dass grammatisch wieder die Zeitform der Gegenwart eingenommen wird, ist dadurch berechtigt, dass der Prozess des Erinnerns ausgedrückt wird und nicht mehr dessen Inhalte. Hierfür wird dagegen ganz auf Verben verzichtet (vgl. V. 23 ff.). So heißt es in der letzten Strophe auch: „die erinnerungen meiner augen/hängen gebannt" (V. 26 f.). Diese Stelle bezieht sich direkt auf Vers 8 „meine augen starren". Nur ist jetzt der Begriff der Erinnerung sozusagen zwischengeschaltet. Erneut verwendet der Autor einen Körperteil als Metonymie, wie er es bereits bei den Händen des neuen Bäckers getan hat.

Der Bäcker aus dem erinnerten Augenblick der ersten beiden Strophen wird hier als Person nicht mehr genannt. Allein die Mutter bleibt präsent, zu der die Nähe durch die „hand" noch verstärkt wird. Das letzte Wort des Gedichts erinnert zwar noch einmal an den Bäcker, jedoch ist er als Teil des Wortes „bäckersonntags" (V. 30) reduziert auf einen Anlass. Der Gesamtblick auf die Landschaft geht im letzten Teil ebenfalls verloren. Die Perspektive richtet sich auf die Spaziergänger „in der allee" (V. 22). Diese Allee bildet einen „schattengang voller laubfrische" (V. 23) und vermittelt somit den Eindruck eines abgeschlossenen Raums. Sprachlich wirkt die Erinnerung **fragmentarischer**. In der fünften Strophe sind drei Satzellipsen aufzählend aneinandergereiht (vgl. V. 23–25). Es fehlt die Dynamik, die in den beiden ersten Strophen noch durch Wortwahl und Enjambements erzeugt wurde. Die Versübergänge im letzten Satz (V. 26–30) erzeugen durch die Kürze der Verse und deren schnellen Wechsel eher einen auseinanderreißenden Eindruck.

Doch im Vergleich zur ersten Darstellung des Augenblicks wird am Schluss nicht nur reduziert. Hinzugefügt wird nämlich eine **Reflexion** und **Wertung** des lyrischen Sprechers. Er ist „verwundert" (V. 28) über die in V. 29 wieder erwähnten Bommeln an den Strümpfen der Spaziergänger. Er beginnt also, auch Fragen an den Moment zu stellen, die allerdings hier nicht ausformuliert werden. Möglich wäre, dass er sich darüber wundert, warum die Spaziergänger jeden Sonntag die Wadenstrümpfe mit den weißen Bommeln trugen. Er könnte sich aber auch fragen, warum er sich gerade an dieses Teil eines Kleidungsstücks erinnert, obwohl der Augenblick doch noch so viele andere, sicherlich bemerkenswerte Details mit sich gebracht hat. Das Gesicht und die Stimme des Bäckers etwa hat er vergessen und seine Person hat er aus seiner Erinnerung ganz gestrichen. Die Inhalte der Gespräche bewertet er sogar als „belebend belanglos" (V. 25). Durch die **Alliteration** ist diese Einschätzung zusätzlich betont. Die Zusammenstellung, die einen ganzen Vers bildet, wirkt zudem gegensätzlich, denn während belanglos eher abwertet, bekommen die Gespräche durch die belebende Wirkung eine positive Funktion.

Das Entscheidende an einer Erinnerung ist aber ihre **Lebendigkeit**. Nur so erhält ihre Bedeutung auch noch heute ihre Funktion. Wenn besondere Augenblicke unvergessen bleiben, dann bedeutet dies eben nicht, dass sie als ein objektives Abbild für die Ewigkeit erhalten sind. Sie verändern sich dadurch, dass wir uns verändern, durch neue Informationen, eine neue Sicht auf die Welt, durch den Wandel der Gesellschaft und unserer Umwelt. Diesen Prozess möchte Wulf **Kirsten** anhand der kurzen Kindheitserinnerung in seinem Gedicht *Unvergesslicher Augenblick* verdeutlichen. Dazu nutzt er dessen dreiteiligen Aufbau, das Mittel der Wiederholung sowie eine Sprache, die sowohl die **Dynamik** der Erinnerungsprozesse ausdrückt als auch durch zahlreiche Begriffe dem Leser **Assoziationen** ermöglicht. Letztere zeigen zudem, dass Erinnern nicht nur ein individueller, sondern auch ein **kollektiver** Prozess sein kann.

Deutsch (Thüringen): Abiturprüfung 2012
Aufgabe 1: Freie Erörterung

William Shakespeare (1564–1616)

„Die Zeit ist aus den Fugen: Schmach und Gram,
Dass ich zur Welt, sie einzurichten, kam!“

Shakespeare, William, Hamlet. Prinz von Dänemark. Übersetzt von A. W. Schlegel. 1. Akt/5. Szene. Stuttgart 2001, S. 33.

Arbeitsanweisung

Setzen Sie sich mit dem Zitat auseinander und gehen Sie dabei auf literarische Beispiele ein.

Hinweise und Tipps

Ein Zitat und die vorliegende Arbeitsanweisung sind typisch für die freie Erörterung. Erfassen Sie zunächst den **Inhalt der Aussage** und geben sie diesen wieder. Im konkreten Fall ist gemeint, dass ein **Einzelner gesellschaftliche Krisen sowie das Entsetzen über die Anforderung an sich selbst, die Welt wieder „einzurichten“, also einzurenken, erkennt**. Wenn Sie Shakespeares „Hamlet“ gelesen oder im Unterricht behandelt haben, sind Sie zweifelsohne im Vorteil und können verdeutlichen, was der Dänenprinz konkret meint, wenn er sagt: „Die Zeit ist aus den Fugen“. Den Helden können Sie im Spannungsfeld von gesellschaftlichen Missständen und seiner persönlichen Herausforderung zeigen.
Es bietet sich an, auf das **Abiturrahmenthema** „Jeder Versuch eines Einzelnen, für sich zu lösen, was alle angeht, muss scheitern.“ einzugehen. Es lässt sich gut auf Hamlets Situation beziehen. Stellen Sie auch ähnlich gelagerte **Konflikte anderer literarischer Figuren** dar. Da das Zitat des Rahmenthemas von Dürrenmatt stammt, sollte das Drama „**Die Physiker**“, aus dessen Anhang es entnommen ist, eine Rolle spielen – zumal die Hauptfigur, der Wissenschaftler Möbius, solch ein Einzelner ist, der versucht, etwas alleine zu lösen, das alle angeht.
Ein anderer Einzelner, der in gewissem Sinne als Gegenbeispiel angeführt werden kann, weil er sich lediglich radikal der Gesellschaft entzieht, ist der Schüler Pierre Anthon aus Janne Tellers Roman „**Nichts. Was im Leben wichtig ist**“. Auch die Erzählung „**Der Tunnel**“ von Dürrenmatt kann erwähnt werden, weil in eine alltägliche Situation, eine Zugfahrt, etwas Absurdes einbricht, deren Auswirkungen die Hauptfigur, ein Student, nicht aufhalten kann. Beziehen Sie Werke, die Sie gelesen oder idealerweise im Unterricht behandelt haben, in Ihre Erörterung ein.
Fragen Sie sich resümierend, ob die Zustände, auf die ein Hamlet in unserer **heutigen Welt** träfe, ihn ebenfalls zum Klagen veranlassen würden. Dies muss wohl bejaht werden, denn zu viele Aufgaben, vor denen die Menschheit steht, sind bisher ungelöst geblieben. Ein Exkurs in das Werk „**Die acht Todsünden der zivilisierten Menschheit**“ des Verhaltensforschers Lorenz wäre hier beispielsweise möglich. Eine aktuelle filmische Dokumentation („**Taste the Waste**“) dient als weiterer Beleg für die „aus den Fugen“ geratene Zeit: Darin wird die enorme Lebensmittelverschwendung in der Welt thematisiert.
In der **Einleitung** könnten Sie einmal vom Gegenteil ausgehen, also von einer paradiesischen Welt ohne „Schmach und Gram“, wie sie sich Thomas Morus in seinem Werk „**Utopia**“ ausgedacht hat. Der **Schluss** bezieht sich hier auf **moderne Hamlet-Inszenierungen**.

Lösungsvorschlag

Einleitung

Alle, Männer wie Frauen, arbeiten drei Stunden am Vormittag und nach einer Mittagspause, in der gemeinschaftlich gespeist wird, drei Stunden am Nachmittag. Nach der Arbeit vergnügt man sich bei Spiel und Unterhaltung – im Sommer im Freien, im Winter in Sälen. Alles gehört allen, jeder erhält, was er braucht, auf Märkten, zu denen jeder das bringt, was er hergestellt hat. Man muss nichts bezahlen, denn niemand nimmt mehr, als er für sich selbst benötigt. Kranke werden sorgsam gepflegt, Kriege verabscheut. Der Ort, an dem die Menschen so zusammenleben, ist die Insel **Utopia**. Sie ist der Fantasie des Dichters Thomas Morus zuzuschreiben. Morus lebte vor Shakespeare im England des 15./16. Jahrhunderts.

Hauptteil

Das Utopia des Thomas Morus scheint das genaue Gegenteil von dem Ort zu sein, dessen Zustände Shakespeares **Hamlet** am Ende der 5. Szene im 1. Akt beklagt: **„Die Zeit ist aus den Fugen: Schmach und Gram, / Dass ich zur Welt, sie einzurichten, kam!**" Was der junge Dänenprinz gerade von einem Geist erfahren hat, in dessen Gestalt ihm sein Vater erschienen ist, ist kaum zu ertragen – kein Wunder, dass er lamentiert: König Claudius hat seinen Bruder umgebracht, um auf dessen Thron zu gelangen und die Königin zu ehelichen. Hamlet ist der Sohn des Ermordeten und der Neffe des Mörders. Der Geist trägt ihm auf, Claudius zu töten und so Rache zu üben. Der Held befindet sich im **Zwiespalt zwischen der Größe der Aufgabe und der Realität seiner Welt**. Eine Schmach, also eine Schande, sei es und Gram, tiefen Kummer, empfindet er darüber, dass ausgerechnet er die aus den Fugen geratene Zeit – **„Etwas ist faul im Staate Dänemarks**" (1/4) – wieder ins Lot bringen soll.

Was faul ist, ist offensichtlich: Auflösung, Sittenlosigkeit und Habgier dominieren das Zusammenleben. Alle gültigen Normen einer menschlichen Gemeinschaft sind dadurch gestört oder aufgehoben. Das Sagen haben die, die am rücksichtslosesten ihre Ansprüche zum eigenen Vorteil durchsetzen und sich dem jeweiligen Herrscher anbiedern. Folgerichtig muss der alte Hamlet als Relikt einer untergegangenen Zeit sterben, um den zerstörerischen Kräften den Weg an die Macht frei zu machen. Claudius und seine Büttel glauben rücksichtslos wirken zu können, haben jedoch die Rechnung ohne das Volk gemacht, auf das allein Hamlet zählen kann. Im weiteren Verlauf des Stückes wird es genügend Gelegenheiten für den Prinzen geben, den Racheauftrag des Geistes auszuführen, die er jedoch, für den Zuschauer bzw. Leser zunächst unverständlich, verstreichen lässt.

Hamlet nimmt seine **Verantwortung gegenüber der Welt** zwar an, ist aber kein Mann der Tat. Er ist ein Intellektueller zwischen höfischer und bürgerlicher Welt, ein Denker, der sich viele Fragen zum menschlichen Dasein stellt. Mit zu wenig Selbstvertrauen ausgestattet, hinterfragt er sich und sein Handeln, grübelt und neigt zur Melancholie. Hamlet ist sich seiner selbst nicht sicher und schwankt zwischen dem **Gebot des Geistes** und seinem **Gefühl**. Zwei Möglichkeiten eröffnen sich dem Prinzen: Er kann das Recht durch Rache, also durch Mord an Claudius, wieder herstellen, oder er kann sich seinem Auftrag durch Selbstmord – „Sein oder Nichtsein" (3/1) – entziehen. Ersteres kommt für ihn nicht in Frage, weil er sich durch den Gewaltakt auf die gleiche Stufe wie die Mörder seines Vaters stellen würde. Letzteres wäre ein allzu simpler Ausweg. Im Bewusstsein dieser **Zwangslage** wird sein Handeln gehemmt. Erst bei einem Anschlag auf sein Leben tötet der junge Hamlet den König und damit seinen Onkel bzw. Stiefvater, lässt jedoch auch sein eigenes durch einen vergifteten Degen. **Am Ende scheitert der Held an sich selbst**, bar jeder Illusion, als Einzelner die Verhältnisse ändern, die Welt „einrichten" zu können. Zurück bleiben zahlreiche Tote und die Feststellung: „Der Rest ist Schweigen." (5/2)

Auf Hamlet trifft die Aussage von Friedrich Dürrenmatt zu: **„Jeder Versuch eines Einzelnen, für sich zu lösen, was alle angeht, muss scheitern.**" Er, der Einzelne, versagt beim Versuch, sowohl dem Auftrag seines toten Vaters gerecht zu werden als auch die Zustände am Hof und im Lande zu ändern. Hamlet wird selbst Opfer der Zeit und muss scheitern, weil er ist nicht im Besitz der Mittel ist, die Welt „einzurichten". Jedoch symbolisiert er einen Typus Mensch, der sich auf seiner Suche nach der idealen Lösung von ungünstigen Bedingungen nicht abschrecken lässt. Die Figur steht beispielhaft für jemanden, der Schwierigkeiten hat, Denken und Handeln in Einklang zu bringen in einer Zeit, die „aus den Fugen" ist.

Dürrenmatts These stammt aus dem Anhang zu den „**Physikern**". Die Aussage davor führt unmittelbar zu ihr hin: „**Was alle angeht, können nur alle lösen.**" Der Schweizer Dichter beschäftigte sich Zeit seines Lebens mit Themen wie Weltuntergang, Katastrophe, Recht und Gerechtigkeit, was sich auch in dieser Komödie widerspiegelt. Sie ist vor dem Hintergrund des Kalten Krieges im 20. Jahrhundert sowie der Bedrohung durch einen **Atomkrieg** entstanden. Hamlet und **Möbius**, die Hauptfigur bei Dürrenmatt, haben einige **Parallelen:** Beide sind Kämpfer gegen ein ganzes System, grüblerisch veranlagt und beide stellen sich verrückt, Hamlet, um die Rache vorzubereiten, Möbius, um zu verhindern, dass sein Wissen in falsche Hände gelangt. Der Wissenschaftler will die Menschheit vor seinen eigenen Erkenntnissen, der Weltformel, schützen und das Wohl anderer nicht gefährden. Mutig gibt er deswegen Familie, Freiheit, Liebe, Ruhm und Anerkennung auf und nimmt so seine **Verantwortung gegenüber der Gesellschaft** wahr. Indem er sich aus der Gemeinschaft in eine psychiatrische Klinik zurückzieht, versucht er ganz altruistisch, den **Konflikt** zwischen seinen wissenschaftlichen Ansprüchen und der drohenden Anwendung seiner Forschungsergebnisse zum Wohl der Menschheit zu lösen.

Sein Handeln soll nicht von Meinungen, sondern von logischen Schlüssen und insofern **von Vernunft bestimmt** sein. Ihm ist bewusst, dass Denkfehler zur Katastrophe, zum Untergang der Menschheit führen würden. **Er handelt als Einzelner**, wird sogar zum Mörder, **aber scheitert**, denn seine Erfindung wird in die Hände derer gelangen, vor denen er sie verstecken wollte. Die Anstaltsleiterin, die einzig wahre Verrückte, hat alle Aufzeichnungen Möbius' kopiert und will damit die Weltherrschaft erlangen. Die Alternativen, die ihm sowie den anderen zwei Physikern Einstein und Newton bleiben, spricht er deutlich aus: Entweder sie blieben im Irrenhaus oder die Welt werde eines. Entweder sie löschten sich im Gedächtnis der Menschheit aus oder die Menschheit erlösche. Seine Freiheit ist in jedem Falle verloren, entweder als Gefangener im Irrenhaus oder als Gefangener in einem politischen System, dem er sich draußen unterzuordnen hätte. Dürrenmatt hat in seinem Drama gezeigt, dass ein Zurückhalten von Erkenntnissen in der heutigen Zeit nicht mehr denkbar ist – die Zeiten fordern aber ein Zurückhalten im Handeln.

Mit dem Themenkomplex **Wissenschaft – Wissenschaftler – Verantwortung** haben sich schon mehrfach Dichter auseinandergesetzt. Johann Wolfgang Goethes Zauberlehrling ist solch eine Figur, welche die Geister, die sie rief, nicht mehr los wird. Weitere Beispiele sind Mary Shelleys Frankenstein oder Bertolt Brechts Galileo Galilei.

Einer, der sich wie Möbius aus der Gesellschaft zurückzieht, und zwar auf einen Pflaumenbaum, ist der Schüler **Pierre Anthon** aus Janne Tellers Roman „**Nichts. Was im Leben wichtig ist**". Am ersten Tag des neuen Schuljahres steht er einfach auf und geht – weil nichts im Leben irgendeine **Bedeutung** habe. Daher lohne es sich auch nicht, irgendetwas zu tun. Im Gegensatz zu Hamlet ist Pierre Anthon ein **Antiheld**, denn es wird nicht ersichtlich, dass er als Einzelner etwas erreichen will, das alle angeht. Dass ein Geschehen in Gang gesetzt wird, bei dem die Mitschüler in ihrer **Sinnsuche** beweisen wollen, dass es doch etwas gebe, das eine Bedeutung habe, hat er gar nicht beabsichtigt. Gemeinsam haben diese damit einen verhängnisvollen Weg eingeschlagen, in dem es bald nicht mehr um Sinnsuche, sondern um **Rache und Opfer** geht. Was ambitioniert beginnt mit dem Errichten eines „Bergs der Bedeutung", gipfelt in kaum fassbaren Grausamkeiten. Am Ende geht der Berg, den Pierre Anthon zynisch als „Misthaufen" bezeichnet, in Flammen auf, und außer Asche bleibt – *nichts*.

Mit „Nichts." endet auch Dürrenmatts parabelhafte surreale Kurzgeschichte „**Der Tunnel**". Darin fährt ein Student, wie zuvor schon oft, im Zug. Diesmal jedoch rast er ungewöhnlich lange durch einen Tunnel, den der Protagonist vorher kaum wahrgenommen hat. Der Student fragt sich zum Zugführer durch, der sich die Situation nicht erklären kann. Gemeinsam kämpfen sie sich zur Lokomotive vor, deren Führerstand sie leer vorfinden – der Lokführer ist schon lange abgesprungen. Die Maschine gehorcht nicht mehr, die Notbremsen versagen und **der Zug rast unablässig dem Abgrund entgegen**. Auf die verzweifelte Frage des Zugführers, was sie tun könnten, antwortet der Student: „Nichts." Mutig sieht er am Ende der Gefahr ins Auge. Das ist bemerkenswert, denn zu Beginn der Erzählung wird beschrieben, dass er alle Sinnesorgane verstopft und seinen Körper mit Fett gepolstert hat, um sich gegen „das Schreckliche hinter den Kulissen" abzuschotten.

Der Zug steht symbolisch für das in „Alltagsgleisen" verlaufende Leben, das **Normale**, in das plötzlich die **Katastrophe** einbricht, die keiner wahrhaben will. Durch den endlosen Sturz ins Erdinnere gerät hier die Zeit aus den Fugen. Der Einzelne, der Student, sucht zwar nach einer **Lösung** des Problems, kann jedoch nichts ausrichten gegen Ignoranz oder Fatalismus der anderen. Während die Mehrheit der Reisenden so tut, als sei nichts passiert, die Brisanz der Lage also nicht erkennt oder erkennen will, versucht der Student wenigstens, die aus den Fugen geratene Welt „einzurichten".

Würden **heutige Hamlets** auch befinden, die Zeit sei aus den Fugen? Würden sie ebenfalls Klage darüber erheben, wie sie als Einzelne alles wieder ins Lot bringen sollen? Der österreichische Verhaltensforscher und Nobelpreisträger **Konrad Lorenz** untersuchte in seinem 1973 erschienenen Werk „**Die acht Todsünden der zivilisierten Menschheit**" Vorgänge, die seiner Meinung nach zur „Dehumanisierung" der Menschheit beitrügen. Sie bedrohten nicht nur unsere Zivilisation und Kultur, sondern die Menschheit als Ganzes. Detailliert erörtert der Autor acht Gründe: Überbevölkerung, Umweltverschmutzung, technologischer Fortschritt, Hedonismus, genetischer Verfall, Verlust bewährter Traditionen, zunehmende Indoktrinierbarkeit und die Aufrüstung mit Kernwaffen.

Hatte Lorenz recht mit seiner Analyse? – Die Ergebnisse von damals decken sich zumindest in einigen Punkten mit denen von heute. Im Rahmen des „**Millennium Projects**" werden alljährlich Wissenschaftler, Firmenchefs und Politiker zu den größten Herausforderungen für den Planeten befragt. Resultat: Energiekrise und Klimawandel, Bevölkerungswachstum, Terrorismus und Massenvernichtungswaffen, organisierte Kriminalität sowie autoritäre Regime. Der moderne Hamlet würde angesichts dieser Probleme wie der Shakespeare'sche stöhnen: „Die Zeit ist aus den Fugen." Die Menschheit steht also vor schier **unlösbaren Aufgaben**, und obwohl die Probleme schon lange bekannt und benannt worden sind, muss dennoch das Fazit gezogen werden, dass unter sämtliche Ziele und Vorhaben, die in Konferenzen, Erklärungen oder Konventionen vereinbart wurden, bislang eine **Bilanz des Scheiterns** zu ziehen ist. Noch nie war die Entwaldungsrate größer als heute, nie wurden mehr Treibhausgase in die Atmosphäre geblasen, noch nie waren so viele Tier- und Pflanzenarten vom Aussterben bedroht und nie zuvor wurde so viel fruchtbares Ackerland in Monokulturen umgewandelt. Als die bislang letzte große Warnung an die Menschheit kann die Nuklearkatastrophe von Fukushima gelten. Es scheint, als seien Menschen wie Staaten die Interessen von heute wichtiger als die Bedrohungen von morgen. Hamlet kann seinen Müll trennen, Vegetarier werden oder nur noch zu Fuß gehen – er als Einzelner wird nicht lösen, was alle angeht. Gefragt sind tragfähige Lösungen zum Schutz der Erde und eine **nachhaltige Entwicklung**.

Auch eine bemerkenswerte **filmische Dokumentation** aus dem Jahr 2011 stellt unter Beweis, wie sehr unsere Zeit aus den Fugen geraten ist: „**Taste the Waste**" von Valentin Thurn. Der Regisseur beschäftigt sich in seinem Film mit der **Verschwendungskultur** der Menschen. Nahezu die Hälfte aller Lebensmittel, die auf der Erde produziert oder geerntet werden, landen als „verkaufsunfähige Ware" auf dem Müll, nur weil Bananen braune Flecken haben,

Gurken krumm und Kartoffeln zu klein gewachsen sind oder Joghurt kurz vor dem Ablauf des Mindesthaltbarkeitsdatum steht. Diese Verschwendung ist umso erschreckender, weil gleichzeitig in Afrikas ärmsten Regionen Kinder reihenweise hungers sterben. Dabei könnten mit dem Essen, das alleine in Europa und Nordamerika weggeworfen wird, alle Hungernden der Welt dreimal satt werden. Die Dokumentation findet aber auch Ansätze zum Umdenken und Vorbilder wie eine Gruppe junger Menschen (sogenannte „Mülltaucher"), die zum überwiegenden Teil von in Supermärkten weggeworfenem Essen leben, nicht etwa, weil sie arm sind, sondern weil sie sich von moralischen Prinzipien leiten lassen und trotz unüberwindlich scheinender Hindernisse als Einzelne den Kampf für die aus den Fugen geratene Zeit antreten wollen – trotz „Schmach und Gram".

Schluss
Die Tragödie „**Hamlet**" steht auch heute noch häufig auf den Spielplänen der **Theater**. Manche Regisseure fühlen sich dabei dem klassischen Original Shakespeares verpflichtet, indem sie versuchen, das Stück so authentisch wie möglich auf die Bühne zu bringen. Andere holen den jungen Prinzen in die **Gegenwart** und irritieren damit bewusst ihr Publikum, das den Helden mit langen Dreadlocks, im schlackernden Anzug und mit Chucks an den Füßen kaum noch zu erkennen vermag. Hamlets ewiges Schwanken zwischen dem anerzogenen Drang zur Blutrache und den fortschrittlichen Ansätzen zum Bestehen in der Gegenwart werden deutlich gemacht. Doch bei aller Modernisierung muss auch dieser einstige Rebell **scheitern**, weil er nicht in der Lage ist, gegen die Verhältnisse der Zeit anzukämpfen. Er stirbt mit dem bitteren Gedanken, dass sich die Zeiten nicht ändern werden. Dürrenmatt behält schließlich recht: „Jeder Versuch eines Einzelnen, für sich zu lösen, was alle angeht, muss scheitern."

Axel Hacke (geb. 1956)
Giovanni di Lorenzo (geb. 1959)

Wofür stehst Du? Was in unserem Leben wichtig ist. Eine Suche.
(Auszug aus dem Vorwort)

[…]

Seit einigen Jahren sind jüngere Menschen dabei, die Schlüsselstellen in unserem Staat zu besetzen. Bezeichnend ist, dass ihnen allen – von Philipp Rösler, dem Gesundheitsminister in der schwarz-gelben Regierung, über Sigmar Gabriel, dem vorerst letzten Hoffnungsträger der SPD, bis hin zu Reinhold Beckmann, dem Fernsehjournalisten der ARD – etwas attestiert wird, was sogleich als Schwäche erscheint: sie seien pragmatisch und dabei so flexibel, dass sie ihre Haltungen immer wieder justierten, je nachdem, was gerade opportun ist, also kollektiv unfähig, auf die Frage zu antworten: Wofür stehst Du eigentlich?

Die Frage provoziert Abwehr, und das ist verständlich: Sie ist voller Vorwurf, sie dient manchmal, wenn sie von Älteren gestellt wird, auch zur Überhöhung der eigenen Generation. Und sie ist leider auch nur von einigen Helden und Heldinnen oder von etwas tumben Menschen immer eindeutig zu beantworten. Die großen Themen unserer Zeit – Klimawandel, Überbevölkerung oder Gerechtigkeit – sind nicht nur gewaltig groß, sie sind auch unfassbar kompliziert. Die Vielschichtigkeit der Probleme und ihre monströsen Ausmaße machen offenbar ohnmächtig oder etwas feige oder beides zugleich.

Es gibt in Deutschland einen massenhaften Rückzug aus gesellschaftlicher Verantwortung, was allein schon daran sichtbar wird, wie wenig Auswahl es bei der Besetzung der meisten politischen Ämter gibt, von den Kommunen bis in die Parlamente. Und daran, wie viele Menschen selbst noch den kleinsten Schritt der Teilhabe am Ganzen scheuen: den Gang an die Wahlurne, alle paar Jahre. Ja, selbst Politiker in höchsten Ämtern scheinen bisweilen die Last der politischen Verantwortung abschütteln zu wollen, wie im Jahr 2010 die Fälle Koch, Köhler und von Beust zeigten.

Was hilft dagegen?

Jedenfalls kein Kanon neuer Werte – die altbekannten wie Gerechtigkeit, Mitmenschlichkeit oder Bewahrung der Schöpfung sind fordernd genug. Und bitte auch kein Handbuch der Alltagsmoral! Wer von diesem Buch einen Leitfaden, Anweisungen und Tipps für das eigene Leben erwartet, vielleicht sogar ein vollständiges Kompendium von Werten für alle Lebenslagen – der legt es am besten *jetzt* aus der Hand!

Von uns kommt erst einmal das Eingeständnis einer Schwäche, nämlich das Bekenntnis der eigenen Ambivalenz. Aus kaum einer Krise oder Konfrontation, sei sie beruflich, privat oder politisch, kommt man mit nur einer einzigen Erkenntnis heraus, oft aber mit vielen Widersprüchen. Aber das zu akzeptieren, ist am Ende keine Schwäche, sondern eine Stärke.

Beim Versuch, zu beschreiben, was uns wichtig ist im Leben und was uns fehlt, haben wir uns an unsere eigene Erfahrungswelt gehalten. Es war unvermeidlich, dass wir dabei viel von uns preisgeben mussten, mehr als wir uns am Anfang vorgestellt hatten – und oft mehr als uns lieb war. Anders aber scheint uns ein Buch wie dieses nicht glaubwürdig zu sein. Es ist deshalb auch eine Inventur geworden: Was haben wir erlebt? Was regt uns noch auf? Wo haben wir uns davongestohlen? Wann belügen wir uns?

Überall in der Gesellschaft ist eine große Sehnsucht nach Klarheit, nach Führung und Eindeutigkeit zu spüren. Wir kennen das von uns selbst. Dieses Bedürfnis ist indes kaum zu erfüllen: Es führt in die Irre, wenn man nur dem Leben ständig mit Moral entgegentritt, es muss ja auch die Moral dem Leben standhalten.

Viele Menschen fühlen sich deswegen orientierungslos. Einige suchen Halt in Heilslehren, weitaus mehr (was in jedem Fall ungefährlicher ist) in Ratgebern. Andere flüchten sich in Zynismus. Und wir? Relativieren wir mit unserem Bekenntnis zur Ambivalenz Werte und entwerten sie damit?

Nein, denn wir wissen sehr wohl, dass man auch heute noch in vielen Situationen sehr klar zwischen Gut und Böse unterscheiden kann – und muss. Wir haben nur versucht, ehrlich zu bleiben: Es reicht nicht, die richtigen Maßstäbe im Leben zu finden. Man muss sie auch vermitteln können, sie mit sich und anderen immer wieder ausmachen.

Wir sind aber auch getrieben von dem Wunsch, der durch Erklärungsversuche aller Art vertuschten Gleichgültigkeit vieler Menschen gegenüber anderen, der Gesellschaft und dem Staat etwas entgegenzusetzen.

Die meisten von uns leben in einem Umfeld, das von ihnen fast nie tief greifende Wert-Entscheidungen verlangt. Wer von uns muss je sein Leben, seinen Wohlstand, die Sicherheit seiner Familie aufs Spiel setzen, indem er für etwas Gerechtes eintritt: einen Menschen vor der Verfolgung durch die Polizei einer Diktatur verstecken oder sich gegen Schläger stellen, die andere bedrohen, oder an einer Demonstration teilnehmen, deren Teilnehmer damit rechnen müssen, im Gefängnis zu landen? Wie viele von uns verzichten auf etwas Wichtiges, weil ihnen ein moralischer Aspekt noch wichtiger ist?

Aber gerade weil wir so wenig riskieren, darf man von uns etwas erwarten: dass wir uns jeden Tag erinnern, wofür wir stehen möchten, ein bewusstes Leben führen, uns der Momente entsinnen, an denen wir den eigenen Werten nicht gewachsen waren und von uns selbst verlangen, es beim nächsten Mal besser zu machen. […]

(2010)

Aus: Hacke, Axel; di Lorenzo, Giovanni: Wofür stehst Du? Was in unserem Leben wichtig ist. Eine Suche. Köln 2010, S. 10–13.

Arbeitsanweisung

Setzen Sie sich auch auf der Grundlage eigener Erfahrungen mit den Positionen der Autoren auseinander.
Stellen Sie dabei einen Bezug zum Rahmenthema her.

Hinweise und Tipps

Voraussetzungen
Die textgebundene Erörterung hält in diesem Abitur-Jahrgang das **Vorwort eines Sachbuches** als Textgrundlage bereit. Da es sich nur um einen Auszug handelt, kann die Kenntnis des Gesamttextes naturgemäß nicht vorausgesetzt werden. Viel bedeutsamer ist die Tatsache, dass die Aufgabe in eine ausdrücklich gewünschte Auseinandersetzung mit dem Rahmenthema mündet.

Da dieser **Bezug zum Rahmenthema** – ein Zitat von Friedrich Dürrenmatt: „Jeder Versuch eines Einzelnen, für sich zu lösen, was alle angeht, muss scheitern." – nicht die ursprüngliche Absicht des Textes bzw. seiner Autoren ist, kann die gestellte Aufgabe nur dann vollständig bearbeitet werden, wenn es Ihnen gelingt, diesen Bezug im Laufe Ihrer Arbeit von außen an den Text heranzutragen. Die Einheitlichen Prüfungsanforderungen in der Abiturprüfung Deutsch (EPA) fordern für diesen Aufgabentyp allerdings auch eine genaue Auseinandersetzung mit der **Problemfrage der Textvorlage**. Die möglichen Gefahren liegen also sowohl in der fehlenden oder falschen Bezugnahme auf das Rahmenthema als auch darin, den roten Faden des Textes aus den Augen zu verlieren. Ein drittes Element der Aufgabe sind **eigene Erfahrungen**, die in der gewünschten Individualität von Belegen und Beispielen in jeder Erörterung einen großen Stellenwert haben. **Allgemeinwissen** aus anderen Fächern (Geschichte, Sozialkunde, Ethik) hilft beim Verständnis der angesprochenen politischen Zusammenhänge.

Die Aufgabe verlangt Leistungen in allen drei Anforderungsbereichen, die laut Einheitlichen Prüfungsanforderungen in der Abiturprüfung Deutsch (EPA) vorausgesetzt werden:

Anforderungsbereich I (Grundlagen an Wissen/Kennen konkreter Einzelheiten): Kenntnisse über die Bedeutung von einigen Fremdwörtern sind unerlässlich; Hilfe könnte dabei zusätzlich die Verwendung eines Wörterbuchs zur deutschen Sprache leisten, das Ihnen offiziell als Hilfe zur Verfügung steht. Ein hohes Maß an Allgemeinwissen im gesellschaftlichen sowie im politischen Bereich erleichtert nicht nur das Verständnis des Textes, sondern verschafft Ihnen eine größere Palette an Belegen und Beispielen. Dabei ist einfaches Alltagswissen hierbei schon grundsätzlich hilfreich. Mit der Aussage des Rahmenthemas sollten Sie sich bereits im Vorfeld gründlich auseinandergesetzt haben.

Anforderungsbereich II (Organisation des Arbeitsprozesses): Die Erfassung von Inhalt und Argumentation des Textauszugs ist für die Erfüllung der Aufgabe zentral. Die Gewichtung der Sachverhalte muss dabei in eigenen Worten deutlich werden. Eigene Argumente, Belege und Beispiele sind im Hinblick auf diese Gewichtung auf ihre Eignung zu prüfen. Zur Darstellung der Wirkung sowie zum Hervorheben von Kernaussagen der Autoren sollten Sie im analytischen Teil auch auf Techniken des Zitierens zurückgreifen.

Anforderungsbereich III (Fähigkeit zur eigenen Urteilsbildung): Das Ergebnis der Texterschließung sollte die begründete Stellungnahme sein. Dabei muss die Verknüpfung mit dem Rahmenthema präsent bleiben. Das erkennbare Anwenden von Argumentationsstrategien wird verlangt.

Erläuterung der Aufgabenstellung
Die Aufgabenstellung geht in zwei Teilaspekten über eine reine Aufforderung zur **Texterörterung** hinaus: Erstens sollen **eigene Erfahrungen** eingebracht werden, zweitens sollen Sie einen **Bezug zum Rahmenthema** herstellen.

Um dem Aufsatz einen persönlichen Charakter zu verleihen, bietet sich für den Einstieg in die Thematik eine Brücke zu Ihrer eigenen Erfahrungswelt an. Der im folgenden Lösungsvorschlag gewählte Weg (soziale Netzwerke) ist dafür nur ein Beispiel. Im Laufe der Einleitung sollte dann bereits – neben der Nennung des Textzusammenhangs – der Bezug zum Rahmenthema ins Spiel gebracht werden. Nach einer kurzen **Inhaltswiedergabe** schließt sich ein analytischer Überblick über die **Vorgehensweise der Autoren** an. Dabei sollte – neben der Präsentation von Kenntnissen im Bereich der sprachlichen Mittel – immer der **Bezug zur Argumentation** gewahrt bleiben. Der **Zusammenhang zwischen Inhalt und Form**, der die Deutung eines Textes immer ausmacht, wird gerade hier in diesem Vorwort deutlich, wenn die Autoren ihre eigene Vorgehensweise selbst erläutern.

Bei der Auswahl **persönlicher Erfahrungen** ist Ihr Spielraum durchaus noch größer als im folgenden Lösungsvorschlag. Gehen Sie dabei ruhig auf Ihre individuelle Entwicklung oder die Ihres Jahrgangs an der Schule ein. Einige Themen (Schülermitwirkung, Engagement in der Freizeit, Pläne nach der Schule) klingen hier zumindest an. Bei der **Einbeziehung des Rahmenthemas** ist es zwar sicherlich gern gesehen, wenn man den Entstehungszusammenhang (21 Punkte zu den „Physikern") kennt, allerdings kann eine zu intensive Darstellung dieses Kontexts auch in die Irre führen. Die grundlegenden Fragen von Wissenschaft und Verantwortung in Dürrenmatts Komödie haben schließlich nur wenige Berührungspunkte mit den Thesen der Autoren Hacke und di Lorenzo.

Am Ende des Aufsatzes können Sie dann noch einmal eine Brücke zwischen allen Aufgabenteilen schlagen und so ein **Fazit** ziehen.

Lösungsvorschlag

„Gefällt mir!" – Ein Klick auf das Zeichen mit dem nach oben gestreckten Daumen, und ich zeige allen, was mich interessiert, begeistert, was ich unterstütze und mag. So einfach wie heute in Zeiten der **sozialen Netzwerke** war es noch nie, individuelle Haltungen und Neigungen umfassend zu präsentieren. Millionen von vor allem jungen Menschen beteiligen sich daran durch die Erstellung eines individuellen **Profils im Internet**.

Doch taugt ein solches Profil wirklich als Antwort auf die Frage: „**Wofür stehst Du?**". Es ist sicherlich kein Zufall, dass heutzutage ein Buch erscheint, das genau diese Frage im Titel stellt. Ihrem Werk gaben die Autoren **Axel Hacke** und **Giovanni di Lorenzo** den Untertitel „Was in unserem Leben wichtig ist. Eine Suche." Beide Autoren sind beruflich nah am Puls der Zeit: Hacke äußert sich als Kolumnist regelmäßig in der „Süddeutschen Zeitung" zu Themen des Alltags, di Lorenzo kennt man neben seiner Haupttätigkeit als Chefredakteur der Wochenzeitung „DIE ZEIT" als Moderator einer Talkshow. Ihr Buch verstehen sie allerdings nicht als Ratgeber, sondern sie verbinden ihre gesammelten Beobachtungen mit dem Appell, wieder stärker über die Frage des eigenen Standpunktes und vor allem über alle Fragen, die sich aus ihm ergeben, nachzudenken. Die These, dass man die Antworten nicht nur mit sich selbst, sondern auch mit der Gesellschaft ausmachen muss, formulieren Hacke und di Lorenzo bereits im Vorwort, das in einem Auszug der folgenden Darstellung zugrunde liegt. Dass jemand allein keine Lösungen finden kann, ist aber nicht erst eine Erkenntnis der letzten Jahre. So formulierte bereits **Friedrich Dürrenmatt** im Anhang zu seiner Komödie „Die Physiker": „Jeder Versuch eines Einzelnen, für sich zu lösen, was alle angeht, muss scheitern."

Am Anfang des Auszugs formulieren die Autoren ihren Eindruck, dass immer mehr junge Menschen in einflussreichen Positionen die Fähigkeit vermissen ließen, sich **eindeutig auf eine Haltung festzulegen** (Z. 1–8). Sie gestehen aber auch ein, dass die Größe der anstehenden Probleme dies immer schwieriger mache, und sie halten fest, dass angesichts dessen insgesamt weniger Menschen die **Möglichkeiten der Mitwirkung** in Gesellschaft und Politik nutzten (Z. 9–22). Hacke und di Lorenzo geben zu, dass sie dafür keine Patentrezepte besäßen, die sie den Lesern vermitteln könnten (Z. 23–28). Vielmehr sei es ihnen wichtig, diesen Missständen mit ihren **eigenen Erfahrungen** etwas entgegenzustellen (Z. 29–39). Das Fehlen eindeutiger Positionen zu den Fragen unserer Zeit verursache bei den Menschen ein Bedürfnis nach Klarheit, das jedoch nicht befriedigt würde; es herrsche Orientierungslosigkeit vor (Z. 40–47). Dies dürfe aber nicht zu einer Beliebigkeit führen, es müsse eher der Antrieb dazu sein, sich immer wieder einer **Werte-Diskussion** zu stellen (Z. 48–54), auch wenn der Druck dazu gering sei, weil wir uns – zumindest in unserer Gesellschaft – den wichtigen Entscheidungen oft leicht entziehen könnten (Z. 55–61). Aufgrund dieses geringen Drucks müsse man sehr bewusst Antworten suchen auf die Frage „Wofür stehst Du?“ (Z. 62–65).

„Eine Suche“ ist ja auch der Untertitel, den die Autoren für ihr Buch gewählt haben. Bei aller Offenheit ist die Absicht der **Textsorte Vorwort** aber eindeutig: Es soll zum Weiterlesen animieren. In der Buchhandlung gibt ein Vorwort beim Aufschlagen des Buches den entscheidenden Impuls, es zu kaufen. Dem steht paradox gegenüber, dass die Autoren an einer Stelle einer Gruppe explizit empfehlen, das Buch „aus der Hand [zu legen]“, und zwar „jetzt“, was durch die Kursivschreibung dieses Wortes noch hervorgehoben wird (Z. 28). Sie wollen falschen Erwartungen entgegenwirken, sie hätten ein „Handbuch“ mit „Leitfaden, Anweisungen und Tipps“ (Z. 25 f.) verfasst. Sie werten eine solche Herangehensweise nicht völlig ab, denn einen derartigen Ratgeber, der Orientierung verspricht, halten sie wenigstens für „in jedem Fall ungefährlicher“ als „Heilslehren“ (Z. 44 f.), die angesichts von **Orientierungslosigkeit** eindeutige Lösungen vorgaukeln. Mit der anschließenden Feststellung „Andere flüchten sich in Zynismus“ (Z. 45 f.) erstellen sie einen Gegensatz zwischen Heilslehre und Zynismus, um die eigene Herangehensweise dann noch im selben Absatz als einen dritten Weg zu eröffnen. Eingeleitet durch eine Frage an sich selbst („Und wir?“) charakterisieren die Autoren ihre Haltung sehr präzise: Sie geben ein „Bekenntnis zur **Ambivalenz**“ ab (Z. 46, auch schon Z. 29 f.). Ein Bekenntnis fordert eigentlich eine eindeutige Festlegung ein. Das erwartet man z. B. von einem Religionsbekenntnis. Zu jeder anderen Haltung kann man sich aber ebenso bekennen. Das Fremdwort „Ambivalenz“ allerdings drückt ‚Mehrdeutigkeit‘ aus. Hacke und di Lorenzo kombinieren hier also zwei Schlüsselbegriffe ihres Textes zu einer paradoxen Formulierung, die in diesem Kontext aber sinnvoll erscheint. So führen sie dieses Bekenntnis auch als eine „Schwäche“ ein (Z. 29), sehen dann aber eine „Stärke“ darin, „das zu akzeptieren“ (Z. 32 f.). Diese Akzeptanz erwarten sie somit wohl auch von den Lesern, die nach der Lektüre des Vorworts mit keiner „einzigen Erkenntnis“, aber mit „vielen Widersprüchen“ (ebd.) rechnen sollen.

Gegensätze finden sich in diesem Textauszug deshalb häufiger: So heißt es etwa, dass die Titelfrage „Wofür stehst Du?“ „nur von einigen Helden und Heldinnen und von etwas tumben Menschen immer eindeutig zu beantworten“ (Z. 11 f.) sei. Wieder verorten sich die Autoren selbst außerhalb dieser gegensätzlichen Paarung. Sie machen somit gleichzeitig ein **Identifikationsangebot** an die Leser, die sich sicherlich nicht als Helden und schon gar nicht als „tumbe“ Menschen (ein antiquierter Euphemismus für „dumm“) sehen werden. Neben solchen gegeben Gegensätzen werden auch **Schlüsselbegriffe**, die man in der Regel nicht als die zwei Seiten einer Medaille betrachtet, gegenübergestellt: „Es führt in die Irre, wenn man nur dem **Leben** ständig mit **Moral** entgegentritt, es muss ja auch die **Moral** dem **Leben** standhalten.“ (Z. 42 f.) Diese Gegenüberstellung, die in dieser Form an die eines **Chiasmus** erinnert, ist erneut ein Bekenntnis zur Ambivalenz, denn die Möglichkeit einer völligen Übereinstimmung von Moral und Leben wird hier bezweifelt.

Neben den unlösbaren Gegensätzen sorgen im Text auch **Fragen** für die Darstellung von Mehrdeutigkeiten. Sie treten in verschiedenen Formen und Funktionen auf: Zum einen beginnen die Autoren mithilfe von Fragen einen **Dialog mit dem Leser**, indem sie sie an sich selbst stellen (vgl. z. B. Z. 23). Das kann eine Folge der Tatsache sein, dass hier ein Autoren-Duo einen Text gemeinsam verfasst hat. Zum anderen kommen **rhetorische Fragen** im klassischen Sinne vor: „Wie viele von uns verzichten auf etwas Wichtiges, weil ihnen ein moralischer Aspekt noch wichtiger ist?“ (Z. 60 f.) Hier hat die Formulierung die Funktion, die These vom Anfang des Absatzes bewusster zu machen, denn dort heißt es, dass wir „in einem Umfeld [leben], das von [uns] fast nie tief greifende Wert-Entscheidungen verlangt.“ (Z. 55 f.) Dazwischen untermauern die Autoren diese These mit einer Reihe von konkreten Beispielen, ebenfalls in Frageform (vgl. Z. 56–60). Drittens werden Fragen formuliert, deren **Beantwortung dem Haupttext des Buches vorbehalten** bleiben soll: „Was haben wir erlebt? Was regt uns noch auf? Wo haben wir uns davongestohlen? Wann belügen wir uns?“ (Z. 38 f.) Diese Anhäufung von knapp formulierten Fragen betont die Selbstsicht der Autoren („wir“) in ihrem vergangenen und gegenwärtigen Leben (Perfekt in den Fragen 1 und 3, Präsens in den Fragen 2 und 4).

Dass Hacke und di Lorenzo ihrem gemeinsamen Buchprojekt nicht den Anspruch allgemeingültiger, wissenschaftlicher Unterrichtung geben, wird auch über die **Wortwahl** vermittelt: Schon das „Du“ im Titel erzeugt persönliche Nähe. Die Sätze sind häufig parataktisch, sprechen den Leser oftmals direkt an und die gewählten Begriffe entstammen nicht unbedingt einer soziologischen oder philosophischen Fachsprache. Die verwendeten Fremdwörter (z. B. *opportun, Ambivalenz, Inventur, Zynismus* u. a.) können noch dem allgemeinen Wortschatz zugerechnet werden. Als **Adressaten** des Textes darf man wohl die Leser annehmen, die sonst auch Texte von Hacke und di Lorenzo in deren hauptberuflichen journalistischen Publikationsformen lesen. Somit können die beiden erfahrenen Journalisten davon ausgehen, dass jeder mit den verwendeten aktuellen Beispielen aus Politik und Gesellschaft (z. B. „die Fälle Koch, Köhler und von Beust“, Z. 22) etwas anfangen kann, ohne dass die genauen Hintergründe explizit erläutert würden.

Natürlich könnte man auf die Thesen der Autoren ebenso mit der Nennung **politischer Ereignisse** reagieren: Sind nicht die noch weniger weit zurückliegenden Rücktritte von Guttenberg und Wulff ein Beleg dafür, dass der Druck gesellschaftlicher Werte und nicht das Abschütteln politischer Verantwortung zum offensichtlichen Rückgang politischer Betätigung der Menschen führt? Die Antwort darauf fällt sicherlich ebenfalls ambivalent aus, denn mit Gegenbeispielen im allgemeinen politischen Geschehen ließe sich sicher aufwarten.

Um auf die Welt der sozialen Netzwerke zurückzukommen: Die dortigen Profile drücken genau die Flexibilität in Bezug auf Haltungen aus, die – laut Hacke und di Lorenzo – jungen Verantwortungsträgern als Schwäche ausgelegt wird. Die Frage „Wofür stehst Du?“ lässt sich mit einem solchen Profil tatsächlich nicht so einfach beantworten, denn jeder kann sich mit einem Sammelsurium von Haltungen und Überzeugungen darstellen, das nicht dem Anspruch genügen muss, in sich stimmig zu sein. Das fängt schon bei der Relevanz an: Eine politische Partei kann hier neben dem Lieblingsschokoriegel stehen; man bekennt sich zur eigenen Schule sowie zur meist gesehenen Fernsehserie, indem man auf die jeweilige Homepage verweist. Selbst wenn man diese Vorlieben jeweils mit vielen anderen teilt, ist das Profil etwas Individuelles, das zu keiner echten Gemeinschaft führt oder führen muss. Das ist ein deutliches Beispiel für die **Individualisierung** unserer Gesellschaft. Stehen wir deshalb aber alle ganz alleine vor den großen Problemen der Zeit, die Hacke und di Lorenzo mit „Klimawandel, Überbevölkerung oder Gerechtigkeit“ (Z. 13) benennen? Im Gegenteil: Dadurch, dass wir uns dieser Individualität immer mehr bewusst werden, kann die Akzeptanz für das Anderssein des Gegenübers wachsen. Die genannten Themen treten global in Erscheinung und sind nur global lösbar. Alte Schranken zwischen sozialen Schichten, Nationen, Ideologien oder Hautfarben sind für diese Lösung am meisten hinderlich. Diese zu überwinden ist auch durch das „Bekenntnis der eigenen Ambivalenz“ (Z. 29 f.) möglich. Wenn aus der älteren Generation der Vorwurf kommt, dass sich die Jungen nicht eindeutig genug bekennen würden, verkennt dies die Komplexität der in unserer Zeit anstehenden Probleme, von denen die Älteren vielleicht nicht mehr betroffen sind. Was kann ich alleine in meinem Alltag beispielsweise gegen den Klimawandel tun? Auf diese Frage mag es so viele Antworten geben wie Experten, und immer wieder werden Ergebnisse präsentiert, die die Wirkung des Menschen auf das Klima sogar ganz infrage stellen. Der Einzelne muss sich des Problems nur immer wieder bewusst werden, nach seinem Gewissen und seinen Kenntnissen handeln und ständig bereit sein, seine Überzeugung auch einmal zu ändern, um sich neuen Erkenntnissen anzupassen. Denn aus

Fehlern muss man klug werden können. Das ist eine Überzeugung, die auch Vertreter eines strengen **Werte-Kanons** in unserer Zeit nicht mehr abstreiten können.

Ein solch flexibler Umgang mit Überzeugungen – die angesprochene „Ambivalenz" – ist nicht etwa eine Methode, um es sich leicht zu machen. Vielmehr ist er Voraussetzung, dass man sich immer wieder informiert, überprüft und kritisch reflektiert. Das geht eigentlich nur im Austausch mit den Mitmenschen.

Aufgrund dieser Notwendigkeit zur Anstrengung – so beobachten es Hacke und di Lorenzo – gebe es „in Deutschland einen massenhaften Rückzug aus gesellschaftlicher Verantwortung" (Z. 16f.). Sie machen das im Wesentlichen an Belegen aus dem Bereich der traditionellen **Parteipolitik** fest: Es gebe immer weniger Anwärter auf politische Ämter, immer weniger Menschen gingen zur Wahl und aktive Politiker zögen sich zurück (vgl. Z. 17–22). Sicherlich könnte man das an glaubwürdigen Statistiken beweisen, aber lässt sich an diesen Zahlen tatsächlich ein Rückgang gesellschaftlicher Verantwortungsbereitschaft messen? Das **Engagement** beginnt doch im Kleinen. Auch der Kurssprecher übernimmt Verantwortung für sein direktes gesellschaftliches Umfeld. Viele Thüringer Schulen machen jetzt gerade ihre ersten guten Erfahrungen mit der direkten Wahl eines Schülersprechers durch alle Schüler einer Schule. In Vereinen machen sich viele – auch junge Menschen – stark für die Gemeinschaft. Das Bedürfnis, freiwillig nach der Schulzeit etwas für die Mitmenschen zu tun, ist bei Schulabgängern in den letzten Jahren durchaus gestiegen. Nach der Aussetzung der Wehrpflicht bzw. des Zivildienstes wählen trotzdem viele Schüler, aber auch Schülerinnen nach ihrem Abschluss den Weg in den neuen Bundesfreiwilligendienst bzw. in ein freiwilliges soziales oder ökologisches Jahr. Sie nehmen für ihren **Dienst an der Gesellschaft** gerne in Kauf, dass ihre weitere Ausbildung in Betrieben sowie Universitäten und somit der Beginn ihres bezahlten Arbeitslebens später beginnt. Die Formen politischer und gesellschaftlicher Meinungsäußerung finden währenddessen nicht mehr so stark in den Ortsverbänden der etablierten Parteien statt; aber wenn jungen Menschen ein Anliegen wichtig ist, dann zieht es sie durchaus auch zu Protesten auf die Straße. Neue Möglichkeiten der Vernetzung haben ganz neue – oft sehr kreative – Formen geschaffen, um auf ein gesellschaftliches Problem aufmerksam zu machen. Der Erfolg der Piraten-Partei in den letzten Monaten hat den anderen Parteien gezeigt, dass ihnen diese neuen Formen auch veränderte Themen und Herangehensweisen abfordern. Unterm Strich mag man Hacke und di Lorenzo deshalb die Frage entgegenhalten, ob ihre Beobachtung eines „massenhaften Rückzugs" nicht eher einer radikalen **Veränderung** gesellschaftlicher Verantwortung entspricht.

Diese Mitwirkungsmöglichkeiten stellen heute Selbstverständlichkeiten dar, für die vergangene Generationen noch kämpfen mussten und die deshalb vielleicht heute nicht mehr so spektakulär wirken. Ähnlich argumentieren die Autoren von „Wofür stehst Du?" im späteren Teil des Textes ja auch (vgl. Z. 55ff.). Wir leben in einem Umfeld, das uns viele **Freiheiten** ermöglicht. Die Teilnahme an Demonstrationen bedeutet für uns tatsächlich nicht, dass man das Leben aufs Spiel setzen muss. Dass es solche Situationen aber auch noch im 21. Jahrhundert geben kann, zeigen uns die Entwicklungen der Revolutionen im nordafrikanischen Raum.

Unsere freiheitliche Gesellschaft stellt aber auch an jeden die Herausforderung, eigene Lösungen und **eigene Orientierungen** zu finden. Das betrifft ebenso die **Schule** und den **Unterricht**, wie ihn Schüler heute erleben. Ein gutes Abitur erreicht man schon lange nicht mehr nur mit einem Faktenwissen, das, auf eindeutigen Lehren basierend, stur auswendig gelernt und nicht hinterfragt wird. Vielmehr ist es wichtig, sich neben der Anwendung des Wissens positionieren zu können, Wege zur Entscheidungsfindung zu entwickeln und diese zu vertreten. Das gilt für die selbstständige Erforschung naturwissenschaftlicher Phänomene genauso wie für die **Suche nach einem Standpunkt** in den gesellschaftlichen Zusammenhängen, wie sie in Geschichte, Sozialkunde und oft auch im Deutschunterricht eine große Rolle spielen. Solch ein Verständnis von Bildung schützt uns vor „Heilslehren" (Z. 44f.), also den scheinbaren Lösungen, die uns Eindeutigkeit versprechen, meist zu dem Preis, dass man sich als Mensch komplett unterordnen muss.

Hacke und di Lorenzo schlussfolgern daraus: „Es reicht nicht, die richtigen Maßstäbe im Leben zu finden. Man muss sie auch vermitteln können, sie mit sich und anderen immer wieder ausmachen." (Z. 50f.) Auf diese These kann man sich – bei aller unterschiedlicher Sichtweise auf die Voraussetzungen in der Gesellschaft heute – gut einigen und sie erinnert ein wenig an **Friedrich Dürrenmatts Worte** „Jeder Versuch eines Einzelnen, für sich zu lösen, was alle angeht, muss scheitern." Der Satz ist dabei sehr eindeutig und direkt: Es geht einfach nicht alleine. Unsere Werte-Entscheidungen müssen mit unserem Umfeld ausgemacht werden, so wie wir umgekehrt erwarten können, dass sich die Gesellschaft unseren eigenen Maßstäben ihrerseits mit Toleranz nähert. Das gilt für die großen Lösungen, mit der wir die Welt erklären wollen, genauso wie für die alltäglichen Entscheidungen, die wir in einer freien Gesellschaft selbst fällen müssen und dürfen.

Deswegen ist es richtig, dass Hacke und di Lorenzo in ihrem Vorwort gemeinsam in den **Dialog mit den Lesern** treten. Sie gehen als Beispiel voran und schildern ihre eigenen Erfahrungen und Haltungen nicht als Ideallösungen, sondern als **Denkanstöße**, an denen sie alle Leser teilhaben lassen wollen. In der Fülle von anklingenden Problemen und Zusammenhängen, die die Auseinandersetzung mit ihrem Text mit sich bringt, zeigt sich, dass ihnen dies bereits im Vorwort gut gelungen ist.

Deutsch (Thüringen): Abiturprüfung 2012
Aufgabe 3: Interpretation eines epischen Textes

Josef Reding (geb. 1929)

Überholte Perspektiven

Der junge Mann mit dem daumenbreiten Backenbart schlug eine Mappe auf, nahm ein einziges, großformatiges Foto heraus und sagte: „Da!“

„Ei der Daus!“, rief der Redakteur. Er liebte es, antiquierte Redewendungen schnoddrig zu verstreuen. „Da haben wir aber etwas Exquisites.“

Der junge Mann blickte stolz auf seine Arbeit. „Braucht gar keine Unterschrift, das Bild. Die Perspektive macht's. Ich hatte Glück. Als die Soldaten am Minister vorbeidefilierten, stand der Einbeinige an der Bordsteinkante. Ich habe zwischen Bein und Krücke hindurch die paradierenden Männer schnappen können. Es war Gegenlicht. Der Krüppel steht wie eine düstere Silhouette vor den strammen Marschierern.“

„Sagen Sie nicht Krüppel, Teurer. Klingt so hart. Sagen Sie besser: Versehrter, Verehrter! Nanu, I am a poet and I didn't know it! Haha! Versehrter, Verehrter reimt sich.“ Der Redakteur nahm das Foto aus der Lichtwolke der Schreibtischleuchte. „Saubere Arbeit“, nickte er. „Ausgezeichnete Idee. Ich bin sicher, daß wir das Ding in unsere Festausgabe nehmen können. An exponierter Stelle. Als Aufmacher. Von den Sachen, die Sie uns in den letzten zwei Jahren hereingegeben haben, ist dieses Foto der dickste Hund. Ich muß noch das Material für die Jubiläumsnummer verwursten. Aber verlassen Sie sich drauf: Ihre Arbeit kommt ganz groß. Nächste Woche haben Sie Belege, cheerio!“

Der junge Mann wartete nicht bis zur nächsten Woche. Daß die Zeitung zum erstenmal eins seiner Fotos in großer Aufmachung bringen wollte, erregte ihn. Mit diesem Bild würde er vorrücken, sich in die Reihe der bewunderten älteren Kollegen stellen, die in den avantgardistischen Kunstzeitschriften standen, die unsere Zeit röntgen. Als er den feuchten, glänzenden Karton aus dem Fixierbad nahm, wußte er, daß er es geschafft hatte. Daß sein Blick geschärft war.

Am Donnerstag war Umbruch der Wochenendausgabe. Am Freitag war der Fotograf in der Redaktion.

„Ah, superb, daß Sie kommen, edler Recke“, sagte der Redakteur und breitete seine Arme aus. „Ihr Meisterstück ist drin. Schauen Sie!“ Der Redakteur faltete genüßlich die Beilage auseinander. Das steife Papier gleißte. „Hier, dreispaltig, und über die halbe Seite. Zufrieden?“

„Verdammt!“, sagte der junge Mann leise. „Was haben Sie mit meiner Arbeit gemacht?“ Langsam würgte er das Blatt. Das Papier lärmte aufgeregt. „Nu nu nu“, brummelte der Redakteur. „Lassen Sie sich erzählen. Stuhl? – Nee? Zigarette? – Auch nee? Also: der Boß wollte nicht an die Chose ran. Wäre überholt, die Kiste, sagte er. Damals, gleich nach der Niederlage, hätte man so etwas bringen können. Aber jetzt hätten wir uns zu einer Familienlektüre ausgewachsen. Da könnten wir den Abonnenten nicht mehr zumuten, beim wohlverdienten Abendstündchen mit solch tristen Sachen belastet zu werden. Verstehen Sie?“ „Nein“, sagte der Backenbärtige.

„Wohlgemerkt, das sagte der Chef. Sie hören doch hoffentlich, daß ich im Konjunktiv spreche. Und Sie wissen doch, wie ich Ihnen gewogen bin, ehrlich. Wenn der Kriegsversehrte nicht im Vordergrund wäre, käme das Bild gut an. Weil es technisch perfekt ist, das Bild. So hat er Ihr Foto gelobt. Na, und weil ich doch weiß, wie sehr Sie den Kies nötig haben“, der Redakteur rieb Daumen und Zeigefinger aneinander, „da habe ich 'ne kleine Änderung vorgeschlagen. Den Ritter von der traurigen Gestalt im Vordergrund hinaus und die hübsche Kleine im Dirndl dafür rein. So ist die Komposition des Fotos nicht gestört, und das Bild paßt nun auch zur Unterschrift: >Wenn die Soldaten durch die

Stadt marschieren …< Beide Bilder sind ja von Ihrer Künstlerhand, Maestro! Das schicke, winkende Mädchen haben Sie uns mal vor einem Jahr gebracht. >Dorfschönheit auf der Brücke< oder so ähnlich. Und unsere Klischierer sind auf Draht. Die haben das doch präzise hingefummelt. Das merkt kein Mensch, daß an dem Foto etwas geändert ist. Gucken Sie doch mal genau hin!“

Der Redakteur begann zu schwitzen. Er reichte dem Backenbärtigen ein neues Zeitungsexemplar.

„Wirklich“, flüsterte der junge Mann jetzt und starrte auf das retuschierte Idyll. „Das merkt kein Mensch.“ Er wischte das Blatt vom Tisch. „Ist die Zeitung schon ausgedruckt?“, fragte er.

„Ja“, sagte der Redakteur rasch. „Heute nacht die halbe Million Exemplare ausgespuckt. Fix und fertig. Unser Laden funktioniert.“

„Das tut er“, sagte der junge Mann. „Wahrhaftig, das tut er.“

„Nun machen Sie mal nicht so ein trauriges Gesicht, Mylord“, sagte der Redakteur. „Ich hätte mir schließlich die Mühe mit Ihren Bildern gar nicht zu machen brauchen, sondern ein anderes nehmen können. Zudem sieht die sanfte Schwingung von einem Paar Mädchenbeinen ästhetischer aus als das deprimierende Krückengerüst, das Sie mit den uniformierten Jungs geknipst haben. Na?“

Der Junge sagte nichts.

Der Redakteur wurde eifrig. „Aber hier, ein Pflästerchen auf Ihre ach so tiefe Seelenwunde. Ich habe die Honoraranweisung für Sie schon ausstellen lassen. Schauen Sie mal auf diesen Abschnitt. Dreistellige Zahl. Ist das denn nichts, Marie?“

Aus: Reding, Josef. Nennt mich nicht Nigger. Kurzgeschichten aus zwei Jahrzehnten. Recklinghausen 1978, S. 150–152.

Arbeitsanweisung

Interpretieren Sie den Text und nehmen Sie zur Intention Stellung.

Hinweise und Tipps

Die Arbeitsanweisung erfordert eine **Interpretation** sowie eine **Stellungnahme zur Autorenintention**. Beginnen Sie die Interpretation mit der Erschließung des Textes nach den Ihnen bekannten Vorgaben wie Inhaltsangabe, Textsorte, Figurencharakterisierung bzw. -konstellation, Zeit- und Raumgestaltung, Erzählverhalten und der sprachlichen Betrachtung.
Die Quellenangabe gibt bereits vor, dass Sie es mit einer **Kurzgeschichte** zu tun haben. Weisen Sie diese Tatsache anhand von einschlägigen **Merkmalen** nach. Auch das **Verhältnis von Titel und Text** sollten Sie berücksichtigen.
Mit den **sprachlichen Mitteln**, die der Autor verwendet, können Sie dann zur **Deutung** überleiten; auf keinen Fall sollten Sie diese bloß benennen. Wörtliche Rede, Metaphern, Personifikationen, Vergleiche etc. tragen wesentlich zur Gesamtaussage bei. Sicher werden Sie auch erkennen, dass die beiden Protagonisten nicht die gleiche Sprache sprechen.
Die **Intention des Autors** besteht im Wesentlichen darin zu zeigen, wie die Wahrheit auf recht einfache Weise manipuliert werden kann; der Betroffene ist kaum in der Lage, dem entgegenzuhalten. Die **Macht des Geldes** klingt ebenso an wie die **Verantwortung der Medien**. Auch wenn die Geschichte im vergangenen Jahrhundert spielt, ist das Thema noch immer bzw. gerade heute ein viel diskutiertes Problem. Nehmen Sie Stellung hierzu.
Andere Autoren haben sich ebenfalls damit befasst, z. B. Günter Kunert in seiner Parabel „Das Bild der Schlacht am Isonzo", die Sie vergleichend dazu heranziehen können.
In **Einleitung** und **Schluss** bietet es sich an, auszuführen, welche **Dimensionen** Perspektiven haben bzw. welche Autorität der Verfälschung von Wahrheit entgegengesetzt werden könnte – **der kritische und intelligente Medienkonsument**.

Lösungsvorschlag

Einleitung

Was haben Maler, Fotografen, Schriftsteller und Psychologen gemeinsam? Sie haben alle mit dem **Begriff der Perspektive** zu tun, allerdings in ganz verschiedenen Bedeutungen bzw. Zusammenhängen: Der Maler kennt Perspektiven als Methoden beim Zeichnen, z. B. die Kavaliersperspektive. Dem Fotografen gefällt es, das eine Motiv aus der Frosch-, das andere aus der Vogelperspektive abzulichten. Der Schriftsteller muss sich vor dem Schreiben eines Textes über die Erzählperspektive im Klaren sein. Der Psychologe bespricht mit seinen Klienten unterschiedliche Sichtweisen, Standpunkte, Blickwinkel, und Coaching-Agenturen versprechen den Kunden, festgefahrene Routinen zu durchbrechen, **überholte Perspektiven** zu wechseln, um so eine neue Ausrichtung im Leben zu bekommen, sich weiterzuentwickeln, kurz – die Zukunft erfolgreich zu gestalten.

Hauptteil

Josef Reding greift in seiner Kurzgeschichte *Überholte Perspektiven*, 1978 erschienen im Band *Nennt mich nicht Nigger*, verschiedene **Perspektivbegriffe** auf: Für die Hauptfigur, einen jungen Fotografen, ist ein von ihm geschossenes Foto aus genau der richtigen Perspektive aufgenommen, in seiner Aussage stark und zudem technisch perfekt. Er verspricht sich damit gute Aussichten für seine Karriere. Der zuständige Zeitungsredakteur verteidigt aber die Meinung seines Chefs, das Motiv sei in seiner Aussage überholt, und erlaubt sich eine entscheidende Korrektur. Dem Fotografen eröffnen sich nun zwei Möglichkeiten, zwei Perspektiven: ein künstlerisch hochwertiges Foto in seiner ursprünglichen Form verteidigen oder die „weichgespülte" Version des Geldes wegen absegnen.

Der Fotograf reicht in einer Zeitungsredaktion, im Übrigen nicht zum ersten Mal, eine Fotografie ein. Er ist stolz auf dieses ausdrucksstarke Werk und hegt Hoffnungen auf Verbreitung,

Publicity und künstlerische Anerkennung. Das **Foto** zeigt eine Militärparade im Hintergrund, einen einbeinigen Mann im Vordergrund, und transportiert damit eine **kriegskritische Botschaft**. Der Redakteur verspricht, es in der nächsten Ausgabe groß herauszubringen. Einige Tage später präsentiert er dem Fotografen die Zeitungsseite: Im Hintergrund ist immer noch die Militärparade zu sehen, doch im Vordergrund steht – statt des Verwundeten – nun ein hübsches, winkendes Mädchen im Dirndl. Der junge Mann ist entsetzt über die vorgenommenen **Veränderungen an seinem Bild**, kann aber nichts mehr rückgängig machen, da die Ausgabe schon fertig gedruckt ist. Mit einem fürstlichen Honorar versucht der Redakteur ihn zu besänftigen.

Der Text **beginnt unvermittelt** mit dem Präsentieren des Fotos durch den Fotografen und **endet abrupt** mit dem Geldangebot des Redakteurs. Der Leser weiß nicht, ob der junge Mann das Honorar annimmt, ob er seine Bilder weiterhin Zeitungsredaktionen anbieten wird oder wie es generell mit ihm als Künstler weitergeht. Die beiden Figuren tragen **keine Namen** und stehen **exemplarisch** für die jeweilige Berufsgruppe bzw. für einen Charakter. Reding zeigt in seinen „Überholte[n] Perspektiven" somit ein kurzes (Lehr-)Stück aus dem Leben zweier Menschen, das sich genauso gut auch in anderen Situationen oder Gesellschaftsfeldern abspielen könnte. All diese Elemente können als **typische Merkmale einer Kurzgeschichte** verstanden werden.

Der Fotograf wird als „junge[r] Mann mit [...] „daumenbreite[m] Backenbart" (Z. 1) eingeführt, der **professionell** arbeitet. So hat er eine Mappe dabei, aus der er ein großformatiges Foto zieht (Z. 1 f.). Von der Qualität seiner Arbeit wirkt er **überzeugt**, denn für die Präsentation seines Werkes meint er zunächst nur ein einziges Wort („Da!", Z. 2) aufwenden zu müssen. Dies suggeriert: Das Foto ist perfekt, jeder sieht das, es muss in der Zeitung erscheinen, gar keine Frage. Seiner Meinung nach brauche es auch gar keinen Titel, es würde sich durch das gelungene Motiv und die gewählte Perspektive selbst erklären (vgl. Z. 5). Dann erzählt er dem Redakteur **eifrig**, wie er die Soldaten, die am Minister vorbeidefiliert seien, bei Gegenlicht aufgenommen habe, zwischen Bein und Krücke eines an der Bordsteinkante stehenden „Krüppel[s]" hindurch (vgl. Z. 6 ff.).

Der Fotograf kann es kaum erwarten, sein Bild in der Zeitung zu sehen, und „**erregt**[...]" (Z. 19) malt er sich aus, wie er vorrücken und sich in die Reihe bewunderter älterer Kollegen stellen werde, die in den avantgardistischen Kunstzeitschriften gestanden und die Zeit „[ge]röntg[t]" hätten (vgl. Z. 19–21). Mit dieser Metapher offenbart er einen **hohen Anspruch an sich selbst:** Er will keine nichtssagenden Bildchen abliefern, sondern Kunstwerke, die sich am Puls der Zeit orientieren und eine tiefere Aussage, einen Appell beinhalten. Als er die Zeitungsseite mit seinem veränderten Foto sieht, ist er dementsprechend **enttäuscht, verletzt, fast zornig**, was durch den Fluch „Verdammt!" (Z. 30) offensichtlich wird. Das Mädchen im Dirndl, das nun im Vordergrund steht und auch noch winkt, verfälscht die Aussage grundlegend in dem Sinn, dass sie erstens die Blicke der Rezipienten auf sich zieht und von den Soldaten ablenkt und zweitens eine positive Sicht auf die Militärparade insgesamt indiziert. Die Soldatenformation wirkt plötzlich harmlos. Die Tatsache, dass das hineinmontierte Motiv aus einem seiner früher eingereichten Fotos stammt (vgl. Z. 46 f.), besänftigt ihn nicht. Den grundlegenden Unterschied zwischen den Bildern erfasst der junge Mann sofort und **wehrt sich gegen die Verfälschung** – jedoch vergebens, denn die gesamte Ausgabe ist bereits gedruckt. Am Ende ist er **perplex und sprachlos** (vgl. Z. 64). Seine Reaktion, als der Redakteur ihm die Honoraranweisung mit einem dreistelligen Betrag zeigt, lässt sich nur erahnen, da die Geschichte offen endet. Der Eindruck, den man von dem jungen Mann gewonnen hat, lässt vermuten, dass es ihm nicht ums Geld geht, sondern um seine **Anerkennung als Künstler**, die er aber von diesem Zeitungsmitarbeiter wohl nie erhalten wird.

Der Redakteur wird mit dem veralteten Ausruf „Ei der Daus!" (Z. 3) eingeführt. Er **liebt antiquierte Wendungen**, die er in seine Rede streut, ob sie passen oder nicht. Später folgen

u. a. „superb“ (Z. 26) oder „wie ich Ihnen *gewogen* bin“ (Z. 39). Den jungen Mann spricht er mit „Teurer“ (Z. 10), „Verehrter“ (Z. 10 f.), „edler Recke“ (Z. 26), „Maestro“ (Z. 46) sowie „Mylord“ (Z. 59) an. Das wirkt nicht gebildet, sondern **eingebildet**, übertrieben und albern. Sofort nachdem der junge Fotograf sein Bild kommentiert hat, wird er gemaßregelt, dass er nicht „Krüppel“ sagen solle, das klinge so hart. Daraus spricht allerdings kein Mensch mit Mitgefühl, sondern der **routinierte Zeitungsmacher**. Die zynische Betitelung des Behinderten als „Ritter von der traurigen Gestalt“ (Z. 43), eine Anspielung auf Don Quichote, verstärkt diesen Eindruck später noch. Seine Art ist schnoddrig, selbstgefällig und unsympathisch. Auch wie es in der Redaktion zugeht, lässt sich heraushören: Da wird Material „verwurste[t]“ (Z. 16), gute Projekte werden als „das Ding“ (Z. 13), „der dickste Hund“ (Z. 15), „Chose“ oder „Kiste“ (Z. 33) **abgewertet**, die Tätigkeit des Fotografierens vielsagend als „[K]nips[en]“ (Z. 63) bezeichnet. Die Klischierer, die Veränderungen an Fotos „präzise hingefummelt“ (Z. 49) bekämen, die kein Mensch bemerke, seien auf Draht. Der Mann stellt sich insgesamt als **Gönner** dar, der statt des Fotos des jungen Fotografen auch irgendein anderes hätte nehmen können. Jedoch hat er nicht im Auge, den Künstler in ihm zu fördern, sondern eine **verkäufliche Auflage zu produzieren**. Die Honoraranweisung präsentiert er so, als müsste ihm der Fotograf auf Knien dafür danken. Nur ein einziges Mal zeigt der Redakteur authentische Züge oder einen Anflug von schlechtem Gewissen, als er beginnt „zu schwitzen“ (Z. 51). Aber schnell fängt er sich und spricht über die Höhe der Auflage und das Honorar, was sein **medien- und profitorientiertes Verhalten** erneut bestätigt.

Die **Handlung** spielt sich an zwei Tagen jeweils **in der Zeitungsredaktion** ab, mit einem Zwischenraum von weniger als einer Woche. Insofern ist sie **gerafft** erzählt. Jedoch besteht sie zu maßgeblichen Teilen aus den nahezu **zeitdeckenden** Gesprächen zwischen dem Fotografen und dem Redakteur. Zu Beginn agiert ein **auktorialer Erzähler**, beispielsweise kommentiert er die seltsame Sprach-Vorliebe des Redakteurs mit „Er liebte es, antiquierte Redewendungen schnoddrig zu verstreuen.“ (Z. 3 f.) Später lässt der Autor **die Figuren** in den zwei Dialogen **für sich sprechen**, wodurch sich der Leser selbst ein Bild von ihnen machen kann. Die **wörtliche Rede** wird in den meisten Fällen mit dem Verb „sagen“ eingeleitet, kommentiert durch Adjektive wie „leise“ (Z. 30) oder „rasch“ (Z. 56); aber die Männer rufen, brummeln und flüstern auch (Z. 3, Z. 31, Z. 53). Die **Sympathien des Lesers** für die Figuren liegen ganz eindeutig bei dem jungen Fotografen, auch wenn seine **Redeanteile** geringer sind. Er bleibt wortkarg, sagt und fragt nur das für ihn Wichtige, wodurch er als besonnen und ernst gekennzeichnet wird. Die Szene beherrscht jeweils der Redakteur. Seine Anteile bestehen aus Redeschwällen. Er formuliert mehrere kurze Hauptsätze hintereinander (Z. 15 ff.), selten Satzgefüge, häufig Ellipsen oder Einwortsätze (Z. 32, 43 f.) und wirkt dadurch überspannt, gehetzt, zynisch und arrogant.

Die beiden Dialoge (Z. 1–17 und Z. 26–67) leben besonders von ihren **sprachlichen Besonderheiten**. Neben den scheinethischen **Phrasen** und **antiquierten** bzw. **fremdsprachlichen Redewendungen** („I am a poet and I didn’t know it!“, Z. 11; „cheerio!“, Z. 17; „Maestro!“, Z. 46; „Mylord“, Z. 59) des Redakteurs setzt der Autor weitere Mittel ein: Der Redakteur nimmt das Foto „aus der Lichtwolke der Schreibtischleuchte“ (Z. 12). Er bemerkt durchaus dessen hohe künstlerische Qualität, entscheidet aber im selben Moment, dass es für seine redaktionellen Zwecke nicht zu gebrauchen sein wird und nimmt es folgerichtig **metaphorisch** aus dem Licht; so entzieht er es der Aufmerksamkeit. Der junge Mann begibt sich nach wenigen Tagen wieder in die Redaktion, um zu sehen, was aus seinem Projekt geworden sei. Der Redakteur präsentiert ihm das „Meisterstück“ (Z. 27), worauf „[d]as steife Papier gleißt[…]“ (Z. 28), also unangenehm stark glänzt. Der Karton, den der Fotograf vorher im Labor aus dem Fixierbad genommen hat, „glänz[te]“ (Z. 22) dagegen angenehm. Der Leser ahnt nach der bedrohlich klingenden Beschreibung schon den negativen Fortgang der Handlung. Selbst das Papier wehrt sich anscheinend gegen die Verfälschung, indem es sich steif macht. Es kann nichts dafür, trotzdem „würgt[…] [der Fotograf] das Blatt. Das Papier lärmt[…]

aufgeregt." (Z. 31) Vom Autor **personifiziert**, wird es gewürgt, als hätte es einen Hals, und es protestiert dagegen mit Lärm. Somit entladen sich Enttäuschung und Empörung des jungen Mannes am Papier, die er wohl lieber am Verursacher des Machwerkes selbst ausgelebt hätte. Weitere auffällige sprachliche Mittel sind die **Wortschöpfung** „Seelenwunde" (Z. 65 f.), die mit einem „Pflästerchen" (Z. 65), **Diminutiv**, in Form einer Honoraranweisung behandelt werden soll. Das zeigt, wie wenig ernst der Redakteur die künstlerischen und moralischen Bedenken des Fotografen nimmt. Dass die Seelenwunde **ironisch** als „ach so tief[...]" bezeichnet wird, zeugt von Zynismus und Arroganz. Die **Vergleiche** „wie eine düstere Silhouette" (Z. 9) und „die sanfte Schwingung von einem Paar Mädchenbeinen ästhetischer als das deprimierende Krückengerüst" (Z. 61 f.) veranschaulichen die Veränderungen im Foto. Die **Alliteration** bzw. der **Reim** „Versehrter, Verehrter!" (Z. 10 f.) verdeutlicht einmal mehr die aufgesetzte Redeweise des Redakteurs. **Abwertende Ausdrücke** wie „Kies" (Z. 41), „Kleine" (Z. 44) oder „Laden" (Z. 57) zeugen von seiner Überheblichkeit und fehlendem Respekt anderen Menschen gegenüber.

Die beiden Protagonisten sprechen nicht dieselbe Sprache: Wenn der Redakteur dem Fotografen beispielsweise verspricht: „Ihre Arbeit kommt ganz groß." (Z. 17), meint er tatsächlich, dass das Foto groß, z. B. dreispaltig, über die halbe Zeitungsseite (vgl. Z. 28 f.) erscheint. Der junge Mann dagegen rechnet sich nach diesen Worten eher aus, dass er mit seiner Arbeit groß heraus kommt, d. h. als Künstler wahrgenommen wird. Als der Zeitungsmann die Veränderungen im Bild präsentiert und stolz darauf verweist, dass diese kein Mensch bemerke, weil die Klischierer ganze Arbeit geleistet hätten, bestätigt dies der Fotograf mit „Wirklich [...] Das merkt kein Mensch." (Z. 53 f.), bringt damit aber seinen Schrecken zum Ausdruck. Er findet es eben gerade beunruhigend, wenn Leser der Zeitung nicht bemerken, dass an einem Foto Veränderungen vorgenommen worden sind. Der Redakteur ist wiederum stolz darauf, dass der „Laden funktioniert" (Z. 57), währenddessen die zweimalige Bestätigung des jungen Mannes „Das tut er [...] Wahrhaftig, das tut er." (Z. 58) seine Zweifel und Besorgnis darüber anmeldet, was dem Leser zugemutet wird und welche Möglichkeiten sich in Zukunft durch solche technischen Raffinessen wohl noch eröffnen mögen.

Die Geschichte spielt im **vorigen Jahrhundert**, was man leicht an verschiedenen Indizien bemerkt: Der Fotograf entwickelt seine Fotos im Labor, zieht „feuchten, glänzenden Karton aus dem Fixierbad" (Z. 22) und bewahrt sie großformatig in einer Mappe auf. Heute ist die chemische Entwicklung von Fotos zwar nicht gänzlich abgeschafft, doch werden sie fast nur noch digital produziert. Das Motiv der marschierenden Soldaten mag damals noch Zündstoff für Diskussionen über vergangene Kriege gewesen sein, da der Zweite Weltkrieg, von Deutschland ausgelöst, noch nicht so lange zurückgelegen hat. Heute defilieren (also: ziehen) Soldaten nur noch selten durch die Stadt bzw. an Ministern vorbei. Diskussionen stoßen eher Bilder mit Soldaten in anderen Ländern an (z. B. im Nahen Osten), die die eigene Bevölkerung bekämpfen. Auch den Klischierer gibt es als Berufsbezeichnung nicht mehr. Heute erledigt der Mediengestalter entsprechende Aufgaben am Computer. Mit ‚**Klischee**' bezeichnet man außerdem eine überkommene Vorstellung oder ein **eingefahrenes Denkschema**, eine abgedroschene Redensart oder vorgeprägte Ausdrucksweise sowie ein überbeanspruchtes Bild, kurz: eine überholte Perspektive.

Die „überholten Perspektiven" – der Autor verwendet den Plural – im **Titel** sind **mehrdeutig:** Sie beziehen sich einmal auf das **Foto**, das etwas zeigt, was den Lesern angeblich nicht mehr zugemutet werden könne, da sich das Blatt zur Familienlektüre ausgewachsen habe. Beim wohlverdienten Abendstündchen könne man diese nicht mit solchen tristen Sachen belasten, so der „Boß" (vgl. Z. 33–36). Anti-Kriegs-Botschaften seien also „überholt". Für den Betrachter hätten sich im ursprünglichen Foto die Figuren zu einem Ganzen gefügt, nämlich in dem Sinn, dass der Einbeinige im Vordergrund ein **Kriegsopfer** darstellt und die Soldaten im Hintergrund solche Kriegsopfer werden könnten, wenn sie in den Kampf geschickt würden oder welche verursachen, wenn sie schießen. Über den Inhalt des Bildes wird geurteilt:

„Damals, gleich nach der Niederlage, hätte man so etwas bringen können." (Z. 33 f.) Dies ist eine Anspielung auf das Ende des Zweiten Weltkrieges 1945 in Deutschland, in dessen Folge es viele solcher Kriegsversehrter gegeben hat. Das Ende des Krieges nennt der Redakteur bzw. „der Boß" „Niederlage", nicht „Befreiung", was darauf schließen lässt, dass die Zeitungsredaktion im Westen Deutschlands angesiedelt ist. Diese Sichtweise wird dem Fotografen gewissermaßen aufgezwungen. Der Krieg sei lange vorbei, warum also die alten Kamellen herausholen? Die Bildunterschrift „Wenn die Soldaten durch die Stadt marschieren ..." (Z. 45 f.) hätte zu beiden Varianten gepasst, aber die Fortsetzung des Konditionalsatzes hätte in Gedanken der Leser jeweils entscheidend anders gelautet, nämlich zunächst „... könnte es sein, dass sie bald in den Kampf geschickt und Opfer werden wie der da im Vordergrund" oder jetzt: „... erfreuen sich die Mädchen an den strammen Kerlen und winken ihnen zu."

Der Titel ist auch **ironisch** gemeint, denn **ambitionierte Fotos mit künstlerischem Wert** sind nie unzeitgemäß. Seit 1955 vergibt die Stiftung „World Press Photo" jedes Jahr Preise für die besten Pressefotos, die dann in einer Wanderausstellung und in einem Jahrbuch veröffentlicht werden. Die **überholte Perspektive** hat derjenige, der solche Bilder ablehnt oder, noch schlimmer, verfälscht. Ein Zwiespalt zwischen Autoren und Rezipienten klingt an: Inwiefern hängt die Qualität eines Mediums von dem ab, was die Leser, Zuschauer oder Zuhörer sich wünschen bzw. inwiefern verwirklichen die Autoren ihre eigenen Intentionen ohne Rücksicht auf Wünsche? Das Abhängigkeitsverhältnis zwischen Autoren bzw. Medien und Konsumenten ist ständig präsent, sie beeinflussen sich immer gegenseitig. Man kann auch an verschiedene **Lebenseinstellungen** denken: Ist es mittlerweile „überholt", der Wahrheit und dem Anspruch von Kunst zuliebe auf Umsatz und Honorar zu verzichten?

Der Vorgang in der Geschichte erinnert an die **Parabel** „Das Bild der Schlacht am Isonzo" von **Günter Kunert:** Ein Maler malt den Krieg so grausam und brutal, wie er ihn selbst erlebt hat. Ein Besucher im Atelier behauptet, das Bild lüge. Er kauft einen kleinen Ausschnitt mit einer Gestalt, die trommelnd und singend auf das Schlachtfeld läuft, damit sich künftige Generationen ein Bild machen könnten von der großen Schlacht am Isonzo. Bei Reding wird eine Figur auf einem Foto ausgetauscht, bei Kunert ein kleiner Bildausschnitt aus einem Gemälde entnommen, der dann scheinbar für das Ganze steht. So wird die **Wahrheit manipuliert**. Zunächst scheint es sich jeweils nur um einen kleinen Eingriff in die Bildkomposition zu handeln, doch die Wirkung auf den Rezipienten ist mächtig. Aus der Aussageabsicht, dem Appell des Fotografen und des Malers, die beide vor den Schrecken eines Krieges warnen, wird ein eindimensionales Bildchen: Ein winkendes Mädchen im Dirndl und ein trommelnder, singender Soldat. So wird Wahrheit verschleiert, sogar **ins Gegenteil verkehrt**.

Ein **Fotograf** hat als Künstler gegenüber den Betrachtern seiner Bilder eine **Verantwortung**. Das ist dem Protagonisten bei Reding bewusst – wir erfahren, dass er sich an Kollegen orientiert, die ihre Werke in avantgardistischen Kunstzeitschriften veröffentlicht haben. Sie gehören zu einer der politischen und künstlerischen Bewegungen, die eine starke Orientierung an der **Idee des Fortschritts** gemeinsam haben und sich durch besondere **Radikalität gegenüber politischen Verhältnissen oder ästhetischen Normen** auszeichnen. Es gehört immer Mut dazu, Vorreiter zu sein, denn Machthaber fackeln nicht lange, wenn ihnen die politische Einstellung eines Künstlers, eines Journalisten nicht passt. Es gab und gibt immer wieder Beispiele für Berufsverbot, Verhaftung und Gefängnis. Man denke heutzutage nur an den chinesischen Künstler und Systemkritiker **Ai Weiwei**.

Auch **Redakteure** bzw. deren „Bosse" haben eine Verantwortung gegenüber ihren Lesern, jedoch unterliegen diese außerdem **kommerziellen Zwängen** – die Zeitung oder das Buch muss sich verkaufen. Dies erinnert an den Theaterdirektor in Goethes *Faust* in der Szene „Vorspiel auf dem Theater", der nur solche Stücke zur Aufführung bringt, welche die Leute sehen wollen, damit sein Theater voll wird und Geld in die Kasse kommt. Sein Gegenspieler hingegen, die Figur des Dichters, kümmert sich nicht um den **Geschmack des Publikums**;

ihm ist die Kunst heilig – wie (eigentlich) auch dem Fotografen bei Reding. Ob sich dieser mit „Marie“ (Z. 67), also Geld, vom Gegenteil überzeugen lässt, bleibt unbeantwortet.

Der Redakteur in der Kurzgeschichte verkörpert den Typus des Geschäftsmannes, der glaubt, dass man **alles mit Geld regeln** könne und dass alle Menschen käuflich seien. Symbolisch reibt er Daumen und Zeigefinger aneinander (vgl. Z. 42), das Zeichen für Geld, was den Fotografen aber (anscheinend) nicht beeindruckt.

Schluss
In der Geschichte ist es noch mit großem Aufwand verbunden, eine Figur in einem Foto gegen eine andere auszutauschen; in Zeiten von Photoshop ist das aber eine Sache von wenigen Klicks. **Fälschungen** bzw. **Plagiaten** sind im Computerzeitalter Tür und Tor geöffnet, weil sie von jedermann leicht zu bewerkstelligen sind und zunehmend – wie auch beim Redakteur – die Einstellung vorherrscht: „Das merkt kein Mensch“ (Z. 49). Bemerkt doch einmal jemand solchen Betrug, wird einem Minister der Doktortitel aberkannt und er muss seinen Hut nehmen, oder ein Schüler erhält auf die Ausarbeitung seines Aufsatzes mithilfe von *Hausaufgaben.de* null Punkte. Solche Fälle sind aber wohl (noch) die Ausnahme.

Medien stellen eine immer größer werdende Macht dar und sie sind sich dessen wohl auch bewusst. Manche Menschen glauben automatisch alles, was in der Zeitung steht, was im Fernsehen oder im Radio läuft. Sie trauen den Berichten, Kommentaren und Bildern im Internet. Dafür gibt es vergleichsweise harmlose Beispiele – wenn etwa bei einem entscheidenden Spiel der Fußball-Europameisterschaft eine vermeintliche Live-Einblendung dem verblüfften Zuschauer suggeriert, dass der Bundestrainer Joachim Löw die Muße hat, mit einem Balljungen zu scherzen, und sich hinterher herausstellt, dass die Bilder bereits vor dem Anpfiff entstanden sind. Weitaus schlimmer ist es, wenn die USA im Vorfeld des Irakkrieges Dokumente und Fotos fälschen, die scheinbar die Existenz von Massenvernichtungswaffen beweisen und damit einen Angriff auf Saddam Hussein legitimieren.

Heute erfordern diese Tatsachen einen **kritischen Konsumenten**, einen, der **Fälschungen erkennt**, auch wenn sie noch so gut gemacht sind, und der sich nicht manipulieren lässt. Nicht ohne Grund gibt es in der Schule das Fach Medienkunde. Dort üben die Schüler nicht nur, nützliche Software anzuwenden, sondern lernen auch die Gefahren kennen, die das Internet mit sich bringt. Jemand hat einmal gesagt, dumme Menschen macht das Internet dümmer und schlaue macht es schlauer. Zu hoffen bleibt, dass immer mehr Konsumenten in der Lage sind, „überholte“ oder manipulierte Perspektiven zu erkennen und gegebenenfalls zu korrigieren.

Deutsch (Thüringen): Abiturprüfung 2012
Aufgabe 4: Interpretation eines dramatischen Textes

Wolfgang Borchert (1921–1947)

Draußen vor der Tür (Auszüge aus der 3. Szene)

Unteroffizier Beckmann kehrt nach dreijähriger Kriegsgefangenschaft aus dem II. Weltkrieg in seine Heimat zurück. Er steht sowohl physisch als auch psychisch unter dem Eindruck der Kriegserlebnisse. Auf der Suche nach einem Platz im Leben durchläuft er verschiedene Stationen und trifft dabei auf die unterschiedlichsten Personen, die zum Teil in enger Verbindung zu seinem früheren Leben stehen.

Eine Stube. Abend. Tür kreischt und schlägt zu. Der Oberst und seine Familie. Beckmann

BECKMANN: Guten Appetit, Herr Oberst.

DER OBERST *(kaut):* Wie bitte?

BECKMANN: Guten Appetit, Herr Oberst.

OBERST: Sie stören beim Abendessen! Ist Ihre Angelegenheit so wichtig?

BECKMANN: Nein. Ich wollte nur feststellen, ob ich mich heute nacht ersaufe, oder am Leben bleibe. Und wenn ich am Leben bleibe, dann weiß ich noch nicht, wie. Und dann möchte ich am Tage manchmal vielleicht etwas essen. Und nachts, nachts möchte ich schlafen. Weiter nichts.

OBERST: Na na na na! Reden Sie mal nicht so unmännliches Zeug. Waren doch Soldat, wie?

BECKMANN: Nein, Herr Oberst.

SCHWIEGERSOHN: Wieso nein? Sie haben doch Uniform an.

BECKMANN *(eintönig):* Ja. Sechs Jahre. Aber ich dachte immer, wenn ich zehn Jahre lang die Uniform eines Briefträgers anhabe, deswegen bin ich noch lange kein Briefträger.

TOCHTER: Pappi, frag ihn doch mal, was er eigentlich will. Er kuckt fortwährend auf meinen Teller.

BECKMANN *(freundlich):* Ihre Fenster sehen von draußen so warm aus. Ich wollte mal wieder merken, wie das ist, durch solche Fenster zu sehen. Von innen aber, von innen. Wissen Sie, wie das ist, wenn nachts so helle warme Fenster da sind und man steht draußen?

MUTTER *(nicht gehässig, eher voll Grauen):* Vater, sag ihm doch, er soll die Brille abnehmen. Mich friert, wenn ich das sehe.

OBERST: Das ist eine sogenannte Gasmaskenbrille, meine Liebe. Wurde bei der Wehrmacht 1934 als Brille unter der Gasmaske für augenbehinderte Soldaten eingeführt. Warum werfen Sie den Zimt nicht weg? Der Krieg ist aus.

BECKMANN: Ja, ja. Der ist aus. Das sagen sie alle. Aber die Brille brauche ich noch. Ich bin kurzsichtig, ich sehe ohne Brille alles verschwommen. Aber so kann ich alles erkennen. Ich sehe ganz genau von hier, was Sie auf dem Tisch haben.

OBERST *(unterbricht):* Sagen Sie mal, was haben Sie für eine merkwürdige Frisur? Haben Sie gesessen? Was ausgefressen, wie? Na, raus mit der Sprache, sind irgendwo eingestiegen, was? Und geschnappt, was?

BECKMANN: Jawohl, Herr Oberst. Bin irgendwo mit eingestiegen. In Stalingrad, Herr Oberst. Aber die Tour ging schief, und sie haben uns gegriffen. Drei Jahre haben wir gekriegt, alle hunderttausend Mann. Und unser Häuptling zog sich Zivil an und aß Kaviar. Drei Jahre Kaviar. Und die anderen lagen unterm Schnee und hatten Steppensand im Mund. Und wir löffelten heißes Wasser. Aber der Chef mußte Kaviar essen. Drei Jahre lang. Und uns haben sie die Köpfe abrasiert. Bis zum Hals – oder bis zu den Haaren, das kam nicht so genau darauf an. Die Kopfamputierten waren noch die Glücklichsten. Die brauchten wenigstens nicht ewig Kaviar zu löffeln. […]

OBERST *(ohne Schärfe):* Ich habe aber doch stark den Eindruck, daß Sie einer von denen sind, denen das bißchen Krieg die Begriffe und den Verstand verwirrt hat. Warum sind Sie nicht Offizier geworden? Sie hätten zu ganz anderen Kreisen Eingang gehabt. Hätten 'ne anständige Frau gehabt, und dann hätten Sie jetzt auch 'n anständiges Haus. Wärn ja ein ganz anderer Mensch. Warum sind Sie kein Offizier geworden?

BECKMANN: Meine Stimme war zu leise, Herr Oberst, meine Stimme war zu leise.

OBERST: Sehen Sie, Sie sind zu leise. Mal ehrlich, einer von denen, die ein bißchen müde sind, ein bißchen weich, wie?

BECKMANN: Jawohl, Herr Oberst. So ist es. Ein bißchen leise. Ein bißchen weich. Und müde, Herr Oberst, müde, müde, müde! Ich kann nämlich nicht schlafen, Herr Oberst, keine Nacht, Herr Oberst. Und deswegen komme ich her, darum komme ich zu Ihnen, Herr Oberst, denn ich weiß, Sie können mir helfen. Ich will endlich mal wieder pennen! Mehr will ich ja gar nicht. Nur pennen. Tief, tief pennen.

MUTTER: Vater, bleib bei uns. Ich habe Angst. Ich friere vor diesem Menschen.

TOCHTER: Unsinn, Mutter. Das ist einer von denen, die mit einem kleinen Knacks nach Hause kommen. Die tun nichts. [...]

BECKMANN *(schlaftrunken, traumhaft):* Hören Sie, Herr Oberst? Dann ist es gut. Wenn Sie hören, Herr Oberst. Ich will Ihnen nämlich meinen Traum erzählen, Herr Oberst. Den Traum träume ich jede Nacht. Dann wache ich auf, weil jemand so grauenhaft schreit. Und wissen Sie, wer das ist, der da schreit? Ich selbst, Herr Oberst, ich selbst. Ulkig, nicht, Herr Oberst? Und dann kann ich nicht wieder einschlafen. Keine Nacht, Herr Oberst. Denken Sie mal, Herr Oberst, jede Nacht wachliegen. Deswegen bin ich müde, Herr Oberst, ganz furchtbar müde.

MUTTER: Vater, bleib bei uns. Mich friert.

OBERST *(interessiert):* Und von Ihrem Traum wachen Sie auf, sagen Sie?

BECKMANN: Nein, von meinem Schrei. Nicht von dem Traum. Von dem Schrei.

OBERST *(interessiert):* Aber der Traum, der veranlaßt Sie zu diesem Schrei, ja?

BECKMANN: Denken Sie mal an, ja. Er veranlaßt mich. Der Traum ist nämlich ganz seltsam, müssen Sie wissen. Ich will ihn mal erzählen. Sie hören doch, Herr Oberst, ja? Da steht ein Mann und spielt Xylophon. Er spielt einen rasenden Rhythmus. Und dabei schwitzt er, der Mann, denn er ist außergewöhnlich fett. Und er spielt auf einem Riesenxylophon. Und weil es so groß ist, muß er bei jedem Schlag vor dem Xylophon hin und her sausen. Und dabei schwitzt er, denn er ist tatsächlich sehr fett. Aber er schwitzt gar keinen Schweiß, das ist das Sonderbare. Er schwitzt Blut, dampfendes, dunkles Blut. Und das Blut läuft in zwei breiten roten Streifen an seiner Hose runter, daß er von weitem aussieht wie ein General. Wie ein General! Ein fetter, blutiger General. Er muß ein alter schlachtenerprobter General sein, denn er hat beide Arme verloren. Ja, er spielt mit langen dünnen Prothesen, die wie Handgranatenstiele aussehen, hölzern und mit einem Metallring. Es muß ein ganz fremdartiger Musiker sein, der General, denn die Hölzer seines riesigen Xylophons sind gar nicht aus Holz. Nein, glauben Sie mir, Herr Oberst, glauben Sie mir, sie sind aus Knochen. Glauben Sie mir das, Herr Oberst, aus Knochen!

OBERST *(leise):* Ja, ich glaube. Aus Knochen.

BECKMANN *(immer noch tranceähnlich, spukhaft):* Ja, nicht aus Holz, aus Knochen. Wunderbare weiße Knochen. Schädeldecken hat er da, Schulterblätter, Beckenknochen. Und für die höheren Töne Armknochen und Beinknochen. Dann kommen die Rippen – viele tausend Rippen. Und zum Schluß, ganz am Ende des Xylophons, wo die ganz hohen Töne liegen, da sind Fingerknöchel, Zehen, Zähne. Ja, als Letztes kommen die Zähne. Das ist das Xylophon, auf dem der fette Mann mit den Generalstreifen spielt. Ist das nicht ein komischer Musiker, dieser General?

OBERST *(unsicher):* Ja, sehr komisch. Sehr, sehr komisch!

BECKMANN: Ja, und nun geht es erst los. Nun fängt der Traum erst an. Also, der General steht vor dem Riesenxylophon aus Menschenknochen und trommelt mit seinen Prothesen einen Marsch. Preußens Gloria oder den Badenweiler. Aber meistens spielt er den Einzug der Gladiatoren und die Alten Kameraden. Meistens spielt er die. Die kennen Sie doch, Herr Oberst, die Alten Kameraden? *(summt)* […]

OBERST: Was wollen Sie denn von mir?

BECKMANN: Ich bringe sie Ihnen zurück.

OBERST: Wen?

BECKMANN *(beinah naiv):* Die Verantwortung. Ich bringe Ihnen die Verantwortung zurück. Haben Sie das ganz vergessen, Herr Oberst? Den 14. Februar? Bei Gorodok. Es waren 42 Grad Kälte. Da kamen Sie doch in unsere Stellung, Herr Oberst, und sagten: Unteroffizier Beckmann. Hier, habe ich geschrieen. Dann sagten Sie, und Ihr Atem blieb an Ihrem Pelzkragen als Reif hängen – das weiß ich noch ganz genau, denn Sie hatten einen sehr schönen Pelzkragen – dann sagten Sie: Unteroffizier Beckmann, ich übergebe Ihnen die Verantwortung für die zwanzig Mann. Sie erkunden den Wald östlich Gorodok und machen nach Möglichkeit ein paar Gefangene, klar? Jawohl, Herr Oberst, habe ich da gesagt. Und dann sind wir losgezogen und haben erkundet. Und ich – ich hatte die Verantwortung. Dann haben wir die ganze Nacht erkundet, und dann wurde geschossen, und als wir wieder in der Stellung waren, da fehlten elf Mann. Und ich hatte die Verantwortung. Ja, das ist alles, Herr Oberst. Aber nun ist der Krieg aus, nun will ich pennen, nun gebe ich Ihnen die Verantwortung zurück, Herr Oberst, ich will sie nicht mehr, ich gebe sie Ihnen zurück, Herr Oberst.

OBERST: Aber mein lieber Beckmann, Sie erregen sich unnötig. So war das doch gar nicht gemeint.

BECKMANN *(ohne Erregung, aber ungeheuer ernsthaft):* Doch. Doch, Herr Oberst. So muß das gemeint sein. Verantwortung ist doch nicht nur ein Wort, eine chemische Formel, nach der helles Menschenfleisch in dunkle Erde verwandelt wird. Man kann doch Menschen nicht für ein leeres Wort sterben lassen. Irgendwo müssen wir doch hin mit unserer Verantwortung. Die Toten – antworten nicht. Gott – antwortet nicht. Aber die Lebenden, die fragen. Die fragen jede Nacht, Herr Oberst. Wenn ich dann wach liege, dann kommen sie und fragen. Frauen, Herr Oberst, traurige, trauernde Frauen. Alte Frauen mit grauem Haar und harten rissigen Händen – junge Frauen mit einsamen sehnsüchtigen Augen, Kinder, Herr Oberst, Kinder, viele kleine Kinder. Und die flüstern dann aus der Dunkelheit: Unteroffizier Beckmann, wo ist mein Vater, Unteroffizier Beckmann? Unteroffizier Beckmann, wo haben Sie meinen Mann? Unteroffizier Beckmann, wo ist mein Sohn, wo ist mein Bruder, Unteroffizier Beckmann, wo ist mein Verlobter, Unteroffizier Beckmann? Unteroffizier Beckmann, wo? wo? wo? So flüstern sie, bis es hell wird. Es sind nur elf Frauen, Herr Oberst, bei mir sind es nur elf. Wieviel sind es bei Ihnen Herr Oberst? Tausend? Zweitausend? Schlafen Sie gut, Herr Oberst? Dann macht es Ihnen wohl nichts aus, wenn ich Ihnen zu den zweitausend noch die Verantwortung für meine elf dazugebe. Können Sie schlafen, Herr Oberst? Mit zweitausend nächtlichen Gespenstern? Können Sie überhaupt leben, Herr Oberst, können Sie eine Minute leben, ohne zu schreien? Herr Oberst, Herr Oberst, schlafen Sie nachts gut? Ja? Dann macht es Ihnen ja nichts aus, dann kann ich wohl nun endlich pennen – wenn Sie so nett sind und sie wieder zurücknehmen, die Verantwortung. Dann kann ich wohl nun endlich in aller Seelenruhe pennen. Seelenruhe, das war es, ja, Seelenruhe, Herr Oberst!
Und dann: schlafen! Mein Gott! […]

Borchert, Wolfgang: Draußen vor der Tür und ausgewählte Erzählungen. Hamburg 1956, S. 20–26

Arbeitsanweisung

Interpretieren Sie den Dramenauszug.

Hinweise und Tipps

Voraussetzungen
Aus dem Literaturunterricht sind Ihnen **Texte Borcherts**, vor allem einige seiner Kurzgeschichten, sicherlich bekannt. Sie werden dann auch über einige grundlegende Kenntnisse zu Wolfgang Borcherts **Biografie** verfügen. Diese sind für die Interpretation der vorliegenden Dramenszene zumindest zu berücksichtigen, wenn Sie deren Aussage korrekt deuten und Borcherts Intention in die Interpretation einbeziehen wollen. Die Kenntnis des gesamten Dramas ist für die Lösung der Aufgabe zweifelsohne vorteilhaft, aber nicht zwingend nötig.

Erläuterung der Aufgabenstellung
Die Aufgabe verlangt die **Interpretation des Dramenauszugs**, bei dem es sich um einen Ausschnitt aus der dritten Szene handelt. Vorgehensweise und Schwerpunktsetzung sind Ihnen weitgehend **freigestellt**. Da der Textauszug recht umfangreich ist, empfiehlt es sich, auf allzu grundlegende Ausführungen (wie z. B. solche zur Struktur eines Dramas) zu verzichten. Auch auf die sprachliche Gestaltung der Szene sollten Sie nur dort, wo sie auffallend und maßgeblich ist, eingehen. So bleibt Ihnen ausreichend Gelegenheit zur deutenden Erschließung des Textes, die der Operator „Interpretieren" verlangt.
Die **Nachzeichnung des Gesprächsverlaufs** stellt die Basis der Analyse dar. Berücksichtigen Sie dabei die wesentlichen vom Autor verwendeten **sprachlichen und dramaturgischen** (Redeanteile, Regieanweisungen, Requisiten) **Gestaltungsmittel** sowie deren **Wirkung**. Die Sprache der Figuren ist als Mittel zu deren indirekten **Charakterisierung** zu betrachten und zu beschreiben. Die Dialogführung verrät etwas über die Art des **Beziehungsgefüges:** Schnell werden Sie erkennen, dass sich die beteiligten Personen (v. a. Beckmann und der Oberst) nicht auf Augenhöhe begegnen.
Zur Verdeutlichung Ihrer eigenen Position sollten Sie die Haltungen der Figuren nicht nur darstellen und erläutern, sondern auch **werten**. Fügen Sie zur Untermauerung Ihrer Ansichten **Textzitate** in Ihre Darlegungen ein. Es empfiehlt sich, auf den **zeitgeschichtlichen Hintergrund** der Dramenhandlung einzugehen, auch die **Intention Borcherts** könnte bei der Interpretation Berücksichtigung erfahren.
Im **Einleitungsteil** könnten Sie auf die in der Szene thematisierte „Verantwortung" eingehen. Der **Schluss** nimmt noch einmal resümierend darauf Bezug und geht kurz auf Borcherts Biografie und seine Intention ein.

Lösungsvorschlag

Einleitung
Der Ausdruck „**Verantwortung**" wird häufig gebraucht. Wir begegnen ihm in verschiedenen Zusammenhängen: Man soll für das, was man tut, Verantwortung übernehmen, wir fühlen uns für etwas oder jemanden verantwortlich, wir haben uns für unser Tun zu verantworten. Sind wir uns wirklich immer bewusst, welch großes Wort wir gelassen aussprechen, wenn wir von Verantwortung reden? Wie ernst meinen wir es, wenn wir sagen, die Verantwortung für etwas übernehmen zu wollen? Der Unteroffizier Beckmann aus Wolfgang Borcherts Drama „Draußen vor der Tür" nimmt diese Frage sehr ernst – für ihn ist sie geradezu existenziell.

Hauptteil
Nach mehrjähriger Kriegsgefangenschaft kehrt Beckmann, der von den Kriegserlebnissen nicht nur körperlich, sondern vor allem auch seelisch gezeichnet ist, in seine Heimat zurück. Der **Kriegsheimkehrer** muss einen neuen Anfang wagen, ein Zuhause finden. Auf seiner Suche begegnet er verschiedenen Personen, von denen er einige aus der Zeit vor dem Krieg, andere aus der Kriegszeit kennt. Zu diesen gehört auch der Oberst, den Beckmann in dessen

Wohnung aufsucht. Im Krieg hatte dieser ihm Verantwortung für einige Soldaten übertragen, die anschließend zu Tode kamen. An dieser Last droht Beckmann zu zerbrechen; so sucht er das Gespräch mit dem Oberst, um seinen inneren Frieden (zumindest teilweise) zurückzuerlangen.

Der ungebetene Gast platzt in eine **Idylle** hinein: Die Familie des Oberst – Vater, Mutter, Tochter, Schwiegersohn – sitzt im warmen Zimmer am gedeckten Tisch und nimmt das Abendbrot ein. Diese Gemütlichkeit wird vom Kreischen und Zuschlagen der Tür (vgl. den einleitenden Nebentext) und von Beckmanns Gruß gestört. Der Oberst reagiert ein wenig ungehalten auf das Erscheinen des fremden Mannes. Die Frage nach Beckmanns Begehr wird vom Familienvater erst nach einem deutlichen Verweis auf die Störung und unwillig gestellt: „Ist Ihre Angelegenheit so wichtig?" (Z. 4) Den **Sarkasmus** in Beckmanns Antwort, der seine Lage drastisch umschreibt – es gehe ja „nur" um sein Leben, um Essen und Schlaf, „[w]eiter nichts", vgl. Z. 5 ff. –, bemerkt der Oberst nicht, sondern fordert ihn auf, „nicht so unmännliches Zeug" (Z. 9) zu reden, schließlich sei Beckmann doch **Soldat** gewesen. Diese Bemerkung veranlasst den ungebetenen Gast zu einem klaren „Nein". Irritiert fragt der Schwiegersohn nach, schließlich trage Beckmann doch Uniform. „Eintönig" bestätigt das der Heimkehrer zwar und fügt sogar an, wie lange er in dieser gesteckt hat, erklärt aber auch, dass das Tragen dieser Uniform ihn noch lange nicht zu dem mache, was sie darstellt (vgl. Z. 13 f.).

Die Tochter bittet den Vater um Hilfe, wie ein kleines Mädchen das tun würde, weil sie sich von Beckmanns Blick auf ihren Teller irritiert fühlt. Jetzt spricht Beckmann „freundlich" und erklärt sein **Eindringen ins Haus:** Er sei von der **Wärme**, die von den erleuchteten Fenstern ausgeht, angezogen worden, er habe endlich „mal wieder merken [wollen], wie das ist, durch solche Fenster zu sehen. Von innen aber, von innen." (Z. 17 f.) Um seinen Wunsch zu entschuldigen, fragt er die Anwesenden, ob sie wüssten, wie das sei, nur von draußen in „so helle warme Fenster" (Z. 19) sehen zu können. Die Mutter reagiert, jedoch statt einer zu erwartenden und menschlichen Aufforderung an den Notleidenden, doch am Tisch Platz zu nehmen, verlangt sie von ihrem Mann, Beckmann zum Abnehmen seiner Gasmaskenbrille zu bewegen. Der Anblick würde sie frieren lassen, es graue sie davor. Geduldig und sachkundig erklärt der Oberst die Besonderheit der Brille und fragt Beckmann übergangslos, warum er diese denn nicht wegwerfe, **der Krieg sei schließlich aus** (vgl. Z. 25).

„Ja, ja. Der ist aus. Das sagen sie alle.", wiederholt Beckmann lapidar. Hier wird aber deutlich, dass der Krieg für ihn eben noch lange nicht vorbei ist – zu greifbar sind für den Heimkehrer die schmerzlichen Auswirkungen. So sei die Brille für ihn auch kein nutzloses Ding, „Zimt", wie der Oberst herablassend sagt, sondern er brauche sie wegen seiner Kurzsichtigkeit. Indem er darauf hinweist, ganz genau sehen zu können, was auf dem Esstisch steht, unterstreicht Beckmann einerseits die Funktionalität der Brille, anderseits gibt er indirekt zu verstehen, **Hunger** zu haben. Doch niemand geht darauf ein, der Oberst lässt diesen Gedanken gar nicht erst zu. Mit einer ablenkenden und unhöflichen Frage nach dessen Frisur „unterbricht" er Beckmann. Der Oberst sollte darüber eigentlich genau Bescheid wissen, doch er nimmt den rasierten Kopf des Heimkehrers zum Anlass, dem Mann fast leutselig unlauteres, gar **kriminelles Verhalten** vorzuwerfen: „Na, raus mit der Sprache." (Z. 30) Mit saloppen Wendungen fordert er Beckmann zum Antworten auf.

Dieser nimmt die Fragen bewusst wörtlich, das Vokabular des Oberst aufgreifend: Ja, er sei „[…] irgendwo mit eingestiegen. In Stalingrad […]" (Z. 32), aber „die Tour" sei schiefgegangen, sie seien „gegriffen" worden (Z. 33) und hätten „[d]rei Jahre […] gekriegt, alle hunderttausend Mann." (Z. 33 f.) Beckmann bleibt bei seinem flapsigen Ton und Wortschatz, wenn er vom General spricht, den er als „Häuptling" (Z. 34) bezeichnet. **Zynisch** beschreibt er die Lage weiter: Dem General hätten die drei Jahre Kriegsgefangenschaft nicht viel ausgemacht, denn ihm sei es ja gut gegangen. Er habe sich zivil kleiden und Kaviar essen können. Aber die gefallenen Soldaten „lagen unterm Schnee und hatten Steppensand im Mund." (Z. 35 f.) Die

Überlebenden der Schlacht litten unmenschlichen Hunger, sie „löffelten heißes Wasser" (Z. 36), „[a]ber der Chef mußte Kaviar essen." (Z. 36) Die Wahl des Modalverbs „mußte" führt dabei dem Rezipienten vor Augen, wie **ungerecht** es in Stalingrad zuging. Dann erst kommt Beckmann auf den Anlass der Frage des Hausherrn zu sprechen, indem er seine „Frisur" erklärt: „Und uns haben sie die Köpfe abrasiert. Bis zum Hals – oder bis zu den Haaren, das kam nicht so genau darauf an." (Z. 37 f.) **Bitter** spricht er von den vielen Soldaten, die die Gefangenschaft nicht überlebten. Die „Kopfamputierten" – ein sarkastischer und gar schauderhafter **Euphemismus** für „Geköpfte" – seien im Grunde sogar zu beneiden gewesen, hätten sie doch all das **Elend** nicht durchleben müssen.

Der Oberst ergreift wieder das Wort, „ohne Schärfe" sagt er aber doch etwas Ungeheuerliches zu Beckmann: Er hält diesem vor, „einer von denen" zu sein, „denen das bißchen Krieg die Begriffe und den Verstand verwirrt" habe (Z. 40 f.). Wäre Beckmann Offizier geworden, hätte er ein ganz anderes Leben gehabt, wäre „ein ganz anderer Mensch" (Z. 44). Der Oberst scheint zu glauben, allein der Wille oder Wunsch, Offizier zu werden, reiche aus, dies auch zu schaffen. Er wiederholt seine Frage: „Warum sind Sie kein Offizier geworden?" Beckmann geht nicht auf den unverschämten Begriff des „**bißchen Krieg**" ein, es bleibt ihm nur eine Antwort auf die gestellte Frage: „Meine Stimme war zu leise, Herr Oberst, meine Stimme war zu leise." (Z. 45) Der Oberst fühlt sich bestätigt – in seinem Weltbild scheint es tatsächlich das zentrale Einstellungskriterium für einen Offizier zu sein, laut brüllen zu können. In **gönnerhafter Weise** wiederholt er Beckmanns Worte und fordert ihn **herablassend** auf, doch zuzugeben, zu denen zu gehören, die müde und weich seien. Das kann der Heimkehrer bestätigen: „So ist es. Ein bißchen leise. Ein bißchen weich. Und müde, Herr Oberst, müde, müde, müde!" (Z. 48 f.) Damit ist Beckmann beim eigentlichen Grund seines Besuches angelangt: Er könne keine Nacht mehr schlafen, obwohl die **Müdigkeit** so gewaltig sei. Er wolle „endlich mal wieder pennen! […] Nur pennen. Tief, tief pennen." (Z. 51 f.) Der Oberst könne ihm dabei helfen, das wisse Beckmann.

Der Leser/Zuschauer spürt Beckmanns **tiefe Not**. Der Krieg hat ihn nicht nur körperlich, sondern vor allem **seelisch schwer verwundet**. Er musste im wahrsten Sinn des Wortes seinen Kopf hinhalten, während die Befehlshaber sich in Sicherheit zu bringen wussten. Er musste nicht nur während der Gefangenschaft **Hunger und Demütigung** erleiden, indes die Generäle auf großem Fuß lebten. Ihm lasten die schrecklichen Erlebnisse auf der Seele und lassen ihn nicht schlafen, während der **Oberst mit dem Krieg bereits abgeschlossen** hat. Beckmann kann vor Müdigkeit kaum noch, er sucht auch nicht mehr nach angemessenen Ausdrücken, sondern spricht vom existenziellen Bedürfnis nach Schlaf als vom „tiefen Pennen".

Nicht der Hausherr reagiert auf Beckmanns befremdlichen Wunsch, sondern die Mutter drückt erneut ihre Angst „vor diesem Menschen" aus (Z. 53); sie friere vor ihm. Die Tochter will die Mutter beruhigen, was sie aber über den Heimkehrer sagt, zeigt deutlich, dass sie keine Ahnung von den Vorgängen hat: „Das ist einer von denen, die mit einem kleinen Knacks nach Hause kommen. Die tun nichts." (Z. 54 f.) Fast klingt das so, als spräche sie über wilde Tiere. Diese Bemerkung zeigt wie die gesamte Gesprächsführung das **Desinteresse** der Tischgesellschaft **dem Fremden gegenüber**. Außer dem Oberst (und einmal kurz dem Schwiegersohn) spricht niemand der Anwesenden direkt mit Beckmann, man redet nur *über* ihn. Die Gründe sind unterschiedlich: Die Mutter fürchtet sich vor dem Heimkehrer, die Tochter fühlt sich von dessen nur allzu gut nachvollziehbaren Blicken auf ihren Teller belästigt, der Schwiegersohn demonstriert mit seiner Frage nach der Uniform Unverständnis. Und der Oberst? Hatte er zunächst unwillig auf die Störung durch den Eintretenden reagiert, macht er diesen im Verlaufe der Unterhaltung auf seiner Ansicht nach unhaltbare Zustände in dessen Erscheinung aufmerksam. Dies geschieht **von oben herab** und hat deutlich **zurechtweisenden Charakter**. Der Oberst kommt gar nicht auf die Idee, dass ihm ein solches Urteil überhaupt nicht zusteht, so sehr ist er von sich und der Richtigkeit seiner Ansichten überzeugt. Für Beckmann müssen die „Ratschläge" des Oberst jedoch wie Schläge ins Gesicht, wie purer Hohn wirken.

Auf die ignorante Bemerkung der Tochter reagiert Beckmann überhaupt nicht. Stattdessen wendet er sich „schlaftrunken“ an den Oberst, ob er höre. Der Oberst scheint das mit einer Geste zu bestätigen, denn Beckmann konstatiert: „Dann ist es gut. Wenn Sie hören, Herr Oberst.“ (Z. 56 f.) Beckmann erklärt seine Absicht: Er wolle dem Oberst seinen **Traum** erzählen, der ihn jede Nacht heimsucht und in dem „jemand so grauenhaft schreit“ (Z. 58 f.), dass er aufwache. Er stellt dem Oberst rein **rhetorisch** die Frage, ob der wisse, wer da schreit und gibt sofort die Antwort: Er selbst sei es, der schreit. „Ulkig, nicht, Herr Oberst?“ (Z. 60) Das Wort „ulkig“ steht in krassem Gegensatz zu dem, was Beckmann im Traum erlebt, es ist **ironisch** gemeint und zeigt die tiefe Verzweiflung des erschöpften Mannes. Keine Nacht könne er mehr schlafen, weshalb er „ganz furchtbar müde“ (Z. 62) sei.

Wieder drückt die Mutter kurz ihre **Angst vor Beckmann** aus, was nicht beachtet wird. Denn der Oberst zeigt sich jetzt tatsächlich „interessiert“ an dem, was Beckmann erzählt. Aber er hat doch nicht richtig zugehört, denn er glaubt, Beckmann wache von seinem Traum auf. Dem widerspricht Beckmann und stellt richtig, dass er nicht von seinem Traum, sondern von seinem Schrei aufwache. Als müsse er es dem Oberst förmlich einhämmern, wiederholt er: „Von dem Schrei.“ (Z. 65) Der Oberst insistiert und will wissen, ob der Traum Beckmann zu dem Schrei veranlasse. „Denken Sie mal an, ja. Er veranlasst mich.“ (Z. 67), wiederholt Beckmann das gespreizt klingende Wort und kündigt wie nebenbei an, dem Oberst seinen „seltsam[en]“ Traum „mal“ (Z. 67 f.) zu erzählen. Allerdings nicht, ohne sich zuvor noch einmal des Zuhörens des Oberst vergewissert zu haben. Es ist Beckmann sehr wichtig, dass der Oberst die Ohren dem gegenüber, was er jetzt zu hören bekommen wird, nicht verschließt; denn für Beckmann geht es um alles.

In seinem **Traum** sehe er einen fetten, rasend auf einem Xylophon spielenden, schwitzenden Mann. Mit jedem Satz steigert sich das **grauenhafte Bild**. Der Xylophonspieler wird immer detaillierter beschrieben – als „außergewöhnlich fett“ (Z. 70), er schwitze „dampfendes, dunkles Blut“ (Z. 73 f.), das ihm „in zwei breiten roten Streifen an seiner Hose“ herunterlaufe und ihm damit das Aussehen eines Generals gebe. Der „alte[…] schlachtenerprobte[…] General“ (Z. 76) spiele „mit langen dünnen Prothesen, die wie Handgranatenstiele aussehen“ (Z. 77 f.) und die Arme ersetzen. Den Höhepunkt dieser ersten Schilderung des Spiels bildet die Beschreibung des grässlichen Instruments, dessen Hölzer durch Knochen ersetzt wurden. Diese Passage ist durchzogen von kurzen **Parataxen und Ellipsen** – der vom Traum Geplagte macht so einen **wirren** und **gehetzten Eindruck**. Beckmann fragt auch nicht, sondern beharrt: „Glauben Sie mir das, Herr Oberst, aus Knochen!“ (Z. 80 f.) Dreimal gebraucht Beckmann diese Aufforderung, als müsse er sich seiner Wahrnehmung selbst versichern, als könne er seinem eigenen Traum nur schwer trauen. Obwohl der Oberst nicht gefragt wurde, bejaht er: „Ja, ich glaube. Aus Knochen.“ (Z. 82) Das spricht er „leise“, fast so, als sei ihm das, was Beckmann im Traum erlebt, gar nicht so fremd.

„Immer noch tranceähnlich, spukhaft“ fährt Beckmann fort. Das Grauen steigert sich, indem er die Knochen, welche die Klanghölzer des Xylophons darstellen, beschreibt. Der **Kontrast** zwischen seiner Wertung „Wunderbare weiße Knochen“ (Z. 84) und der Vielzahl der pedantisch aufgezählten Knochen kann kaum größer sein. Jetzt fragt Beckmann den Oberst direkt: „Ist das nicht ein komischer Musiker, dieser General?“ (Z. 89) Der Gefragte ist irritiert, stimmt Beckmann aber „unsicher“ zu: „Ja, sehr komisch. Sehr, sehr komisch!“

Das Abstoßende des Traumes enthüllt das **Grauen des Krieges**. Nicht Zahlen und Fakten rufen beim Leser **Abscheu** gegenüber dem Krieg hervor, sondern das Bild vom **makabren Spiel** des fetten Generals aus Beckmanns Traum. Als wäre der Schrecken noch zu steigern, kündigt Beckmann an: „Ja, und nun geht es erst los. Nun fängt der Traum erst an.“ (Z. 91) Er erzählt, dass der General Märsche auf seinem Knochen-Xylophon spiele. „Preußens Gloria oder den Badenweiler. Aber meistens spielt er den Einzug der Gladiatoren und die Alten Kameraden. Meistens spielt er die.“ (Z. 93 f.) Natürlich spielt der Traum-General Militärmärsche – zeigt sich doch auch in den Märschen die lange kriegerische Geschichte vom preußischen Kaiserreich bis zum Nationalsozialismus. Den letztgenannten Marsch summt Beckmann wie im Wahn vor sich hin. Der Oberst scheint aus einer Starre zu erwachen, er möchte den unheimlichen Gast zur Räson bringen und fragt ihn endlich danach, was dieser von ihm wolle. Kurz und sachlich fällt Beckmanns Antwort aus: „Ich bringe sie Ihnen zurück." (Z. 97)

Der Oberst versteht nicht. „Beinah naiv" erklärt der Gefragte daraufhin: „Die Verantwortung. Ich bringe Ihnen die Verantwortung zurück." (Z. 99 f.) Für ihn ist das offenbar selbstverständlich, denn die Verantwortung ist es, die ihm den Schlaf raubt. Es handelt sich dabei um die **Verantwortung für elf Männer**, die unter seinem Kommando im Krieg fielen, wie Beckmann dem Oberst gleich erzählt. Zunächst erinnert er den Oberst aber an eine konkrete Situation. Jede Einzelheit ihrer damaligen Begegnung ist Beckmann noch gegenwärtig: Wie der Oberst in Beckmanns Stellung kam, nach ihm fragte, ihm einen Befehl erteilte und ihm die Verantwortung übertrug, „die Verantwortung für die zwanzig Mann." (Z. 105) Beckmann berichtet fast sachlich, auffällig sind die **kurzen**, **aufzählenden**, oft **gleichförmig eingeleiteten** *(und dann, dann)* **Sätze**, in denen eine Handlung an die andere gereiht wird. Zweimal weist Beckmann darauf hin, dass er die Verantwortung hatte. „Aber nun ist der Krieg aus [...], nun gebe ich Ihnen die Verantwortung zurück, Herr Oberst, ich will sie nicht mehr, ich gebe sie Ihnen zurück, Herr Oberst." (Z. 110 ff.)

Der Oberst gibt sich gar keine Mühe, seine Beteiligung an den Geschehnissen zu leugnen – schließlich hatte Beckmann ihn, obwohl er vermutlich in Zivil an seinem Abendbrottisch sitzt, immer unwidersprochen mit dem Dienstgrad angeredet und ihn nachdrücklich an seinen damaligen Aufenthalt in Beckmanns Stellung in Gorodok erinnert (vgl. Z. 100 f.). Für ihn ist **Beckmanns Ansinnen** so **absurd**, dass er völlig unaufgeregt, ja befreit abwiegeln kann: „So war das doch gar nicht gemeint." (Z. 113 f.), versucht er zu beschwichtigen und hält Beckmann vor, sich unnötig aufzuregen. Dieser aber macht „ohne Erregung, aber ungeheuer ernsthaft" seinen Standpunkt, sein **Verständnis von Verantwortung** klar: „Verantwortung ist doch nicht nur ein Wort [...]. Man kann doch Menschen nicht für ein leeres Wort sterben lassen." (Z. 116 ff.) Dass es genauso geschah, weiß Beckmann allerdings, er hat es selbst erlebt. Aber er kann sich damit nicht arrangieren, wie viele das konnten, auch der Oberst.

Um diesem noch deutlicher zu aufzuzeigen, worum es ihm, Beckmann, geht, beschreibt er, was ihn quält: „Irgendwo müssen wir doch hin mit unserer Verantwortung. Die Toten – antworten nicht. Gott – antwortet nicht. Aber die Lebenden, die fragen." (Z. 118 ff.) Borchert gelingt es an dieser Stelle, durch **Parallelismen**, **Wiederholungen** und durch die **Antithesen** *Tote/Lebende* bzw. *nicht antworten/fragen* eine schier gespenstische **Eindringlichkeit** in **Beckmanns Rede**, seinem längsten Redeanteil, zu erzeugen. Und Beckmann, der den Oberst immer wieder anredet, um sich zu vergewissern, dass dieser ihm noch zuhört, zählt sie auf – alle, die ihn fragen, und er nennt auch die Fragen, die sie ihm, dem Unteroffizier, stellen, wenn er nach dem Aufwachen aus seinem schlimmen Traum nicht wieder einschlafen kann.

Dem Leser/Zuschauer wird beeindruckend vor Augen geführt, welch großes Leid der Krieg auch über die Angehörigen der Soldaten, ihre Frauen, Kinder und Mütter bringt. Beckmanns Art zu sprechen lässt einen erschaudern: Er **zählt** die Fragen **auf**, die ihm die Gestalten zuflüstern, er beschreibt die verwaisten Angehörigen der toten Soldaten, die vielen „traurige[n], trauernde[n] Frauen" (Z. 121 f.) und die „Kinder, viele kleine Kinder." (Z. 123) Obwohl Beckmann den Oberst wiederholt anspricht, reagiert der mit keiner Silbe. Auch auf die **direkte Frage**, wieviel Frauen ihn, den Oberst, nachts nach dem Verbleib ihres Liebsten fragen würden, bleibt der stumm. Beckmann insistiert, indem er ungeheure Zahlen nennt und den Oberst **herausfordernd** fragt, ob der gut schlafe. Ohne eine Antwort abzuwarten, mit der Beckmann ohnehin nicht zu rechnen scheint, kommt er auf den Punkt: „Dann macht es Ihnen wohl nichts aus, wenn ich Ihnen zu den zweitausend noch die Verantwortung für meine elf dazugebe.“ (Z. 130 f.) Das ist keine Frage, Beckmann stellt fest. Es klingt sachlich, aber Beckmanns Zustand ist alles andere als das. Das zeigen seine nächsten Fragen, die von **ohnmächtigem Zorn und abgrundtiefer Verzweiflung** gekennzeichnet sind: „Können Sie schlafen, Herr Oberst? […] Können Sie überhaupt leben, Herr Oberst, können Sie eine Minute leben, ohne zu schreien?“ (Z. 131 ff.)

Dieser Moment, in dem Beckmann dem Oberst diese Fragen in Form von **Anaphern** gewissermaßen entgegenschleudert, stellt den **Höhepunkt des Szenenausschnitts** dar. Nun ist es mit Beckmanns Kraft vorbei. Wohl wissend, dass er auf seine drängenden Fragen nie eine Antwort bekommen wird, bleibt ihm nur ein letzter Versuch, um seine Angelegenheit zu Ende zu bringen. Er nimmt das Schweigen des Oberst als Zustimmung und versucht sich selbst Absolution zu erteilen: „[W]enn Sie so nett sind und sie wieder zurücknehmen, die Verantwortung. Dann kann ich wohl nun endlich in aller Seelenruhe pennen.“ (Z. 135 ff.) Und als erinnere er sich an etwas sehr weit Entferntes, lange Entbehrtes, wiederholt er: „Seelenruhe, das war es, ja, Seelenruhe, Herr Oberst!“

Schluss

Verantwortung

Beckmann wird diese Ruhe wohl nie wieder finden, denn **niemand kann ihm die eigene, persönliche Verantwortung abnehmen**. So kann er auch nicht, wie von ihm erhofft, die Schuld am Tod der elf Männer dem Oberst abtreten – dieser findet Beckmanns Ansinnen ja nur befremdlich –, sondern er muss sich seine **eigene Schuld** eingestehen. Tragisch ist dabei, dass der arrogante und selbstgerechte Vorgesetzte selbst überhaupt keine Probleme mit seiner Verantwortung zu haben scheint, obwohl seine Schuld weit größer ist, hat er doch nicht elf, sondern geschätzte Tausende von Menschen auf dem Gewissen. Ganz pragmatisch erklärt er den Krieg für beendet und schert sich nicht weiter darum. Beckmann wird im Verlauf des Stücks noch mehrfach verzweifeln und soll auch am Schluss des Dramas keinerlei Antworten auf seine verzweifelte **Frage nach dem Sinn des Weiterlebens** erhalten.

Ausblick

In „Draußen vor der Tür“ führt **Borchert** – selbst ebenfalls zum Angriff auf die Sowjetunion beordert und als Kriegsheimkehrer im Alter von 25 Jahren schwer gezeichnet – dem Rezipienten ein erschütterndes Szenario vor Augen. Der Dichter gilt damit bis heute als **einer der schonungslosesten Vertreter einer zornigen Jugend**, die sich durch den Zweiten Weltkrieg ihrer Zukunft und ihres Lebenswillens beraubt sah und darüber irgendwann nicht mehr schweigen wollte, auch wenn die Wahrheit für viele, die den Krieg einfach „abhaken“ wollten, unangenehm war. Dessen war sich Borchert bewusst – sein Drama untertitelte er vielsagend als „ein Stück, das kein Theater spielen und kein Publikum sehen will.“

Deutsch (Thüringen): Abiturprüfung 2012
Aufgabe 5: Interpretation eines lyrischen Textes

Hilde Domin (1909 – 2006)

Nur eine Rose als Stütze

Ich richte mir ein Zimmer ein in der Luft
unter den Akrobaten und Vögeln:
mein Bett auf dem Trapez[1] des Gefühls
wie ein Nest im Wind
auf der äußersten Spitze des Zweigs.

Ich kaufe mir eine Decke aus der zartesten Wolle
der sanftgescheitelten Schafe die
im Mondlicht
wie schimmernde Wolken
über die feste Erde ziehn.

Ich schließe die Augen und hülle mich ein
in das Vlies[2] der verläßlichen Tiere.
Ich will den Sand unter den kleinen Hufen spüren
und das Klicken des Riegels hören,
der die Stalltür am Abend schließt.

Aber ich liege in Vogelfedern, hoch ins Leere gewiegt.
Mir schwindelt. Ich schlafe nicht ein.
Meine Hand
greift nach einem Halt und findet
nur eine Rose als Stütze.

(1957/59)

In: Domin, Hilde: Nur eine Rose als Stütze. Gedichte. Frankfurt am Main 1998, S. 55.

1 Trapez hier: Schwebe-, Schaukelreck im Zirkus
2 Vlies: zusammenhängende Wolle eines Schafes; Goldenes Vlies des Widders Chrysomeles, der fliegen und sprechen konnte

Arbeitsanweisung

Interpretieren Sie das Gedicht.

Hinweise und Tipps

Es liegt eine Abituraufgabe vor, in der die **reine Analyse des Textes** im Mittelpunkt steht; weitere Bezugstexte oder Ergänzungen der Aufgabenstellung sind nicht zu beachten. Die klassische Gedichtinterpretation kann hier also an einem formal sehr übersichtlichen Beispiel geübt werden. Inhaltliche Schwerpunkte ergeben sich aus dem Text selbst heraus. Die vielen **Bilder** des Gedichts, das völlig in der **Innenwelt des lyrischen Ichs** bleibt, bieten zahlreiche

Anknüpfungspunkte für Darstellung und Deutung. Die Kürze und Übersichtlichkeit des Werkes verlangt auf der anderen Seite, dass man alle Details beachtet und keinen Vers aus der Analyse ausklammert. Zugleich gilt es, dem Bezug zwischen **Inhalt und Form** mit genügend Substanz zu begegnen: Die Bilder dürfen nicht nur für sich stehen, sondern sollten in eine Bedeutungsebene eingeordnet werden. Lyrische Bilder beziehen ihre Bedeutung aber nicht nur aus dem Alltagswissen des Lesers; Bezüge zu anderen Texten können ebenso relevant sein wie der **historisch-biografische Kontext**. Kenntnisse über die Autorin Hilde Domin sind daher von Vorteil, aber nicht unmittelbare Voraussetzung. Im Falle der Thematisierung solcher Aspekte sollten Sie ihre Zeit im Exil aber unbedingt berücksichtigen.

Die Aufgabe verlangt Leistungen in allen drei Anforderungsbereichen, die laut *Einheitlichen Prüfungsanforderungen in der Abiturprüfung Deutsch (EPA)* zu einer vollständigen Aufgabenstellung gehören:

Anforderungsbereich I (Grundlagen an Wissen/Kennen konkreter Einzelheiten): Ein sicherer Umgang mit Naturmetaphern erleichtert die Erschließung der Bedeutungsebene. Formale Gestaltungsmittel des Gedichtes sind zu erkennen und angemessen zu beschreiben.

Anforderungsbereich II (Organisation des Arbeitsprozesses): Die Struktur und die Einzelelemente des Textes sind zu erfassen, zu beschreiben und in ihrer Bedeutung zu erläutern. Daraus leitet sich das begründete Ergebnis Ihrer Analyse ab. Eine selbstständige Erarbeitung von Schwerpunkten und ihre sinnvoll gegliederte Darstellung sind durch die allgemein formulierte Aufgabenstellung notwendig.

Anforderungsbereich III (Fähigkeit zur eigenen Urteilsbildung): Die Aussage des Gedichtes ist von Ihnen zu erfassen und darzustellen. Die jeweiligen Deutungen müssen zu einer Sichtweise führen, die eine Übertragung der dargestellten Problematik auf umfassendere Lebensbereiche zulässt. Die Wirkung des Textes können Sie subjektiv werten.

Erläuterung der Aufgabenstellung
Der Operator „**Interpretieren**" hat die **selbstständige** und **komplexe Bearbeitung** in einem zusammenhängenden Interpretationsaufsatz zum Ziel. Treffen Sie von vornherein die Entscheidung, ob Sie sich an der **Chronologie des Gedichts** orientieren oder ob Sie bestimmte Untersuchungsaspekte übergreifend in **thematischen Blöcken** behandeln. Der vorliegende Lösungsvorschlag geht chronologisch vor; allerdings gibt es auch Abschnitte des Hauptteils, die alle Strophen in den Blick nehmen. Angaben zu formalen Aspekten brauchen bei einem so gleichmäßigen Aufbau nicht für jede Strophe wiederholt werden.
Der Einstieg des folgenden Lösungsvorschlags stellt mit der **Natursymbolik** einen Gestaltungsaspekt in den Mittelpunkt. Dabei muss gewährleistet sein, dass später darauf noch einmal deutlich eingegangen wird, ansonsten wirkt ein solcher Anfang unglaubwürdig. Gerade bei einer so offenen Aufgabenstellung ist es von Vorteil, wenn Sie sich selbst einen **Schwerpunkt** setzen, ohne dass Sie aber das Ziel aus den Augen verlieren, den Text erschöpfend zu untersuchen.
Angaben zur Autorin sollten – wenn sie möglich sind – nach der Einleitung mit Nennung des Titels und des Entstehungszeitraums erfolgen. Unverzichtbar ist auch ein **Abriss des Inhalts**. Fassen Sie sich dabei aber möglichst kurz, um nicht zu viel vorwegzunehmen.
Angaben zum **Gestaltungsprinzip** des Gedichts fallen hier etwas kürzer aus, da weder Reim noch Rhythmus eine Rolle spielen. Der Aufbau der Strophen ist relativ einheitlich; nur die unterschiedlichen Verslängen lassen sich thematisieren. Da der Abschluss des Gedichts maßgeblich ist, lassen sich allgemeine Überlegungen zur Deutung des Gesamttextes hier gut anschließen. Dabei werden verschiedene mögliche Perspektiven ausgeführt. Inwieweit eine Anbindung an **textexterne Aspekte** (Autorenbiografie, Geschichte, Mythos) erfolgt, hängt von Ihren individuellen Voraussetzungen ab.
Die **Zusammenfassung** versucht eine Brücke zur **Wirkung** des Textes zu schlagen. Dabei ist der Zusammenhang mit den vorher angesprochenen Schwerpunkten notwendig.

Lösungsvorschlag

Die **Natur** lieferte der Dichtung schon immer eine reiche Auswahl an **Bildern, Metaphern oder Symbolen**. Die Gründe für diesen sprachlichen Reichtum liegen in der Allgemeingültigkeit dieser Erfahrungswelt – jeder Mensch heute und in der Vergangenheit hat eine Vorstellung von einem Vogel oder einer Blume. Das macht diese Bilder auch so wertvoll für Lyriker, denn ihre Bedeutung geht über das reine Wort hinaus. Die Herausforderung für die **moderne Lyrik** liegt nun darin – in Abgrenzung z. B. zu den romantischen Naturmetaphern –, die Natur in neue Kontexte zu stellen. Hilde Domin gelingt dies mit ihrem 1959 erschienenen Gedicht „Nur eine Rose als Stütze" bereits im Titel, denn durch die Kombination der zerbrechlichen Blume mit dem erwarteten festen Halt werden sofort Fragen aufgeworfen, die sich in Form von weiteren Gegensätzen durch alle Strophen ziehen.

Hilde Domin (geboren 1909) gehört zu jenen deutschen Autoren, die durch ihr **Exil während der Zeit des Nationalsozialismus** entscheidend geprägt wurden. Nach ihrer Rückkehr in den westlichen Teil Deutschlands trat sie literarisch vor allem durch die Veröffentlichung von Gedichtbänden hervor. Ihre Lyrik ist **ernst** und ihre Gedichte stellen sich den menschlichen Problemen und Gefühlen auf nachdenkliche Weise. So bezieht sich „Nur eine Rose als Stütze" (trotz der vielen Naturmetaphern) ebenfalls eher auf die **Innenwelt** des lyrischen Ichs als auf den Blick nach draußen: Das lyrische Ich führt den Leser in eine **Traumwelt** ein. Dabei entsteht zunächst das Bild eines Raums in der Luft. Dort richtet sich das Ich eine geschützte **Idylle** ein. Erst in der letzten Strophe wird das Bild zerstört: Die Position wird unsicher, Schwindel tritt auf. Zum Schluss ist es nur noch eine Rose, die Halt geben soll.

Das Gedicht besteht aus vier Strophen, die je fünf Verse beinhalten; Reime liegen nicht vor; der Rhythmus ist unregelmäßig. Die Verslängen variieren von zwei bis neun Wörtern. Die ersten beiden Strophen bestehen jeweils aus einem durchgängigen Satz, die dritte aus zwei und die letzte aus vier Sätzen. Hieran lässt sich eine **Steigerung zum letzten Vers** – dem Titel des Gedichts – erkennen. Die unterschiedlichen Satzumfänge finden ihren Niederschlag im wiederholten Auftreten von **Emjambements**. Den Beginn aller Strophen verbindet ein **Parallelismus**, der mit dem lyrischen Ich als Subjekt und einem Prädikat den jeweiligen neuen Satz einleitet: „Ich richte […] ein" (V. 1), „Ich kaufe" (V. 6), „Ich schließe" (V. 11). Nur die vierte Strophe hält eine geringfügige, aber zum vermittelten Umschwung passende Variation bereit: „Aber ich liege" (V. 16). Mit diesem Parallelismus wird die zentrale **subjektive Perspektive**, die sich durch das gesamte Gedicht zieht, besonders betont; Einflüsse von außen spielen erst wieder am Ende eine Rolle.

Im ersten Vers wird durch die Wahl der Substantive der **Gegensatz** zwischen **erdverbunden** („Zimmer") und **losgelöst** („Luft") eingeführt. Dies wiederholt sich in den folgenden Versen mit den Worten „Akrobaten" und „Vögeln", „Bett" und „Trapez", „Nest" und „Wind". Der abschließende Vers der ersten Strophe deutet dann schon die Tendenz zur Unsicherheit am Ende an, denn das mit einem Bett **verglichene** Nest befindet sich „auf der äußersten Spitze des Zweigs". Der Baum steht eigentlich für Stabilität, doch das lyrische Ich sucht sich von diesem Ort den unsichersten Punkt aus – das Ende des Zweigs, der sich leicht neigen oder brechen kann. Hier wird der Eindruck eines **Traums** erzeugt, und zwar vor allem dadurch, dass sich verschiedene Erlebnis- und Bilderwelten miteinander vermischen und zwischen diesen Ebenen ständig hin und her gewechselt wird. Sowohl das Zimmer als auch die Welt des Vogels sowie die des Akrobaten erscheinen eng verwandt. Eine **reale Bilderwelt**, erzeugt durch die Nennung konkreter Substantive, vermischt sich mit einer **metaphorischen Ebene**, ausgedrückt durch ein Abstraktum in der Mitte der Strophe: „Trapez des Gefühls" (V. 3).

Die zweite Strophe beginnt mit der **Vervollständigung der anfänglichen Einrichtung:** Das lyrische Ich kauft eine Decke. Diese Strophe verzichtet als einzige auf **Satzzeichen**. Dort, wo ein Komma den Relativsatz vom Hauptsatz trennen müsste („Schafe [,] die im Mondlicht […]

ziehn“ (V. 7 ff.), fehlt dieses. So zieht sich ein Satz als **Enjambement** über alle fünf Verse. Allenfalls der Zweiwortvers in der Mitte („im Mondlicht“) verleiht dem Schriftbild eine Zäsur. Dieses ungegliederte ‚Dahinfließen‘ der Worte korrespondiert mit dem Inhalt: Die Strophe vertieft den Eindruck vom Traum des lyrischen Ichs. Die verwendeten Bilder erinnern an das **Schlaflied** „Schlaf, Kindlein, schlaf“. Schafe und Mond sind Motive daraus. Verstärkt wird diese Assoziation durch die Decke. Diese wird, wie das „Nest“ in der ersten Strophe, mit einem Superlativ verbunden: „zarteste[…] Wolle“ (V. 6). Um diese **Hyperbel** noch weiter zu steigern, verwendet die Autorin den **Neologismus** „sanftgescheitelt[…]“ (V. 7). Der Gegensatz zwischen Erde und Luft aus der ersten Strophe kommt in der zweiten am Ende zum Tragen, wenn die „feste Erde“ (V. 10) als Gegenpol zu den „schimmernde[n] Wolken“ (V. 9) eingeführt wird. Dass die Wolken, die als **Vergleich** für die Schafe hinzugezogen werden, „schimmern“, schafft durch die Vermischung des optischen Eindrucks mit dem auch zuvor betonten Tastsinn (vgl. die Adjektive *„zart“* und *„sanft“*) den Effekt einer **Synästhesie**.

In der dritten Strophe scheint die **Einrichtung abgeschlossen:** Das ‚Luftige‘ ist überwunden. Das lyrische Ich verschmilzt mit dem in Strophe 2 entwickelten Bild der **Schafe**, die als „verläßlich[…]“ (V. 12) charakterisiert und somit **anthropomorphisiert** werden. Es bleibt mit ihnen auf dem Boden – der Tatsachen? –, was der „Sand unter den kleinen Hufen“ (V. 13) vermittelt, und es hüllt sich komplett in deren Wolle ein. Mit dem Schließen der Augen im ersten Vers der Strophe verlässt sich das lyrische Ich vollständig auf alle anderen Sinne („spüren“, V. 13 und „hören“, V. 14), und es wird suggeriert, dass der Schlaf jetzt erst beginnt, obwohl das Traumbild ja schon von Anfang an existiert. Eine weitere Bilderwelt wird zudem eingeführt: Durch die Erwähnung des „Vlies[es] der […] Tiere (V. 12) kommt eine **mythische Ebene** hinzu. Der Begriff „Vlies“ erinnert an das Goldene Vlies des Widders **Chrysomeles**. Da dieser fliegen konnte, klingt wiederum ein indirekter Bezug zur Luft, zum Emporsteigen an. In Schafswolle festgeklammert, rettete auch der listige **Odysseus** sich und seine Gefährten aus den Händen des Zyklopen Polyphem. In diesem Mythos verhilft das Vlies dem griechischen Helden also zu genau der Sicherheit und Verlässlichkeit, die sich das lyrische Ich in Hilde Domins Gedicht erhofft.

Sieht man diese Sicherheit als Ziel, dann könnte das Gedicht nach der dritten Strophe enden – aus dem Zimmer in der Luft ist ein sicherer Stall geworden. Dass diese Strophe keine Auffälligkeiten im Satzbau und wenig Abwechslung in den Verslängen aufweist, unterstreicht diesen **Sicherheitsanspruch** auch formal. Wenn das lyrische Ich in V. 14 „das Klicken des Riegels“ hört, kann ihm nichts mehr passieren. Menschliche Züge sind damit aber völlig abgelegt. **Der Mensch ist** nicht wie in der ersten Strophe zum Vogel, der in den Lüften unterwegs ist, sondern **zum Schaf geworden**. Diese Tiere sind wohlbehütet und sicher; das wird aber durch den Umstand bezahlt, dass man sich der Herde unterordnen muss. Es bleibt letztlich auch ungeklärt, wer eigentlich „die Stalltür am Abend schließt“ (V. 15); ein Schäfer oder Bauer wird nicht erwähnt, der Riegel schließt sich selbst, wird so **personifiziert**. Diese offene Frage wirkt ein wenig beängstigend und das Geräusch des „Klicken[s]“ verstärkt diesen Eindruck weiter. Es passt nicht so recht in die idyllische Stimmung der Strophen und Verse davor. Doch all das geschieht mit ausdrücklicher Zustimmung des lyrischen Ichs, was die Einleitung des zweiten Satzes der Strophe mit „Ich will …“ (V. 13) verrät – es möchte gerne eingesperrt werden.

Doch diese **Sicherheit trügt**, denn in der letzten Strophe wird das **Trugbild dekonstruiert**. Zwei formale Besonderheiten wurden bereits genannt: Erstens ist die **Anzahl der Sätze** größer als zuvor, zweitens beginnt der Umschwung passend mit der Konjunktion „**aber**“ (V. 16). Die Sätze sind zudem sehr **kurz** und **parataktisch**. Hektik scheint aufzukommen. Das gilt vor allem für den zweiten Vers der Strophe, der gleich zwei Sätze enthält: „Mir schwindelt. Ich schlafe nicht ein.“ Der erste Satz kann dabei als **Ellipse** angesehen werden, denn auf das (Schein-)Subjekt wird verzichtet. Auch nach dem Komma in V. 16 findet sich statt eines vollständigen Nebensatzes eine den Hauptsatz ergänzende Ellipse: „hoch ins Leere gewiegt“. Wer das lyrische Ich dabei ins Leere wiegt, erfährt der Leser nicht. Angesichts dieses Fehlens eines „Agens“ verstärkt sich die Machtlosigkeit, der sich das Ich hier ausgeliefert fühlen muss, obwohl mit dem Verb „wiegen“ das Bild von Geborgenheit eigentlich noch erhalten ist. Dass dies nicht diese gewünschte Wirkung erzielt, wird jedoch im nächsten Vers deutlich: „Ich schlafe nicht ein.“

Das „[L]iege[n] in Vogelfedern (V. 16) wird durch das „Aber“ dem Sicherheit bietenden Einhüllen in das Vlies, dem Eingesperrtwerden im Stall (vgl. Strophe 3) gegenübergestellt. Auch die Federn könnten dabei an einen Mythos erinnern – der Flug des **Ikarus** scheitert in der Sage an dem Halt der zusammengeklebten Adlerfedern, als dieser sich zu sehr der Sonne nähert. Insofern kann der Leser bei den Vogelfedern den Absturz gleich mitdenken. Das Gefühl sowie die Gefahr der „**Leere**“ setzt sich somit endgültig gegenüber der „feste[n] Erde“ (noch in V. 10) durch. Das lyrische Ich fühlt sich jetzt schutz- und machtlos. Unter diesen Voraussetzungen ist der **letzte Satz des Gedichts** und vor allem auch dessen letzter (und titelgebender) Vers zu betrachten. Nach den kurzen Sätzen folgt wieder ein längerer über drei Verse. Durch den kurzen Zweiwortvers 18 („Meine Hand“) und das folgende Enjambement ergibt sich eine Zäsur im Sprachverlauf, die mit einer inhaltlichen Veränderung korrespondiert – die im bisherigen Verlauf des Gedichts festgestellte **Betonung des Ichs als Subjekt** (vgl. die anaphorische Gestaltung der Strophenanfänge mit „Ich“) wird jetzt aufgegeben. Die Hand greift wie **mechanisch** „nach einem Halt“ (V. 19). Eine bewusste Steuerung durch das Ich gibt es ab diesem Zeitpunkt also nicht mehr. Das letzte Prädikat („findet“) bezieht sich ebenfalls auf die **personifizierte** Hand. Es setzt angesichts der Schutzlosigkeit, des Schwindels und der Schlaflosigkeit ein Rettungsinstinkt ein, der beinahe reflexartig Halt sucht.

Damit ist der **Höhepunkt des Gedichtes** erreicht: „nur eine Rose als Stütze“ (V. 20). Das Ende ist offen, denn der Leser erfährt nicht mehr, ob dieser Halt stabil bleiben wird. Und doch ist dies kein negatives Ende; zwischen der Zerbrechlichkeit der Rose und ihrer (erhofften) Funktion als „Stütze“ besteht nämlich ein Gegensatz, der den Kreis zum Beginn des Gedichtes schließt, in dem das stabile Zimmer der Luft gegenüberstand. Das gänzlich neue Bild der Pflanze könnte also ebenso ein Neuanfang sein. In der Tatsache, dass die Rose, fragil in Stängel und Blüte, überhaupt als mögliche Stütze – relativiert allerdings durch „nur“ – in Betracht gezogen wird, steckt eine leise Hoffnung, doch noch einen Halt gefunden zu haben.

Warum wählt Hilde Domin für den Abschluss und den Titel ihres Gedichts nun gerade die **Rose**? – Schließlich wäre es ebenso möglich gewesen, das Werk so enden zu lassen: „Meine Hand greift nach einem Halt und findet nur eine Tulpe als Stütze.“ Die **Faszination**, die von dieser Blume ausgeht, hat stets Berücksichtigung in der Literatur erfahren. Unweigerlich denkt man an **Goethes „Heideröslein“**: „Sah ein Knab ein Röslein stehn“. Der verletzliche Charakter der Pflanze ist hier durch den **Diminutiv** zusätzlich betont. Ein weiterer Beleg für die große Bedeutung der Rose ist das **Kirchenlied** „Es ist ein Ros entsprungen“. Die Rose birgt hier Hoffnung, indem sie als Symbol für den geborenen Heiland steht. Für eine religiöse Lesart des Gedichtes „Nur eine Rose als Stütze“ fehlen aber sicherlich Belege. In unserer Kultur ist die Rose ein **Symbol für die Liebe**, in diesem Sinne wird sie täglich verschenkt. Die damit ausgedrückte Zuwendung zu einem Menschen bringt Halt, der zwar abstrakt, aber doch von großer Bedeutung hinsichtlich der Stabilität im Leben sein kann. So dient manche Rose vielleicht eben doch als „Stütze“.

„Nur eine Rose als Stütze“ erschien Ende der 50er-Jahre. Der Titel gab sogar einem kompletten Gedichtband seinen Namen. Damit ist der Text bzw. sein Abschlussvers noch einmal besonders hervorgehoben. Etwa in der Mitte ihres Lebens hat die Autorin eine prägende Erfahrung hinter sich: Ihre **Zeit im Exil** nach der Flucht vor den Nationalsozialisten stellte sie vor eine Herausforderung, die dem Traum des lyrischen Ichs in dem Gedicht recht nahe kommt. Ein Leben im Exil bedeutet für die Menschen, dass sie Stabilität aufgeben müssen, die ihnen in der Heimat gewährt sein sollte. Die Wege vieler Exilschriftsteller führte sie über mehrere Stationen, immer wieder mussten sie neu ankommen und neuen Halt finden. Auch die Rückkehr aus dem Exil bedeutete nicht automatisch die Wiederherstellung der Zeit vor dem Dritten Reich – nach dem Zweiten Weltkrieg dominierten Zerstörung, Verlust von geliebten Menschen und Schrecken über die von Deutschen begangenen Taten den **Neuanfang** in der Heimat. Für viele Exilanten begann die Suche nach dem Krieg also erst richtig. Nach diesem **Verlust von Stabilität** fanden viele Schriftsteller Halt in der Sprache. Das lyrische Ich in „Nur eine Rose als Stütze“ ersehnt sich (aus dem Nichts heraus) eine Sicherheit, die sich aber immer wieder als instabil oder als Trugbild erweist. Die Hoffnung auf „eine Rose als Stütze“ könnte man somit auch als die Erwartung an die Sprache des Lyrikers deuten: Lyrische Worte sind ebenso schön wie fragil zugleich.

Über diesen historisch-biografischen Aspekt hinaus vermittelt das Gedicht dem Leser eine vertraute Situation: Erdrückend bleibt vor allem die **Einsamkeit** des lyrischen Ichs. Die Rolle anderer Menschen bleibt ungeklärt. Das Ich tritt im gesamten Text nicht aus seiner Innenwelt heraus; insofern muss auch das Ende zwangsläufig offen bleiben. Vielleicht klingt aber auch **Hoffnung** an, die Hoffnung nämlich, dass man noch in den zerbrechlichsten Dingen – und sei es eine Rose – Rettung sehen kann.

Tomasz Kurianowicz (geb. 1983, Journalist)

Der Menschheit Ende ist die Geburt der Natur

Im Zeitalter des Spätkapitalismus wird der Fortschrittsglaube mystisch: Eine Schau in Warschau fragt nach dem Rückschritt im Fortschritt.

WARSCHAU, im September

Die Welt verändert sich rasend schnell, und wenn man irgendwann zurückschauen wird auf das einundzwanzigste Jahrhundert, dann wird man über ein Zeitalter sprechen, in dem lang tradierte Sicherheiten erstmals ins Wanken gerieten. Gerade die Kunst, Reflexionsfolie für das Kommende, muss sich jetzt mit neuen Denkmotiven konfrontieren, wenn sie denn als Medium gesellschaftlicher Kritik noch etwas ausrichten möchte – als ein Medium, das im Kantischen Sinne Wissen von Scheinwissen trennt.

Das Problem ist freilich, dass es mit dem heutigen Wissen schlecht bestellt ist. Darauf macht auch die Schau „Regress/Progress“, die vom Zentrum für zeitgenössische Kunst in Warschau zusammengestellt wurde, mit feiner Ironie aufmerksam. Es sind Werke zu sehen, die sich mit veränderten Prämissen einer kapitalistischen Ordnung auseinandersetzen und dabei Fragen stellen, die noch vor zwanzig Jahren aufrührerisch geklungen hätten. Kann sich eine endliche Menschheit unendlich vermehren? Wie kann eine Wirtschaftsordnung auf lange Sicht erhalten bleiben, in der jeder Staat exportieren will, aber nicht jeder Staat exportieren kann? Auch die Zukunft der Umwelt ist davon betroffen: Wie werden wir existieren können, wenn das schwarze Blut der Ökonomie, das Öl, das durch die Adern unserer Handelsrouten fließt, irgendwann versiegt und unsere Welt in einen alles lähmenden Stillstand versetzt?

Wenn man nun vor dem Schloss Ujazdowski steht, dieser ehemaligen Militäranlage im Zentrum von Warschau, nicht weit weg vom polnischen Parlament, dann fällt ein frühbarockes Türmchen auf, aus dessen Fenstern drei grüne Birken in den Himmel ragen. Begibt man sich in den zweiten Stock und betritt den unterkühlten Raum, wo die Baumwurzeln in Keramiktöpfen stecken, dann erfährt man, was diese ungewöhnliche Begrüßung zu bedeuten hat: Es ist die Zukunftsvision „Summer Solstice“ von Cai Guo-Qiang. Der Chinese imaginiert mit dieser kontemplativen, in der Ruhe beinahe beängstigend wirkenden Arbeit, dass die Natur, wenn der Mensch irgendwann zu existieren aufhört, sich ihren Lebensraum zurückerobern wird. Auf den Ruinen der Zivilisation wird ein neues Biotop entstehen, das sich das unlängst Zerstörte wieder einverleibt.

Holz wird, so auch die Botschaft des Berliner Künstlerkollektivs Raumlabor, in jener Zukunft eine tragende Rolle spielen und all die synthetisch hergestellten Produkte organisch ersetzen. Die Architektur-Installation „Grated Futures“ – so heißt das begehbare Werk der Berliner – soll dem Besucher bewusstmachen, wie stark unsere Wirklichkeit vom Öl abhängig ist. Wenn es verschwindet, dann werden auch die synthetischen Rundungen, die ovalen Formen und glatten Konstruktionen verschwinden, die unser gegenwärtiges Design dominieren. Wir werden ein Zeitalter der Ecken und Kanten erleben, ein Zeitalter des Rudimentären, in dem letzte Plastik-Reliquien an die Boomphase des Öls erinnern – alte Autoreifen etwa, die als Blumenkästen in Form von grob zugeschnittenen Schwänen fungieren. Nur der Mensch bleibt in dieser holzschnittartigen Konstruktion vielsagend abwesend. Er macht sich rar und gerät ins Abseits; muss mit dem auskommen, was nach seiner gescheiterten Eroberungsperiode übrig geblieben ist.

Interessanterweise spielt das Individuum in diesem Kaleidoskop eine untergeordnete Rolle. Auch in der Videoinstallation der dänischen Künstlergruppe Superflex ist der Mc Donald's, der hier als Schauplatz einer Umweltkatastrophe dient, menschenleer. Nur Stühle und Tische sind zu sehen – sowie ein grinsender Plastikclown. Nach und nach dringt Wasser durch die geschlossenen Türen; es bricht sich Bahn in einem verlassenen Raum voller Verpackungen und liegengebliebener Konsumgüter, bis die Flut an die Decke stößt. Am Objektiv schwimmen aufgedunsene Kartoffelscheiben vorbei wie Überbleibsel einer aufgeblähten Konsumgesellschaft.

Das ist das Besondere an dieser Ausstellung: Sie changiert zwischen Dystopie[1] und Utopie, um zu zeigen, dass der Fortschrittsglaube, der die Wirtschaft jahrzehntelang wie ein Deus ex Machina[2] anzupeitschen vermochte, sich in einer tiefen Glaubenskrise befindet. Ja, auch die geradezu religiös anmutende Hoffnung auf ewiges Wachstum schwindet. Im letzten Teil der Ausstellung sehen wir hochironische Collagen von Alexandra Mir, die Jesus- und Marienbilder zeigen, in denen eingeklebte Raketen ins Himmelreich drängen. Sie rücken die Technologiebegeisterung des zwanzigsten Jahrhunderts in die Nähe metaphysischer Bewunderung. Wir sehen, wie sich in den siebziger Jahren die Menschheit die Zukunft vorstellte, wie sie den Mond, ja selbst das Universum zu unterwerfen versuchte. Aus der Distanz glaubt man, einen Paradigmenwechsel wahrzunehmen, der offenlegt, dass uns heute der Griff nach den Sternen weniger plausibel erscheint als im vergangenen Jahrhundert, als noch der westliche Diskurs um Eroberung, um den Sieg des Kapitalismus über den Kommunismus kreiste.

Doch wer glaubt, dass dieser Sieg in Zweifel gezogen wird, der irrt. Die Kritik am Fortschritt ist keine Kritik, die eine kommunistische Utopie inszeniert, sondern ein blankes Unbehagen, das als Warnung zu verstehen ist. Damit trifft die Ausstellung den Nerv der Zeit – gerade im postsozialistischen Polen, wo die Schau die Besucher darüber nachdenken lässt, welche Enttäuschungen der Kapitalismus bei all seinen Vorteilen offenbart.

Diese Schau fasst eine neue Denkbewegung zusammen, die sich jetzt, zu Beginn des einundzwanzigsten Jahrhunderts, langsam und stetig zu formieren beginnt, mit populären Intellektuellen an der Spitze. Denken wir nur an Jonathan Franzen, der in seinem vielgelesenen Roman „Freiheit" das postindustrielle Dilemma ins Zentrum seiner Ausführungen stellt. Dort erinnert der Protagonist Walter, ein ehemaliger Umweltaktivist, seine Freunde fast schon nervtötend daran, dass sich der Mensch in seinem Drang nach Produktivitätssteigerung den eigenen Lebensraum nimmt, also materialistisch nach vorne, dialektisch jedoch einen Schritt zurück bewegt. Franzen schreibt: Die beiden Hauptströmungen der Wirtschaftstheorie, die marxistische ebenso wie die des freien Marktes, sagte Walter, nähmen es als gegeben an, dass wirtschaftliches Wachstum immer etwas Positives sei. Ein Wachstum des Bruttoinlandsprodukts von ein oder zwei Prozent gelte als moderat und ein Bevölkerungswachstum von einem Prozent als wünschenswert, aber wenn man diese Raten über eine Zeitspanne von hundert Jahren fortschreibe, komme man auf verheerende Zahlen: eine Weltbevölkerung von achtzehn Milliarden und einen weltweiten Energieverbrauch, der den heutigen um das Zehnfache übersteige. Das kann nicht gutgehen, sagt uns die Kunst. Zumindest nicht, wenn wir Menschen weiterhin die Erde bevölkern wollen.

Aus: Kurianowicz, Tomasz: Der Menschheit Ende ist die Geburt der Natur.
In: FAZ, 23. 9. 2011, Nr. 222, S. 35.

1 Antiutopie

2 ursprünglich das Auftauchen einer Gottheit mit Hilfe einer Bühnenmaschinerie, heute sprichwörtlich dramaturgische Bezeichnung für jede durch plötzliche, unmotiviert eintretende Ereignisse, Personen oder außenstehende Mächte bewirkte Lösung eines Konflikts

Arbeitsanweisung

Setzen Sie sich mit den Positionen des Autors zur Funktion von Kunst auseinander. Beziehen Sie das Rahmenthema ein.

Hinweise und Tipps

Voraussetzungen

Kunst und Natur stehen im Mittelpunkt dieser **textgebundenen Erörterung**. Der Schwerpunkt **Kunst** kommt durch den ersten Teil der **Aufgabenstellung**, der Schwerpunkt **Natur** durch die des Weiteren geforderte Einbeziehung des **Rahmenthemas 2013** zustande. Bei Letzterem handelt es sich um das Wieland-Zitat: „Und wen anders als die Natur können wir fragen, um zu wissen, wie wir leben sollen, um wohl zu leben?“ Die Auseinandersetzung mit zwei in ihrer Bedeutung so umfangreichen Begriffen braucht einen sicheren Rahmen und Bezugspunkt. Den bildet ein Presse-Artikel zu einer **Ausstellung zeitgenössischer Kunst** in Warschau. Weder die Kenntnis dieser Ausstellung mit dem Titel „Regress/Progress“ noch einzelner dort vorgestellter Künstler oder des Verfassers dieses Artikels aus der Frankfurter Allgemeinen Zeitung kann von Ihnen verlangt werden. Im Rahmen der Anforderungen, die der Aufgabentyp der textgebundenen Erörterung laut Einheitliche(n) Prüfungsanforderungen in der Abiturprüfung Deutsch (EPA), vorsieht, geht es aber darum, sich mit der Problemfrage des jeweils vorliegenden Textes auseinanderzusetzen. Diese liegt nicht in den vorgestellten Kunstwerken selbst – wie vielleicht sonst von Rezensionen einer Ausstellung zu erwarten – sondern in übergreifenden **Schlussfolgerungen** und daraus entstehenden Fragen, die uns alle betreffen. Die Aufgabenstellung lenkt Sie dabei noch in eine bestimmte Richtung: die **Rolle der Kunst**. Auf den ersten Blick besteht die Schwierigkeit darin, dass das Rahmenthema eher Erwartungen im Themenbereich Natur wecken mag. Die Aufgabe, beide Schwerpunkte zusammenzubringen, lösen Sie aber in diesem Aufsatz nur, wenn Sie sich zunächst eng an die **Argumentation des Textes** halten. Darüber hinaus lassen sich dann noch Überlegungen anknüpfen, inwieweit eigenes Wissen über die Kunst in Ihre **persönliche Auseinandersetzung** einfließen kann. Da der Verfasser des Artikels sich selbst am Schluss auf Literatur bezieht, ist es im Rahmen eines Deutsch-Aufsatzes selbstverständlich gut möglich, die Rolle der Kunst an literarischen Beispielen zu illustrieren.

Die Aufgabe verlangt Leistungen in allen drei Anforderungsbereichen, die laut Einheitliche(n) Prüfungsanforderungen in der Abiturprüfung Deutsch (EPA) vorausgesetzt werden:

Anforderungsbereich I (Grundlagen an Wissen/Kennen konkreter Einzelheiten): Hilfreich ist ein sicherer Zugang zu Themen und Darstellungsformen der Kunst, im Speziellen in Form zeitgenössischer Werke. Sicherheit im Umgang mit Inhalten aus der Literatur erleichtert ebenfalls die Arbeit an eigenen Belegen und Beispielen. Dazu kommt angesichts des Ausstellungsthemas auch Allgemeinwissen über die angesprochenen historischen und aktuellen Aspekte des Fortschritts. Die Aussage des Rahmenthemas und eventuell deren literarische Einordnung sollte Ihnen vertraut sein.

Anforderungsbereich II (Organisation des Arbeitsprozesses): Die Erfassung von Inhalt und Argumentation des Textauszugs ist vor allem insofern wichtig, als eine Funktion des zu bearbeitenden Textes – nämlich die Information über die Ausstellung selber – für unsere Aufgabe nur eine untergeordnete Rolle spielt. Die vielen notwendigen Perspektiven, die hier abverlangt werden, erfordern eine gründliche Vorbereitung und sichere Strukturierung des eigenen Aufsatzes.

Anforderungsbereich III (Fähigkeit zur eigenen Urteilsbildung): Das Ergebnis der Texterschließung sollte die begründete Stellungnahme zur Rolle der Kunst sein. Dabei muss gleichzeitig die Verknüpfung mit dem Rahmenthema präsent bleiben. Das erkennbare Anwenden von Argumentationsstrategien wird verlangt.

Erläuterung der Aufgabenstellung
Die besondere Herausforderung der Aufgabenstellung ist in den Voraussetzungen bereits angesprochen worden: Ein Artikel eines zwar namentlich genannten aber ansonsten wenig bekannten Verfassers über ein spezielles Ereignis (die Kunstausstellung „Regress/Progress"), eine vorgegebene **Schwerpunktsetzung** zu einem allgemeinen Problem (Rolle der Kunst) und ein weiterer Schwerpunkt (die Natur als Kernbegriff des Rahmenthemas), der erst einmal mit dem ersten in Zusammenhang gebracht werden muss. Damit Ihre textgebundene Erörterung diesen Ansprüchen entsprechen kann, sollte eine **allgemeine Einleitung** neben der speziellen Hinführung zu den Aussagen des besprochenen Textes stehen. Im vorliegenden Lösungsvorschlag steht dieser allgemeine Teil an erster Stelle. Er eröffnet gleichzeitig Möglichkeiten, **literarische Belege** in den Kontext mit einfließen zu lassen. Das wird hier an zwei möglichen Beispielen gezeigt. Diese hängen natürlich von Ihrer Auswahl an behandelten Ganzschriften oder kürzeren Werken ab. Eventuell liegt Ihnen ein Werk ja auch als schulintern erlaubtes Hilfsmittel vor, so dass Sie daraus zitieren könnten (hier am Beispiel von Goethes „Faust" am Ende des Lösungsvorschlags).

Voraussetzung für eine gelungene Arbeit mit dem Text ist es, den **Aufbau** sicher nachzuvollziehen. Somit trennen sich die Passagen der Darstellung der einzelnen Kunstwerke deutlich von den Aussagen des Autors zur Kritik am Fortschrittsglauben. Beachten Sie dabei immer, dass Sie diese Aussagen und nicht die Botschaften der Künstler aus der Warschauer Ausstellung zu erörtern haben. Der Verfasser macht an ein paar zentralen Stellen ganz konkrete Aussagen zur Rolle der Kunst. Beziehen Sie diese deutlich in Ihre Darstellung ein. Darüber hinaus ist es aber auch lohnend, **textanalytisch** darauf zu achten, wie über die Kernbegriffe Natur und Kunst geredet wird. Die Beobachtung, dass hier häufig personifizierende Bilder benutzt werden, ist nicht nur als reine Formalität abzutun, sondern gibt ebenfalls Auskunft darüber, welche Rolle etwa der Natur gegeben wird, wenn sie sich ihr Terrain geradezu zurückerobert. Hieraus ergeben sich wiederum Parallelen zum Zitat des Rahmenthemas.

Lösungsvorschlag

Stehen **Kunst** und **Natur** im Gegensatz zueinander? Schließlich bilden wir in der deutschen Sprache aus den beiden Substantiven doch die Adjektive künstlich und natürlich und die schließen sich tatsächlich aus. Für die **Klassiker** stellte sich diese Frage nicht. Bei ihnen standen Kunst und Natur ganz nahe beieinander. **Goethe** beobachtete die Natur und zu seinen Werken gehört deshalb die Farbenlehre ebenso dazu wie seine Tätigkeit in anderen Bereichen der Naturwissenschaften. Sein Kollege **Wieland** stellte die rhetorische Frage: „Und wen anders als die Natur können wir fragen, um zu wissen, wie wir leben sollen, um wohl zu leben?" und erklärt somit die Natur zu einem Vorbild für die Botschaft seiner Kunst.

Seit Goethe und Wieland sind aber 200 Jahre ins Land gegangen und viel ist in dieser Zeit passiert. Die Welt hat sich verändert und damit gleichzeitig sowohl die Kunst als auch die Natur. In diesen zwei Jahrhunderten hat man den **Fortschritt** als den Motor dieser Veränderungen gesehen, doch in unserer Zeit erkennen wir immer mehr die **Grenzen** dieser Entwicklung. Sollten wir uns deshalb nicht zurückbesinnen auf diese Sicht der Klassiker, damit der Künstler der Natur ein Sprachrohr geben kann?

Tomasz **Kurianowicz**, ein mit Jahrgang 1983 noch junger Journalist, zeigt anhand einer Kunstausstellung in der polnischen Hauptstadt Warschau, dass dies tatsächlich möglich, wenn nicht sogar notwendig ist. Am 23. September 2011 erschien in der Frankfurter Allgemeinen Zeitung sein Artikel „Der Menschheit Ende ist die Geburt der Natur" über eine Ausstellung des Zentrums für zeitgenössische Kunst im Schloss Ujazdowski in Warschau mit dem Titel „Regress/

Progress". Dieser Name für eine Zusammenstellung zeitgenössischer Kunstwerke stellt den Fortschritt bereits infrage, indem ihm gleich der Rückschritt an die Seite gestellt wird, also auf **paradoxe** Art der „Rückschritt im Fortschritt" (Untertitel des Artikels) zum Thema wird und die „veränderten Prämissen einer kapitalistischen Ordnung" (Z. 11) verdeutlicht werden. Kurianowicz' Artikel ist allerdings nicht nur ein Ausstellungsbericht mit rein informativem Charakter. Vielmehr geht er darauf ein, welche Möglichkeiten eine solche Präsentation im Speziellen, aber demnach genauso die Kunst im Allgemeinen hat, die **Krise des Fortschrittsglaubens** als ein drängendes Problem zu artikulieren. Der Autor sieht sich mit seiner These, dass es die sichere Gewissheit eines ewigen Fortschritts nicht mehr gibt, genau auf der Linie der in Warschau gezeigten Werke.

Diese werden also für ihn zunächst zu einem Anlass, seine eigene Skepsis gegenüber der Zukunft den Lesern der Frankfurter Allgemeinen Zeitung – einem bürgerlichen, gebildeten und zumeist eher konservativen Publikum – zu präsentieren. Damit zeigt sich ganz deutlich, dass die hier aufgeworfenen Fragen, die tatsächlich noch „vor zwanzig Jahren aufrührerisch geklungen hätten" (Z. 12 f.), mittlerweile **einen gesellschaftlichen Konsens** gefunden haben.

Dass Kurianowicz die Auseinandersetzung damit ebenso wichtig ist wie die Information über die Ausstellung, zeigt bereits der erste Absatz seines Textes, denn er beginnt ganz allgemein: „Die Welt verändert sich rasend schnell, ..." (Z. 2), kommt dann zur noch näher zu beleuchtenden Funktion der Kunst „als Medium gesellschaftlicher Kritik" (Z. 6) und leitet erst nach einer weiteren – fast schon pauschalen – Aussage, dass „es mit dem heutigen Wissen schlecht bestellt" sei (Z. 8), zum Gegenstand seines Textes, der Ausstellung „Regress / Progress" (vgl. Z. 9) über. Bevor er einzelne Werke näher vorstellt, formuliert er als **Denkanstöße** die drei dringenden Fragen nach dem Anstieg der **Weltbevölkerung**, den Grenzen des globalen **Wirtschaftswachstums** und dem Ende der **Energiereserven** auf unserer Erde. Hierbei arbeitet er zum Beispiel mit Gegensätzen (vgl. Z. 13: endliche Menschheit / unendliche Vermehrung; oder Z. 14 f.: jeder Staat will / nicht jeder Staat kann exportieren), um zu verdeutlichen, wie schwierig es wird, aus diesem Dilemma am Ende des Fortschritts eine eindeutige Lösung zu finden. Wenn er für den Energieträger Öl die Metapher „schwarze(s) Blut der Ökonomie" (Z. 16) verwendet, stellt er unsere Abhängigkeit dar und unterstreicht somit noch einmal seinen radikalen Titel, der gar vom Ende der Menschheit spricht.

Indem diese allgemeinen Fragen vor den konkreten Beispielen kommen, kann Kurianowicz jetzt an vier Werken zeigen, wie diese mit den angesprochenen Problemen umgehen. Die folgenden Abschnitte widmen sich jeweils einem ausgewählten Kunstwerk aus der Ausstellung, die insgesamt sicherlich noch mehr zu bieten hatte. Diese begrenzte Auswahl durch den Autor zeigt, dass es hier eben nicht um deren vollständige Darstellung geht, sondern um die Vermittlung der gegebenen Denkanstöße an die Leser. So werden auch die Werke selbst nicht ganz im Detail beschrieben, sondern es wird – in Ansätzen bereits interpretierend – eine Vorstellung von den **Gesamteindrücken** und den damit verbundenen Botschaften vermittelt.

Die Auswahl beginnt mit einem Eindruck, den der Besucher der Ausstellung bereits vor dem Eingang hat: Drei Birken ragen aus dem Fenster im zweiten Stock und zeigen als Teil der „Zukunftsvision ‚Summer Solstice'" (Z. 24) eines chinesischen Künstlers, wie sich die Natur Räume zurückerobert (vgl. Z. 19–28). Kurianowicz bleibt bei den Zukunftsvisionen und stellt die Installation „Grated Futures" einer Berliner Künstlergruppe vor (Z. 29–40). Hierin verändert der Wegfall synthetischer, auf Öl basierender Produkte das Design und die Natur – in erster Linie das Holz – gibt wieder die Formen vor. Über die Beobachtung, dass der Mensch in diesem Bild kaum eine Rolle spielt, leitet er über zum dritten Blick in die Ausstellung, der gleichzeitig eine weitere Kunstform repräsentiert (Z. 41–48): die Videoinstallation. In ihr lassen die dänischen Künstler der Gruppe Superflex einen Mc Donald's fluten und verwandeln die für uns so reale „Konsumgesellschaft" (Z. 48) in ein menschenleeres Untergangsszenario.

Nachdem die bisher vorgestellten Werke alle einen **Blick in die Zukunft werfen**, zieht der Autor ein Zwischenfazit, indem er sie zwischen negativer und positiver **Utopie** („Dystopie und Utopie", Z. 49 f.) ansiedelt. Mit diesen Begriffen macht er auf ein Darstellungsmittel aufmerksam, das eben nur der Kunst vorbehalten ist: Der Künstler kann sich eine mögliche Zukunft ausmalen, die noch nicht ist (Utopie von griechisch für ‚kein Ort'), die aber sein könnte, und auf die Probleme von heute aufmerksam macht. Hier zeigt sich – so der Autor in seiner **Hauptthese** –, dass „der Fortschrittsglaube (...) sich in einer tiefen Glaubenskrise befindet" (Z. 50–52). Mit dem Stichwort Glauben leitet er zum vierten und letzten Beispiel aus der Warschauer Ausstellung über (Z. 53–61), das zeigt, dass Kunst nicht nur mit der Darstellung der Zukunft frei umgehen, sondern sich auch den **Ideen der Vergangenheit** frei bedienen kann, indem sie sie neu ordnet. In ihren Collagen kombiniert Alexandra Mir Darstellungen von Jesus und Maria mit Bildern der „Technologiebegeisterung des zwanzigsten Jahrhunderts" (Z. 55). Durch die so entstehende Ironie und die historische Distanz regt sich beim Betrachter der Zweifel, an was es sich zu glauben lohnt.

Um aus den Schlussfolgerungen der ausgestellten und hier vorgestellten Kunstwerke eine allgemeine Aussage ableiten zu können, ordnet Kurianowicz sie in einen größeren Zusammenhang ein, indem er der Ausstellung bescheinigt, dass sie einen „Nerv der Zeit" (Z. 64 f.) treffe und eine „neue Denkbewegung zusammen(fasst)" (Z. 67). Hierbei spielt zunächst der Ort der Schau eine besondere Rolle. Denn gerade die polnischen Besucher der Ausstellung erleben nach dem jahrzehntelangen Verzicht auf den **Kapitalismus** jetzt – so Kurianowicz – die „Enttäuschungen" des Kapitalismus „bei all seinen Vorteilen" (Z. 66). Gleichzeitig macht der Autor damit deutlich, dass er die Lösung der Probleme nicht in einer überkommenen oder neuen Ideologie sieht, die die momentane Wirtschaftsordnung abschaffen will.

Als einen zusätzlichen Beleg für den zeitgenössischen Zweifel am Fortschritt zieht Kurianowicz ein weiteres künstlerisches Werk, diesmal der **Literatur**, hinzu: In dem Roman „Freiheit" von Jonathan **Franzen** rechnet die Hauptperson Walter vor, dass der Wunsch nach Wachstum nur auf kurze Sicht Erfolg verspreche. Ginge das Wachstum von Bevölkerung und Wirtschaft aber über ein Jahrhundert ungebremst weiter, ende dies in einer Katastrophe (vgl. Z. 71–81). Mit diesem düsteren Ausblick schließt der Autor seine Gedanken zum Warschauer Ausstellungsprojekt „Regress / Progress".

Natur ist ein sehr abstrakter Begriff. Schon mit seiner genauen Abgrenzung kann man sich lange beschäftigen: Die einen verwenden ihn als Synonym für unsere Umwelt, die anderen begreifen darunter auch das Wesen von uns Menschen selbst. Während sich hier in kurzer Zeit dieses Problem der Begriffsbestimmung nicht lösen lässt, können es sich die Künstler etwas einfacher machen, indem sie die Natur **personifizieren**. Sie machen beispielsweise mit Hilfe menschlicher Eigenschaften in einer Metapher die Prozesse sichtbar, die uns sonst vielleicht verborgen bleiben. So ist es in Wielands Zitat aus seinem Werk „Agathon", das das **Rahmenthema zum diesjährigen Abitur** bildet und bereits am Beginn dieses Aufsatzes eine Rolle spielte: Die Natur wird wie ein weiser Mensch gefragt, „wie wir leben sollen, um wohl zu leben". In den vorgestellten Kunstwerken der Ausstellung „Regress / Progress" setzen die jeweiligen Künstler die Natur noch mehr aktiv als Handelnde in Szene: So lässt der Chinese Cai Gou-Qiang sie, „wenn der Mensch irgendwann zu existieren aufhört, sich ihren Lebensraum zurückerobern" (Z. 26 f.). Die Natur handelt nicht nur wie ein Mensch, sondern ersetzt ihn sogar, wie es auch der Titel des Artikels „Der Menschheit Ende ist die Geburt der Natur" in sehr drastische, ebenfalls personifizierende Worte (Geburt) setzt. Das Wasser – als ein Teil der Natur – in der Videoinstallation „bricht sich Bahn" (Z. 45) im menschenleeren Schnellrestaurant, das Holz – ebenso ein Teil – kann in der Vision der Installation wieder „eine tragende Rolle spielen" (Z. 30). Und auch hier fehlt der Mensch. Er hat offensichtlich das Ende einer „gescheiterten Eroberungsperiode" (Z. 40) erlebt. Mit im Grunde einfachen Bildern, die **Ironie** und **Provokation** einsetzen, gelingt es den modernen Kunstwerken mit ihren ganz unterschiedlichen Darstellungsformen, den Idealismus des Klassikers ins Gegenteil zu verkehren:

Die Natur sagt uns, wie wir nicht mehr leben sollen. Wir können nicht mehr endlos konsumieren, auf endlose Reserven an Rohstoffen und endloses Wirtschaftswachstum vertrauen. Die Botschaft bleibt aber auch im Negativen die gleiche: **Hört auf die Natur!**

Zwischen Wieland und unsere Zeit liegen über 200 Jahre. Eine Zeit, in der der Fortschritt die Welt verändert hat. Dass dies nicht nur das Leben eines großen Teils der Menschen mit allen positiven Facetten der Mobilisierung, des Wohlstands, der medizinischen Versorgung, der Kommunikation und auch freiheitlicher Gesellschaftsordnungen betrifft, sondern auch bleibende Schäden am ökologischen System unseres Planeten verursacht hat, streitet heute niemand mehr ab. Auch die Feststellung, dass es so nicht weitergeht, ist in einer Mehrheit der Gesellschaft verankert. Doch das ist noch nicht lange so und viele Schäden an der Natur sind erst richtig bewusst geworden, als es schon zu spät war: Die Klimaerwärmung ist nicht mehr unumkehrbar; Tierarten sind unwiederbringlich ausgestorben, weil ihre Lebensräume zerstört wurden; Ressourcen sind bis mancherorts zum letzten Tropfen Öl oder zum letzten Brocken Kohle ausgeschöpft. Weitere Beispiele ließen sich anfügen. Alles dies sind aber Prozesse, die deshalb in der Katastrophe enden, weil sie den Menschen oftmals gar nicht sichtbar und bewusst waren und sind. Im zwanzigsten Jahrhundert galt der Fortschritt eher noch als Merkmal politischer Überlegenheit, kreiste „der westliche Diskurs um Eroberung, um den Sieg des Kapitalismus über den Kommunismus“ (Z. 60 f.). Die Ablenkung von der Veränderung der Erde war zu groß und sollte doch einmal der Gedanke an das Ende der Bewohnbarkeit unseres Planeten gekommen sein, dann war man sich sicher, im Jahre 2013 das erste Deutsch-Abitur auf der Mars-Kolonie schreiben zu können. Die Collagen von Alexandra Mir zeigen diese für uns heute so ferne Sichtweise sehr deutlich.

Die Kunst kann der Natur aber eine **Sprache** geben und mit ihren Mitteln auf drohende Gefahren hinweisen. Dies geschieht allerdings nicht erst seit heute und wenn Tomasz Kurianowicz vom „Paradigmenwechsel“ (Z. 58) schreibt, soll das nicht heißen, dass nicht schon in früheren Jahren Künstler auf die Grenzen des Fortschritts hingewiesen haben. Da wäre zum Beispiel an Friedrich **Dürrenmatts** 1962 uraufgeführte Komödie „Die Physiker“ zu denken, in der er mit viel Ironie in Gestalt einer Kriminalhandlung Physiker auftreten lässt, die durch die freiwillige Einlieferung in eine Irrenanstalt die Welt vor ihren fortschrittlichen Ideen bewahren wollen, von denen sie wissen, dass sie in der Lage sind, der Menschheit Ende zu verursachen. Auch hier ist – unter dem Eindruck der atomaren Bedrohung – das Ende eine **Dystopie**: Die Anstaltsleiterin hat alle diese Ideen an sich gerissen und will mit ihrer Hilfe nun die Weltherrschaft erlangen. Die Wahrnehmung der Gefahrenlage hat sich in Details in den letzten 50 Jahren sicherlich geändert, aber die Kritik am Umgang mit dem Fortschritt ähnelt den Kunstwerken im September 2011 in Warschau.

Wie weit geht der **Einfluss der Kunst** jetzt aber insgesamt? Kurianowicz bezeichnet die Kunst als „Reflexionsfolie für das Kommende“ (Z. 4 f.), als „Medium gesellschaftlicher Kritik (…), das im Kantischen Sinne Wissen von Scheinwissen trennt“ (Z. 6 f.). Sie konfrontiert allgemein „mit neuen Denkmotiven“ (Z. 5) und im speziellen Fall der Ausstellung „Regress/Progress“ lässt Kunst „darüber nachdenken (…), welche Enttäuschungen der Kapitalismus bei all seinen Vorteilen offenbart“ (Z. 66). Sie trifft damit „den Nerv der Zeit“ (Z. 64 f.). Dass die Ausstellung also gleichzeitig **aufklärerisch** wirkt (vgl. den Bezug auf **Kant** in Z. 7) und an bestehende Diskurse anknüpft, ist vom Autor gut und hinreichend belegt. Die Auswahl der vorgestellten Werke und deren anschauliche Beschreibung im Text machen diese Gedanken durchaus nachvollziehbar. Somit kann ebenso beim Leser dieses Textes ohne Besuch in Warschau ein Denkprozess angeregt werden. Was jedoch über das „blanke Unbehagen“ und die „Warnung“ (Z. 64) hinaus fehlt, sind **Lösungsansätze**. Wie gehen wir mit den Grenzen des Wachstums um: Wünschen wir uns Kriege und Seuchen zurück, um das Bevölkerungswachstum zu regulieren? Verhindern wir Wohlstand und Entwicklung in den Schwellenländern, die zu den großen neuen Energieverbrauchern gehören? Diese provokanten Fragen werden hier offensichtlich nicht gestellt, sind aber auch nie von der Kunst zu lösen. **Wirtschaft**, **Politik** und **Gesellschaft** müssen bereit sein, die Denkanstöße aufzunehmen, sie ernst zu nehmen und die Prioritäten im Handeln danach auszurichten. Dafür muss ihnen Kunst wichtig sein und es ist zu wünschen, dass manch ein Leser der Frankfurter Allgemeinen Zeitung, wenn er ansonsten zuerst den umfangreichen Börsenteil studiert, danach sich noch Zeit für das Feuilleton nimmt. Bleibt die Frage **nach der Wirkung** solcher Denkanstöße darüber hinaus in die Bevölkerung, denn der Umgang mit Ressourcen und mit den Versprechungen des Fortschritts geht alle an. Doch wie viele von den Menschen, die vor der Überflutung im Mc Donald's von Superflex gesessen und Burger konsumiert haben, waren vorher in einer Ausstellung des Zentrums für zeitgenössische Kunst in Warschau oder haben die Frankfurter Allgemeine Zeitung gelesen?

Hätten sich Künstler in den vergangenen Jahrhunderten aber immer an diesen Fragen ihrer Wirksamkeit orientiert, dann hätten sie wahrscheinlich schnell aufgegeben und wir würden heute wohl keine ihrer Werke mit ihren Botschaften mehr kennen. Kunst und Natur gehören gerade in den Zeiten eng zusammen, in denen der Mensch nicht mehr nur in der ersteren Form seinen Ausdruck finden kann, sondern schon längst die Natur nach seinen Bedingungen geformt und unumkehrbar verändert hat. Schon **Goethes Faust** hat jedoch Zweifel daran gehabt, dass dieser menschliche Fortschritt dem Wesen der Natur wirklich entgegentreten kann, denn im Monolog in der Nacht nach dem Gespräch mit Wagner heißt es: „Geheimnisvoll am lichten Tag/Läßt sich Natur des Schleiers nicht berauben/Und was sie deinem Geist nicht offenbaren mag/Das zwingst du ihr nicht ab mit Hebeln und mit Schrauben“. Die Künstler in der Warschauer Ausstellung haben sich das Ziel gesetzt, dem Geist nicht mit „Hebeln und Schrauben“, sondern mit der Kunst auf die Sprünge zu helfen. Kurianowicz' Darstellung zeigt überzeugend, wie dies gelingen kann.

Annette von Droste-Hülshoff (1797–1848)

Die Judenbuche. Ein Sittengemälde aus dem gebirgichten Westfalen

[…]

Friedrich Mergel, geboren 1738, war der einzige Sohn eines sogenannten Halbmeiers oder Grundeigentümers geringerer Klasse im Dorfe B., das, so schlecht gebaut und rauchig es sein mag, doch das Auge jedes Reisenden fesselt durch die überaus malerische Schönheit seiner Lage in der grünen Waldschlucht eines bedeutenden und geschichtlich merkwürdigen Gebirges[1]. Das Ländchen, dem es angehörte, war damals einer jener abgeschlossenen Erdwinkel ohne Fabriken und Handel, ohne Heerstraßen, wo noch ein fremdes Gesicht Aufsehen erregte und eine Reise von dreißig Meilen selbst den Vornehmeren zum Ulysses[2] seiner Gegend machte – kurz, ein Fleck, wie es deren sonst so viele in Deutschland gab, mit all den Mängeln und Tugenden, all der Originalität und Beschränktheit, wie sie nur in solchen Zuständen gedeihen. Unter höchst einfachen und häufig unzulänglichen Gesetzen waren die Begriffe der Einwohner von Recht und Unrecht einigermaßen in Verwirrung geraten, oder vielmehr, es hatte sich neben dem gesetzlichen ein zweites Recht gebildet, ein Recht der öffentlichen Meinung, der Gewohnheit und der durch Vernachlässigung entstandenen Verjährung. Die Gutsbesitzer, denen die niedere Gerichtsbarkeit zustand, straften und belohnten nach ihrer in den meisten Fällen redlichen Einsicht; der Untergebene tat, was ihm ausführbar und mit einem etwas weiten Gewissen verträglich schien, und nur dem Verlierenden fiel es zuweilen ein, in alten staubichten Urkunden nachzuschlagen. – Es ist schwer, jene Zeit unparteiisch ins Auge zu fassen; sie ist seit ihrem Verschwinden entweder hochmütig getadelt oder albern gelobt worden, da den, der sie erlebte, zuviel teure Erinnerungen blenden und der Spätergeborene sie nicht begreift. Soviel darf man indessen behaupten, daß die Form schwächer, der Kern fester, Vergehen häufiger, Gewissenlosigkeit seltener waren. Denn wer nach seiner Überzeugung handelt, und sei sie noch so mangelhaft, kann nie ganz zugrunde gehen, wogegen nichts seelentötender wirkt, als gegen das innere Rechtsgefühl das äußere Recht in Anspruch zu nehmen.

Ein Menschenschlag, unruhiger und unternehmender als alle seine Nachbarn, ließ in dem kleinen Staate, von dem wir reden, manches weit greller hervortreten als anderswo unter gleichen Umständen. Holz- und Jagdfrevel waren an der Tagesordnung, und bei den häufig vorfallenden Schlägereien hatte sich jeder selbst seines zerschlagenen Kopfes zu trösten. Da jedoch große und ergiebige Waldungen den Hauptreichtum des Landes ausmachten, ward allerdings scharf über die Forsten gewacht, aber weniger auf gesetzlichem Wege als in stets erneuten Versuchen, Gewalt und List mit gleichen Waffen zu überbieten.

Das Dorf B. galt für die hochmütigste, schlauste und kühnste Gemeinde des ganzen Fürstentums. Seine Lage inmitten tiefer und stolzer Waldeinsamkeit mochte schon früh den angeborenen Starrsinn der Gemüter nähren; die Nähe eines Flusses, der in die See mündete und bedeckte Fahrzeuge trug, groß genug, um Schiffbauholz bequem und sicher außer Land zu führen, trug sehr dazu bei, die natürliche Kühnheit der Holzfrevler zu ermutigen, und der Umstand, daß alles umher von Förstern wimmelte, konnte hier nur aufregend wirken, da bei den häufig vorkommenden Scharmützeln der Vorteil meist auf seiten der Bauern blieb. […]

(1842)

von Droste-Hülshoff, Annette: Die Judenbuche. Ein Sittengemälde aus dem gebirgichten Westfalen. Rudolstadt 1978, S. 6–8.

1 Teutoburger Wald
2 sinnbildlich weitgereister Abenteurer

Arbeitsanweisung

Interpretieren Sie den Novellenanfang unter besonderer Berücksichtigung des Verhältnisses Mensch – Natur.

Hinweise und Tipps

Bei der Lösung dieser **Interpretationsaufgabe** ist es von Belang, ob Sie die Novelle im Unterricht gelesen und behandelt haben oder nicht. Der Lösungsvorschlag geht weitgehend davon aus, dass ausschließlich der abgedruckte Ausschnitt bekannt ist. Die Aufgabenstellung verlangt, **wertend** und **deutend** auf den Novellenanfang einzugehen, aber auch die besondere **Berücksichtigung des Verhältnisses Mensch – Natur**.
Der Text unterscheidet sich von manch anderer Interpretationsaufgabe darin, dass er kaum Handlung, sondern vor allem beschreibende und berichtende Elemente enthält. Der Protagonist der Novelle Friedrich Mergel wird nur einmal erwähnt. Wer die Ganzschrift nicht kennt, kann ihn weder in den Auszug noch ins Gesamtwerk einordnen und entsprechende Vorausdeutungen auf sein späteres Handeln erfassen.
Sie sollten wie bei anderen Interpretationen auch mit der **Inhaltsangabe** beginnen, die sich vor allem auf die natürliche und soziale Wirklichkeit der Menschen in einem westfälischen Dorf im 18. Jahrhundert bezieht. Dann sollten **das Dorf B. und seine Bewohner** die entscheidende Rolle einnehmen, indem deren Charaktereigenschaften als Folge einer Prägung durch die Eigentümlichkeiten der Landschaft und als Reaktion auf gesellschaftliche Zustände dargestellt werden. Sie werden die **Diskrepanz zwischen äußerem und innerem Recht** am Beispiel des Holzraubes erkennen. Die Analyse des Verhältnisses des Menschen zur Natur ergibt die Deutung, dass der **Mensch durch die Natur geformt** wird.
Vergleichend zu den Bewohners des beschriebenen Dorfes B. können Sie andere literarische Gestalten bzw. Landschaften einbeziehen, wie in dieser Musterlösung die Glasbläserfamilien jenseits des Rennsteigs aus dem Roman „Rauh ist der Kammweg" von Wally Eichhorn-Nelson oder die Bewohner von Eschbach im vorarlbergischen Teil des Rheintales in Robert Schneiders Roman „Schlafes Bruder". Der ambivalente Begriff der **Heimat** kann im letzten Teil des Aufsatzes eine Rolle spielen sowie das **Abiturrahmenthema von Christoph Martin Wieland** und die Einordnung der Schriftstellerin **Annette von Droste-Hülshoff** in die literarische Epoche des Biedermeier.
Gehen Sie an passenden Stellen auf **sprachkünstlerische Mittel** wie den auktorialen Erzähler, den hypotaktischen Satzbau, die Verwendung von Archaismen, Steigerungen, Synonymen und Akkumulationen ein.
Am Anfang und Schluss Ihres Aufsatzes können Sie den Bogen zur Gegenwart schlagen bzw. auf Droste-Hülshoffs bekannte Ballade „Der Knabe im Moor" eingehen, die wie die Novelle auf die westfälische Heimat der Dichterin hinweist.

Lösungsvorschlag

Einleitung
Motoren heulen auf, mit einem Satz springen die Crossmaschinen von der Straße in den Hohlweg und beschleunigen. Sie stürzen sich in den Wald, einen handtuchschmalen Pfad hinab, knapp an den Bäumen vorbei, auf der anderen Seite wieder hinauf abseits befestigter Forstwege. Das Röhren ist kilometerweit durch die Bäume zu hören. Was die Fahrer der Maschinen machen, ist illegal, und zwar aus gutem Grund. Nicht nur, dass die Tiere durch den Lärm erschreckt werden, auch geschützte Forstkulturen und sensible Biotope werden beschädigt oder sogar zerstört. Förster in „gebirgichten" Gebieten von heute müssen sich mit solcherart Waldfrevlern herumschlagen und haben es schwer, die Täter in flagranti zu ertappen. Sie machen die Nummernschilder unkenntlich, tragen Schutzhelme mit dunklem Visier und werden auch selten von Dorfbewohnern verraten. Die Fahrer der Crossmaschinen und Quads nennen sich selbst Sportler, in Wahrheit sind sie Rowdys. In Annette von Droste-Hülshoffs Novelle „Die Judenbuche" haben die Förster mit Holzräubern zu kämpfen, heute kämpfen sie gegen Waldfrevler auf schnellen Maschinen.

Hauptteil
Der **Anfang der Novelle**, dem im Original ein Gedicht voran gestellt ist, beschreibt aus der Sicht eines **auktorialen Erzählers** die Welt der Menschen in dem kleinen Dorf B. im „gebirgichten Westfalen" des 18. Jahrhunderts. Es liegt malerisch in einer grünen Waldschlucht im Teutoburger Wald und gehört zu einem Ländchen, das abgeschlossen von anderer Zivilisation ohne Verkehrsverbindungen existiert. Die Bevölkerung hat im Laufe der Jahrhunderte in der Waldeinsamkeit ein seltsames Gewohnheitsrecht für sich herausgebildet, offenbar besteht eine Macht- und Einflusslücke des Grund- und Landesherrn. Holz- und Wilddiebstahl sind normal und werden, wenn sie nicht überhand nehmen, nicht weiter verfolgt. Die Gerichtsbarkeit belohnt oder bestraft nach eigenem Gutdünken, wobei die Untergebenen die Urteile größtenteils hinnehmen und nur selten in „staubichten Urkunden" (Z. 18) nachlesen. Grundherr und Bevölkerung haben sich arrangiert. Weil Holz und Wild den Reichtum des Dorfes ausmachen, wird „scharf über die Forsten gewacht" (Z. 31), jedoch zunehmend ohne Erfolg und mit unlauteren Mitteln. Die dazu eingestellten Förster liefern sich mit den Frevlern einen regelrechten Kleinkrieg, wobei Letztere häufig gewinnen. Der in der Nähe verlaufende Fluss stellt sich als Vorteil für die Frevler heraus, da sie auf diesem das Holz, das an Schiffbauer verkauft werden soll, bequem abtransportieren können. Obwohl es „von Förstern wimmelt" (Z. 39), scheint es nicht möglich, die Diebstähle zu unterbinden oder zumindest einzudämmen. Die ganze Gesellschaft wirkt intolerant und desorganisiert. In diese widersprüchliche Wirklichkeit eines kleinen, abgeschiedenen westfälischen Dorfes wird 1738 Friedrich Mergel als Sohn eines Grundeigentümers geboren, über dessen weiteren Lebenslauf der Leser in dem zu interpretierenden Abschnitt nichts erfährt.

Der Autorin ist es offensichtlich wichtig gewesen, schon im Titel auf ihr Anliegen zu verweisen, ein **„Sittengemälde"** zu präsentieren. Der Titel „Die Judenbuche" wurde später vom Redakteur Hermann Hauff, in dessen „Morgenblatt für gebildete Leser" die Novelle in 16 Teilen erschien, erfunden. Ein Sittengemälde zeigt exemplarisch Verhaltensweisen und Gebräuche einer Personengruppe in einer bestimmten Zeit oder Epoche. Figuren agieren als typische Vertreter ihrer Zeit und Schicht. Droste-Hülshoffs Novelle führt den Leser in die natürliche und soziale Wirklichkeit eines westfälischen Dorfes im 18. Jahrhundert. Der **Handlungsort** sowie die nähere Umgebung werden gleich zu Beginn der Novelle variabel beschrieben, mit „Dorf B." und seiner „Lage in der grünen Waldschlucht", als „abgeschlossener Erdwinkel", „ein Fleck" mit „große[n] und ergiebige[n] Waldungen", den „Forsten", als „Gemeinde" „inmitten tiefer und stolzer Waldeinsamkeit" in „Nähe eines Flusses".

Die **Bewohner** bewegen sich im **Spannungsfeld** zwischen der „überaus malerische[n] Schönheit seiner Lage in der grünen Waldschlucht" (Z. 3 f.) und widrigen gesellschaftlichen Zuständen. Der Erzähler bewertet das umgebende Gebirge als „geschichtlich merkwürdig" (Z. 4 f.), was auf die Schlacht zwischen Römern und Germanen im Teutoburger Wald im Jahr 9 n. Chr. bezogen sein dürfte, auch Varusschlacht oder Hermannsschlacht genannt. Die Römer erlitten dort eine vernichtende Niederlage. Das **Dorf B.** selbst ist „schlecht gebaut und rauchig" (Z. 2 f.). Die wenigen Reisenden, die sich in die Waldeinsamkeit verirren, werden als weitgereiste Abenteurer bewundert. Es gibt weder Fabriken und Handel noch eine Heerstraße. Die Autorin lässt den Erzähler in **Gegensätzen** zusammenfassen, wie sich die Menschen „mit all den Mängeln und Tugenden, all der Originalität und Beschränktheit" (Z. 9 f.) im Verlauf der Zeit in solcher Abgeschiedenheit entwickelt haben, ja entwickeln mussten. Die Eigentümlichkeiten der Landschaft prägen die Charaktereigenschaften der Bewohner. Sie geben sich „höchst einfache und häufig unzulängliche Gesetze" (Z. 10 f.) und beugen mit ihrem „zweiten Recht" (Z. 13), dem „Recht der öffentlichen Meinung, der Gewohnheit und der durch Vernachlässigung entstandenen Verjährung" (Z. 13 f.) offizielle Gesetze. Jedes Gesetz wird spätestens dann außer Kraft gesetzt, wenn es um den eigenen Nutzen geht. Solange die Verurteilten die Rechtsprechung mit ihrem „etwas weiten Gewissen" (Z. 17) vereinbaren können, stoßen sie sich nicht daran.

An dieser Stelle (Z. 18) wird die Schilderung der dörflichen Realität unterbrochen und der auktoriale Erzähler verfällt in die Rolle eines **Chronisten**, der sich erlaubt, über die Zeit im Rückblick zu urteilen. Diese sei „seit ihrem Verschwinden entweder hochmütig getadelt oder albern gelobt worden" (Z. 19 f.). Man könne nicht unvoreingenommen urteilen, da der, der sie erlebt hat, „teure Erinnerungen" (Z. 20) daran hege, und der, der sie nicht erlebt hat, sie nicht verstehe. Dennoch versucht sich der Erzähler in einer Wertung, indem er **akkumulativ** konstatiert, die Form sei schwächer, der Kern fester, Vergehen häufiger, Gewissenlosigkeit seltener gewesen (vgl. Z. 22 f.). Mit erhobenem Zeigefinger belehrt er den Leser darüber, dass wer mit Überzeugung handele, nie ganz zugrunde gehen könne. Mit seiner Feststellung, nichts wirke seelentötender als das äußere Recht gegen das innere Rechtsgefühl in Anspruch zu nehmen (vgl. Z. 24 f.), bezieht er sich vermutlich direkt auf die Waldfrevler. Diese nehmen sich das Gewohnheitsrecht heraus, das sich im Laufe der Jahre herausgebildet hat, nämlich Holz und Wild zu stehlen. Es sei dahin gestellt, ob sich in deren Inneren tatsächlich ein Rechtsgefühl meldet.

Die Erzählerfigur zeichnet sich dadurch aus, einerseits die Rolle des strengen Chronisten einzunehmen, andererseits die Ausschnitthaftigkeit, die Subjektivität des Geschilderten zu betonen, indem sie z. B. zugibt, dass es schwer sei, „jene Zeit unparteiisch ins Auge zu fassen" (Z. 19). Die Formulierung „[s]oviel darf man indessen behaupten" (Z. 21) lässt darauf schließen, dass der Erzähler selbst nicht alles weiß und deshalb vorsichtig ist in seinem Urteil. Der Erzähler bedient sich **hypotaktischer Satzkonstruktionen**, denen der Leser durch ihre Weitschweifigkeit zum Teil nicht leicht folgen kann. Sie enthalten Häufungen von Synonymen und Akkumulationen sowie Steigerungen und Archaismen, wie „gebirgicht", „Halbmeier", „staubicht" und „Scharmützeln".

Im nächsten Textabschnitt ist von dem schon im ersten Absatz erwähnten „**Menschenschlag**" die Rede, der vergleichsweise „unruhiger und unternehmender als alle seine Nachbarn" (Z. 26) und somit auf seine Weise besonders sei, nämlich besonders wagemutig und aktiv. Die Waldfrevler liefern sich mit den Förstern einen Kleinkrieg, aus dem in den meisten Fällen die Frevler siegreich hervorgehen. Sie stehlen das Holz und transportieren es über den nahe gelegenen Fluss ab. Die Förster wenden indessen die gleichen Mittel wie die Verbrecher an und versuchen, mit „Gewalt und List" (Z. 32) die Lage in den Griff zu bekommen, jedoch ohne Erfolg. Die Situation ist ein Beispiel dafür, wie sich, wenn einer Ungesetzlichkeit nicht sofort mit allen rechtlich zur Verfügung stehenden Mitteln strikt Einhalt geboten wird, eine Gruppe von Menschen gegenüber einer anderen **Vorteile** verschafft und auch noch auf ihr **Gewohnheitsrecht** pocht. Dieses „zweite Recht", das sich allmählich herausgebildet hat, zählt für die Leute mehr als das offizielle Recht, das gar nicht mehr alle kennen. Die Gutsbesitzer, denen die niedere Gerichtsbarkeit zusteht, die aber keine Berufsrichter sind, urteilen nach nicht nachvollziehbaren Kriterien. Sie haben eine **Diskrepanz zwischen äußerem und innerem Recht** entstehen lassen. Es ist nur vage ausgeführt, wie es dazu gekommen ist. Der Erzähler erwähnt „höchst einfache und häufig unzulängliche Gesetze" (Z. 10 f.), die das Rechtsempfinden der Einwohner in Verwirrung gebracht hätten. Auch ist von Gewohnheit und Verjährung die Rede, woraus zu schließen ist, dass die Gutsbesitzer ihre Pflichten in der Gerichtsbarkeit jahrelang nicht ernst genommen haben. Schlendrian ist eingezogen. Ein Beweggrund für die Rechtsbeugung könnte auch persönlicher Vorteil gewesen sein nach dem Motto „eine Hand wäscht die andere". Dadurch entsteht schnell eine Cliquenwirtschaft, der man nur durch Offenlegen aller Vorgänge wieder entkäme, was jedoch in den seltensten Fällen passiert. Zu nachteilig für alle Seiten wären die Folgen. Beispiele dafür gibt es auch in der Gegenwart, wenn z. B. im Ministerium neue lukrative Stellen für Parteifreunde geschaffen oder die Ehefrauen der Politiker aus der Staatskasse bezahlt werden.

Die **Bewohner** des Dorfes B. werden in einer Häufung von **Superlativen**, jedoch widersprüchlich charakterisiert. Einerseits gilt „[d]as Dorf B. […] für die hochmütigste, schlauste und kühnste Gemeinde des ganzen Fürstentums" (Z. 34 f.). Die Bewohner seien mit Tugenden ausgestattet und originell. Andererseits werden sie als starrsinnig, mangelhaft und beschränkt dargestellt. Vor allem wird betont, dass sie so geworden seien durch die Zustände sowie durch die Lage „inmitten tiefer und stolzer Waldeinsamkeit" (Z. 35). Der Menschenschlag hat sich demnach sowohl als Folge einer **Prägung durch die Eigentümlichkeiten der Landschaft** als auch als **Reaktion auf gesellschaftliche Zustände** herausgebildet. Das geschlossene Auftreten der Dorfgemeinschaft übt Druck auf den aus dem Rahmen Fallenden aus und fördert Außenseitertum. Geborgen kann sich in diesem sozialen Umfeld nur derjenige fühlen, der sich der Gemeinschaft anschließt und somit der Mehrheit anpasst.

Die Isolation einer ganzen Gruppe mag im 18. Jahrhundert leichter als heute möglich gewesen sein, da die Menschen nicht mobil waren, fast ihr gesamtes Leben nicht aus dem Dorf, in dem sie geboren worden sind, herauskamen, kaum andere Kulturen kennen lernten oder mit anderen Auffassungen als ihren eigenen konfrontiert wurden. Durch die Enge und Beschränktheit kann eine Öffnung nach Außen oder der Anschluss an die moderne industrielle und wirtschaftliche Entwicklung nicht stattfinden. Es ist kein Wunder, dass Leute, die dreißig Meilen gereist sind, mit Ulysses, also Odysseus, **hyperbolisch verglichen** werden (vgl. Z. 7 f.). Gerade im Gebirge verschärfte sich die Situation, wie auch der Erzähler betont, denn das Dorf B. stellt einen „abgeschlossenen Erdwinkel ohne Fabriken und Handel, ohne Heerstraßen" (Z. 6 f.) dar. Als Beispiel könnte man genauso gut Dörfer im damaligen Thüringer Wald nennen, wo sich die Bewohner von mühsamer Heimarbeit ernährt haben. Einen beeindruckenden Einblick in das Leben einer Familie im Thüringer Schiefergebirge gibt **Wally Eichhorn-Nelson**, die fast genau hundert Jahre nach Droste-Hülshoff geboren wurde, in ihrem Buch „Rauh ist der Kammweg – Eine Geschichte derer vom Rennsteig". Die Familie lebt in sozialer Not von der Herstellung von Christbaumschmuck. Alle, auch die kleinsten Kinder, haben Pflichten zu erfüllen, um die Familie über Wasser zu halten. Die Mutter stirbt und hinterlässt einen Mann und sieben Kinder. Er muss schnell wieder heiraten, ohne Rücksicht darauf, ob die Stiefmutter gut zu seinen Kindern ist. Die Leute leben ebenso wie die aus dem Dorf B. abgeschottet im Wald und kommen nur in die nächste Stadt, um ihre Produkte, die Glaskugeln, beim Großhändler für wenig Erlös abzuliefern. Die Glasbläser sind ein Menschenschlag mit besonderen Eigenheiten, der sich so nur in der Thüringer Waldeinsamkeit unter harten Entbehrungen in Ausübung des Berufes herausbilden konnte.

Der Mensch wird durch die Natur geformt. Das wäre jedoch zu einseitig gedacht. Vielmehr besteht **zwischen Landschaft und Menschen** eine **gegenseitige Abhängigkeit**. Landschaften werden einerseits durch natürliche Gegebenheiten wie Boden, Wasser, Relief, Geologie, Klima, Pflanzen und Tiere bestimmt, andererseits durch die menschliche Tätigkeit. Der Mensch ist Teil der Natur und wird von dieser maßgeblich geprägt. Naturbedingtheit spiegelt sich z. B.

in der Entstehung von Bauweisen, Dialekten, Mentalitäten und Sitten wider. Änderungen im Landschaftsgefüge haben Auswirkungen auf den Menschen und umgekehrt wirken gesellschaftliche Veränderungen auf die Ausbildung des Ökosystems. Der Mensch muss in Einklang mit der Natur handeln, um sein Überleben zu sichern. Dies bedingt im gebirgichten Westfalen ein anderes Handeln als im Thüringer Wald.

Ein weiteres literarisches Beispiel dafür, wie sich Umwelt auf Menschen auswirkt, ist das Schicksal von Johannes Elias Alder aus dem Roman „Schlafes Bruder" von **Robert Schneider**. Elias wird in ein von Inzucht und Doppelmoral geprägtes ländliches Milieu eines österreichischen Bergdorfs im 19. Jahrhunderts hineingeboren. Sein musikalisches Genie verschafft dem Protagonisten zwar hohes Ansehen, er bleibt jedoch aufgrund seiner Andersartigkeit ein Sonderling. Das Milieu im vorarlbergischen Teil des Rheintales wird anschaulich geschildert und der Leser kann das Handeln der Figuren, die arm und ungebildet sind, gut nachvollziehen. Wie die Bewohner des Dorfes B. bei Droste-Hülshoff gehen sie ihrem Tagwerk nach und verstricken sich in Widersprüche. Die Abgeschiedenheit von Eschberg, dem Handlungsort bei Schneider, entspricht der des Dorfes B. bei Droste-Hülshoff.

Sowohl den Bewohnern des Dorfes B., den Glasbläserfamilien im thüringischen Schiefergebirge oder den Alders und Lamparters in Eschberg ist ihre Gegend, in der sie aufgewachsen sind, **Heimat**. Die Protagonisten erfahren dort Sicherheit und Verlässlichkeit ihres Daseins. Das ist für sie eine verständliche und durchschaubare Welt, in der sinnvolles Handeln möglich ist. In der Heimat, im Gegensatz zur Fremde, bildet sich, indem man sich mit ihr auseinander setzt, sowohl eine Ich-Identität als auch eine Gruppenidentität. Nur da, wo sie aufgewachsen sind und ihre frühesten Sozialisationserlebnisse hatten, prägen sich Identität, Charakter, Mentalität, Einstellungen und Weltauffassungen. Die Heimat als vertraute Lebenswelt ist einerseits der Sicherheit bietende Rahmen, andererseits aber auch ein kleines Gefängnis, wenn man nie etwas anderes sieht und erfährt, sprichwörtlich nie über den eigenen Tellerrand geschaut hat. Die genannten Protagonisten sind allesamt „heimatgeschädigt", ihnen fehlt die Komponente der Fremde, um weltgewandt zu sein oder zu werden. Aus fremder, veränderter Perspektive könnte manche Situation plötzlich überschaubarer und einfacher lösbar erscheinen.

Das **Abiturrahmenthema** in diesem Jahr stammt von **Christoph Martin Wieland** und lautet: „… wen anders als die Natur können wir fragen, um zu wissen, wie wir leben sollen, um wohl zu leben?" Die Beantwortung dieser Frage könnte sich im Fall der Bewohner des Dorfes B. bei Droste-Hülshoff als ergiebig herauszustellen. Sie sind fest in ihrem Landstrich „in der grünen Waldschlucht" (Z. 4) verwurzelt und zunächst Leute wie viele andere auch, mit guten und schlechten Seiten oder – mit den Worten des Erzählers der Novelle – mit „Mängeln und Tugenden", „mit Originalität und Beschränktheit" (Z. 9 f.). Ausgehend vom Wechselverhältnis zwischen ihnen und der sie umgebenden Natur haben sie aber im Laufe der Zeit ein **verwirrtes Verhältnis zu Recht und Unrecht** herausgebildet, das ständig Unfrieden stiftet. Die Richter richten nach „redlicher Einsicht" (Z. 16) anstatt nach Paragraphen und die Untergebenen tun, was sie mit ihrem Gewissen vereinbaren können. Prinzip scheint es zu sein, nach seiner Überzeugung zu handeln, woran auch immer diese sich orientiert. Es mag sein, dass es in bestimmten Fällen besser ist, sich nach dem gesunden Menschenverstand zu richten, aber im Gefüge eines Dorfes führt dies zu Willkür. Das Leben im Dorf ist geprägt von Ungesetzlichkeiten, wie dem allgegenwärtigen Jagd- und Waldfrevel. Der wird zwar bekämpft, jedoch mit Gewalt und letzten Endes halbherzig, weil genügend Leute davon zu profitieren scheinen. Man kann also nicht sagen, dass die Menschen ein moralisches Leben führen. Sie haben sich von Recht und Ordnung weitgehend abgewendet, was nicht im Sinne eines harmonischen dörflichen Zusammenlebens sein kann. Der Schriftsteller der Aufklärung Wieland würde an ihre menschliche Natur appellieren, weil ein Wohlleben so nicht möglich ist. Die Leute müssten ihren natürlichen Sinn für Recht und Unrecht neu justieren.

Annette von Droste-Hülshoff gilt als eine der bedeutendsten deutschen Schriftstellerinnen und sie ist eine der wenigen Frauen, deren Porträt einen deutschen Geldschein zierte. Das „gebirgichte Westfalen“ konnte sie so gut beschreiben, weil das ihre Heimat war. Sie kämpfte ein Leben lang still gegen die Erwartungen ihres Standes und ihrer Familie, die ihr dichterisches Werk nicht anerkannten. Fast ein bisschen sensationell für jene Zeit war ihre Beziehung zu dem 17 Jahre jüngeren Levin Schücking, der sie zu hohen künstlerischen Leistungen anspornte. Jene Zeit, das war der **Biedermeier**, deren Autoren versuchten, der gespannten politischen Realität eine milde poetische Welt mit dem Ziel der Harmonisierung entgegenzusetzen. Annette von Droste-Hülshoff entsprach in ihren Werken nur zum Teil der Tendenz, genügsame Selbstbescheidung, den inneren Frieden und das kleine Glück darzustellen. Sie hat sich zwar nie aktiv gegen die ihr auferlegten Grenzen als Frau aufgelehnt, setzte jedoch dem nutzlosen Sehnen nach einer romantischen heilen Welt ihre Kunst entgegen, die im Hier und Jetzt ihrer Zeit spielt und sich mit den konkreten Alltäglichkeiten beschäftigt.

Schluss

Es gibt wohl kaum eine Schülergeneration, die nicht Annette von Droste-Hülshoffs bekannteste **Ballade** „Der Knabe im Moor“ behandelt hat. Der Heimweg eines Jungen führt durchs Moor, das in poetischen Sprachbildern personifiziert wird. Unterwegs glaubt er, dämonischen Gestalten, wie dem Gräberknecht, dem Fiedler Knauf, der Spinnlenor oder der verdammten Margret zu begegnen – abergläubische Gestalten aus der westfälischen Heimat der Dichterin, die dazu herhalten mussten, den Kindern Angst einzujagen. Neben dieser Angst fühlt der Junge, der eine Fibel fest umklammert, jedoch auch Neugier und Spannung. Sein Weg gerät zum Abenteuer. Der Leser kann sich gut vorstellen, wie dem Protagonisten das Herz klopft und ihm trotz Gefahr ein wohliger Schauer über den Rücken fährt. Der Junge könnte im Dorf B. inmitten tiefer und stolzer Waldeinsamkeit im gebirgichten Westfalen beheimatet sein. Er hat den Glauben an das Magische noch nicht verloren.

Deutsch (Thüringen): Abiturprüfung 2013
Aufgabe 4: Interpretation eines dramatischen Textes

Johann Wolfgang von Goethe (1749–1832)

Faust. Der Tragödie zweiter Teil (Fünfter Akt, Offene Gegend)

Faust hat vom Kaiser für seine erfolgreichen Kriegsdienste ein Stück Land in der unmittelbaren Nachbarschaft des alten Ehepaares Philemon und Baucis erhalten. Er expandiert durch künstliche Landgewinnung und Besiedlung.

WANDERER

Ja! sie sinds die dunkeln Linden,
Dort, in ihres Alters Kraft.
Und ich soll sie wieder finden,
Nach so langer Wanderschaft!
Ist es doch die alte Stelle,
Jene Hütte, die mich barg,
Als die sturmerregte Welle
Mich an jene Dünen warf!
Meine Wirte möcht' ich segnen,
Hülfsbereit, ein wackres Paar,
Das, um heut mir zu begegnen
Alt schon jener Tage war.
Ach! das waren fromme Leute!
Poch ich? ruf ich? – Seid gegrüßt!
Wenn, gastfreundlich, auch noch heute
Ihr des Wohltuns Glück genießt.

BAUCIS. *Mütterchen, sehr alt*

Lieber Kömmling! Leise! Leise!
Ruhe! laß den Gatten ruhn!
Langer Schlaf verleiht dem Greise
Kurzen Wachens rasches Tun.

WANDERER

Sage Mutter bist Dus eben,
Meinen Dank noch zu empfahn,
Was Du für des Jünglings Leben
Mit dem Gatten einst getan?
Bist Du Baucis, die, geschäftig,
Halberstorbnen Mund erquickt?

Der GATTE *tritt auf*

Du Philemon, der, so kräftig,
Meinen Schatz der Flut entrückt?
Eure Flammen raschen Feuers,
Eures Glöckchens Silberlaut,
Jenes grausen Abenteuers
Lösung war Euch anvertraut.

Und nun laßt hervor mich treten,
Schaun das grenzenlose Meer;
Laßt mich knien, laßt mich beten,
Mich bedrängt die Brust so sehr.

Er schreitet vorwärts auf der Düne.

PHILEMON *zu* BAUCIS

Eile nur den Tisch zu decken,
Wo's im Gärtchen munter blüht.
Laß ihn rennen, ihn erschrecken,
Denn er glaubt nicht was er sieht.

neben dem Wandrer stehend

Das Euch grimmig mißgehandelt,
Wog' auf Woge, schäumend wild,
Seht als Garten Ihr behandelt,
Seht ein paradiesisch Bild.
Älter, war ich nicht zu Handen,
Hülfreich nicht wie sonst bereit,
Und, wie meine Kräfte schwanden,
War auch schon die Woge weit.
Kluger Herren kühne Knechte
Gruben Gräben, dämmten ein,
Schmälerten des Meeres Rechte
Herrn an seiner Statt zu sein.
Schaue grünend Wies' an Wiese
Anger, Garten, Dorf und Wald. –
Komm nun aber und genieße
Denn die Sonne scheidet bald. –
Dort im Fernsten ziehen Segel!
Suchen nächtlich sichern Port.
Kennen doch ihr Nest die Vögel,
Denn jetzt ist der Hafen dort.
So erblickst du in der Weite
Erst des Meeres blauen Saum,
Rechts und links, in aller Breite,
Dichtgedrängt bewohnten Raum.

Am Tische zu drei, im Gärtchen.

BAUCIS

Bleibst du stumm? und keinen Bissen
Bringst du zum verlechzten Mund?

PHILEMON

Möcht er doch vom Wunder wissen,
Sprichst so gerne, tu's ihm kund.

BAUCIS

Wohl! ein Wunder ists gewesen!
Läßt mich heute nicht in Ruh;
Denn es ging das ganze Wesen
Nicht mit rechten Dingen zu.

PHILEMON

Kann der Kaiser sich versündgen
Der das Ufer ihm verliehn?
Tät's ein Herold nicht verkündgen
Schmetternd im Vorüberziehn?
Nicht entfernt von unsern Dünen
War der erste Fuß gefaßt,
Zelte! Hütten! – Doch, im Grünen,
Richtet bald sich ein Palast.

BAUCIS
Tags umsonst die Knechte lärmten,
Hack und Schaufel, Schlag um Schlag,
Wo die Flämmchen nächtig schwärmten
Stand ein Damm den andern Tag.
Menschenopfer mußten bluten,
Nachts erscholl des Jammers Qual,
Meerab flossen Feuergluten,
Morgens war es ein Kanal.
Gottlos ist er, ihn gelüstet
Unsre Hütte, unser Hain;
Wie er sich als Nachbar brüstet
Soll man untertänig sein.
PHILEMON
Hat er uns doch angeboten
Schönes Gut im neuen Land!
BAUCIS
Traue nicht den Wasserboten,
Halt auf Deiner Höhe Stand.
PHILEMON
Laßt uns zur Kapelle treten!
Letzten Sonnenblick zu schaun.
Laßt uns läuten, knien, beten!
Und dem alten Gott vertraun.
[…]

Goethe, Johann Wolfgang: Faust. Der Tragödie zweiter Teil.
In: Schöne, Albrecht (Hrsg.): Johann Wolfgang Goethe.
Faust. Texte. Frankfurt/M. 1999, V. 11042–11142.

Arbeitsanweisung

Interpretieren Sie die Szene und setzen Sie sich mit der Intention auseinander.

Hinweise und Tipps

Voraussetzungen
Aus dem Literaturunterricht ist Ihnen zumindest der erste Teil von Goethes „**Faust**“ bekannt. Sie kennen die Figur des Gelehrten mit all ihren Konflikten, Bestrebungen, Ängsten und Hoffnungen. Selbst wenn Sie den zweiten Teil der Tragödie nicht oder nur auszugsweise kennen, wird Ihnen die Einordnung der vorliegenden Szene in den Handlungszusammenhang gelingen. Die Kenntnis der Sage um Philemon und Baucis ist für die Interpretation der Szene nicht zwingend erforderlich.

Erläuterung der Aufgabenstellung
Die Aufgabe verlangt die **Interpretation des Dramenauszugs** sowie die **Auseinandersetzung mit der Intention**. Da in der Aufgabenstellung nicht explizit angeführt wird, mit wessen Absicht Sie sich auseinandersetzen sollen, bleibt es Ihnen überlassen, ob Sie sich auf den Verfasser oder eine seiner Figuren beziehen. Dieser Teil der Aufgabe kann allerdings als eine Art Ergänzung zum Interpretationsteil aufgefasst/gestaltet werden und sollte einen dementsprechenden Umfang nicht überschreiten. Es empfiehlt sich, die Szene wenigstens grob in den Handlungsverlauf einzuordnen. Fausts Entwicklung sowie seinen Charakter sollten Sie bei der Lösung der Aufgabe berücksichtigen. Auf grundlegende Ausführungen zur Struktur des Dramas kann weitgehend verzichtet werden. Auch auf die sprachkünstlerische Gestaltung der Szene sollte nur am Rande eingegangen werden, damit Ihnen ausreichend Gelegenheit zur **deutenden Erschließung des Textes**, die der Operator „Interpretieren Sie“ verlangt, bleibt. Die Interpretation kann sich am Gesprächsverlauf orientieren, sollte aber immer wieder auch Ihre Kenntnis des bisherigen Geschehens (Teil I) erkennen lassen. Die Redeanteile der Figuren sind ebenso zu berücksichtigen wie die Art und Weise, wie die Gesprächspartner miteinander umgehen. Die Haltungen der Figuren sollten nicht nur dargestellt und erläutert, sondern auch gewertet werden. Zur Untermauerung Ihrer Ansichten sind Textzitate geschickt in Ihre Darlegungen einzufügen.

Lösungsvorschlag

„**Wir sehn die kleine, dann die große Welt.**“ (Studierzimmer, V. 2 053) – Das war und ist Mephistos Programm für Faust, mit dem er dem HERRN beweisen wollte, hinsichtlich der negativen Einschätzung der Menschen im Allgemeinen und Fausts im Besonderen recht zu haben. Nachdem Faust im ersten Teil seines „neuen Lebens“ an Mephistos Seite „die kleine Welt“ sowohl im räumlichen Sinn als auch bezüglich der Gesellschaftsschicht des Bürgertums, in der er sich bewegte, erlebt hatte, ist er nun nicht nur in die weite Welt hinausgegangen, sondern bewegt sich auch in höheren gesellschaftlichen Kreisen. **Faust** ist als **Unternehmer** erfolgreich, er verfolgt das Ziel, aus dem Meer Land zu gewinnen, um, wie in der „Vision“ (Großer Vorhof des Palastes, V. 11 559–11 587) später ausgedrückt, Lebensraum für viele Menschen zu schaffen, damit diese dort „tätig frei“ leben könnten. Das Land wird dem Meer regelrecht abgerungen, dabei geht Faust nicht zimperlich vor, wie der Tod der beiden Alten, Philemon und Baucis, beweist. Dieses Paar hatte sein Land nicht an Faust verkauft, so dass es Fausts Plänen hinderlich im Wege stand. Faust hatte vor, den schönen Platz für sich zum Ausruhen, Schauen, Erholen und zum Genießen seines Werkes zu nutzen. („Zu überschaun mit einem Blick des Menschengeistes Meisterstück“ (Palast, V. 11 248–49). Mephisto, der von Faust mit der Sache beauftragt worden war, löste das Problem auf seine Weise: das Häuschen des betagten Paares ging in Flammen auf. Bei dem Brand kamen sowohl Philemon und Baucis als auch der Wanderer ums Leben. Die vorliegende Szene steht vor dem oben beschriebenen Geschehen, der Besuch des Wanderers bei den beiden Alten ist ihr Ausgangspunkt.

Die Szene beginnt mit einem längeren Redeanteil des **Wanderers**. Monologisch äußert er seine Freude und innere Bewegung darüber, die Gegend wiedererkannt zu haben, in der er vor vielen Jahren einmal war. Der Zuschauer erfährt die Vorgeschichte des Wanderers: Dieser hatte in einem Sturm Schiffbruch erlitten, war an diese Küste angespült und von einem „hülfsbereit[en], wackren Paar" (V. 11) gerettet und versorgt worden. Er hofft auf ein Wiedersehen mit diesen beiden Menschen, die zum Zeitpunkt seiner Rettung bereits alt gewesen waren. Da er zweifelt, ob das Paar überhaupt noch lebt, zögert er kurz, bevor er schließlich doch anklopft.

Baucis, die ihm öffnet, bittet ihn um ruhiges Verhalten mit Rücksicht auf ihren greisen, ausruhenden Mann. Die **Freude des Wanderers über das Wiedersehen** ist groß, staunend fragt er nach: „Bist du Baucis …?" (V. 28) und erinnert sie an ihre lebensrettende Gastfreundschaft von damals. Auch **Philemon**, der dazukommt, wird vom Wanderer erkannt. Die gute Tat der Alten zur Rettung des Wanderers aus dessen schlimmer, grausiger Lage würdigt der damals Gerettete ausdrücklich. Gerührt, von der Erinnerung ergriffen, möchte der Wanderer an dieser Stelle beten und nicht nur für seine Errettung danken, sondern auch dafür, dass die Retter von damals noch am Leben sind. Während er also auf der Düne zum Ufer des Meeres vorwärts geht, fordert Philemon seine Frau auf, alles für die **Bewirtung des Gastes vorzubereiten**. Sie möge eilends den Tisch dort decken, „Wo's im Gärtchen munter blüht." (V. 44), denn er weiß, dass der Wanderer gleich sehr verwundert sein wird. Mit seinen Worten „Laß ihn rennen […] denn er glaubt nicht was er sieht" (V. 45 f.) nimmt Philemon die **Veränderung der Landschaft** und den Schrecken des Wanderers beim Anblick, der ihn gleich erwartet, voraus. Wie um dem Wanderer wieder beizustehen, geht er zu ihm hin und beschreibt diesem die umgestaltete Landschaft: **statt des wilden Meeres** bietet sich dem Gast der Anblick eines **paradiesischen Gartens**. Der alte Mann scheint von **Fausts Arbeit** – denn niemand anders als dieser ist für die Umgestaltung der Landschaft verantwortlich – angetan, denn er erklärt dem Gast mit etwas Wehmut, wegen seines fortgeschrittenen Alters nicht wie sonst zum Mittun in der Lage gewesen zu sein. Aber er würdigt die Idee Fausts als klug und nutzbringend und weist stolz auf das **begrünte und besiedelte Neuland** hin. Nach einer kleinen Pause bittet er den Gast zu Tisch. Seine Beobachtung eines Schiffes, das in der Ferne vorüberzieht, teilt er den Tischgenossen mit. Anders als das damals in Seenot geratene Schiff des Wanderers wird dieses seinen sicheren Hafen finden, auch – oder gerade weil – wenn dieser verlegt worden ist. Philemon beschließt seine Rede mit dem nochmaligen Hinweis auf die gelungene Veränderung: Erst in der Ferne kann man heute „des Meeres blauen Saum" (V. 69) erblicken, und dort, wo es einmal war, haben inzwischen viele Menschen einen neuen Lebensraum gefunden.

Baucis ist verwundert und erstaunt über die Sprach- und Appetitlosigkeit ihre Gastes, der trotz seines Hungers offensichtlich keinen Bissen herunterbekommen kann. Ihr Mann glaubt, die Ursache dafür zu kennen („Möcht er doch vom Wunder wissen", V. 77), und versteht des Wanderers Starre als Ausdruck einer tiefen Ergriffenheit. Weil er weiß, dass seine Frau gern von den Ereignissen erzählt, fordert er sie dazu auf. Baucis bestätigt das „**Wunder**", hat aber eine bedeutsame Einschränkung zu machen. Es wäre „**Nicht mit rechten Dingen**" (V. 83) **zugegangen**, und das lasse sie bis heute nicht in Ruhe.

Philemon unterbricht seine Frau und rechtfertigt die Landvergabe des Kaisers an Faust. Dabei wird Fausts Name nicht genannt – wie in der gesamten Szene wird Faust nur als „er" bezeichnet. **Philemons** Beschreibung der Inbesitznahme des Landes durch den neuen Eigentümer, Faust, ist die **Begeisterung** darüber und über den Bau des Palastes anzumerken. Aber **Baucis** ergreift wieder das Wort und erklärt dem Wanderer ihre Sicht: Während sich tagsüber die Arbeiter vergeblich bemüht hätten und keinerlei Arbeitsfortschritt zu erkennen gewesen wäre, hätten nachts unzählige Flämmchen geflackert – am Tag darauf hätte aber ein fertiger Damm gestanden. Überhaupt sei nachts **Unheimliches** geschehen: Menschen hätten sich gequält, „Nachts erscholl des Jammers Qual" (V. 99), und wo „Feuergluten" (V. 100) dem Meer zugeflossen seien, wäre am Morgen darauf ein fertiger Kanal gewesen. Gewissermaßen als **Fazit** formuliert sie ihren Eindruck von dem, der das alles zu verantworten hat: „**Gottlos ist er**"

(V. 102). Damit erinnert sie den Zuschauer nicht nur an Margaretes ganz ähnliches Urteil über Faust: „… du hast kein Christentum.“ (Marthens Garten, V. 3 468), sondern bestätigt auch Fausts eigene Weltanschauung. Baucis hat einen weiteren Grund, Faust zu misstrauen: Dieser will die Hütte und das Stückchen Land, das die beiden Alten besitzen, für sich haben, tritt als künftiger Nachbar überheblich auf und fordert Ergebenheit. Trotz Philemons Einwand, Faust habe ihnen doch ein großzügiges Angebot unterbreitet, indem er ihnen ein „Schönes Gut im neuen Land“ (V. 108) angeboten habe, steht seine Frau zu ihrem Misstrauen und warnt: Bleibe bei deinesgleichen, orientiere dich nicht an den Herren. Sie betrachtet das Projekt der Landgewinnung skeptisch, denn sie spürt, dass bei Fausts Unternehmung Magie im Spiel sein muss. Als Einzige der drei Anwesenden fühlt sie die **Gefahr, die von Fausts Aktion ausgeht**.

Auffällig ist, dass der **Wanderer** sich gar nicht mehr äußert. Er hört sich das Gespräch des Ehepaares **kommentarlos** an. Wahrscheinlich erinnert er sich an seine eigene Rettung und ist gerührt, die beiden Alten gesund wiederzusehen. Ihre Probleme scheinen ihn nicht weiter zu berühren, denn er unternimmt weder einen Versuch, ihnen zu helfen, noch beschwichtigt er Baucis' Skepsis.

Die Schlussworte gehören Philemon. Er fordert seine Frau und den Wanderer auf, mit ihm gemeinsam zur Kapelle zu gehen, um dort zu beten. Er hofft wohl, dass im Betrachten des Sonnenuntergangs, in den Ritualen, die zum Beten gehören, auch die beiden anderen zur Ruhe kommen werden. Das tiefe **Gottvertrauen Philemons** wird ihm allerdings nichts nützen, denn Mephisto, dem Faust bei der Lösung des Problems freie Hand gelassen hat, hat längst die Vernichtung dieser Idylle beschlossen.

Betrachtet man die **Redeanteile** jeder Figur, fällt auf, dass **Philemon** die Rolle des Wortführers zukommt. Er ist auch derjenige, den die Umgestaltung der Landschaft nicht stört, sondern **begeistert**. Er kann in der von Faust durchgeführten Landgewinnung nur Positives sehen.

Baucis redet am wenigsten, aber am interessantesten, am meisten überlegt. Ihr kommt es zu, das Wesentlichste, das Bedeutsamste zu sagen. Ist sie zu Beginn der Szene um andere besorgt – um die Ruhe ihres Gatten und das Wohl des Gastes – lässt sie sich nicht zweimal auffordern, vom „Wunder“ zu erzählen. Das tut sie nicht nur ausführlich, sondern auch unbeirrt kritisch. Es ist unschwer zu erkennen, dass sich Baucis ihrer Beobachtungsgabe und ihrer Menschenkenntnis sicher ist. Ihre Lebenserfahrung lässt, anders als bei ihrem Mann, nicht zu, ihre **gesunde Skepsis** aufzugeben. Sie also warnt vor Faust und dessen Absichten, und der Fortgang der Handlung wird zeigen, dass ihr Misstrauen durchaus begründet war.

Die Redeanteile des **Wanderers** stehen am Anfang der Szene. Er ist von der Ankunft an diesem für ihn bedeutsamen Ort beeindruckt. Seine **Ergriffenheit** steigert sich noch, als er in Philemon und Baucis seine zwar betagten, aber rüstigen Retter erkennt, die ihm überdies ein herzliches Willkommen bereiten. Ihre Gedanken hört er sich zwar an, lässt aber nicht erkennen, ob/dass er an ihrem Schicksal Anteil nimmt.

Die als angenehm empfundene **Sprache der Szene entspricht der Idylle**, die der Wanderer vorfindet: eine friedliche Landschaft, die das Gefährliche ausschließt, die warme Gastfreundschaft der Hausherren und die Freude über das gesunde Wiedersehen von Rettern und Geretteten. Das gleichmäßige Metrum, ein vierhebiger Trochäus, und der Kreuzreim mit alternierenden Kadenzen unterstreichen diesen Eindruck und werden auch nicht aufgehoben, wenn Baucis ihre Bedenken/Warnungen formuliert.

Die Szene ist eher **arm an Handlung**, die wichtigen Dinge passieren im **Gespräch**. Dieses strebt konsequent seinem Höhepunkt zu, welcher in Baucis' kritischen Ausführungen zu Faust und zu dessen Vorgehensweise zu sehen ist. Der Höhepunkt ist überschritten, wenn Philemon, wohl auch in der Absicht zu beschwichtigen, zum Eintreten in die Kapelle einlädt.

In der Szene immer präsent, obwohl nie in persona, ist **Faust**. Es wird nicht mit ihm, sondern nur über ihn gesprochen. Sein Name wird dabei nie genannt, aber der Zuschauer weiß, wer sich hinter dem als rücksichtslos und überheblich beschriebenen künftigen Nachbarn des Paares verbirgt. Faust ist alt, am Ende seines Lebens angelangt. Es bleibt ihm nicht mehr viel Zeit, seine Pläne umzusetzen, auch deshalb muss er seine Arbeiter zur Eile antreiben, sie schinden. Die Weigerung der Besitzer des von ihm begehrten Stückchens Land ärgert ihn, verdirbt ihm den Genuss seines Werkes. Den **Bezug zur Realität** hat Faust **längst verloren**. Er überlässt Mephisto nicht nur die Leitung des Baues, sondern auch die Lösung des Problems. Sogar als Mephisto ihm davon berichtet, dass bei der gewaltsamen Betreibung der Umsiedlung der beiden Alten diese sowie ein Gast (der Wanderer) ums Leben kamen, ist Faust nicht sonderlich betroffen. Zwar weist er Mephisto scharf zurecht, verflucht „den wilden Streich" (Mitternacht, V. 113 702) und verzichtet auf das Land, akzeptiert aber die Tat doch. Erst in der Begegnung mit der Sorge wird Faust der Magie endgültig abschwören und ein kritisches Fazit seines Lebens ziehen.

Mit dieser Szene werden **gegensätzliche Interessen** und **konträre moralische Auffassungen** deutlich. Auf der einen Seite steht **Faust** mit seinem ausgeprägten Expansionsstreben. Die vehement betriebene Landgewinnung soll nicht nur den Menschen dienen, die dort neuen Siedlungsraum finden werden. Faust verfolgt auch ganz persönliche Interessen, denn er will mit diesem Projekt endgültig seine Größe beweisen, sich quasi ein Denkmal setzen. Dabei geht er egoistisch und skrupellos vor. Die bewusste und zielgerichtete **Veränderung der Natur** durch den Menschen sieht Faust als **Sieg des strebenden, selbstbewussten und tüchtigen Individuums**. Die Skepsis oder gar Ablehnung, mit der andere diesen Bestrebungen gegenüberstehen, versteht wiederum Faust nicht. Die Natur hat sich seinem Willen – und damit dem Willen des Menschen überhaupt – unterzuordnen, das ist Fausts feste Überzeugung.

Für **Philemon und Baucis** sieht alles anders aus. Beide leben im ruhigen Einklang mit der Natur und wollen diese Idylle weder verlassen noch, und das auf keinen Fall, zerstören lassen. Sie fühlen zu dem Ort, anders als das Faust je konnte, eine tiefe emotionale Bindung, er ist ihnen heilig. Allerdings können auch sie sich dem Fortschritt, der eben in Gestalt der Landgewinnung daherkommt, nicht verschließen. Dass sich Baucis' Warnungen wenig später als berechtigt herausstellen, als nämlich alle drei bei Mephistos rücksichtslosem Vorgehen ums Leben kommen, versteht der Zuschauer als Hinweis auf Fausts egoistisches Streben, aber möglicherweise auch als Impuls, um über seine **Verantwortung im Umgang mit der Natur** nachzudenken.

Franz Grillparzer (1791–1872)

Entsagung

Eins ist, was altergraue Zeiten lehren
Und lehrt die Sonne, die erst heut getagt:
Des Menschen ew'ges Los, es heißt: Entbehren,
Und kein Besitz, als den du dir versagt.

Die Speise, so erquicklich deinem Munde,
Beim frohen Fest genippter Götterwein,
Des Teuren Kuß auf deinem heißen Munde,
Dein wär's? Sieh zu! ob du vielmehr nicht sein.

Denn der Natur alther notwend'ge Mächte,
Sie hassen, was sich freie Bahnen zieht,
Als vorenthalten ihrem ew'gen Rechte,
Und reißen's lauernd in ihr Machtgebiet.

All, was du hältst, davon bist du gehalten,
Und wo du herrschest, bist du auch der Knecht.
Es sieht Genuß sich vom Bedarf gespalten,
Und eine Pflicht knüpft sich an jedes Recht.

Nur was du abweist, kann dir wieder kommen.
Was du verschmähst, naht ewig schmeichelnd sich,
Und in dem Abschied, vom Besitz genommen,
Erhältst du dir das einzig deine: Dich!

(1836)

Grillparzer, Franz: Entsagung. In: Hahn, Ulla (Hrsg.): Stimmen im Kanon. Deutsche Gedichte. Stuttgart 2003, S. 170.

„Der Mensch ist das einzige Lebewesen, das sich nicht mit dem, was es auf seinem Planeten vorfindet, zufriedengibt."

Strittmatter, Erwin: Frühling aus Menschenhand. In: ¾ hundert Kleingeschichten. Aufbau Berlin u. Weimar 1971, S. 35.

Arbeitsanweisung

Interpretieren Sie das Gedicht.
Stellen Sie einen Bezug zu Strittmatters Auffassung her.

Hinweise und Tipps

Voraussetzungen

Mit der geforderten Bezugnahme auf ein **modernes Zitat** wird in der vorliegenden Aufgabenstellung zur Gedichtanalyse eine Brücke von dem in seiner Zeit verhafteten Grillparzer-Text in die Gegenwart geschlagen. Trotzdem entbindet diese Ergänzung Sie nicht davon, in Ihrem Aufsatz auch auf die **Epoche** des Gedichts einzugehen. Dies ist für dessen Verständnis grundlegend und ermöglicht Ihnen erst die Aktualisierung der hier dargestellten Motivik des **Verzichts**. Bei der Darstellung der **Form**, die ja wie bei jeder Analyse mit dem **Inhalt** in Bezug gesetzt werden muss, sind bei diesem Beispiel viele Aspekte der Betrachtung von Lyrik einzubeziehen. Der Autor verwendet viele klassische Gestaltungselemente, die von Ihnen erkannt und benannt werden sollen.

Mit der zusätzlichen Aufnahme eines Zitates in die Gedichtanalyse müssen Sie zudem Kompetenzen abrufen, die Sie **ansonsten für die Bearbeitung einer freien Erörterung** brauchen. Denn hier ist eine **These** abzuleiten, die zwar nicht vollständig erörtert, aber dennoch in einen inhaltlichen Zusammenhang gestellt werden muss.

Die Aufgabe verlangt Leistungen in allen drei Anforderungsbereichen, die laut *Einheitliche(n) Prüfungsanforderungen in der Abiturprüfung Deutsch (EPA)* zu einer vollständigen Aufgabenstellung gehören:

Anforderungsbereich I (Grundlagen an Wissen/Kennen konkreter Einzelheiten): Kenntnisse über die Epoche des Biedermeier sind bei diesem Hauptwerk der Zeit zumindest grundlegend notwendig. Die formalen Gestaltungsmittel des Gedichtes sind zu erkennen und mit den fachspezifischen Begriffen zu beschreiben.

Anforderungsbereich II (Organisation des Arbeitsprozesses): Die Struktur und die Einzelelemente des Textes sind zu erfassen, zu beschreiben und in ihrer Bedeutung zu erläutern. Daraus leitet sich das begründete Ergebnis der Analyse ab. Die Erarbeitung von Schwerpunkten muss der inhaltlichen Aussage angemessen sein und eine gute Anknüpfung zum Zitat gewährleisten.

Anforderungsbereich III (Fähigkeit zur eigenen Urteilsbildung): Die Aussage und die Wirkung des Gedichtes sowie seiner Elemente sind zu erfassen, darzustellen und zu werten. Die Deutung ist mit der des Zitats zusammenzuführen und kann so zu einer aktualisierenden Wertung führen.

Erläuterung der Aufgabenstellung

Die Arbeitsanweisung konfrontiert Sie mit zwei Operatoren. Sie sollen sowohl **interpretieren** als auch einen **Bezug herstellen**. Diese Zweiteilung bedeutet allerdings nicht, dass eine gleichmäßige quantitative Verteilung dieser beiden Aufgabenteile auf Ihren Aufsatz vorgesehen ist. Natürlich steht der Interpretation immer der größte Raum zu, denn sie ist die Grundlage für alle weiteren Übertragungsleistungen. So sieht es auch der vorliegende Lösungsvorschlag vor.

Zu Beginn geht der Aufsatz gleich auf das zentrale und titelgebende **Thema** des Gedichts ein. Zugleich wird mit einer rhetorischen Frage dessen aktuelle **Relevanz** zum Gegenstand der Untersuchung gemacht. Hilfreich bei der Betrachtung eines Begriffes wie „Entsagung" kann das als Hilfsmittel erlaubte Wörterbuch der deutschen Sprache sein, wie an dieser Stelle beispielhaft verdeutlicht wird. Über die genaue Darstellung der Gestaltungsprinzipien, die hier in ihrer regelmäßigen Verwendung eine größere Rolle als bei jüngerer Lyrik spielen, kann eine erste **Einordnung in die Epoche erfolgen**. Die Form ist – gerade bei **Gedankenlyrik** – schwer von einer inhaltlichen Zusammenfassung zu trennen. Wie sehr Ihre Einordnung in die Epoche und Ihre Erläuterung des Versaufbaus in die Tiefe gehen, hängt natürlich immer von den persönlichen Voraussetzungen ab, die Sie sich in Ihrem Kurs erarbeiten konnten. Allerdings sollte bei der Auswahl einzubringender Kenntnisse auch immer bedacht werden, dass von

Ihnen **kein literaturhistorisches Referat** verlangt wird. Vielmehr müssen Sie den lyrischen Text und auch dessen Bezüge zum Strittmatter-Zitat immer im Auge behalten. Letzteres muss zunächst ebenfalls inhaltlich erschlossen und erläutert werden. Es schließt sich also im Grunde eine zweite – recht kurze – Analyse an, die zu dem Schluss kommt, dass sich beide Aussagen **antithetisch** zueinander verhalten. Die Zusammenfassung kann dann durch Abwägung zu einer möglichen Synthese beitragen.
Im folgenden Lösungsvorschlag wird zusätzlich zur geforderten Einbeziehung Strittmatters auch dem **Rahmenthema** Raum gegeben. Dies ist nicht zwingend notwendig, aber eigentlich immer möglich. Sofern es die Aufgabenstellung nicht vorsieht, entscheiden Sie alleine darüber.

Lösungsvorschlag

Wann verwendet man heute eigentlich noch das Substantiv ‚**Entsagung**' oder das Verb ‚entsagen'? Es erscheint uns kein moderner Begriff zu sein. Der Rechtschreibduden ordnet die Wörter der gehobenen Sprache zu. Auf jeden Fall sind sie wohl nicht Teil unseres alltäglichen Wortschatzes. Woran liegt das? Liegt es ganz und gar an der Bedeutung oder gibt es einfach Synonyme, die wir heute verwenden? An ‚Verzicht' oder ‚Aufgabe' könnte man dabei denken, jedoch verzichten wir eher auf etwas Einzelnes oder geben etwas Spezielles auf. Entsagung dagegen klingt nach einem umfassenderen Verzicht, dem radikale **Konsequenzen** für unser Leben und das Verhältnis zu unserem Umfeld folgen können.

So sah es vor knapp 180 Jahren – genauer 1836 – auch **Franz Grillparzer** (1791–1872) in seinem Gedicht „Entsagung". In diesem Sinne hätte er für seinen lyrischen Text auch gut einen Imperativ als Titel wählen könne, denn dessen Thema ist die **Aufforderung an die Leser** bzw. die Menschheit allgemein, auf jeglichen Besitz im konkreten wie auch abstrakten Sinne zu verzichten. Inwieweit spricht der Dichter damit den Leser der Moderne noch an? Wie kann dem Begriff der „Entsagung" heute neues Leben gegeben werden, wenn wir ihn mit jüngeren Auffassungen – hier einer von **Erwin Strittmatter** aus dem Jahr 1971 – und unserer jetzigen Lebenswelt in Beziehung setzen?

Der vorliegende Text, der eindeutig der **Gedankenlyrik** zuzuordnen ist, gliedert sich zunächst in fünf Strophen mit jeweils vier Versen. Sie sind durch einen durchgängigen **Kreuzreim** miteinander verbunden, bei dem sich weiblicher (1. und 3. Vers) und männlicher Reim (2. und 4. Vers) in dieser Reihenfolge immer abwechseln (vgl. erste Strophe: „… lehren/ … getagt/ … Entbehren/ … versagt"). Das Metrum ist ein **fünfhebiger Jambus**. Die Verse mit weiblichem Reim zählen elf, die mit männlichem Reim zehn Silben, so dass das Versmaß als Pentameter sowohl an den – allerdings ungereimten – Blankvers der Dramatik aus der Zeit des Gedichts als auch an die regelmäßigen Versformen des **Barock** erinnert. Franz Grillparzer bedient sich für sein Gedicht „Entsagung" also eindeutig längst erprobter Formen. Die Satzstrukturen gehen über die Versenden nicht hinaus. So reihen sich mehrere **Aufzählungen** aneinander, die gleichwertig ohne Konjunktion stehen (V. 5–7) oder mit „Und" am Versbeginn verbunden sind (z. B. V. 14 und 16). Zusammengehalten werden diese Aufzählungen zudem durch Wiederholungen von Worten oder Wortgruppen in den jeweiligen Sätzen: „Munde" (V. 5 und 7), „bist du" (V. 13 und 14), „sich" (V. 15 und 16). Den so entstehenden längeren, aber kaum verschachtelten Satzkonstruktionen stehen kürzere **Hervorhebungen** gegenüber, die der Autor vor allem durch den Einsatz von Satzzeichen (Doppelpunkt, Ausrufezeichen sowie Fragezeichen) erreicht. In Vers 3 („Des Menschen ew'ges Los, es heißt: Entbehren") sowie im Abschlussvers 20 („Erhältst du dir das einzig deine: Dich!") wird so zu einer zentralen, auffordernden Aussage am Versende gesteigert. In Vers 8 wird dies das einzige Mal auch grammatisch als **Imperativ** ausgedrückt, dabei wird das Ausrufezeichen, das ja eigentlich einen Satz abschließt, in den vollständigen Satz hineingeholt und an Stelle des hier zu erwartenden Kommas gesetzt: „Sieh zu! ob du vielmehr nicht sein." Die Aufforderung ist gleichzeitig die Antwort auf die **rhetorische Frage** „Dein wär's?" (ebenda), die auf die bereits erwähnte Aufzählung (V. 5–7) folgt.

Das kurze „Dich!" in Vers 20 ist der Ausklang des Gedichtes und übernimmt somit eine wichtige Funktion für den Aufbau des Textes. In der ersten Strophe wird durch das kurze „Entbehren" (V. 3) das **Thema** betont. Es wird als „ew'ges Los" des Menschen eingeführt, das sowohl in der Vergangenheit („altergraue Zeiten", V. 1) als auch in der Gegenwart („Sonne, die erst heut getagt", V. 2) Gültigkeit besitzt. In der zweiten Strophe schließt sich die **Darstellung der Vergänglichkeit** anhand von drei Beispielen an. Das Erlebnis einer leckeren Mahlzeit (V. 5), eines Weins auf einem Fest (V. 6) sowie die innige Freundschaft („Teuren Kuß auf deinem heißen Mund", V. 7) sind Momente, die man nicht festhalten kann. **Kategorien von Besitz und Eigentum** greifen hier nicht. Ewigkeit kann nicht hergestellt werden. In der mittleren und dritten Strophe wird klargestellt, wer dem Menschen dieses Entbehren auferlegt: die **Natur** mit ihren Mächten („Sie hassen, was sich freie Bahnen zieht", V. 10). So ist der anschließende Abschnitt zunächst geprägt von der Resignation vor dieser ewigen und unumstößlichen **Macht**. Vier Gegensätze konstruieren ein Spannungsfeld dieser Macht, das keine Freiheit und Wahl lässt. Vers 13 und 14 bilden so jeweils ein **Paradoxon**: „... was du hältst, davon bist du gehalten,/ Und wo du herrschest, bist du auch der Knecht." Dieses **antithetische Verfahren** setzt sich in Vers 15 mit den Begriffen Genuss und Bedarf sowie in Vers 16 mit Pflicht und Recht fort. Dies geht zwar in der letzten Strophe weiter (abweisen/wieder kommen; verschmähen/ schmeicheln) und es wird mit dem **Parallelismus** „was du" (V. 13 in Strophe 4 und V. 17, 18 in Strophe 5) über die Abschnitte hinweg verknüpft. Es wird aber schon an der Platzierung der positiven Begriffe des Wiederkommens und Schmeichelns deutlich, dass es einen Weg gibt, der Macht der Natur zu begegnen, nämlich indem man Abschied vom Besitz nimmt (vgl. V. 19) und sich so selbst erhält (V. 20). So steckt in dem abschließenden „Dich!" die Gelegenheit, der **Resignation vor der eigenen Unfreiheit** etwas entgegenzusetzen.

Die **fünfteilige Struktur** des Gedichtes mit der Einführung im ersten, dem Höhepunkt im dritten und dem Ausklang im fünften Abschnitt erinnert an den klassischen Aufbau des geschlossenen Dramas. Auch das Versmaß erinnerte ja bereits an dramatische Formen, und so ist der österreichische Autor Franz Grillparzer ja auch vor allem als ein bedeutender Theaterschriftsteller seiner Zeit bekannt. Es war die **Zeit des Biedermeiers**, in der er auch verortet wird. So passt sich das Gedicht „Entsagung" inhaltlich mit seiner Resignation vor der Unfreiheit gut in diese Strömung ein, die stark von der politischen und gesellschaftlichen Abhängigkeit der **Restauration** geprägt ist. Sein Autor befand sich in Wien direkt an der Quelle des sogenannten Systems Metternich, das durch die Zensur und die Vormachtstellung des Adels geprägt war. Die Dichter des Biedermeier kämpften nicht – wie ihre **Kollegen des Jungen Deutschland** – dagegen an, sondern verschrieben sich den Werten des Pflichtgehorsams und eben dieser Bescheidenheit, wie sie vom Leser zum Beispiel in den Versen „Nur was du abweist, kann dir wieder kommen. / Was du verschmähst, naht ewig schmeichelnd sich," (V. 18/19) des vorliegenden Textes gefordert wird.

Falsch wäre es allerdings in diesem Zusammenhang, dem Autor Franz Grillparzer Untertanengeist vorzuwerfen, denn politische Mächte spielen in „Entsagung" keine Rolle. Angesprochen wird die **Menschheit insgesamt** und nicht nur der brave Bürger. Die Aussage „Und wo du herrschest, bist du auch der Knecht" (V. 14) gilt sowohl für den Fürsten als auch für jeden, der in einem Moment selbst Macht ausübt, sei es nun der Vater gegenüber der Familie, der Meister gegenüber den Gesellen oder die Lehrerin gegenüber den Schülern. Sie alle entkommen nicht dem höheren „Machtgebiet" (V. 12). Damit stellt sich Grillparzer in eine weitere Traditionslinie des Biedermeier, indem er sich **konservativ** bemüht, die Werte vorheriger Epochen in die neue Zeit hinüberzutragen. Dass sich dies in der lyrischen Form niederschlägt, wurde ja bereits nachgewiesen. Inhaltlich kann man als Beleg dafür vor allem auf den Beginn mit dem Hinweis auf die frühe Vergangenheit („... was altergraue Zeiten lehren“, V. 1) und auf die Aufzählung in der zweiten Strophe verweisen. Die **idealistischen Worte** vom „(b)eim frohen Fest genippte(n) Götterwein“ (V. 6) lassen ein klassisch-antikes Bild entstehen. „Des Teuren Kuß auf deinem heißen Munde“ (V. 7) wird nicht zwischen einem Liebespaar gewechselt, sondern geht vom klassischen Freundschaftsideal aus. Dass dessen Dauerhaftigkeit aber im nächsten Vers gleich in Frage gestellt wird („Dein wär's?“, V. 8), zeigt, dass die Ideen der vorigen Schriftsteller-Generation nicht mehr ganz in die neue Zeit übertragbar sind.

Deutlich wird dies auch an einem Zitat aus der Klassik, das zu den inhaltlichen Voraussetzungen des Gedichts „Entsagung“ passt: „Und wen anders als die Natur können wir fragen, wie wir leben sollen, um wohl zu leben?“ Diese rhetorische Frage stammt aus **Christoph Martin Wielands** „Agathon“ (1794, **Rahmenthema** zum diesjährigen Deutschabitur) und sieht in der Natur einen ausschließlichen aber positiven Wegweiser für den Menschen. Eine ebenso umfassende Funktion besitzt die Natur auch bei Franz Grillparzer. Jedoch ist ihre Bedeutung nicht so positiv formuliert wie bei Wieland. Die Mächte der Natur „hassen, was sich freie Bahnen zieht“ (V. 10). An diesen Mächten ist nicht zu rütteln, denn sie sind „alther notwend'ge“ (V. 9), womit Grillparzer an den einleitenden Hinweis auf „altergraue Zeiten“ (V. 1) anknüpft. Die **Personifikation** dieser Mächte – in Vers 2 noch präziser durch die lehrende Sonne – geht einher mit einer sehr radikalen Wahl des negativen Verbs „hassen“ und wird dadurch noch gesteigert, dass auf die bösen menschlichen Eigenschaften eine Metapher aus der Welt der Raubtiere folgt: „Und reißen's lauernd in ihr Machtgebiet“ (V. 12). Die Natur ist also nicht mehr der gut meinende Lehrmeister, sondern der brutale Feind der menschlichen Freiheit. Der Mensch kann sich dagegen nicht wehren. Er muss sich diesen Bedingungen durch die Entsagung fügen. Den Rechten der Natur steht dieses Los des Menschen gegenüber. Ausgedrückt wird dies durch die Wiederholung des Adjektivs ‚ewigen‘ in Vers 3 („ew'ges Los“) und Vers 11 („ew'ges Recht“). Durch die jeweilige Unterschlagung der mittleren Silbe in beiden Textstellen gewinnt der **Klang des Wortes** an Härte, wobei sich dessen dritte – vollständige – Verwendung als Adverb („ewig schmeichelnd“, V. 18) in der letzten Strophe versöhnlicher ausmacht. Dies wird aber nur dadurch erreicht, dass in diesem Kontext der Mensch seine Rolle akzeptiert und vom Besitz Abschied genommen hat (vgl. V. 19).

In dem Gedicht ist der Mensch in erster Linie durch das Du präsent. Auf ein **lyrisches Ich** dagegen wird verzichtet, sodass offen bleibt, wer sich als Sprecher an den Leser wendet. Dadurch wird aber auch auf eine Trennung zwischen Sprecher und Leser verzichtet und der Eindruck, dass die Idee der Entsagung sich auf die gesamte Menschheit bezieht, wird somit nicht durchbrochen. Es bleibt also dabei, dass gegenüber den Mächten der Natur, wie sie in der mittleren Strophe, in der als einziger auf das Du vollständig verzichtet wird, auftreten, keine Unterschiede zwischen den Menschen gemacht werden. Die Zuspitzung auf „Dich!“ im letzten Vers wird durch drei weitere grammatische Varianten des Personalpronomens in der 2. Person Singular eingeleitet und somit verstärkt: „Erhältst <u>du</u> <u>dir</u> das einzig <u>deine</u> ...“ (V. 20, Hervorhebung durch den Verfasser). Zusammen mit dem Artikel in dem Vers ergibt sich zusätzlich eine fünffache Alliteration mit dem Anlaut „D“. Dem Leser wird also die **Besinnung auf sich selbst**, losgelöst von allen Ansprüchen und jeglichem Besitz, überdeutlich zum **Fazit** des Gedichtes gemacht.

Enge **Grenzen** legt Franz Grillparzer sich und seinen Lesern hiermit auf. Diese zu akzeptieren und einzuhalten, fällt dem Menschen allerdings schwer. Dies zeigt genauso der Blick in die Zeiten vor, während und nach dem Biedermeier. Im Jahr 1971 schrieb der Autor **Erwin Strittmatter**: „Der Mensch ist das einzige Lebewesen, das sich nicht mit dem, was es auf seinem Planeten vorfindet, zufriedengibt.“ Wörtlich genommen mag man hier an die Weltraumfahrt denken, mit der der Mensch tatsächlich die Erde verlassen und damit anfangen konnte, im All nach neuen Erkenntnissen und Ressourcen zu suchen. Die Formulierung Strittmatters, der als **Autor in der damaligen DDR** lebte und arbeitete, ist aber zudem als Metapher zu lesen, die für den ständigen **Drang des Menschen** steht, **nach mehr zu streben**. Würde sich der Mensch mit dem, was er „vorfindet“, zufriedengeben, dann würde dies die Entsagung im Sinne des Gedichts von Grillparzer bedeuten: Der Mensch würde nicht nach weiterem Besitz, nach mehr Genuss, nach mehr Macht oder mehr Freiheit streben. Strittmatter verpackt seine Aussage als ein **Naturgesetz**, indem er den Menschen als „Lebewesen“ nicht der Natur gegenüberstellt, sondern sie zu ihrem Teil macht. Gegen dieses Naturgesetz, das dem menschlichen Wesen zugrunde liegt, kann man nicht ankämpfen. Wir werden immer weiter streben und verlören diese Eigenheit, die uns von anderen Lebewesen als **Alleinstellungsmerkmal** unterscheidet, wenn wir im Gegenteil dazu allem entsagen würden.

Nach alldem scheint sich Franz Grillparzers Gedicht aus dem Jahre 1836 nicht dazu zu eignen, den Begriff der Entsagung wieder populär zu machen. Hat aber die Natur nicht doch eine Macht über uns, die wir nicht missachten sollten und die uns manchmal darüber nachdenken lassen sollte, wo unsere Grenzen sind? Nimmt man das Zitat Strittmatters wörtlich, dann hat sich seit 1971 durchaus gezeigt, dass es uns doch nicht so einfach ist, die Grenzen unseres Planeten so zu überwinden, wie der damalige **Fortschrittsglaube** es suggerierte. So müssen wir einfach mit den **Ressourcen** auskommen, die wir auf der Erde vorfinden. Es ist also weniger der Blick in „altergraue Zeiten“, sondern der auf die zukünftigen Generationen, der uns dazu zwingt, in unserer Gegenwart auch über den Verzicht nachzudenken. Den flüchtigen Genuss, den Grillparzer in seiner zweiten Strophe in ein klassisches Bild gegossen hat, können auch wir nicht für die Ewigkeit bewahren. Im Gegenteil müssen wir uns eher immer wieder fragen, zu welchem Preis wir nicht darauf verzichten wollen: Was bedeuten zum Beispiel günstige Waren für die, die sie für geringen Lohn herstellen, oder für die Natur, die dafür ausgebeutet wird?

Grillparzers Gedicht ist deutlich in seiner Zeit verhaftet; die Resignation und die Unfreiheit des Menschen, die aus ihr in kräftigen Worten spricht, wollen wir heute wahrscheinlich nicht teilen. Die Dialektik von herrschen und beherrscht werden, Genuss und Bedarf, Pflicht und Recht ist aber weiterhin aktuell. Die starke Betonung des **Individuums** im letzten Vers ist zudem ein Aufscheinen moderner Vorstellungen.

Sicher durch das Abitur!

Klare Fakten, systematische Methoden, prägnante Beispiele, Übungs- sowie Abitur-Prüfungsaufgaben mit erklärenden Lösungen zur Selbstkontrolle.

Deutsch

Gedichte analysieren und interpretieren .... Best.-Nr. 944091
Dramen analysieren und interpretieren .... Best.-Nr. 944092
Epische Texte analysieren und interpretieren ... Best.-Nr. 944093
Erörtern und Sachtexte analysieren .... Best.-Nr. 944094
Klausuren Deutsch Oberstufe .... Best.-Nr. 104011
Deutsch Übertritt in die Oberstufe .... Best.-Nr. 90409
Abitur-Wissen Erörtern und Sachtexte analysieren .... Best.-Nr. 944064
Abitur-Wissen Textinterpretation Lyrik · Drama · Epik .... Best.-Nr. 944061
Abitur-Wissen Deutsche Literaturgeschichte ..... Best.-Nr. 94405
Abitur-Wissen Prüfungswissen Oberstufe .... Best.-Nr. 94400
Epochen der deutschen Literatur im Überblick .. Best.-Nr. 104401
Kompakt-Wissen Literaturgeschichte .... Best.-Nr. 944066
Kompakt-Wissen Rechtschreibung .... Best.-Nr. 944065

Geschichte

Geschichte 1 – Industrialisierung und Soziale Frage, Nationalstaatsgedanke und Nationalismus, Kaiserreich, Imperialismus, Erster Weltkrieg, Weimarer Republik, Nationalsozialismus und Zweiter Weltkrieg ...... Best.-Nr. 84763
Geschichte 2 – Deutschland nach dem Zweiten Weltkrieg, die bipolare Welt nach 1945, der Umbruch in der DDR und die Wiedervereinigung, die europäische Einigung, Wendepunkte des 20. Jahrhunderts .... Best.-Nr. 84764
Grundlagen, Arbeitstechniken und Methoden – Geschichte .... Best.-Nr. 94789
Abitur-Wissen Die Antike .... Best.-Nr. 94783
Abitur-Wissen Das Mittelalter .... Best.-Nr. 94788
Abitur-Wissen Französische Revolution .... Best.-Nr. 947812
Abitur-Wissen Die Ära Bismarck: Entstehung und Entwicklung des deutschen Nationalstaats .... Best.-Nr. 94784
Abitur-Wissen Imperialismus und Erster Weltkrieg .... Best.-Nr. 94785
Abitur-Wissen Die Weimarer Republik .... Best.-Nr. 47815
Abitur-Wissen Nationalsozialismus und Zweiter Weltkrieg ...... Best.-Nr. 94786
Abitur Wissen Deutschland von 1945 bis zur Gegenwart .... Best.-Nr. 947811
Abitur Wissen USA .... Best.-Nr. 947813
Abitur Wissen Naher Osten .... Best.-Nr. 947814
Kompakt-Wissen Abitur Geschichte Oberstufe ... Best.-Nr. 947601
Klausuren Geschichte Oberstufe .... Best.-Nr. 107611

Interpretationen zu Prüfungsschwerpunkten im Fach Deutsch

Die optimale Vorbereitung auf das Abitur: Mit Informationen zu Autor und Werk, ausführlicher Inhaltsangabe sowie einer systematischen Interpretation des Textes.

Lessing: *Nathan der Weise* – Prüfungsschwerpunkt Brandenburg, Berlin 2014 (LK) .... Best.-Nr. 2400501
Lessing: *Emilia Galotti* – Prüfungsschwerpunkt Berlin 2014 (GK) .... Best.-Nr. 2400191

Englisch

Themenwortschatz .... Best.-Nr. 82451
Grammatikübungen .... Best.-Nr. 82452
Übersetzung .... Best.-Nr. 82454
Grundlagen, Arbeitstechniken und Methoden mit Audio-CD .... Best.-Nr. 944601
Sprechfertigkeit mit Audio-CD .... Best.-Nr. 94467
Sprachmittlung .... Best.-Nr. 94469
Klausuren Englisch Oberstufe .... Best.-Nr. 905113
Englisch Übertritt in die Oberstufe .... Best.-Nr. 82453
Abitur-Wissen Landeskunde Großbritannien .... Best.-Nr. 94461
Abitur-Wissen Landeskunde USA .... Best.-Nr. 94463
Abitur-Wissen Englische Literaturgeschichte ..... Best.-Nr. 94465
Kompakt-Wissen Abitur Wortschatz Oberstufe ... Best.-Nr. 90462
Kompakt-Wissen Abitur Landeskunde/Literatur Best.-Nr. 90463
Kompakt-Wissen Kurzgrammatik .... Best.-Nr. 90461

Mathematik

Analytische Geometrie Mit Hinweisen zu GTR-/CAS-Nutzung .... Best.-Nr. 540038
Analysis Mit Hinweisen zur CAS-Nutzung .... Best.-Nr. 540021
Stochastik .... Best.-Nr. 94009
Kompakt-Wissen Abitur Analysis .... Best.-Nr. 900151
Kompakt-Wissen Abitur Analytische Geometrie Best.-Nr. 900251
Kompakt-Wissen Abitur Wahrscheinlichkeitsrechnung und Statistik .... Best.-Nr. 900351
Klausuren Mathematik Oberstufe .... Best.-Nr. 900461
Stark in Klausuren Funktionen ableiten Oberstufe......................... Best.-Nr. 940012

Biologie

Biologie 1 – Strukturelle und energetische Grundlagen des Lebens · Genetik und Gentechnik · Der Mensch als Umweltfaktor – Populationsdynamik und Biodiversität .... Best.-Nr. 947038
Biologie 2 – Evolution · Neuronale Informationsverarbeitung · Verhaltensbiologie .... Best.-Nr. 947048
Grundlagen, Arbeitstechniken und Methoden ... Best.-Nr. 94710
Abitur-Wissen Genetik .... Best.-Nr. 94703
Abitur-Wissen Neurobiologie .... Best.-Nr. 94705
Abitur-Wissen Verhaltensbiologie .... Best.-Nr. 94706
Abitur-Wissen Evolution .... Best.-Nr. 94707
Abitur-Wissen Ökologie .... Best.-Nr. 94708
Abitur-Wissen Zell- und Entwicklungsbiologie ... Best.-Nr. 94709
Kompakt-Wissen Abitur Biologie Zellen und Stoffwechsel Nerven · Sinne und Hormone · Ökologie .... Best.-Nr. 94712
Kompakt-Wissen Abitur Biologie Genetik und Entwicklung · Immunbiologie · Evolution · Verhalten .... Best.-Nr. 94713
Kompakt-Wissen Abitur Biologie Fachbegriffe der Biologie .... Best.-Nr. 94714
Klausuren Biologie Oberstufe .... Best.-Nr. 907011

Alle so gekennzeichneten Titel sind auch als eBook über **www.stark-verlag.de** erhältlich.

(Bitte blättern Sie um)

Abitur-Prüfungsaufgaben

Von den Kultusministerien zentral gestellte Abitur-Prüfungsaufgaben der letzten Jahre.
Mit schülergerechten Lösungen.

Sachsen

Abiturprüfung Mathematik – LK Sachsen .... Best.-Nr. 145000
Abiturprüfung Mathematik – GK Sachsen .... Best.-Nr. 145100
Abiturprüfung Deutsch – GK/LK Sachsen .... Best.-Nr. 145400
Abiturprüfung Englisch – LK Sachsen .... Best.-Nr. 145460
Abiturprüfung Physik – LK Sachsen .... Best.-Nr. 145300
Abiturprüfung Chemie – GK/LK Sachsen .... Best.-Nr. 145730
Abiturprüfung Biologie – GK Sachsen .... Best.-Nr. 145700
Abiturprüfung Geschichte – GK/LK Sachsen ..... Best.-Nr. 145760

Sachsen-Anhalt

Abiturprüfung Mathematik – EN Sachsen-Anhalt .... Best.-Nr. 155000
Abiturprüfung Mathematik – GN Sachsen-Anhalt .... Best.-Nr. 155100
Abiturprüfung Deutsch – GKN/LKN Sachsen-Anhalt .... Best.-Nr. 155400
Abiturprüfung Englisch – GN/LN Sachsen-Anhalt .... Best.-Nr. 155460
Abiturprüfung Biologie – GKN/LKN Sachsen-Anhalt .... Best.-Nr. 155700

Thüringen

Abiturprüfung Mathematik – Thüringen .... Best.-Nr. 165100
Abiturprüfung Deutsch – Thüringen .... Best.-Nr. 165400
Abiturprüfung Englisch – eA Thüringen mit Audio-Dateien zum Downloaden .... Best.-Nr. 165460
Abiturprüfung Physik – Thüringen .... Best.-Nr. 165300
Abiturprüfung Biologie – gA/eA Thüringen ...... Best.-Nr. 165700

Mecklenburg-Vorpommern

Abiturprüfung Mathematik Mecklenburg-Vorpommern .... Best.-Nr. 135000

Berlin/Brandenburg

Abiturprüfung Mathematik mit CD-ROM – LK Berlin/Brandenburg .... Best.-Nr. 125000
Abiturprüfung Mathematik mit CD-ROM – GK Berlin .... Best.-Nr. 125100
Abiturprüfung Deutsch Berlin/Brandenburg .... Best.-Nr. 125400
Abiturprüfung Englisch Berlin/Brandenburg .... Best.-Nr. 125460
Abiturprüfung Biologie Berlin/Brandenburg .... Best.-Nr. 125700

Bundesabitur 2014

Relevant in **Niedersachsen, Schleswig-Holstein, Bayern, Hamburg, Mecklenburg-Vorpommern und Sachsen**

Bundesabitur Mathematik .... Best.-Nr. 105000
Bundesabitur Deutsch .... Best.-Nr. 105400
Bundesabitur Englisch .... Best.-Nr. 105460

■ Best.-Nr. E10485
■ Best.-Nr. E10484
■ Best.-Nr. E10479

Was kommt nach dem Abitur?

Die STARK Ratgeber helfen weiter!
Weitere STARK Fachbücher zur Studien- und Berufswahl finden Sie unter **www.berufundkarriere.de**

23_VDN

Bestellungen bitte direkt an:

STARK Verlagsgesellschaft mbH & Co. KG · Postfach 1852 · 85318 Freising
Tel. 0180 3 179000* · Fax 0180 3 179001* · www.stark-verlag.de · info@stark-verlag.de
*9 Cent pro Min. aus dem deutschen Festnetz, Mobilfunk bis 42 Cent pro Min.
Aus dem Mobilfunknetz wählen Sie die Festnetznummer: 08167 9573-0

Lernen • Wissen • Zukunft
STARK